KB181771

자유주의 이전의 민주주의

자유주의 이전의 민주주의

민주주의는 어떻게 자유주의 없이도 다양성을 지키며 번영하는가

1판1쇄 | 2023년 3월 13일

지은이 | 조사이아 오버
옮긴이 | 노경호

펴낸이 | 안중철, 정민용
편집 | 윤상훈, 이진실, 최미정

펴낸곳 | 후마니타스(주)
등록 | 2002년 2월 19일 제2002-000481호
주소 | 서울 마포구 신촌로14안길 17, 2층 (04057)
전화 | 편집_02.739.9929/9930 영업_02.722.9960 팩스_0505.333.9960

블로그 | blog.naver.com/humabook
트위터, 페이스북, 인스타그램 | @humanitasbook
이메일 | humanitasbooks@gmail.com

인쇄 | 천일문화사_031.955.8083 제본 | 일진제책사_031.908.1407

값 24,000원

ISBN 978-89-6437-429-0 93300

자유주의 이전의 민주주의

민주주의는 어떻게 자유주의 없이도 다양성을 지키며 번영하는가

조사이아 오버 지음

노경호 옮김

후마니타스

일러두기

1. 조사이아 오버의 *Demopolis: Democracy before Liberalism in Theory and Practice* (Cambridge University Press, 2017)를 완역했다.

2. 단행본·정기간행물에는 겹낫표(『 』), 논문에는 홑낫표(「 」), 온라인 매체에는 홑화살괄호 (〈 〉)를 사용했다.

3. 외국 고유명사의 우리말 표기는 국립국어원의 외래어표기법을 따랐다. 그러나 관행적으로 굳어진 표기는 그대로 사용했으며 필요한 경우 한자나 원어를 병기했다.

4. 이탤릭체로 강조한 단어는 드러냄표로 처리했다. 본문과 주에서 옮긴이가 첨가한 내용은 대괄호 또는 '[옮긴이]'로 처리해 구분했다.

5. [원서의 일러두기] 고대 그리스 저작들은 서양 고전학계에서 통용되는 규칙에 따라 인용했다. 토머스 홉스의 『리바이어던』은 케임브리지 대학교 출판사 1991년 판의 장과 쪽수로 인용했다.

6. 다음은 지은이가 언급하거나 옮긴이가 주를 넣는 과정에서 언급한 1차 문헌의 목록이다. 국역본이 있는 경우, 인용문은 기존의 번역을 그대로 옮겨 오는 것을 원칙으로 했으나, 필요한 경우 원문, 저자의 영문 번역을 함께 참고해 다소 다르게 옮겼다. 그렇게 한 부분을 따로 밝히지는 않았다.

   ◆ 호메로스, 『일리아스』, 『오뒷세이아』(이상 천병희 옮김, 숲, 2015); 헤로도토스, 『역사』(김봉철 옮김, 길, 2016); 헤르만 딜스·발터 크란츠 엮음, 『소크라테스 이전 철학자들의 단편 선집』(김재홍·김주일·주은영 외 옮김, 아카넷, 2005); '늙은 과두정 지지자'Old Oligarch가 쓴 짧은 문헌(아리스토텔레스·크세노폰 외, 『고대 그리스정치사 사료』, 최자영·최혜영 옮김, 신서원, 2002); 아이스킬로스, 『사슬에 묶인 프로메테우스』, 『탄원하는 여인들』(이상 『아이스퀼로스 비극 전집』, 천병희 옮김, 숲, 2008); 투키디데스, 『펠로폰네소스 전쟁사』(천병희 옮김, 숲, 2011); 아리스토파네스, 『기사』, 『여인들의 민회』(이상 『아리스토파네스 희극 전집』 1, 2, 천병희 옮김, 숲, 2010); 크세노폰, 『헬레니카』(최자영 옮김, 아카넷, 2012), 『소크라테스 회상록』, 『소크라테스의 변론』, 『향연』(이상 『소크라테스 회상록』, 천병희 옮김, 숲, 2018); 플라톤, 『고르기아스』(김인곤 옮김, 아카넷, 2021), 『프로타고라스』(개정판, 강성훈 옮김, 아카넷, 2021), 『정치가』(『소피스테스 / 정치가』, 박종현 옮김, 서광사, 2021), 『국가』(『국가·정체』 개정 증보판, 박종현 옮김, 서광사, 2015), 『법률』(박종현 옮김, 서광사, 2009; 김남두·강철웅·김인곤 외 옮김,

나남, 2018); 아리스토텔레스, 『동물지』(서경주 옮김, 노마드, 2023), 『형이상학』(조대호 옮김, 길, 2017), 『니코마코스 윤리학』(김재홍·강상진·이창우 옮김, 길, 2011), 『정치학』(김재홍 옮김, 길, 2017), 『아테네의 정치체제』(『고대 그리스정치사 사료』, 최자영·최혜영 옮김, 신서원, 2002), 『수사학』(『수사학 / 시학』, 천병희 옮김, 숲, 2017); 리시아스의 연설(『리시아스 변론집』 1, 2, 최자영 옮김, 나남, 2021); 데모스테네스의 연설; 알카이오스의 단편; 아이스키네스의 연설; 할리카르나소스의 디오니소스Dionysios of Halicarnassus의 문헌; 폴리비오스, 『역사』; 이암블리코스Iamblichus, 『프로트렙티코스』Protrepticus; 니콜로 마키아벨리, 『로마사 논고』(강정인·김경희 옮김, 한길사, 2018); 토머스 홉스, 『법의 요소』Elements of Law, 『리바이어던』(진석용 옮김, 나남, 2008), 『시민론』(이준호 옮김, 서광사, 2013); 존 로크, 『통치론』(강정인·문지영 옮김, 까치, 2022); 장-자크 루소, 『사회계약론』(김영욱 옮김, 후마니타스, 2022); 토머스 페인, 『인간의 권리』(『상식, 인권』, 박홍규 옮김, 필맥, 2004); 알렉산더 해밀턴·제임스 매디슨·존 제이, 『페더럴리스트』(박찬표 옮김, 후마니타스, 2019); 애덤 스미스, 『국부론』(김수행 옮김, 비봉출판사, 2007); 임마누엘 칸트, 『세계시민적 관점에서 본 보편사의 이념』(『비판기 저작 1(1784~1794)』, 한국칸트학회 기획, 김미영·홍우람·오은택 외 옮김, 한길사, 2019), 『윤리형이상학 정초』(백종현 옮김, 아카넷, 2018); 게오르크 빌헬름 프리드리히 헤겔, 『법철학』(임석진 옮김, 한길사, 2008); 존 롤스, 『정의론』(황경식 옮김, 이학사, 2003), 『정치적 자유주의』(장동진 옮김, 동명사, 2016), 『만민법』(장동진·김기호·김만권 옮김, 동명사, 2017).

차례

데니스, 스파이크, 스텔라, 블란체, 빈디, 엔키에게.
이들은 덮치기 놀이를 하며 논다.

프롤로그
자유주의 이전의 민주정[1]

여기 어떤 가상의 나라가 있다. 이 나라는 안전하고 풍요로우며, 시민들이 직접 통치하고 있다. 시민들은 몇 가지 문제를 놓고는 갈등을 빚기도 하며, 이 갈등은 때로는 심대한 것들이다. 그렇지만 이들은 '집단적 자기 통치[자치]'collective self-government[2]의 가치에 동의하며, 이를 유지하기 위해 감당해야 할 비용을 기꺼이 받아들

---

1) [옮긴이] 여기서 '민주정政'으로 옮긴 말은 'democracy'이다. 우리의 서구 사상 수용사에서 'democracy'가 '자유주의'나 '사회주의'를 비롯한 '-ism' 계열의 단어처럼 민주'주의'로 번역되어 온 전통에 대해서는 이미 많은 문헌에서 지적되고 비판된 바가 있다. 이 책의 핵심 논지 중 하나는 바로 자유주의는 그 자체로는 자유주의적 사회를 유지할 조건을 만들어 낼 수 없으며, 민주정이라는 정치적 토대 위에서만 그 유지가 가능하다는 것인데, 이는 곧 자유주의는 가치 체계이고, 민주정은 정치체제라는 명확한 개념적 분리 없이는 제대로 이해될 수 없다. 따라서 이 분리에 맞게 번역서에서도 'democracy'를 '-주의'로 번역하는 것을 피할 수밖에 없다. 아래에서는 유력한 대안들 중 하나로 '민주정'이라는 단어를 번역어로 택했고, 문맥에 따라 '민주 정부'로 옮기기도 한다.

2) [옮긴이] 여기서 '자기 통치'로 옮긴 말은 'self-government'이다. 'government'는 '통치', '관리' 등으로 옮길 수 있으며, 통치 내지 관리의 구체적 행위자로서 '정부'로 이해할 때 자연스러운 맥락도 있다. 따라서 아래에서는 문맥에 따라 '통치', '정부'로 옮기지만, 그 원어는 항상 같다.

인다. 시민들은 발언의 자유, 결사의 자유, 정치적 평등, 시민적 civic³⁾ 존엄을 누리며 살아간다. 하지만 국가 종교에 대해서는 입장[어떤 종교에든 국가가 철저히 중립적이어야 할지, 아니면 적당히 규제해야 할지, 아니면 통일된 국교를 가져야 할지 등]을 정하지 않은 상태이고, 국내외에서 보편적 인권을 향상하려는 노력에는 큰 관심을 기울이지 않는다. 사회적 협동으로 발생한 이익을 어떻게 분배할지에 대한 사회정의 원칙을 정한 바도 없다. 이 나라는 '데모폴리스'이며, 이들의 통치 방식은 원초적 민주정basic democracy⁴⁾이다.

3) [옮긴이] 'civic'은 'civil'과 대조되어 한 공동체에 살아가는 개인이 가진 시민 내지 정치 공동체의 구성원으로서의 정체성과 관련된 것을 가리키는 관형사이다. 맥락에 따라 '시민적'(의무), '시민으로서의'(정체성, 지위) 등으로, 혹은 '정치적'(공동체)으로 주로 옮겼고, 필요한 경우 한 단어가 아니라 풀어서 옮기고 원어를 병기했다. 이는 시민사회civil society와의 혼동을 피하기 위한 것이기도 하다.

4) [옮긴이] 여기서 'basic democracy'는 '기본 민주정'(예: 기본소득basic income)으로 옮길 수도 있다. 표준국어대사전에 따르면 '기본(적)'은 "사물이나 현상, 이론, 시설 따위를 이루는 바탕"으로, '원초(적)'는 "일이나 현상이 비롯하는 맨 처음이 되는 (것)"으로 뜻풀이가 되어 있다. 이 중에서 '원초적 민주정'을 번역어로 선택한 이유는 다음과 같다. 첫째, 저자 자신이 이 책의 주제인 'basic democracy'를 야생의 원종과 가치 체계가 혼합된 혼종의 유비로 설명하고 있기 때문에, '원'原 자가 포함된 단어가 더 적절할 것으로 생각했다. 둘째, 저자가 말하는 'basic democracy'가 역사적으로 근대 이전에 이미 실현된 바 있고, 또한 데모폴리스의 헌정 질서를 구축하는 과정에서도 자유주의 등의 가치 체계 이전에 이루어지기 때문에, 단어의 의미에 시간적인 선행이 함축되어 있는 '원초적'이 더 적절하다고 생각했다. 그러나 저자가 'basic democracy'의 토대로서 성격도 강조하고 있는 만큼, 기본의 뜻 역시 적절하며, 이런 번역어 선택이 이견의 여지 없이 옳다고 주장하려는 것은 아님을 밝혀

이제 다음과 같이 질문해 보자. 데모폴리스의 시민으로 살아
간다면 어떨까? 현재 우리가 살고 있는 자유주의적 민주정과 비
교했을 때, 데모폴리스의 삶으로써 우리가 얻을 것은 무엇이고 잃
는 것은 무엇일까? 이 질문에 두 사람이 대답을 하러 나섰다. 한 사
람은 데모폴리스에서의 삶을 우려하는 자유주의자이다. 그는 자
유주의적 가치들을 위한 정치적 토대를 다지려는 사람이며, 그에
게 통치[정부]란 잠재적으로 개인의 자유를 침해할 위험을 지니는
것이긴 하지만, 다른 한편으로는 분배 정의를 실현해 주는 온정주
의적[5] 공급자로서 존재해야 한다고 생각하고 있다. 또 다른 한 사
람은 이 질문에 완전히 다른 시각에서 대답할 수도 있다. 바로 전
제국가에 살고 있는 종교적 전통주의자이다. 그는 전제적 지배자
로부터 자유로운 삶을 꿈꾸지만, 현대 자유주의적 가치를 받아들
일 준비는 되어 있지 않은 사람이다. 이 두 사람에게 여기 하나의
민주정 이론은 무엇을 말해 줄 수 있을까?

둔다. 한편, '기본 민주주의'는 파키스탄의 2대 대통령(1958~69년 재임)
이자 군부 독재자였던 아유브 칸Ayub Khan이 주장했던 'basic demo-
cracy'의 번역어로 한국어 문헌에서 널리 쓰이고 있다. 물론 저자가 말
하려는 '원초적 민주정'은 이것과는 거리가 멀다.
5) [옮긴이] 여기서 '온정주의(적)'로 옮긴 말은 'paternalism(-stic)'이다.
이는 곧 시민들 위에서 엄하면서도 자상한 아버지처럼 통치하는 전제
적 지배자, 혹은 정부를 뜻한다. 특히 이런 방식의 통치는 역사 속에서
항상, 심지어 가장 민주적이었던 아테네에서조차 수많은 여성들은 제
외했다는 점에서, 'pater-'(아버지의-)를 접두사로 하는 파생어로 이를
표현하는 의미는 더 각별해진다. 아래에서는 문맥에 따라 '온정주의(적)',
'부권주의(적)', '가부장주의(적)' 등으로 옮기지만, 그 원어는 항상 같다.

나는 '자유주의 이전'의 민주정에 주목한다. 21세기에 자유주의는 민주정과 긴밀히 얽힌 지배적 가치 체계가 되었다. 정치적 자유주의는 내가 나고 자라 깊은 애착을 지닌 전통이며, 나는 자유주의적 민주정 이외의 다른 사회에서 살고 싶은 마음이 전혀 없다. 그러나 모든 가치 체계가 그렇듯이, 자유주의 역시 그것이 무엇을 증진하지는 않는지가 명백히 인식되지 않은 채 불명확하게만 남아 있다. 자유주의와 민주정의 혼종은 우리가 이루려는 목적의 도구이자 그 자체로도 고름 직한 목적이기도 한 '집단적 자기 통치'의 긍정적 가치를 모호하게 한다. 나는 자유주의자들에게 시민들의 참여가 최소화될 수 있는, 혹은 최소화되어야 하는 비용이라는 생각이 왜 틀렸는지를 보여 주려 한다. 또한 나는 시민들의 집단적 자기 통치에 대한 선호, 자기 이익을 추구하는 엘리트들이 통치를 독점하는 것에 대한 공포가 오직 포퓰리스트, 무지배주의자(아나키스트), 그리고 카를 슈미트식의 경합적 민주정 이론가들에게만 적당하다고 보는 것도 착각임을 보여 주려 한다.[6]

자유주의만이 민주정과 섞일 수 있고, 자유주의만이 민주정과

---

[6] 이런 오해는 1964년 10월 27일 당시 미국 대선에서 공화당 후보였던 보수 자유주의 강경파 베리 골드워터Barry Goldwater를 위한 로널드 레이건Ronald Reagan의 지지 연설이 잘 보여 준다. "바로 이것이 이번 선거의 가장 중요한 쟁점입니다. 우리가 자기 자신을 통치할 능력이 있음을 믿고 있는지 아니면 미국 독립혁명의 정신을 버리고서 저 멀리 의사당에 자리 잡고 앉은 소수의 엘리트들이 우리에 대해 우리 자신보다 더 나은 결정을 해주리라 믿는지 말입니다." 무지배주의자(아나키스트)와 슈미트류의 경합적 민주주의자들에 대해서는 3장과 8장을 보라.

분리되지 않을 유일한 가치 체계는 아니다. 나는 여기서 자유주의 이전의 것일 뿐만 아니라, 마르크스주의 이전의, 철학적 무지배주의(아나키즘) 이전의, 자유 지상주의 이전의, 현대 유교 혹은 이른바 '아시아적 가치'에 기반한 이론들 이전의 민주정 이론을 제시할 것이다. 나는 민주정이 자유주의를 포함해 다른 어떤 도덕적 가치에 대한 이론과 결합되지 않고도 그 자체만으로 여러 가지 바람직한 생존 조건들을 효과적으로 증진해 나갈 수 있음을 보여 주려 한다.

물론 이 작업이 곧 도덕적 가치를 중점에 둔 정치 이론을 폄하하려는 것은 아니다. 자유주의 (혹은 마르크스주의 등의) 정치 이론가들이 지지하는 다양한 정치적 혼종들에 비해, '그냥 민주정'이 그 자체로 더 우월하다는 주장은 이 책 어디에도 없다. 나의 목표는 다만 원초적 형태의 민주정이 그 자체로 우리에게 무엇을 줄 수 있는지를 보이는 데에 있다. 원초적 민주정은 마치 이종교배 시대에 남은 야생의 원종原種에 비유할 수 있다. 원종이 본질적으로 혼종보다 더 낫다고는 말할 수 없고, 혼종이 늘 원종에 대한 향수 어린 선호 속에서 근절되어야 하는 것도 아니다. 하지만 생물학자들이 원종의 유전적 특징과 행태에 관심을 갖는 것처럼, 우리 역시 '야생의' 민주정을 연구함으로써 무언가 배울 만한 것이 있지 않을까? 나는 가치 이론가들이 혼종에 우선 초점을 맞춤으로써 민주정에 필수적인 조건들과 자유주의적 가치들 사이의 관계를 잘못 이해해 왔으며, 민주정에만 고유한 좋음들[7]을 간과해 왔다고 생각한다.

이 책은 집단적 자기 통치를 위해 치러야 할 비용이 무엇인지,

그 비용을 기꺼이 내려는 사람들에게 집단적 자기 통치가 무엇을 제공하는지에 대한 것이다. 즉, [제공되는 것은 바로] 쉽게 알아볼 수 있으며 잠재적으로 성취할 수도 있는 종류의 인간적 번영 — 안전하고 풍요로운 사회에서 적극적인 참여자로 살아갈 기회 — 이다. 시민들이 자신들을 스스로 통치하면서, 동시에 자신에게 가치 있는 활동들도 자유로이 추구할 수 있게 된다는 것이다. 자유주의 없는 민주정의 비용과 수익을 가장 쉽게 알아보는 방법은 자유주의적 가치가 헌정 질서에서 중시되기 이전의 한 공동체의 민주정을 살펴보는 것이다. 그러나 우리는 유토피아적이든 디스토피아적이든 자유주의 이후의 민주정에 대해서도 생각해야 한다. 우리는 이제 현대 자유주의적 가치를 반영한 헌정 질서가 무너지거나 폐기되려고까지 하는 사회에 살고 있다. 자유주의 이후의 민주정은 에필로그에서 다룰 것이다.

자유주의는 17~20세기까지 종교전쟁, 파시즘, 권위주의적 공산주의를 비롯한 여러 문제들에 맞선 응답으로서 생겨나 발전해 왔다. 이 문제들이 오늘날 완전히 사라진 것은 아니다. 하지만 우리는 이제 이런 자유주의적 대안이 큰 성공을 거둔 결과로 도리어

---

7) [옮긴이] 여기서 '좋음들'로 옮긴 말은 'goods'이며, '재화'가 보통 일반적인 번역어이다. 그러나 '재화'라는 말을 아무리 넓게 정의해 이해하더라도, 이 책에서 우리가 민주정에서 누리게 된다고 주장하는 '인간의 본성적 능력들의 자유로운 발휘'를 '재화'로 옮기는 것은 아무래도 부자연스럽다고 판단해 '좋음들'을 번역어로 택했다. 물론 문맥에 따라 '재화' 혹은 '-재'(예: 공공재, 클럽재 등)로 옮기기도 했으나, 이 단어들은 모두 동일하게 'goods'의 번역어임을 밝혀 둔다.

생겨난 새로운 문제에 직면해 있다. 즉, 기술 지배적 통치, 경제위기, 정치적 양극화, 민족주의적 포퓰리즘과 결합한 소외 및 정체성 정치의 신봉 등이 그렇다. 자유주의 이전의 민주정 이론이 이와 같은 문제들, 혹은 그 밖의 다른 현대성이 낳은 질병에 만병통치약이 되지는 않을 것이다. 하지만 자유주의 이전의 민주정이 우리에게 민주정 이론 그리고 아마도 정치적 실천을 위해서까지도 새로이 나아갈 길을 제시해 주리라는 기대는 여전히 유효하다.

때로 자유주의 정치 이론가들은 자유주의 없는 민주정을 마치 루소가 꿈꿨던 하나의 일반의지 혹은 무제한적인 다수결주의에서 영감을 받은 것으로, 근본적으로, 심지어 지독한 정도로, 반자유주의적인 이데올로기로 그린다. 나는 순전한 다수결주의가 (불안정할지언정) 충분히 상상해 봄 직한 정치의 한 형태이긴 하지만, 민주정의 타락한 형태에 불과함을 보여 주고자 한다. 이는 결코 하나의 원형적이고 정상적이며 건강한 정치체제의 유형이 될 수 없다. 그렇기에 나는 자유주의적 민주주의자들이 안심할 수 있도록 그들이 옹호하는 가치는 민주정 자체로도 보장될 수 있으며, 그들이 악몽처럼 여기는 비자유주의적 결과들이 민주국가에서 자유주의가 맞은 위기와 함께 필연적으로 도래하지는 않을 것임을 보이려 한다. 하지만 동시에 나는 폭군[8])에게 시달리고는 있지만, 현대 자

---

8) [옮긴이] 여기서 '폭군'이라 옮긴 말은 'tyrant'이며, 앞으로 '폭정'이라 옮길 말은 'tyranny'이다. 1장의 주 26에서 언급하듯, 저자는 '전제정'이라 옮긴 'autocracy', '전제적 지배자'로 옮긴 'autocrat'를 각각 'tyranny', 'tyrant'와 정확히 동일한 의미로 사용하고 있다(뒤에 특히 4장

유주의의 신조들 — 대표적으로 종교에 대한 국가 차원의 중립성 — 과 같은 입장은 받아들이려고 하지 않는 전통주의자들에게도 나의 이 작업이 의미를 갖기를 바란다. 상황이 이와 같을 때, 전통주의자들은 어떤 종류의 민주정이든 그들에게 알맞은 선택지가 될 수 있을까 하며 의심의 눈초리를 하고 있을 것이다. 만약 민주정이 자유주의를 반드시 포함하는 상품 꾸러미로서만 가능한 것이 아니라면, 그들의 의심은 이유 없는 것이 될 수 있다.

이 책은 역사적이면서도 규범적인 정치 이론을 제시한다. 이 이론은 [한 정치적 질서의] 적응성과 안정성 모두를 다룬다. 무엇보다 이 이론은 이상적이지 않다. 이 이론은 "인간을 형성하는 굽은

에서 이 말은 곧 홉스적 '주권자'sovereign와도 교환 가능하게 쓰인다). 물론 전제정, 폭정, 그리고 일반적으로 고대 그리스어 문헌 번역에서 'tyranny (tyrant)'의 번역어로 사용되는 참주(정)는 그 의미를 다음과 같이 구별할 수 있다. 일반적인 언어적 감각까지 고려했을 때, 폭군 내지 폭정은 지배의 성질, 즉 지배의 좋음과 나쁨을 가리킨다. 전제정은 지배의 한 방식, 즉 집단적 자기 통치나 엄격한 법치가 아닌 개인 혹은 소수의 자의적 지배라는 의미로 사용된다. 참주는 엄밀히 말하면 개인의 역량으로 폭력을 동원해 기존의 사회적 관습이나 권력 구조를 극복하고 지배자 자리에 오른 인물을 뜻한다. 물론 참주에 대한 이처럼 엄밀한 의미는 고대 그리스 이후에 점차 확장되어 폭군이나 전제적 지배자와 동일시되는 경향이 있었다. 즉, 이런 의미에 따르면, 세종대왕은 성군이고 연산군은 폭군이었지만 둘 모두는 전제적 지배자였고, 정당한 왕위 계승자였다는 점에서 참주는 아니었다. 고대 아테네의 페이시스트라토스는 전제적 지배자이자 참주였지만 폭군은 아니었다. 그러나 이 책의 핵심 논지를 고려할 때, 번역상 이런 구별이 반드시 이루어져야 할 필요가 적으므로, 꼭 필요한 맥락이 아니면 'tyranny(tyrant)'의 번역어는 '참주정(참주)'이 아닌 '폭정(폭군)'으로 했음을 밝혀 둔다.

나무에서는 완전히 곧은 어떤 것도 나올 수 없다"[9]는 칸트의 주장[「세계시민적 관점에서 본 보편사의 이념」(1784), 제6명제, A397 —지은이]을 받아들인다. 하지만 이 이론은 또한 적절한 조건들이 마련되면 우리는 이 뒤틀린 통나무로도 전제적 지배자 없이 함께 살아가는 데 충분한 튼튼하고 적응력 있는 틀을 만들어 낼 수 있다고 전제한다. 이 이론은 다양성을 지닌 공동체 안에서 사회적 협동의 근본적 문제에 정치적 해결책을 제시할 뿐, 사회정의라는 문제에 대한 도덕적으로 만족스러운 해결책을 염두에 두지는 않는다. 내가 제안하려는 해결책은 근본적인 몇 가지 합의를 이룬 사람들이 자신들이 이루려는 목표를 어떻게 성취할 수 있는지에 관한 방법을 제시한다. 그러나 이 목표들은 — 정의로운 것을 어떻게 이해하든 — '완전히 정의로운 사회'라는 도덕적 목표를 포함하지는 않으며, 그런 사회를 넘어서 정의로운 세상에 대한 것은 더욱 아니다.

여기서 개진할 나의 민주정 이론은 '반이나 남은 물잔'과 같은 신중한 낙관론이다. 나는 자유주의 없는 민주정이 최선의 상태에 놓일 수 있다고, 즉 어디에서나, 모든 사람까지는 아니더라도, 다양성을 지닌 공동체에 살아가는 수많은 사람들에게 인간적 번영

---

9) [옮긴이] 제6명제에서 본문에 언급된 부분에 앞선 서술은 다음과 같다. "인간은 …… 하나의 보편타당한 의지에 복종하여 누구나 거기서 자유로울 수 있게 해줄 지배자를 필요로 한다. …… [그러나] 이 과제는 다른 모든 과제 중 가장 어렵다. 물론 이 과제를 완전히 해결하기는 불가능하다"(임마누엘 칸트, 「세계시민적 관점에서 본 보편사의 이념」, 한국칸트학회 기획, 김미영·홍우람·오은택·이남원·정성관·배정호 옮김, 『비판기·저작 1(1784~1794)』, 한길사, 2019, 27쪽).

의 가능성을 가장 잘 지지해 주는 형태일 수 있음을 보여 주려 한다. 하지만 그렇게 '반이나 남은 물잔'이라도 되려면 어쨌든 어떤 조건들이 충족되어야 하고, 어떤 규칙들이 세워져 이 조건들을 뒷받침해야 하며, 시민들이 나서 그 규칙들을 집행도 해야 한다. 이 중 어느 것도 그냥 주어지는 것은 없다. 조건들은 까다롭고, 규칙들은 더없이 훌륭하게 고안되어야 하며, 시민들은 항상 의욕적인 자세로 임해야 한다. 어떤 정부도 부패로부터 자유롭지 못하며, 민주적이라 자처하는 현실의 수많은 체제들은 자유주의자들뿐만 아니라 전제정에 꽤 괜찮은 대안을 찾으려는 비자유주의자들조차 못 받아들일 법한 조건들로 사회를 이끌어 가곤 했다.

민주정에서라면 아무것도 잘못되지 않을 수 있을까 하는 질문은 이상적이지 않은 이 정치 이론이 답할 만한 질문이 아니다. 민주정에서도 항상 무언가 잘못될 수 있고, 실제로 그렇게 되어 왔다. 진정 답해야 할 질문은 다음과 같다. 집단적 자기 통치가 올바르게 실천된다는 것은 어떤 것인가? 어떤 조건들이 갖춰졌을 때 집단적 자기 통치는 가능한가? 집단적 자기 통치를 가능케 하는 조건들은 현실의 평범한 사람들에 의해서도 마련될 수 있는가? 집단적 자기 통치가 충분히 성취 가능하며 지속 가능하기도 하다는 전제 조건은 자유주의 이전의 민주정에 대한 나의 낙관론에 생기를 불어넣는다. 물잔의 빈 나머지 절반을 나는 에필로그에서 다룰 것이다.

감사의 글

이 책에 담긴 아이디어는 수년간 고민한 것이었다. 이 아이디어가 발전을 거듭해 이렇게 책에 담긴 내용으로까지 발전한 것은 2015년 10월 케임브리지 대학교 정치사상센터의 초청을 받아 실리 강좌Seely Lectures 연사로 참여하면서였다. 먼저 나를 초청해 준 케임브리지 대학교 역사학과에 깊은 감사를 드린다. 친절하고 너그러웠던 주최자 존 로버트슨John Robertson 교수와 크리스토퍼 멕스트로스Christopher Meckstroth 교수를 비롯해 강의와 세미나에 참여해 날카로운 질문과 논평을 전해 준 케임브리지 대학교의 학생들과 교수들에게도 감사드린다. 클레어 홀Clare Hall에서는 체류하는 내내 안성맞춤의 숙소를 제공해 주었다. 연구년이었던 2013, 14년 스탠퍼드 대학교 인문학센터에서 연구비를 지원해 준 덕택에 나는 정규 강의 활동을 잠시 쉬면서 이 강의의 초고를 발전시킬 수 있었다. 2015년 가을 학기에는 에든버러 대학교의 레벤티스Leventis 방문교수로 있으면서 훌륭한 환경에서 뜻 맞는 박식한 동료들과 함께 초벌 편집 및 교정을 할 수 있었다.

그 외에도 다른 여러 강좌와 워크숍, 세미나에서 나는 이 아이디어를 소개할 기회를 얻었다. 캘리포니아 대학교 버클리 캠퍼스, [부다페스트의] 중부유럽 대학교, 찰스턴 칼리지, 다트머스 칼리지, 캘리포니아 대학교 데이비스 캠퍼스, 에든버러 대학교, 파리의 사

20

회과학고등연구원EHESS, 에머리 대학교, 런던의 역사연구소IHR, 맥
마스터 대학교, 매릴랜드 대학교 볼티모어 캠퍼스, 뉴햄프셔 대학
교, 프린스턴 대학교, 세인트 앤드루스 대학교, 스탠퍼드 대학교,
더블린의 트리니티 칼리지, 프리토리아의 남아프리카 대학교, 워
싱턴 대학교, 웰즐리 칼리지, 웨슬리언 대학교, 윌리엄 앤드 메리
칼리지에서 아주 유익한 논평과 질문을 받을 수 있었다.

두 익명 심사자와 많은 친구들 및 동료들이 이 원고에 꼼꼼하
고도 매우 유익한 논평을 해주었기에, 나는 해석상의 혹은 사실관
계에 대한 오류를 교정할 수 있었고, 더 폭넓은 문헌을 접할 수 있
었으며, 각 논변을 더 세심하게 따진 끝에 더 명료하게 전달할 수
있었다. 대니엘 앨런Danielle Allen, 라이언 밸롯Ryan Balot, 애너벨 브
렛Annabel Brett, 미르코 카네바로Mirko Canevaro, 데이비드 카터David
Carter, 폴 카트리지Paul Cartledge, 페데리카 카루가티Federica Carugati,
에밀리 채프먼Emilee Chapman, 숀 코너Sean Corner, 폴 드몽Paul De-
mont, 휴 더피Huw Duffy, 제이컵 아이슬러Jacob Eisler, 에이머스 에스
퍼랜드Amos Espeland, 존 페러존John Ferejohn, 뤽 포아뇨Luc Foisneau,
캐서린 프로스트Catherine Frost, 샤를 지라르Charles Girard, 데버라
고든Deborah Gordon, 벤 그레이Ben Gray, 스티븐 할리웰Stephen Halli-
well, 존 헤스크Jon Hesk, 킨치 훅스트라Kinch Hoekstra, 로버트 코헤
인과 나널 코헤인Bob and Nan Keohane, 멀리사 레인Melissa Lane, 토
니 랭Tony Lang, 제이컵 레비Jacob Levy, 스티브 마세도Steve Macedo,
베르나르 마냉Bernard Manin, 에이드리엔 마요르Adrienne Mayor, 앨
리슨 매퀸Alison McQueen, 크리스토퍼 멕스트로스, 얀-베르너 뮐러
Jan-Werner Müller, 롭 라이시Rob Reich, 니컬러스 렌저Nicholas Rengger,

존 로버트슨, 스테펀 시아라파Stefan Sciaraffa, 아트미스 시퍼드Artemis Seaford, 맷 사이먼턴Matt Simonton, 세라 송Sarah Song, 피터 스톤Peter Stone, 데이비드 티가든David Teegarden, 마티아스 세일러Mathias Thaler, 배리 와인가스트Barry Weingast, 레이프 위나Leif Wenar가 흔쾌히 베푼 도움에 깊은 감사를 표한다. 이들 덕분에 이 책의 형식과 내용 모두 헤아릴 수 없을 만큼 나아졌다. 하지만 이 책은 여전히 민주정 이론에 대한 나 개인적인 견해이며, 누구도 내가 여기 적은 것에 반드시 동의할 필요는 없다. 이 책에서 발견될 결함들은 오롯이 저자의 부족함 때문이라는 통상적인 양해는 여기서도 마찬가지이다. 독창적인 일러스트로 표지를 빛내 준 미셸 에인절Michele Angel, 케임브리지 대학교 출판사의 편집자 엘리자베스 프렌드-스미스Elizabeth Friend-Smith와 그 동료 직원들에게 특별한 감사를 보낸다.

무엇보다도, 내가 지금껏 뭐라도 써낼 수 있었던 그 이유가 되어 준 인생의 동반자, 에이드리엔 마요르에게 감사의 말을 남긴다.

이 책에서 다른 학술지에 실린 부분은 다음과 같다.

2장 2절. "The Original Meaning of Democracy: Capacity to Do Things, Not Majority Rule," *Constellations* 15, no. 1: 3~9 (2008).

5장 4절. "Natural Capacities and Democracy as a Good-in-Itself," *Philosophical Studies* 132: 59~73 (2007).

6장 6~8절. "Democracy's Dignity," *American Political Science Review* 106, no. 4: 827~846 (2012).

7장 6, 7절. "Democracy's Wisdom: An Aristotelian Middle Way

for Collective Judgment," *American Political Science Review* 107, no. 1: 104~122 (2013).

출판된 저작물을 활용할 수 있게 배려해 준 학술지들에 감사를 표한다.

제1장

원초적 민주정

◆

이 책에서 나는 가장 원초적인 형태의 민주정basic democracy에 대한 가장 원초적인 질문에 답하려 한다. 즉, 민주정이란 무엇인가? 민주정은 왜 생겨났는가? 민주정은 어떻게 지속되는가? 민주정은 무엇을 위해 좋은가? 정치에 관심 있는 사람들에게, 이는 중요한 질문들이다. 이에 대해 나는 부분적으로는 정치 이론에, 또 부분적으로는 고대 역사에 기대어 답해 보고자 한다. 정치와 역사 모두에 관심 있는 사람들은 민주정의 오래된 과거를 살펴볼 가치가 있다고 생각할 것이다. 그러나 자유주의 이전의 민주정이 왜, 그리고 어떻게 오늘날의 정치 이론이나 실천에 유의미한지는 아직 명확하지 않다. 이 책의 목적은 그 유의미함을 증명하는 것이다.

내가 여기서 제시하려는 정치 이론은 다음과 같은 인간 이해에 기반하고 있다. 즉, 나는 인간을 전략적으로 합리적인 존재이며 특정 조건들 아래에서 본성상 사회적 삶을 살도록 적응하게 된 존재로 이해한다. 그런 사회적 조건들이 완전히 충족되면, (공동으로, 그리고 각자가 물질적으로나 심리적으로 잘 살게 된다는 의미에서) 인간적 번영의 잠재력이 최고 수준에 이를 것이다. 그런 사회적 조건들은 민주정에 의해 유달리 잘 마련되며 이것이 내가 보이려는 바이다. 민주정은 자유주의의 여러 친숙한 형태들과 구별 가능하다. 민주정에 필요한 정치적 조건들은 자유주의의 근본 가치와 겹치며, 따라서 민주정과 자유주의는 서로 어려움 없이 결합할 수 있다. 그러나 그 결합이 꼭 불가피한 것만은 아니다. 우리에게는 너무나 익숙해져 버린 혼종인 자유주의적 민주정[좀 더 친숙한 표현으로는 '자유민주주의']으로부터 민주정 자체만을 떼어내서 보면, 민주정이 무엇을 위해 좋은 것인지, '민주정적 좋음'은 어떻게 확보될 수 있는지를 잘 설명할 수 있을 것이다.[1]

1. 정치 이론

최근의 세계 가치관 조사(World Value Survey[2016년])에 따르면, 조사 대상 34개국의 사람들은 모두 민주정 국가에 사는 것을 매우 중요한 가치로 꼽았다(10점 척도에서 러시아는 7점 이상, 스웨덴은 9점 이상). 그러나 민주정의 중요성에 대한 응답자들의 견해와 실제 자기 나라가 얼마나 민주적으로 통치되고 있는지에 대한 평가 사이에는 대체로 중대한 간극이 있었다. 이런 간극은 부분적으로는 민주정이 염원의 대상이라는 것, 즉 아직 완전히 실현되지 못한 희망이라는 것을 보여 준다.[2] 한편, 이렇듯 오늘날 민주정은 사실상 보편적인 염원이지만, 그 민주정이 모두에게 같은 것을 의

---

[1] '민주정이 무엇을 위해 좋은지'에 대해서는 크라우트(Kraut 2007)를, '민주정을 위한 조건들'에 대해서는 오버(Ober 2003)를 보라.

[2] 제6차(2010~14) 세계 가치관 조사의 문항 V140은 "민주적으로 통치되는 나라에서 사는 것이 귀하에게 얼마나 중요합니까? 1점 '전혀 중요하지 않다'에서 10점 '절대적으로 중요하다' 사이에 몇 점을 선택하시겠습니까?", 문항 V141은 "[같은 척도로 -인용자] 귀하가 속한 나라는 현재 얼마나 민주적으로 통치되고 있습니까?"(https://www.worldvaluessurvey.org/wvs.jsp, 2016년 7월 10일 접속)였다. 분석된 결과는 에이큰과 바텔스(Achen and Bartels 2016, 4~6의 〈도표 1-1〉)를 보라.

미한다고 믿는다면 어리석은 일이다. 일상어에서 그런 것처럼, 정치 이론에서도 '민주정'이란 전형적으로 본질적으로 논쟁적인 개념[3]의 고전적인 예시 가운데 하나에 해당한다. 민주정에 대한 수많은 정의가 제시되어 있음은 말할 것도 없다. 그러나 어떤 정의도 모든 맥락에서 다른 정의들을 다 물리칠 만큼 권위를 지니지는 못한다. 이 책의 목표는 내가 원초적인 민주정이라 일컫는 것을 더 잘 이해하는 것이다. 인민dêmos에게 정당한legitimate 권위가 있을 때 — 즉, 시민 집단 혹은 '인민'[4]에게 조직적이면서 정당화된 정치적 권력이 있을 때 — 그런 의미에서 민주정이란 원초적이다.

원초적 민주정 이론은 그 정당성과 능력을 묻는 데서 출발한다. 즉, 왜 인민이 공적 권위를 가져야만 하는가? — 군주나 소수의

---

3) 갈리(Gallie 1955)는 "본질적으로 논쟁적인 개념"an essentially contested concept이라는 용어를 만들어 냈고, 민주정을 네 가지 "살아 있는" 개념들 중 하나로 꼽았다. 특히 갈리(Gallie 1955, 168, 169, 184~186)를 보라. 이 개념들은 다음과 같은 속성들을 지니며, 이 속성들 각각이 이 책의 논의에도 적용된다. 이 개념들은 가치 평가적 개념으로서, 서로 다른 측면을 중요도에 따라 어떻게 순서 매기느냐에 따라 각각 다르게 기술하는 것이 가능한, 즉 내적 복잡성을 가진 개념이다. 이 개념들은 특성상 열려 있으며, 공격적으로 쓰이기도 하고 방어적으로 쓰이기도 한다. 이 개념들을 사용하는 사람들은 역사적인 전범典範의 권위를 끌어들인다. 이 개념들은 그 의미와 관련해 (해소될 수 없는, 그렇지만 생산적인) 논쟁을 불러일으킨다.

4) 그리스어 '데모스'dêmos란 이 외에도 '민회', '민회의 참여자 중 다수', '엘리트가 아닌 시민들', '상대적으로 가난한 다수의 사람들'을 의미할 수 있다. 이 다른 의미들은 '시민 집단/인민'이라는 핵심 의미로부터 역사적으로 이어져 나왔거나 파생된 것들이다. 이와 관련해서는 2장을 보라.

귀족들, 혹은 기술 지배적 엘리트가 아니라 왜 하필 인민이? 그리고 '가져야만 한다'는 곧 '가질 수 있다'를 전제하기에, 우리는 동시에 어떻게 인민이 복잡한 사회에서 그런 권위를 잘 행사할 수 있는지 묻게 된다.[5] 원초적 민주정은 인격적 자율성, 타고난 인권들, 분배 정의 등에 대한 문제와는 관련이 없다. 물론 '자유주의' 역시 '본질적으로 논쟁적인 개념'이다. 하지만 나는 자율성, 권리들, 정의 및 종교에 대한 국가 차원의 중립성이라는 신념을 현대 주류 자유주의의 우선적 가치로 취급하고, 이 개념들을 일종의 도덕적 신념으로 간주할 것이다.[6] 역사 속에 있었던 한 체제로서 민주정은 이 같은 자유주의적인 도덕적 신념에 대한 철학적 해명이 있기 이전에도 존재했다. 탄탄하게 지속 가능하며 (인간적 번영을 증

---

[5] 인민의 지배의 정당성을 위한 논변은 일탈을 최소화하고 안정성을 확보하기 위해 모든 시민들에게 제시되어야 한다(4장 4절). 하지만 이런 논변은 (자유주의적 사회계약 이론에서처럼) 태초 상태의 前정치적인 개인의 자유라는 태초 상태의 조건을 일정 부분 포기하는 것이 왜 합리적으로 더 고름 직한지를 증명하는 것과 다르며, (자유주의 정의론, 예를 들어 Christiano 2008, 232~240에서처럼) 분배 정의에 대한 특정 주장에 근거하지도 않는다. 민주정의 정당화는 인민 이외의 다른 주체가 지배할 때 국가의 존재 목적이 더 잘 달성될 수 있다는 주장과 맞선다.

[6] 1장 2절에서 보듯이, 나는 존 롤스John Rawls의 자유주의 이론을 현대 '주류'의 결정판으로 삼고자 한다. 크리스티아노(Christiano 2008)와 이스트런드(Estlund 2008)는 롤스에게 여러 방식으로 비판적인 민주정 도덕 이론의 예시들이다. 유념해야 할 사실은 현대 자유주의 이론 중에서도 권리들을 옹호하는 것보다는 사회적으로 가치 있는 좋음(예를 들어, 선호의 충족)을 최대화하는 데에 더 집중하는(Singer 1993) 계열이 있기도 하고, 국가 수준의 가치중립성을 주창하지 않는 계열(Raz 1986)도 있다.

진한다는 의미에서) 선택할 만한 정치 질서에 대한 한 가지 이론으로서 원초적 민주정 역시 자유주의적인 도덕적 신념에 선행한다.[7]

나는 '자유주의 이전' 원초적 민주정의 두 가지 예시를 보여 줄 것이다. 첫 번째 예시(2장)는 고대 그리스 세계에서 시민들에 의한 집단적 자기 통치에 관한 역사적 기록이다. 그리스 민주정은 풍부한 기록으로 전해지는 민주정 실천의 시범 사례로서, 이 기록 덕에 우리는 그리스 민주정과 같은 질서가 '인간에게는 불가능하다'거나, '복잡한 사회에서 지속 가능하지 않다'거나 '권위주의적 체제와의 경쟁에서 불리하다' 따위의 주장을 반박할 수 있다. 역사적 사례에 큰 관심이 없는 독자라면 2장을 건너뛰고 두 번째 예시(3장)로 넘어가도 좋다. 3장에서 나는 평범한 사람들 — 적당히 합리적이고, 자기 이익을 추구하며, 전략적으로 행위하고, 사회적이며, 언어로 의사소통할 수 있는 개인들 — 로 이루어져 사회적 다양성을

---

7) 혹자는 원초적 민주정을 두고 에이큰과 바텔스(Achen and Bartels 2016, 1)가 말한 '단순한 민주정 이론'folks theory of democracy과 같다고 생각할 수 있다. '단순한 민주정 이론'이란 민주정은 인민을 주인으로 하며, 민주정의 정당성은 인민의 동의에서 온다는 주장을 골자로 하는데, 에이큰과 바텔스는 이 이론이 평범한 시민들의 정치적 지식과 판단에 대해 경험적으로 오류일 뿐만 아니라 비현실적이리만큼 낙관적인 전제들에 의존한다는 이유로 이를 거부한다. 이 이론을 무시하는 두 사람의 주장은 우선적으로 (공동의 이익보다는) 개인이나 (특히) 집단의 이데올로기적 선호를 좇는 것과 관련되며, 거의 전적으로 미국의 투표 행태에 관한 이론과 연구에 집중하고 있다. 이 책에서 개진하는 나의 원초적 민주정 이론이 이들의 경험적 연구에 근거한 문제 제기를 넘어설 수 있을지, 그 평가는 독자에게 맡긴다.

지닌 한 인구 집단이 이 위험하고 변화무쌍한 세계에서 안전하고 풍요로우며 비전제적인 국가를 세우고자 할 때 내릴 법한 (반드시 내릴 것이라 내가 주장할) 선택으로부터 생겨나는 정치 질서의 한 형태인 '집단적 자기 통치'를 하나의 이론적 모델로서 제시할 것이다.

내가 '데모폴리스'라고 부를 이 정치적 사고실험은 시민들이 상호 이익을 위해 행동을 조율[8]하게끔 하는 가장 근본적인baseline 헌정 질서의 틀, 가장 기본적인barebones 규칙들의 집합이다.[9] 상술하지는 않겠지만 나는 데모폴리스가 건립되기 전 이 인구 집단에

---

[8] [옮긴이] 여기서 '행동을 조율'로 옮긴 말은 'coordinate actions'로, 'coordination'은 '조율' 이외에도 맥락에 따라 '협력'으로 옮기기도 했다. '협동'으로 옮긴 말은 'cooperation'으로, 이는 보다 일반적이고 상시적이며 사회 단위로 일어나는 것으로 이해할 수 있다. 한편 이 책에서 '조정'調整으로 옮긴 말은 'adapt', 'adjust'이고, 저자의 색인에 포함되지는 않았다.

　한편 롤스는 『정치적 자유주의』(강의 I, 3장 2절)에서 다음과 같이 협동과 조율된 행동을 구별한다. 장동진은 여기서 조율된 행동을 '조정된 행동'으로 옮겼다. "협동은 단지 사회적으로 조정된 행동, 예를 들자면, 어떤 중앙집권적 권위가 발한 명령들에 의해 조정된 행동과는 다르다. 협동은 협동하는 사람들이 자신들의 행동을 적절하게 규제하는 것으로서 받아들이고 간주하는 공인된 규칙과 절차에 의해서 이루어진다"(『정치적 자유주의』, 장동진 옮김, 동명사, 2016, 98쪽).

[9] [서로 협력하려는 의지를 제외하면] 다른 모든 측면에서는 다양한 선호를 가졌을 다수의 개인들 사이에 협력을 가능케 하는 기본적 합의에 대해서는 하딘(Hardin 1999)을 보라. 여기서 말하는 가상의 데모폴리스는 미국 앨라배마주의 실제 도시 데모폴리스(2010년 기준 인구 약 7500명[2019년 기준 6612명])와는 관련이 없다. 물론 실제 데모폴리스의 이름은 19세기 프랑스 정착민들이 그들의 민주적 이상을 기리고자 붙인 이름이긴 하다(https://en.wikipedia.org/wiki/Demopolis,_Alabama, 2016년 7월 19일 접속).

일종의 전사前史가 있고, 시민사회의 요소들이 갖추어져 있다고 가정할 것이다. 나는 또한 이 같은 [헌정 질서의] 틀이 갖춰진 이후에 데모폴리스의 시민들은 규범적으로 중대한 사안들과 관련해 후속 입법에 나설 것이라고 가정할 텐데, 여기서 제정되는 규칙은 주로 권리들이나 분배 정의와 관련되어 있을 것이다. 이처럼 규범적으로 중대한 사안에 대한 의사 결정을 할 때, 시민들은 의견 불일치를 겪게 된다. [이런 의견 불일치 상황에서] 이 [데모폴리스에 세워진 헌정 질서의] 틀은 폭력이나 제3자에 의한 강제의 필요 없이도 의사 결정이 이루어지고, 민주적 메커니즘을 고안할 수 있도록 해준다(Vermuele 2007). 원초적 민주정은 (앞으로 4~6장에서 논의할) 어떤 윤리적 신념들을 지켜 나감으로써 번영을 증진하겠지만, 나는 그런 윤리적 신념들이 시민들이 마주할 모든 규범적 질문들에, 그 자체로 혹은 그로부터 도출해, 답을 제공해 주리라 생각하지는 않는다. 이 틀은 도덕적으로 중대한 집단적 숙의와 의사 결정을 할 수 있게 해줄 뿐, 그 숙의와 의사 결정의 결과까지 미리 규정하도록 되어 있지는 않다.[10]

10) 예를 들어, 원초적 민주정은 정치체제에 대한 외적·내적 위협에 맞서 자원과 인력을 동원할 대비 태세를 갖출 수 있다. 그러나 원초적 민주정은 그 자체로는 시민들이 왜 전쟁에서 목숨을 바쳐야 하는지 그 이유를 확실하게 정당화해 주거나, 전사자가 국가에 대해 요구하리라 상상할 만한 사항들을 해결할 방법 같은 것을 갖추고 있지는 못하다. 이 문제를 언급하도록 해준 캐서린 프로스트Catherine Frost와 라이언 밸롯Ryon Balot에게 감사를 표한다. 이 외에도 원초적 민주정은 자유주의 창안의 배경이 되었던 종교적 다원주의의 문제도 해결하지 못할 것이다.

데모폴리스는 (도덕철학적 의미가 아니라) 막스 베버Max Weber의 사회학적 의미에서의 이념형이다. 즉, 실재하지만 현실에서는 드물게만 관찰되는 원초적 민주정이라는 정치체제의 특징들을 현실의 여러 정치체polity들에서 쉽게 관찰 가능한 특징들로부터 추상함으로써 파악하기 위한 것이다. 데모폴리스에는 도덕적 문제들에 대한 (다원주의 사회를 가정했을 때) 어려운 선택들을 잠정적으로나마 내려 왔던 현실의 정치 체계들의 몇몇 측면이 결여되어 있다. 데모폴리스의 가상의 건국자들은 오직 안정적이고 안전하며 풍요로운 정치적 기초를 확고히 하는 데 필요한 규칙들을 정할 뿐, 어려운 도덕적 문제들에 대한 결정은 나중으로 미뤄 둔다. 건국자들이 정한 규칙들은 데모폴리스가 외부로부터의 충격, [내부에서의] '엘리트 독점'elite capture의 위협에 탄탄하게 맞서며, 민주적 성격을 지켜 가면서도 더 발전해 갈 수 있도록 의도된 것이다.

민주정을 자임하는 현실 속 근대 정치체들은 데모폴리스가 갖춘 몇몇 제도들을 갖고 있지 않다. 이 정치체들은 고전기 아테네 혹은 다른 고대의 직접 민주정과 똑 닮아 있지도 않다. 이 정치체들은 고대 그리스의 정치체들과 데모폴리스에 없는 특징들을 가지고 있기도 하다. [이 책에서] 원초적 민주정을 그려 보이는 목적은 고전기 아테네의 역사적 사례나 데모폴리스 사고실험[에서 그려지는 원초적 민주정]의 수준에 미치지 못하는 (혹은 그 수준 이하인) 어떤 체제도 '민주정'이라는 이름으로 불릴 자격이 없음을 보여 주기 위한 것은 아니다. 하지만 내가 의도한 바가 잘 실현된다면, 역사적 사례와 사고실험의 결과들은 (마치 원뿔형 천막tipi의 버팀목들이 서로를 지지하듯이) 서로를 지지하며 서로에 대한 명료한 이해를 도울 것이다. 이 탐구의 목표는 처방적prescriptive이라기보다는 오히려 규제적regulative인 것이다. 이론과 역사를 결합하는 방식으로, 나는 위험하고 변화무쌍한 세계에서 안전, 풍요, 비폭정이라는 지속 가능한 목적을 가장 잘 성취하기 위해 민주정의 시민들이 갖추어야 할 근본적인 역량은 무엇인지, 그 목적을 위해 각자가 부담해야 할 비용은 무엇인지를 조명하고자 한다. 또한 나는 민주정의 실천으로부터 시민들이 얻을 수 있는 실증적 좋음들이 무엇인지도 분명히 보여 주려 한다. 민주정으로부터 생겨나는 좋음들은 주류 자유주의 정치 이론에서 상대적으로 불분명했기 때문이다.

2. 왜 '자유주의 이전'인가

퀜틴 스키너Quentinne Skinner의 『자유주의 이전의 자유』*Liberty before Liberalism* (1998)의 오마주인 이 책의 [원서상] 부제, '자유주의 이전의 민주정'Democracy before Liberalism은 두 가지를 표현한다. 하나는 역사적인 것으로서, 나는 민주정이 용어로서나, 개념으로서나, 하나의 실천으로서나, 자유주의의 기치 아래 [생겨난] 윤리적·정치적·경제적 주장들이 두각을 드러낸 17~20세기보다 시간적으로 훨씬 선행한다는 사실을 짚으려 했다. 앞으로 보겠지만, 역사적으로 원초적 민주정은 훗날 자유주의자들이 [그 자체로] 가치 있는 것으로 받아들였던 여러 정치적 조건들 위에서 성립했다. 즉, 정치적 자유(발언과 결사의 자유), 정치적 평등, 그리고 입법 권력과 집행 권력에 대한 법률적 제한이 그것이다. 그런데 정치사상가들이 자유를 개인적 자율성으로 규정하기 훨씬 이전부터 민주정은 실천되어 왔다. 도덕 철학자들이 권리들을 '정치 공동체와 관련한'civic(시민들 사이에서 공유되며 시민들의 집단적 활동들에 의해 보전되는) 것으로 정의하는 대신, '자연적'이고 '인간적'인(자연법이나 도덕법칙으로부터 생겨나 내재적이고 보편적인) 것으로 정의하기 훨씬 이전부터 민주정은 실천되어 왔다. 분배 정의가 자율성과 권리들에 대한 도덕적 전제들에 기반하기 훨씬 이전부터, 종교적 다원주의라는 사실이 헌법 수준에서 명시된 [국가 차원의] 가치중립성을 필요로 하는 것이라 간주되기 훨씬 이전부터 민주정은 실천되어 왔다. 즉, 자유주의적 도덕성에 대한 일관된 설명이 등장하기 이전부터 민주정이 인식되고 실천되어 왔던 역사가 존재한다. 나는 내학문적 경력 대부분을 그 민주정이 거쳐 온 역사의 한 부분 — 즉, 고대 그리스의 민주정, 특히 고전기 아테네 민주정 — 을 연구하며 보냈다. 이 책은 그리스 역사 자체에 대한 것은 아니지만, 분명민주정을 경험한 고전기 그리스에 기반하고 있음은 틀림없다.

내가 부제로 표현하려 했던 두 번째 내용은 개념적인 것으로서, 원초적 민주정이 자유주의의 (또는 다른 가치 체계들의) 선행 조건이 될 수 있다는 것이다. 민주정이란 시민들의 공동체에서 수행되는 정치의 한 형태로서, 권력과 이익들 사이의 관계를 조직하는 방식 가운데 하나라는 의미에서 그러하다. 반면에 내가 이 글에서 사용하는 의미에 따르면, 자유주의란 정치적 도덕성에 대한 이론으로서, 윤리학적 개인주의, 관용, 도덕적 옳음, 다원주의 사회에서 분배 정의라는 요건 등을 준거로 삼아 윤리적인 사회적 관계를 구체화하고 정당화하는 한 방식을 뜻한다. 무엇보다 내가 주로 다루는 자유주의는 칸트적인 것(Rawls 1971, 1996, 2001)으로서, 개인의 자율성으로 이해되는 자유에 대한, 그리고 인격들 간의 도덕적 평등에 대한 윤리적 신념을 공유한다. 사회적 수준에서, 현대 자유주의 정치 이론의 지배적 형태는 전형적으로 공적 영역에서 가치 중립성을 추구하며, 타고난 것이자 양도할 수 없는 인권을 보호하고 증진하는 것이 통치자의 사명이라고 여긴다. 현대 자유주의의 여러 갈래는 모두 나름대로 분배 정의에 대한 구체적인 견해를 지지한다. 주류적 입장들은 자유 지상주의와 평등주의를 양극단으로 하는 스펙트럼 위에 분포해 있다.[11]

11) 벨(Bell 2014)은 정치 담론에서 사용된 '자유주의'라는 용어 사용의 역사를 추적한다. 도덕적 자유주의에 대한 비판적 개관은 가우스(Gaus 2014)를, 이에 대한 재비판적 성격의 논의는 런시먼(Runciman 2017)을 보라. 나는 (Rawls 1996에서 주장한 바에 따라) 자유주의가 (정치적이라기보다는) 필연적으로 형이상학적이라거나 포괄적인 가치 체계여야 한다고 믿지 않는다. 나의 접근법은 정치 이론에 선행하는 도덕적 기초가 세워져야 한다는 그 필연성을 거부한다는 점에서 윌리엄스(Williams 2005, 1장 「정치 이론에서의 현실주의와 도덕주의」)와 유사하다. 하지만 역시 정당성에 대한 윌리엄스의 논의에서처럼, 윤리적 원리들은 민주적 정치의 실천으로부터 생겨나는 것으로 밝혀진다(3장 6절, 5장 4절, 6장 1절을 보라). 아울러, 상호 이익에 대한 협조 이론들에 대해서는 하딘(Hardin 1999)을, "정치적인 정치 이론"에 대해서는 월드론(Waldron 2013)을 보라. 오늘날의 정치적 현실주의에 대한 여러 갈래와 "고상한 자유주의"high liberalism 이론의 대조에 대해서는 갤스턴(Galston 2010)과 그에 대한 이스트런드(Estlund 2014)의 대응을 함께 보라['고상한 자유주의'에 대해서는 다음의 설명을 참고하라. "새뮤얼 프리먼Samuel Freeman은 '고상한 자유주의'라는 용어를 처음 쓰면서, 고전적 자유주의와 고상한 자유주의를 각각의 주요 도덕적 신념에서의 관점뿐만 아니라, 이를 어떻게 정당화하는지에 따라서도 구별했다. 프리먼의 해석에 따르면, 대부분의 고전적 자유주의자들은 사적인 경제적 자유를 도구적으로 가치 있는 무언가로서

인격적 자율성, 여러 권리들, 분배 정의, 국가 차원의 종교에 대한 중립성 등을 중심으로 하는 도덕적 신념 체계로서 이해된 자유주의는, 역사적으로 원초적 민주정에 선행하지도 않았고, 개념적으로 원초적 민주정의 토대도 아니다. 정치적 실천들의 집합으로서 민주정은 합리성을 갖추고서 자기 이익을 추구하는 이념형적 개인들이 수행하는 단순 게임들로 모델링할 수 있다. 실제로, 나는 원초적 민주정이 역동적이면서 자기 강화하는 균형 상태로 모델링될 수 있음을 보이려 한다. 이와는 대조적으로, 자유주의에 대한 현대 정치 이론은, 옳음과 사회정의라는 이상에 대한 도덕적 신념들의 집합으로서, 자기 자신의 이익을 인지하며 이를 전략적으로 추구하는 합리적 행위자들이[12) 균형 상태에 머무를 수 있는

최우선으로 강조했다. 경제적 자유가 부를 창출해 내고 전반적인 행복을 낳게 되리라 믿었기 때문이다(물론 고전적 자유주의자들은 자연권이라는 관념을 동원해 이렇게 생각하기도 했다). 고상한 자유주의자들은 그에 반해 경제적 자유나 자본주의에 아주 작은 역할만을 부여한다. 이들은 무엇보다 우선적으로 시민들을 자유롭고 평등한 자기 통치의 주체로 바라보기 때문이다. 그렇기에 프리먼은 롤스를 따라, 고전적 자유주의를 '행복의 자유주의'로, 고상한 자유주의를 '자유의 자유주의'liberalism of freedom라 부른다." Tomasi, John, *Free Market Fairness*, Princeton, N.J.: Princeton University Press, 2012, 서문에서. -옮긴이].

12) 내가 인간이 합리적인 존재라 말할 때, 이는 실제로 사람들이 항상 자기 이익을 추구하고 전략적이며, 결코 이타적이지 않거나 윤리적 감정이나 제도에 전혀 영향을 받지 않는다는 의미에서 순전하게 합리적이라는 뜻은 아니다. 그런 인간은 리처드 세일러(Thaler 2015)의 "이콘"Econs[호모에코노미쿠스]에 해당할 것이다. 내가 여기서 주장하려는 바는 (1) 대부분의 평범한 사람들은 어느 정도의 전략적 합리성을 갖추고 있다는 것, (2) 비록 사람들이 여러 가지 도덕 심리학적 특질들로 인해 '잠정적 타협' 이상으로 가치관에 대한 의견 일치를 보지는 못하더라도, 전

해解를 제공해 주지는 못한다. 내가 생각하기에, 자유주의는 그런 해를 갖도록 의도된 것도 아니다.

존 롤스John Rawls의 기념비적인 저작 『정의론』*Theory of Justice* (1971)으로 재정립된 칸트주의 전통의 현대 자유주의 이론은 근대 자유주의/공화주의/민주정 질서가 이미 보유한 안전과 풍요가 [사실 그것을 이룩하는 것 자체를 선결 문제로 보는 대신] 그저 당연히 주어진 것이라 여기는 경향이 있다. 자유주의 이론은 가치 다원주의를 특징으로 하는 한 사회에서 '잠정적 타협'modus vivendi을 넘어 정의로운 질서를 도덕적으로 정당화하는 가능성을 모색한다. 이 질서는 서로 매우 다른 종교적 믿음을 지닌 사람들에게 가설적으로 받아들여지도록 설계되었다. 롤스의 유명한 "무지의 베일" 사고 실험은 도덕적 행위자들에게서 자신이 처한 개인적 상황들에 대한 지식을 제거함으로써, 이들이 "기본 구조", 즉 정의로운 사회를 위한 근본적 규칙들에 합의하는 과정을 명시한다.[13] 그러나 일단

략적 합리성이 잠정적 타협의 미시적 토대들을 마련하리라는 것이다.

[13] 개인이 타고난 자유와 평등, 그리고 통치 권력이 제한되어야 한다는 필요성 등 자연법에 입각한 근대 초 '고전적' 자유주의는 공화주의와 결합하거나 논쟁해 가며 근대국가를 위한 '잠정적 타협'으로서 생겨났다(Kalyvas and Katznelson 2008). 자유주의의 고전적 형태는 영국과 미국에서 실제로 체제의 한 유형으로서 의도되고 운용되었다. 17세기 말에서 19세기에 이르기까지 영국과 미국 정치체제에서 민주적(혹은 공화주의적) 요소와 고전적 자유주의적 요소 간의 역사적 선후 관계를 자세히 다루는 것은 내 전문 분야를 넘어서고, 이 책에서 전개하는 나의 주장과도 그리 밀접하게 연결되어 있지 않다. 이 문제를 언급하도록 해준 로버트 코헤인Robert Keohane과 스테펀 시아라파Stefan Sciaraffa에게 감사를 표한다.

이 '무지의 베일'이 걷혀 개인들이 처한 상황들에 대한 지식을 돌려받는다면, 이 정의로운 사회질서는 지속 가능하기 어렵다. 그랬기에 롤스는 자신의 초기 정의론을 이상적 이론이라고 정의했던 것이다. 즉, 이 이론은 합의된 규칙에 대한 완전한 준수를 전제할 뿐, 전략적으로 합리적인 행위자들이 이 규칙들을 준수해야 할 동기를 제공하지 않는다(Rawls 1971, 8, 89~91; Valentini 2012). 자유주의적 가치들이 그 자체로는 사회질서로서의 자기-지속성을 지닐 수 없다는 것에 대해서는 이미 롤스 자신이 후속작(Rawls 1996, 1999)에서 다룬 바 있고, 스키너의 『자유주의 이전의 자유』에서도 강조되었다. 선택할 만한, 꼭 자유주의적이지는 않아도 될, 어떤 사회질서가 있을 때, 이에 대한 [구성원들의] 순응을 어떻게 확보해 갈지의 문제에 대해 스키너는 '로마식' 공화주의를 해답으로 제안했다. 이 문제에 대해 내가 제안하려는 답은 '아테네식' 민주정이다.[14]

14) 사회 이론에서의 역동적인 자기 강화 균형들에 대해서는 그리프와 레이틴(Greif and Laitin 2004)을 보라. 짧게 말하면, 균형 해(equilibrium solution)가 존재하는지 여부에 따라 이상적인 이론(가장 전형적으로 플라톤의 『국가』와 롤스의 『정의론』)과 내가 여기서 다루는 '비이상적 이론'이 구별된다. 하딘(Hardin 1999, 6~9)은 현대 자유주의가 분배 정의에 집중하는 한 균형 이론이 되지 못함을 지적한다. 갤스턴(Galston 2010, 398~400) 역시 정치적 현실주의는 사회적 안정성을 가능케 하는 조건들을 찾으려 하는 반면, 그가 말하는 '고상한 자유주의'는 어떻게 다양한 개인들로 이루어진 사회가 안정을 유지할 수 있는지에 답하지 못한다며 비슷한 지적을 한다. 균형 이론의 언어로 표현되지는 않았지만, 스키너의 핵심 요점 중 하나도 바로 시민들에게 자유주의가 존립하는 상태를 적극적으로 지켜 내야 할 이유를 주는 정치적 형태 없이는 자유주의는 존립할 수 없다는 것이다. 물론 균형 해를 제시하지 못한다고 해서, 도덕적 자유주의가 권력에 대

윤리 이론과 정치 이론은 (아리스토텔레스의 『니코마코스 윤리학』과 『정치학』 사이에서 보이듯) 아주 밀접하게 엮여 있긴 하지만, 그렇다고 필연적 관계나 인과적 관계를 맺는 것은 아니다. 즉, 어떤 윤리 이론은 정치를 거부한다. 또 정치학 이론 중에는 어떤 윤리적 입장을 취하기를 피하는 경우도 있다. 내가 주장하려는 바는 우리가 현대 자유주의 이론의 윤리적 전제들 그리고 근대 초 자유주의나 공화주의의 핵심 전제들에 의존하지 않고도, 안전하고 풍요로운 국가를 위한 헌정 질서의 틀을 안정적으로 수립할 수 있다는 것이다. 민주정이라는 정치적 실천은 자유와 평등이라는 자유주의와 공화주의의 핵심 가치와 연결될 수 있는 조건들을 필요로 한다. 정치적 실천으로서의 민주정은 시민들이 어떤 식의 윤리적 신념에 따라 행동하도록 고취하지만, 그 윤리적 신념이 꼭 칸트주의적 자유주의의 윤리적 신념들일 필요는 없다. 하지만 이 신념들이 적어도 현대 자유주의의 신념들과 양립할 수 있다면, 민주정이라는 정치적 실천은 합리적이고 자기 이익을 추구하며 전략적인 개인들이 모여 이룬 하나의 집단에서 자유주의적 원리들이 실현될 수 있도록 해주는 행동 양식의 토대가 될 수 있다. 하지만 민주정이 자유주의를 함축하지는 않으며, 민주정이라는 토대가 다져진 다음에 제기될 분배 정의에 관한 문제들은 이 책이 다루는 범위를 벗어난다.

자유주의가 절차적 정의뿐만 아니라 실질적 정의 역시 다루며,

한 관심 혹은 개입을 결여하고 있다는 것은 아니다. 런시먼(Runciman 2017)을 보라.

실질적 정의야말로 정치철학의 최우선 관심사로 간주되는 한에서, 민주정을 '자유주의 이전'에 놓는 것은 개념적으로 보면 마치 말 앞에 마차를 놓는 것처럼 보일 수 있다. 역사적으로 봐도 민주정을 '자유주의 이전'에 놓는 것은 그른 방법으로 보일 수 있는데, 복잡한 사회에서 실천된 민주정보다 좋음들[재화]의 공정한 분배에 대한 관념들이 실제로 앞서 생겨났기 때문이다.[15] 분명 정의正義는 민주정에 대한 어떤 이야기에서든 빠지지 않고 등장한다. 많은 민주주의자들(예를 들어, Christiano 2008)에게 민주정의 가치란 더 정의로운 사회질서를 실현한다는 데 있다. 그러나 민주정은 개념적으로 보나 역사적으로 보나 '누가 지배하는가?'에 대한 대답이지, '사회적 협동으로 생겨난 좋음들의 몫을 누가 얼마큼 가져야 하는가?'에 대한 대답이 아니다. 고대 그리스의 민주정 창안자들과 비권위주의적인 가상의 한 사회를 건설한 데모폴리스 사고실험 속 건국자들은 모두 절차적 정의뿐만 아니라 실질적 정의에 대해서도 몇몇 선이해를 지닌 채,[16] '비전제적 통치가 왜 필요하며 그것을 어떻게 세울 것인가?'라는 문제에 접근했다. 하지만 이들이 실현 가능한 비폭정적 정치 질서를 만드는 이 계획에 착수하기 전에 반드시 실질적 정의에 대한 필요조건들을 합의할 필요는

---

15) 사회정의에 대한 고대 근동의 개념들에 대해서는 웨스트브룩(Westbrook 1995)을, 그리고 정의에 대한 초기 그리스의 관념들에 대해서는 로이드-존스(Lloyd-Jones 1971)를 보라.

16) 초기 그리스 법이 좋음들의 공정한 분배로서의 정의 개념을 어떤 방식으로 활용했는지는 오버(Ober 2005b)를 보라.

없었다.

우리가 민주정을 이해하려 할 경우 '실질적으로 정의로운 사회'보다는 '비전제적 상태'를 민주정에 대한 이해의 출발점으로 삼아야 할 몇 가지 타당한 이유들이 있다.[17] 기원전 6세기 아테네에서는 17세기 미국에서처럼 공적 권위가 전제적으로 행사되는 것을 불법화함으로써, (지배자가 좀 더 선의를 가졌길 희망하는 대신) 비폭정에 대한 광범위한 선호를 가짐으로써, 그리고 다수의 시민들이 집단적 정치적 행위자로서 행위할 수 있음을 명확하게 보여 줌으로써, 민주정으로 향하는 혁명적 길을 열었다. 비록 혁명의 시작은 부정의에 항거한 것이었지만, 혁명 이후의 비전제적 정치 질서를 고안했던 아테네인들과 미국인들은 무엇보다도 폭정이 들어서지 못하도록 여러 제도적 메커니즘들을 만드는 데 관심을 기울였다. 그들은 완전히 정의로운, 혹은 다른 방식으로 훌륭한virtuous 사회질서를 어떻게 만들지에 대한 문제는 후대 시민들에게 넘겨주었다. 이런 질문들에 답하기란 대단히 어려웠기 때문에, 아테네인

---

17) 이런 접근은 페팃(Pettit 2013)이 (비지배로서의 자유로부터 도출하는) 정의正義로부터 시작해 민주정에 대한 공화주의적 이론을 전개하는 것과 대조를 이룬다. 매코믹(McCormick 2011)은 "마키아벨리적 민주정" 이론을 내놓는데, 이는 페팃의 공화주의처럼 비지배에 집중하면서도, 나의 원초적 민주정에 대한 설명에서처럼 시민들이 법을 만들고 시행하는 데서의 능동적 참여(3장) 역시 다루고 있으며, '엘리트 독점'의 위험에 주목(6장)한다는 점에서 공화주의적이기보다는 분명히 민주정 이론의 성격을 띤다. 매코믹의 이론은 『로마사 논고』에 드러난 마키아벨리의 로마 공화주의에 대한 묘사를 중심으로 하지만, 마키아벨리가 실제 로마 공화국의 몇몇 제도들을 잘못 그려내고 있음도 지적한다(McCormick 2011, 78).

들과 미국인들은 그 어려운 문제들을 일단 정치적 기틀을 마련한 이후로 미뤄 놓았던 것이다.[18]

　민주적 헌정 질서를 성공적으로 건설했던 역사가 곧 원초적 의미에서의 민주정이 인간적 가치들의 척도를 기준으로 한 실질적 정의보다 더 중요하다는 규범적 주장을 함축하는 것은 아니다. 그렇지만 민주정을 설립하기 위해 필요한 조건들에 주목하면, 우리는 분배 정의를 주로 다뤄 왔던 자유주의 정치 이론이 제대로 조명하지 않았던, 정치적 참여 그리고 시민적 존엄의 가치를 알아볼 수 있게 된다. 가치들은 서로 구별되어 각각이 가시화되었을 때 그 상대적 중요성을 따질 수 있게 된다. 자유주의 이전의 민주정을 연구하는 이유 가운데 하나는 바로 집단적 자기 통치에 참여하는 것이 개인에게 그 자체로 갖는 고유한 가치, 곧 현대 분석적 정치 이론 내에서 부정된 것까지는 아니더라도 대체로 모호한 채로 남겨졌던 그 가치를 재조명하기 위함이다.[19]

　이 책의 여러 목표 가운데 첫 번째는, 자유주의적 민주주의자들이 가치 있다고 여기는 것들 중 어느 만큼이 민주정 그 자체만

18) 따라서 아테네인들과 미국인들은 혁명 이후에 곧장 완전히 정의로운 혹은 훌륭한virtuous 사회를 만들려 했던 1789년 프랑스혁명, 1917년 러시아혁명, 1949년 중국 혁명과 다른 길을 갔다. 예를 들어 미국 헌법에는 노예제도가 명시되어 있었고, 이는 분명 실질적 부정의였지만, 미국 건국자들은 그 실질적 부정의를 바로잡는 일은 뒤로 미뤄 놓았던 것이다.

19) 물론 (투표 이상의) 시민적civic 참여를 이론의 중심으로 삼았던 특기할 예외도 있다. 파테먼(Pateman 1970), 펑(Fung 2004), 마세도 외(Macedo et al. 2005), 매코믹(McCormick 2011)을 보라.

으로, 즉 자유주의 이전의 민주정에 의해 생겨날 수 있는지, 그리고 어느 만큼은 그렇지 못한지를 밝히려는 것이다. 나는 자유주의적 민주주의자가 바라는 정의로운 사회질서를 민주정 하나만으로 달성해 낼 수 있다고 주장하려는 것이 아니다. 6장에서 보겠지만, 최소한 자유주의의 몇몇 갈래들은 내가 여기에서 논의하고자 하는 형태의 민주정과는 양립 가능하지 않기 때문이다. 그러나 8장에서 나는 민주정이 [나머지 광범위한 갈래들에 해당하는] 자유주의적 사회질서를 위한 안정적인 토대를 마련해 줄 수 있으며, 그 외에 인간 삶에 가치 있는 조건들에도 주목할 수 있게 해준다는 것을 보일 것이다.

이 책의 두 번째 목표는 자유주의의 도덕적 주장들에는 매력을 느끼지 못하지만, 비폭정이라는 아이디어에는 끌리는 사람들, 즉 안정적이고 비전제적인 통치 아래서 자기 자신을 다스리기를 희망하는 사람들에게 의미 있는 민주정 이론을 제시하려는 것이다. (내 생각으로는 수없이 많은) 그런 사람들은 당연하게도 민주정이 자신들의 안전과 풍요를 위해 무엇을 제공할 수 있는지, 규칙이나 행동 양식상 무엇을 요구하는지, 그리고 가치와 신념의 관점에서는 무엇을 함축하는지에 대한 설명을 요구할 것이다. 일부 자유주의자들은 민주정적 정치를 자유주의적 도덕성으로부터 분리하는 것이 (마치 광인에게 칼을 쥐어 주는 것처럼) 위험천만하다고 여길 수 있겠지만, 내 생각은 다르다. 나는 이 사람들, 즉 '자유주의적 민주정'이라는 전체 꾸러미를 받아들이는 것을 내켜 하지는 않지만, 적어도 전제적 지배자가 군림하지 않는 나라에서 살아가기를 열망하는 사람들에게도 현대 정치 이론이 무언가 말해 줄 수 있어야 한다고 생각한다. 더 나아가 자유주의 이전의 민주정에 필요한 조건들을 잘 이해하려는 이론적 작업을 통해 우리는 현대 반자유주의적 포퓰리스트들이 '민주정'이라는 이름으로 내놓는 주장들의 공허함과 오류를 폭로할 수 있다.[20]

내가 민주정에 집중하는 것은 이미 자유주의 자체에 대한 빼어난 분석적인 연구가 충분히 진전된 상황에서 민주정이라는 주제에서야말로 무언가 새로운 것을 이야기할 수 있으리라 기대하기 때문이다. 민주정 자체에 대한 연구는 적어도 현대 영미권 분석적 전통의 정치 이론에서는 생각만큼 많이 행해지지 않았다. 내 생각에 그 이유 가운데 하나는 아주 높은 수준의 민주정 이론조차 항상 '민주적 자유주의'나 '자유주의적 민주정'이라는 혼종들을 다뤄 왔기 때문이다.[21] 물론 거기에는 그럴 만한 이유가 있었다. 즉, 민주정과 자유주의의 혼종이야말로 가치 다원주의가 깊이 자리 잡은 상태로 종교적 정체성이 강하게 유지되는 다원주의적 사회에 가능한 최선의 해답을 주는 것처럼 보이기 때문인 것이다. 게다가 (나를 비롯해) 근대적 세계를 살아가는 대다수 사람들이 오랫동안 이 혼종을 규범적으로 가장 선호할 만한 사회질서의 틀로 여

---

20) '포퓰리즘' 역시 본질적으로 논쟁적인 개념 중 하나이다. 여기서 나는 집단적 자기 통치로서의 민주정을 전제적이라고 왜곡한 것이라는, 뮐러(Müller 2016)의 포퓰리즘 정의를 따를 것이다.

21) 수많은 문헌 중 대표적인 것으로 굿맨(Gutmann 1980), 달(Dahl 1989), 크리스티아노(Christiano 1996), 브렛슈나이더(Brettschneider 2007), 이스트런드(Estlund 2008), 스틸츠(Stilz 2009)를 보라. "자유주의와 민주정의 …… 이원성"에 대한 로장발롱(Rosanvallon 2006, 37)과 비교해 보라.

겨 왔다. 그러나 우리가 정치 질서로부터 필요로 하는 바와 기대하는 바를 너무 성급하게 정해 버리는 바람에, 오늘날 자유주의적 민주주의자들은 자유주의와 민주정 사이의 관계가 실제로 무엇인지, 또한 무엇이 아닌지를 명료하게 이해하지 못하는 식으로 혼동하고 있다.

상당수 현대 정치 이론가들은 민주정을 자유주의적 정의론의 한 부분으로서 필수적이라고 이해하고 있다.[22] 이 책에서 내가 자유주의적 정의의 여러 관념들 중 몇몇은 왜 민주정과는 양립 불가능한지를 보여 주려 하고 있지만, 나는 도덕적 자유주의는 원초적 민주정과 충분히 양립할 수 있다고 믿는다. 그러나 관련 조건들과 가치들이 민주정과 양립할 수 있는지, 아니면 상호간을 지지하는지, 아니면 상호 배타적인지 여부, 그리고 각각이 언제 그렇게 되는지를 확정하기 위해서는 우선 민주정과 자유주의를 따로 떼놓고 탐구해야 한다. 그리고 이는[그런 분리는] 가능하다. 던컨 벨Duncan Bell이 보여 주었듯, '자유주의적 민주정'이라는 관념은 이미 우리가 알고 있듯이, 20세기 중반에야 나타났기 때문이다.[23]

---

22) 롤스(Rawls 1996, 2001), J. 코헨(Cohen 1996), 하버마스(Habermas 1996). 롤스(Rawls 2001, 5)는 공정으로서의 정의론이 그 원리를 "민주사회의 공적 정치 문화"(Galston 2010, 388에서 인용)로부터 도출한다고 주장하는 가운데 '자유주의 이전의 민주정'이라는 가정을 받아들이는 것처럼 보인다. 엘러먼(Ellerman 2015)은 각 개인이 그들이 꾸린 조직체의 당사자라는 의미에서 고전적 자유주의가 민주정을 함축한다는 취지의 설득력 있는 논변을 제시했다.

23) 벨(Bell 2014, 694~704)은 자유주의와 민주정의 연관성을 19세기까지 거슬러 올라가 추적한다. 하지만 그는 동시에 '자유주의적 민주정'이라는

한편 다른 현대 자유주의 이론가들은 선의를 가진 전제적 지배자가 자유주의를 위한 선행 조건들을 마련하고, 이것이 궁극적으로 민주정과 결합될 수도, 혹은 아닐 수도 있다고 예상하기도 한다(Zakaria 1997, 2003; Fukuyama 2011, 2014). 전제적 지배자는 자유주의적이지만 민주적이지는 않은 사회를 위한 규칙들을 제정하고 시행할 수 있을 것이다. 하지만 그런 경우 그 사회는 제3자의 강제, 즉 지배자의 의지에 모든 것을 내맡긴 상태가 될 수밖에 없다. 유능한 집단적 행위자로서의 인민이 최종적인 정치적 권위를 가지지 못하는 한, 그렇게 세워진 자유주의적 규칙들은 지배자의 선의에 사로잡힌 인질에 불과하다.[24]

효과적인 공동 행동 형태의 조율된 피지배자들의 저항을 방지하는 법률을 만들어 시행할 권력을 가진 지도자는 자기 마음대로 지배할 것이 틀림없다. 그는 자신을 가로막는 어떤 "문서[양피지]

혼종은 20세기 중반에야 나타난 것임을 보인다. "틀림없이, 전간기戰間期에 일어난 개념적 변화 중 가장 중요한 것은 '자유주의적 민주정'이라는 관념의 출현이다. 1930년 전까지는 거의 눈에 띄지 않다가, 1930년대 들어서야 이 단어가 유럽-대서양 국가들의 기존 명칭을 대체하기 시작했다. 1940, 50년대가 되면서 '자유주의적 민주정'은 상식이 되었다"(Bell 2014, 703). 뮐러(Müller 2011)도 보라.

24) 고전적 자유주의자들(가장 대표적으로 『통치론』 제2논문(Locke 1988 [1960])의 로크)는 오랫동안 지배자의 권력을 제한하는 방법을 고민했고, 그 결과 지배자의 권위는 법에 구속되며, 법은 다시 인민의 "저항할 권리"에 의해 실현된다는 논리를 발전시켰다. 벨(Bell 2014)을 더 보라. 그러나 적절한 제도가 갖춰져 있지 않다면 인민이 법을 위반한 지배자에게 대항해 서로 행동을 조율할 수단들이 제한되어 버린다.

장벽"parchment barriers[25]을 무릅쓰고도, 혹은 무시하고도 충분히 그렇게 할 수 있다. 이런 식의 권력에 내재한 위험 때문에 민주주의자들은 인민의 저항을 가능케 하는 규칙들을 정하려고 한다. 민주정은 역사적으로나 이론적으로나 전제정의 거부이며, 그 어떤 선의가 있는 전제정이라도 마찬가지다. 하지만 '반자유주의적 민주정'이 제기하는 위험에 대해서는 어떠한가? 자유주의적 비판자들은 민주정이 자유주의와 결합되기 전에는, 민주정은 지독한 반자유주의적 포퓰리즘이 될 것이라 주장해 왔다(Riker 1982). 나는 민주정의 실천에 꼭 필요한 조건들이 내재적으로 자유주의적인 것은 아니지만, 그렇다고 내재적으로 반자유주의적인 것도 아님을 보일 것이다. 민주정과 자유주의를 혼동하는 것이 오해인 것처럼, 자유주의 이전의 민주정을 자유주의의 반정립[안티테제]으로 간주하는 것도 오해이다.[26]

---

25) 문서 장벽에 대해서는 『페더럴리스트』48을 보라. 장벽에 의해 실제로 제약을 받을 경우, 규칙을 어김으로써 처벌받거나 물러나게 될 것을 예상할 수 있을 경우, 그런 지배자는 강한 의미에서의 전제적 지배자가 아니다[이와 관련해 『페더럴리스트』에는 다음과 같은 내용이 들어 있다. "정부의 헌법에서 각 부들의 경계를 명확하게 지정하고 나서 그런 [내용을 적은 ─이하 국역본 옮긴이] 양피지 방벽에 의지하는 것으로, [서로를] 침해하는 권력의 기지를 방비하는 데 충분할까? 대부분의 아메리카 [주] 헌법의 편찬자들은 주로 이런 방어 수단에 의지해 온 듯하다. 하지만 경험을 통해 확실히 드러나듯이, 그 대책의 효과는 지나치게 높이 평가되어 왔다." 『페더럴리스트』, 박찬표 옮김, 후마니타스, 2019, 380쪽].

26) 갤스턴(Galston 2010, 391)은 "정치의 핵심적 과제는 폭정 없이도 무지배 상태를 극복하는 것이라는 데에 개인이 동의해야 한다"는 것을 현실주의 정치 이론의 전제로 간주한다. 하지만 그는 폭정을 야만적인 공포정

3. 규범적 이론, 실증적 이론, 역사

민주정이 무엇인지, 민주정은 무엇을 위해 좋은지, 어떤 조건
들이 민주정을 가능하게 하는지에 대한 질문에 답하기 위해서는
가치 평가적이고, 설명력 있으며, 역사적이기도 한 정치 이론 접근
법을 취해야 한다. 이는 세 가지 탐구 영역을 융합해야 가능하다.
첫째, 규범적 정치 이론이다. 여기서 말하는 규범적 정치 이론이
란 인간인 우리가 개인으로서나 공동체의 구성원으로서나 번영을
누리기 위해 무엇이 필요한지, 우리가 그것을 어떻게 이뤄 낼 수
있는지를 다룬다. 둘째, 실증적 정치 이론이다. 실증적 정치 이론
은 어떻게 집단행동의 문제를 해결해, 안정적이고 적응력 있는 사
회질서를 구성하고 사회적 협동으로부터 오는 이익을 주어진 조건
에서 최대화할 수 있는지를 설명하기 위한 전략적 행동 양식을 분
석하는 데 동원된다. 셋째, 역사적 추론이다. 이는 규범들이 제도
와 사회적 행동 양식과 맺는 역동적 관계 속에서 시간에 따른 변
화를 추적하는 것이다. 이런 혼합 접근법은 현대 정치 이론의 방
법으로는 거의 취해지지 않지만, 고대와 근대 초에 이르기까지 수

치와 폭력적인 군림으로 특징 짓는데, 이는 '선의의 전제정'의 가능성
을 염두에 두지 않은 관점이다. 실제로 그리스어 단어에서 '폭군'을 뜻
하는 'tyrannos'가 꼭 야만적이고 폭력적인 지배자를 뜻하는 단어는
아니었기에, 나는 여기서 '비폭정'과 '비전제정'을 동의어로 쓰고자 한
다. 하지만 이 용법에 따르면 이는 소수의 지배 집단(그리스어로는 의미상
가치 평가를 담은 정치적 어휘인 'dynasteia'가 이를 지시) 역시 내가 말하는
'폭정'에 해당되므로, 그리스어의 일반적인 용례와는 다름을 밝힌다.

많은 주요 정치 이론가들, 즉 투키디데스, 아리스토텔레스, 마키아벨리, 홉스, 로크, 루소, 흄, 애덤 스미스, 몽테스키외, 제임스 매디슨, 토머스 페인, 토크빌이 이용한 방법이었다. 그중에서도 (특별히 『정치학』의) 아리스토텔레스와 (특별히 『리바이어던』의) 토머스 홉스가 지닌 정치 이론상의 대비와 (제한된 수준에서나마 존재하는) 교집합은 이어지는 장들에서 중요하게 다루어질 것이다.[27]

27) '규범적이면서 실증적인 정치 이론'의 개념은 역사를 통한 시험과 함께 이 책이 취하는 가장 중요한 방법론적 기초이며, 이는 진행 중인 다양한 논문들 및 '고위험 정치'High Stakes Politics에 대한 스탠퍼드 대학교 세미나에서 페데리카 카루가티Federica Carugati와 배리 와인가스트Barry Weingast와 함께 발전시킨 합작품이다. 이는 카루가티 외(Carugati et al. 2016)에서 윤곽이 제시되었고, 그 이후에 발전을 거듭했다. 우리의 접근법은 윌리엄스(Williams 2005, 12)에서 미국의 정치 이론과 정치학의 특징으로 지적하는 "마니교적 이원론"을 넘어서고자 하는 시도이다. 다른 이들 역시 비슷한 연구를 하려 했던 것으로 보인다. 예를 들어 아주 다른 방식이지만, 하딘(Hardin 1999), 로장발롱(Rosanvallon 2006)이 그렇다. 미국 정치에 대해 저명한 전문가가 쓴 최근 두 책 에이큰과 바텔스(Achen and Bartels 2016)와 샤피로(Shapiro 2016)도 서로 경합하는 '현실주의' 민주적 정치 이론들을 제공하면서, 규범적 정치 이론, 실증적 정치 이론, 그리고 (주로 미국의) 역사를 결합하는 방식을 취했다. 이 두 책은 모두 현대 자유주의를 충실히 따르고 있지만, 가닿은 결론은 완전히 반대된다. 에이큰과 바텔스는 탈정치화된 규제 기구들의 역할이 더 커져야 함을, 그리고 무지한 시민들의 투표는 그 역할이 제한되어야 한다고 주장한다. 샤피로는 슘페터식의 경쟁적 다수결주의의 강화된 형태를 주장하면서, 다수결 원리에 가해지는 공화주의적 제약이 한 사회의 적응력을 저하시키는 결과로 이어진다고 비판한다. 이 책들은 '우리가 현재 서 있는 곳'(21세기 초 미국)에서 시작하며, 미국 건국 시점의 역사적 주요 조건들을 다루지는 않는다. 또한 이 두 책 모두 자신들이 제시하는 해답에 생겨날 법한 반론의 여지(에이큰과 바텔스의 주장에는 기술 지배의 위험성이,

아리스토텔레스와 홉스 등을 비롯한 고대와 근대 초 이론가들은 정치에 관한 근본적 문제들을 규범적인 측면에서 제기했다. 즉, 선택을 내리는 도덕적 행위자들은 어떻게 자신들의 정치체를 권위, 결정, 판단, 분배, 다른 집단들과의 관계 등과 같은 측면에서 질서 잡아 가야 하는가? 자신들의 정치체를 더 정의롭게, 더 정당하게, 혹은 더 민주적으로 꾸려 나가기 위해 그들은 무엇을 해야 하는가? 이와 동시에 이론가들은 '실증적 이론'의 근본적 문제들도 제기했다. 즉, 각 행위자들은 왜 그렇게 선택하는가? 그들이 내린 결정은 어떻게 권위, 결정, 판단, 분배, 다른 집단들과의 관계 등과 같은 측면에서 지금 그렇게 질서 지어진 대로의 그 정치체라는 결과로 이어지는가? 그 질서를 더 효율적으로 — 다시 말해 더 많은, 그리고 더 나은 좋음들을 더 많은 사람에게 보다 낮은 비용으로 — 공급해 주기 위해서는 어떻게 바꿔 나가야 하는가?

고대와 근대 초 이론가들은 그들의 규범적 이론과 실증적 이론이 경험적 근거를 가져야 함을 알았다. 그래서 그들은 항상 역사 속에서 근거를 찾으려 했다. 그들은 모두 역사에 정통했으며, 역사적 발전에 관심을 기울였다. 그러나 그렇다고 해서 이 이론가들이 모든 사회는 그 사회의 과거로부터 형성된 독특한 것이자 서로 비교 불가능한 산물이라거나 역사적 과정들이 어떤 특정한 최종 단계로 예외 없이 진행한다는 식의 강한 역사주의를 따른다는

샤피로의 주장에는 포퓰리즘적 전제정의 위험성이 존재한다)까지 다루어 해결하려 하지만 않지만, 적어도 상대방의 입장에서 제기될 문제점을 명료화하는 데에는 충분히 도움이 된다.

것은 아니다. 그들은 단지 가능성의 경계를 정하고 넓히기 위해 역사를 참고했을 뿐이다. 그들은 어떤 사회질서가 이전에 적어도 한 번은 실제로 존재했다는 역사적 사실을 통해 "그런 사회는 불가능하다"는 주장을 배척할 수 있었다. 그들은 성공과 실패에 대한 역사적 예시로부터 반드시 배울 것이 있다고 믿었다.[28]

만약 규범적 정치 이론과 실증적 정치 이론이 오늘날 서로 다른 지적 세계에 속한 것처럼 보인다면, 그 이유 가운데 하나는 각 영역의 연구자들이 서로 다른 언어를 사용하기 때문이다. 즉, 한편에서는 분석철학 혹은 대륙 철학의 언어를, 다른 한편에서는 인과적 추론과 수학적 게임이론의 언어를 사용하기 때문이다. 각 영역에서 사용되는 언어는 매우 전문적이기 때문에 초심자들에게는 난해하기 그지없을 수도 있다. 하지만 버나드 윌리엄스(Williams 1993, 2005, 2006)가 보여 주었듯이 정치철학은 우아한 산문으로 쓰일 수도 있고, 제인 오스틴Jane Austin의 소설을 언급하기도 하는 마이클 최(Chwe 2013)[29]가 보여 주었듯이 게임이론적 직관에 기반한 사회적 상호작용 분석이 꼭 대수학을 필요로 하는 것도 아니다. 오늘

---

28) 헤로도토스의 『역사』는 이와 관련해 특별히 분명한 예시이다. 멕스트로스(Meckstroth 2015)는 역사로부터 뒷받침되는 규범적 민주정 이론을 제시한, 눈길을 끄는 최근 연구이다. 그린(Green 2015)은 지성사와 규범적 정치 이론 사이의 화해를 시도했으나, 그의 관심은 정치적 실천의 역사라기보다는 정치에 대한 역사적 관념들에 대한 것이었다.

29) [옮긴이] 『게임이론가 제인 오스틴』(2013)의 저자. 국내에는 『사람들은 어떻게 광장에 모이는 것일까』(허석재 옮김, 후마니타스, 2014)가 소개되어 있다.

날 정치철학자들과 사회과학자들이 정치 이론을 표현할 때 사용하는 상이한 언어 대신 고대와 근대 초 정치 이론가들이 제기했던 근본적인 문제들에 존재하는 유사성에 집중할 때, 우리는 규범적 이론과 실증적 이론이 논리적으로 결합하는 것을 확인할 수 있다. 이 두 가지 종류의 이론은 공동체 안에서 행위자들의 선택이 어떻게 바람직한 형태의 사회질서를 구축하는지, 그리고 구축할 수 있는지를 보여 주려는 공통된 기획의 두 측면이기 때문이다.

4. 논변의 개요

앞으로 우리는 다음과 같이 세 다발로 된 주장들의 타당성을 증명하려 한다.

I. 원초적 민주정은 사회적 다양성을 지닌 대규모 시민집단에 의해 상당히 안정적으로 이루어지는 집단적 자기 통치이다. 원초적 민주정이 오랜 시간 안정적으로 유지되기 위해서는 여러 규칙들이 필요하며, 이 규칙들은 습관화된habitual 사회적 행동 양식으로 확실하게 뒷받침된다. 이 규칙들은 집단적 통치자들이 절대주의적 지배자가 되지 못하도록 제약하고, 정부 기관 혹은 다른 강력한 사회적 행위자가 폭력적 행동으로 민주적 질서를 위협할 때 이를 처벌할 수 있는 것이어야 한다. 원초적 민주정은 다수의 폭정이 아니다. 원초적 민주정은 가치중립성, 보편적 인권들, 평등주의적 분배 원

칙을 적극적으로 함축하거나 배척하지 않는다. 원초적 민주정은 자유주의의 반정립[안티테제]도 아니고, 자유주의의 실현도 아니다.

II. 원초적 민주정은 정당성을 갖추었으면서도 동시에 효과적인 정치체제이다. 원초적 민주정은 시민들이 전제적으로 지배받지 않고도 안전하고 풍요롭게 살아갈 수 있다는 점에서 시민들 자신에게 좋은 정체이다(물론 비시민들은 상대적으로 혜택을 덜 보게 될 수 있음을 주지하자).[30] 원초적 민주정은 그중에서도 다음의 세 가지 이유에서 시민들에게 좋은 정체이다.

1. 원초적 민주정은 인간적 번영에 필요한 물질적 조건, 즉 생명과 재산에 대한 외적·내적 위협으로부터의 적절한 안전, (최소한의) 먹거리와 주거 환경, 건강한 생활 등을 영위하기에 충분한 생활수준, 사회적으로 가치 있는 활동을 할 적절한 기회를 마련해 준다.[31]

2. 원초적 민주정은 인간성을 구성하는 능력들, 즉 사회성, 이성, 언어적 의사소통 등의 자유로운 발휘를 촉진한다.

3. 원초적 민주정은 사회적 존재로서의 인간에게 충족되어

---

30) '~에게 좋다'는 것이 꼭 '~에게 필연적이다'라거나 '~에게 충분하다'를 함축하지는 않는다. 고대 아테네는 (1865년 이전의 미국이 그랬듯이) 노예를 포함한 비시민들이 법적 보호를 누리긴 했지만 어쨌든 노예제 사회였으며, 여성들과 비태생 장기 거주민들이 참정권을 누리지 못했다. 오버(Ober 2010), 그리고 4장 3절, 8장 3절을 참조.

31) [이와 같은 물질적 조건들의 마련이] 충분한 것과 평등한 것 사이의 비교에 대해서는 프랑크푸르트(Frankfurt 1987)를 참조.

야 할 조건들, 즉 정치적 자유, 정치적 평등, 시민적 존엄
을 유지한다.[32)]

III. 원초적 민주정 이론은 시민civic 교육의 중요성을 강조한다.

원초적 민주정 이론은 정치적 실천과 자유주의 정치 이론에
서는 쉬이 간과되곤 하는 몇몇 가치들, 대표적으로 참여가 갖
는 그 자체로서의 가치와 시민적 존엄의 독립적인 가치 사
이의 관계를 전면에 내세운다. 또한 원초적 민주정 이론은 자
유주의자와 비자유주의자가 던질 만한 두 가지 의문에 대답
을 내놓는다. 즉, 자유주의적 사회가 어떻게 안정적이면서도
적응력을 갖출 수 있는가? 비자유주의적 사회는 어떻게 전
제적 지배자 없이도 지속 가능한가?

여기서 내가 대답하려 하는 근본적인 문제는 어떤 한 민주적
정치 질서가 그 자체로 (곧 자유주의와의 혼합 없이도) 안정적이고 제
한된 통치를 하면서도, 효과적으로 적절한 수준의 안전과 풍요를
마련해 줄 수 있느냐이다. 몇몇 현대 민주정 이론가들은 민주정을
정의하는 상술된 세 가지 조건들(집단적이고, 제한되며, 안정적으로 효
과적인 시민들에 의한 지배)이 실증적 정치 이론의 관점에서 봤을 때
모순된다고 주장하거나, 규범적 정치 이론의 관점에서 보았을 때
바람직하지 않다고 주장한다. 예를 들어 윌리엄 라이커(Riker 1982

---

32) 전형적으로 현대 자유주의자들은 원초적 민주정에서 필요한 정도보다
도 훨씬 더 깊고 광범위한 형태의 자유와 평등, 존엄에 가치를 둠을 주
지하라. 6장을 참조.

및 다른 저작들)가 따르고 있는 조지프 슘페터(Schumpeter 1947)는 집단적 의지의 형성이나 표현이 불가능하므로, 진정한 집단적 자기통치란 애초에 성취될 수 없고 따라서 민주정 역시 집단적 자기통치일 수 없다고 주장했다. 셸던 월린(Wolin 1996)은, 몇몇 '경합적 민주정 이론가들'democratic agonist처럼, 진정한 민주정은 효과적인 상태를 안정적으로 유지할 수 없다고 주장한다. 집단적 행위 가능성은 헌정 질서의 규칙들이 안정화되자마자 사라지(거나 [기존 헌정 질서의 틀 너머로] 탈주해 버리)기 때문이다.[33] 벤저민 바버(Barber 1984)는 루소를 따라 진정한 민주정이 되기 위해서는 그것이 '강력'해야 하기에 민주정은 제한되어서는 안 된다고 주장했다.

원초적 민주정에 대한 근본적인 문제 제기는 근대 민주정 이론 이전에 이미 홉스가 내놓은 바 있다. 『리바이어던』(Hobbes 1991 [1651])에서 홉스는 잘 알려져 있듯이 그 어떤 형태의 제한된, 즉 제3자의 강제 없는 통치도 결코 '자연 상태'라는 끔찍한 조건들에서 사회를 구해 낼 수 없을 것이라 주장했다. 홉스는 제3자의 강제가 없이도 적절한 수준의 안전과 풍요를 마련해 줄 수 있는 자기 강화하는 사회질서의 가능성을 근본적으로 믿지 않았다. (무제한적 권위를 가진 무법적 지배자라는 의미의) 전제정만이 [자연 상태에서 인간을 구해 내려면] 필연적이라는 홉스의 이런 주장에 맞서, 정치 이론가들은 (자연 상태에서의) '야만성' 대 '무법적이고 절대적인 지배자 아래에서 안전과 최저의 생활수준을 영위하기' 사이의 절망적인

---

33) 경합적 민주정 이론가들에 대해서는 8장 및 해당 장의 주 11을 보라.

양자택일을 넘어, 규범적으로 선호할 만한 체제가 실증적 정치 이론의 요구에도 부응할 수 있음을 보이려 노력했다. 그런 의미에서 이 책 역시 홉스의 문제 제기Hobbes's challenge에 대한 하나의 대답을 시도하고 있는 셈이다.[34]

이 같은 대답을 시도하는 가운데 나는 최소한의 것만을 말하려 한다. 나는 (자유주의적인, 완전주의적인, 혹은 다른 식의) 규범적 이론에서 민주사회가 갖췄으면 하고 바랄 법한 모든 조건들을 구체화하지는 않을 것이다. 자유주의를 참조해 좀 더 구체적으로 말하자면, 나는 민주정이, 그 안에서 혹은 그 자체로 인해, 공적 이성의 영역에서 가치중립성을 띨 것이라거나, 개인의 자율성이나 보편적 인권들을 보장할 것이라거나, 분배 정의를 확립하는 데까지 나아갈 것이라는 식의 주장을 하지는 않는다. 민주정은 여기서 정의한 대로라면 현대 자유주의(롤스 및 다른 평등주의 사회 이론가들)가 필요하다 여기는 권리들 일체를 시민들에게조차도 모두 제공하지는 않을 것이다.[35] 그러나 민주정을 유지하기 위한 본질적인 제도들이나 행동 양식이 권리들의 더 광범위한 체제를 구축하는 데 꼭

34) 홉스의 사회 이론은 4장 3절, 5장 1절 및 2절에서 더 자세하게 논할 것이다. 이 책에서 논하는 홉스에 대한 나의 해석은 턱(Tuck 2007, 2016)에서 영향을 받았으며, 홉스를 초보적 민주주의자가 아니라 절대주의 이론가로 보는 입장이다.

35) 민주정은 시민들에 의한 집단적 자기 통치를 통해 (최소한) 집단적 안전과 최소한의 생활 조건을 성취하려는 공동의 관심과 노력을 가정할 뿐, 그런 목적들에 위배되는 포괄적 사고방식이 있다면 거기에는 평등한 지위를 부여하지 않을 것이다(8장 5절). 그러나 원초적 민주정은 정치적 불화를 허용하고 발생시키기까지 할 것이다. 오버(Ober 1998)를 보라.

방해가 되는 것도 아니다. 더 나아가 민주정은 자유주의 그 자체로는 증진되지 않는 인간적 좋음들을 마련해 줄 수 있다. 내가 뒤에서 주장하려는 것처럼 원초적 민주정은 분명 최소한 자유주의의 몇몇 갈래들과는 광범위하게 양립할 수 있긴 하지만, 민주정적 좋음들은 자유주의적 좋음들과 분석적으로 구별된다. 짧게 말해, 내가 주장하려는 것은 민주정은 그것이 자유주의적이기 이전에도 여전히 선택할 만한 것임을 이미 개념적으로 밝힐 수 있다는 것이다. 만약 이런 주장이 이론과 실제 모두에서 참이라면, 공공 정책과 관련해 내 주장이 함축하는 바는 결코 적지 않을 것이다.[36]

　1장 이후의 내용은 다음과 같이 진행된다. 2장에서는 고전기 아테네의 정치 발전사를 개관할 것이다. 고전기 아테네의 사례는 근대 초 혹은 현대의 자유주의자들의 철학적 관념들이 섞이지 않고도 잘 작동했던 민주정에 대한 가장 풍부한 기록을 남겼다는 점에서 그 의의가 있다. 우리는 특히 그리스어 단어 'dêmokratia'의 본래 의미와 '성숙한 아테네식' 의미 각각에 주의를 기울여, 민주정을 실천했던 그리스인들이 이 단어를 통해 의미했던 민주정이란 무엇이었는지를 살펴볼 것이다. 3장의 주요 내용은 데모폴리스 사고실험이다. 즉, 안전하고 충분한 정도로 풍요로우며 전제적 지배자에게 지배받지 않는 나라에 살고 싶어 하는 공유된 선호라는 공통점 하나만 빼고는 사회적으로 다양한 개인들이 모여 있

---

36) 오버(Ober 2012)의 결론을 보라. 나는 여기서 현대 규범적 이론에서 중요하게 다루곤 하는 국가의 경계를 넘어선 국제적 제도들에서의 민주정의 문제(혹은 민주적이지 않은 면모)에 대해서는 다루지 않는다.

는 상상 속 한 사회에서 [데모폴리스라는 이름의] 헌정적 공공질서가 만들어진다. 데모폴리스의 주민들은 그런 나라에서 살아가는 데 드는 정치 참여의 비용을 기꺼이 감당하려 하지만, 정치 영역 외에서도 그들 각자에게 가치 있는 활동들을 추구할 기회 역시 갖기를 원하고 있다.

4장은 자유주의적 상부구조를 아직 채택하지 않았다는 가정 하에, 데모폴리스의 정당성을 갖췄는지의 문제를 다룬다. 잠재적 미래 시민들을 위한 시민교육의 형태로 제시될 데모폴리스의 체제 정당화 논변은 곧 민주정이 물질적으로나 비물질적으로 무엇을 위해 좋은 것인지를 밝힌다. 5장에서는 아리스토텔레스와 홉스가 근본적으로 완전히 다른 도덕 심리학을 갖고 있음에도 결국 인간의 본성적 능력인 사회성, 합리성, 언어적 의사소통에 대한 견해는 공통된다는 점을 주장한다. 민주정에서는 시민들이 집단적 자기 통치에 참여함으로써 이런 근본적인 능력들을 기탄없이 발휘할 기회를 갖게 된다. 나는 이 기회가 그 자체로 선택할 만한 목적이라고 주장할 것이다.

6장은 원초적 민주정을 가능케 하는 세 가지 조건들, 즉 정치적 자유, 평등, 그리고 정치에 참여할 만큼의 가치를 인정받는 것으로서의 시민적 존엄을 살펴볼 것이다. 원초적 민주정에서는 다른 시민의 시민적 존엄을 보호하는 것이 [이타적 희생이 아니라] 합리적으로 자기 이익을 추구하는 활동이다. 이는 곧 타인을 모욕하거나 어린애 취급infantalization함으로써 자신의 우월함을 과시하려는 오만불손한 개인들의 행태를 어떻게 통제할지라는 고질적인 사회문제에 대한 하나의 해결책이 된다. 그뿐만 아니라 참여하는 시민들이 성인으로서 대우받아야 한다는 존엄의 요구 조건은 데모폴리스에서 실현되는 분배 정의가 자유 지상주의의 한 극단과 평등주의의 다른 극단 그 어느 쪽으로도 치우치지 않도록 하는 제약 조건이기도 하다. 7장은 대표자들에게 권한을 위임하는 문제, 그리고 공동의 이익이 걸린 사안을 민주적으로 판단할 때 엘리트 독점을 피하면서도 관련 전문성을 활용할 제도들을 고안하는 문제를 다룰 것이다. 시민들이 집단으로서 그들 자신을 지배할 능력을 갖추고 있다면, 대표자들은 전제적 지배자로서 지배해 보려는 일을 단념하게 된다. 한 민주 정부가 전문성을 얼마나 효과적으로 이용할 수 있느냐에 따라, 시민 집단은 집단적 무지의 위험으로부터 벗어날 수 있다.

8장은 지금까지 제시된 원초적 민주정 이론을 요약한다. 충분히 상상해 볼 만한 여러 종류의 자유주의적 사회와 비자유주의적 사회는 자신들이 추구하는 가치를 지키려고 드는 한 원초적 민주정이라는 토대를 활용하지 못할 수도 있다. 하지만 원초적 민주정은 자유주의의 갖가지 입장들 가운데 여전히 광범위한 영역에 속한 자유주의자들에게 유용할 수 있으며, 특정한 도덕적 질서가 유지되는 사회를 건설하려 희망하는 종교적 전통주의자들이 활용하기에 역시 좋은 정치적 틀이 될 수 있다. 마지막으로 에필로그에서는 '자유주의 이후' 가능한 미래에 마주할 끔찍한 사회적 조건들로의 전락에 맞서, 원초적 민주정이라는 틀이 하나의 보루가 될 수 있으리라는 희망으로, '두려움의 민주정'democracy of fear이라는 아이디어를 제시함으로써 서론에서 언급했던 신중한 낙관론을 조금 더 확고히 하려 한다.

제2장

고전기 아테네에서 민주정의 의미

자유주의 이전의 민주정에 대한 정치 이론이 그저 유토피아적이거나 다른 식으로 이상적인 수준에 머물지 않고 현실성을 갖추려면, 반드시 그것의 실현 가능성을 증명하는 데서 시작해야 한다. 실재는 항상 가능성을 증명하기 때문에, 하나의 실제 사례야말로 우리의 목적에 부합할 것이다. 아테네인들이 기원전 508년 민주혁명[1] 직후 세운 새로운 형태의 인민 정부는 세계 최초로 '민주정'이라 이름 붙은 정치체제였다. 기원전 6세기 말에서 기원전 4세기 말까지의 고전기 아테네는 자유주의 정치사상이 발전하기 이전 시기에 복잡한 사회에서 민주정이 오랫동안 지속될 수 있었음을, 남겨진 풍부한 기록으로 증명하는 역사적 사례이다.

나는 다른 저작에서 아테네의 민주적 정치 문화와 제도의 역사를 상세히 다룬 바 있다.[2] 여기서는 아테네의 정치발전사를 간단히 개관한 뒤, 곧장 그리스어 단어 'dêmokratia'가 고대 그리스 세계에서 민주정에 대한 지지자들과 비판자들 사이의 정치 담론에서 본래 어떤 의미로 사용되었는지, 그리고 시간이 지나 어떤 성숙한 의미를 획득했는지를 살펴볼 것이다. 풍부한 기록으로 남

1) [옮긴이] 기원전 508년은 클레이스테네스Cleisthenes가 아테네의 기존 12개 부족 체제 대신 순수하게 지리적인 분할에 따라 10개 부족을 새로 조직하고, 지역마다 추첨으로 선발된 총 500인 규모의 평의회를 두며 그 권한을 확대하는 개혁을 한 해이다.

2) 아테네의 인구통계학, 정치제도, 아테네 정치 및 사회의 역사적 발전에 대해서는 오버(Ober 1989, 2008a)를 보라.

은 이 민주정의 역사적 사례를 통해 우리는 자유주의 이전의 민주정이 개념적 이해와 제도의 형태 모두에서 포퓰리스트들이 주도하는 불안정하고 임의적이며 야만적인 다수의 폭정과 대단히 다르다는 점을 배울 수 있다.

고대 아테네 사회는 명백히 역사적으로 우연적인 특징들이 많았다. 2장 이후에서 다룰 데모폴리스 사고실험은 아테네 민주정과 유사한 자기 통치 체제를 채택하는 국가가 반드시 고대 아테네에서처럼 노예제도를 시행하거나, 남성에게만 차별적으로 참정권을 허용하거나, 직접 민주적 의사 결정을 위해 근대국가보다 훨씬 소규모여야 한다는 등의 조건들이 필수적이지는 않음을 보이기 위해 모든 역사적 상황을 사상捨象할 것이다.

1. 아테네의 정치사

약 25만 명의 인구, 그중에서 약 수만 명(기원전 431년경 5만 명이상. 플라톤과 아리스토텔레스가 활동한 기원전 4세기에는 약 3만 명)의 시민층(성인 남성), 약 2500제곱킬로미터의 영토를 보유했던 고대 아테네는 이례적으로 큰 도시국가였다. 그뿐만 아니라 아테네는 지리적 환경이 다양한 여러 지역을 아우르고, 또 수많은 지역 종교 의례와 수백 개의 경제적 전문 집단을 포함하는 등 이례적으로 다양성을 갖춘 도시국가이기도 했다. 대부분의 도시국가 주민들이 그랬듯이, 아테네인들 역시 계급 간 차이에 대단히 민감했다. 시민 집단에 걸쳐 존재하는 다양성을 다루는 일은 도시국가가 갖출 최우선의 목표였다(Ober 1989). 기원전 508년 민주혁명에 이은 극적인 개혁들이 시민적civic 정체성을 강화하고 공동의 이익에 직결된 사안에서 다수의 시민들의 조율된 정치적 행동을 가능케 한 뒤에야 아테네의 크기는 비로소 자산이 되었다.

혁명 이후 여러 중요한 민주적 개혁 조치들은 모든 남성 주민들과 (장래에) 그들의 후손들을 재산이나 수입에 관계없이 참여하는 시민으로 만들었다. 새로운 질서에 따라 폴리스 내 여러 지역에서 추천되거나 추첨으로 선발된 시민들은 500인으로 구성된 시민 의회를 꾸렸다. 의회는 통치와 관련된 일상적 사안 대부분을 처리했고, 모든 시민들이 참여해 입법을 하는 민회에 발의할 의제를 준비했다. 기원전 4세기에 민회는 해마다 약 40차례 개최되었고, 평균 총 시민의 20~25퍼센트가 참석했다. 민회에 모인 시민들은 의안에 대해 토론하고 직접 찬반 투표를 했다. 각 시민이 가진 표의 투표 가치는 동등했다. 인민 법정의 배심원[3]들과 대부분의 행정관들 역시 추첨으로 뽑혔다. 몇몇 공직, 즉 군사 지휘, 도시 설계,

---

3) [옮긴이] 여기서 '배심원'으로 옮긴 말은 'juror'이다. 그러나 현재 대한민국에서 시행 중인 국민참여재판 제도의 배심원과 아테네 법정에 모인 시민들은 역할과 권한이 다르다. 무엇보다 큰 차이는 국민참여재판 제도의 배심원들은 "사건에 관하여 사실의 인정, 법령의 적용 및 형의 양정에 관한 의견을 제시할 권한"만을 갖고, 피고인이 "법관에 의해" 재판받을 권리(헌법 제27조 1항)에 따라 국민참여재판을 신청하는 한에서 이런 권한이 행사되며, 법관이 배심원단의 권고를 따를 의무는 없다. 이는 직업 법관을 포함한 법조인이 따로 없이 배심원으로 참여한 시민들이 시민 집단 전체를 대표해 집단적인 사법 권력의 행사자로서 직접 피고인의 유무죄 및 양형을 정할 수 있었던 아테네의 사정과 다르다.

(나중에는) 재정 관리 등을 맡는 공직자는 1년을 임기로 선출되었다. 공직을 맡은 시민들은 자신의 공직 수행에 대해 항상 해명해야 할 법적 의무를 졌고, 1년의 임기를 마친 이후에는 공식적인 감사를 받았다.

아테네 민주정은 시민들에 의한 직접 통치의 형태였다. 민회에 모인 시민들은 정책에 직접 투표했다. 시민들은 자신들을 위해 정책을 입안할 대표자들을 선출하지 않았다. 물론 대표라는 관념이 근대에만 고유하며 고대 민주적 사고방식에는 완전히 낯선 것이었다는 주장(예를 들어, Rosanvallon 2006, 62)은 잘못된 것이다. (시민 집단 전체로서의) 아테네 인민은 민회에 참석한 시민들의 인격 속에서 현재하는 것으로 상상되었다. 그래서 인민은 개념적으로 전체를 대표하는 부분인 시민들 일부에 의해 대표되었다. 즉, 추첨으로 뽑힌 500명의 의원들, (보통 30세 이상 201명 혹은 501명의) 배심원들, 그리고 입법위원회boards of 'lawmakers'(2장 3절)의 결정은 곧 전체로서의 인민이 내린 결정이었고, 그런 의미에서 공동체 전체에 구속력을 지녔다(Ober 1996, 8장). 아테네는 현대 국가에 비해서는 매우 작았기 때문에, 선출된 대표자들에게 규칙 제정 권한이 위임되었을 때 생겨나는 문제들을 겪지 않을 수 있었다(7장). 그러나 2장 2절에서 보게 될 아테네인들이 민주정을 개념화한 가운데 정치적 대표는 결코 이해하기 불가능한 것이 아니었다.

아테네 민주정은 잠시 들어선 과두정체 시기(기원전 410년과 기원전 404년)를 제외하고는 기원전 322년까지 지속되었다. 180년간 아테네 정치 문화는 점점 진화해 갔고, 높은 적응력을 증명해 냈다. 아테네인들은 점점 더 섬세하게 민주정을 이해하게 되었고, 이해한 바를 잘 실천해 나갔다. 공적 발언과 결사의 자유, 투표와 공직 수임 기회의 평등, 모욕과 어린애 취급 없는 시민적 존엄이라는 민주정의 이 세 가지 근본 조건들은 공식화된 규칙과 이에 상응한 행동 양식상의 규범으로 탄탄하게 유지되었다. 아테네인들은 정기적으로 정부의 제도적 메커니즘을 조정했다. 기원전 5세기에는 인민 법정에 배심원으로 참여하는 활동을 비롯해 여러 방식의 공무 참여에 수당이 지급되기 시작했다. 기원전 451년, 생득적 시민권을 아테네 태생 남성과 결혼한 아테네 태생 여성의 아들에게만 주는 (그리고 아테네 비태생 여성과 결혼한 아테네 태생 남성의 아들에게는 참정권을 주지 않도록 하는) 법률이 통과되었다. 이는 시민 집단의 형성에서 아테네 태생 여성들이 동반 참여자로서 갖는 지위를 인정한 조치였다. 기원전 5세기 말에서 기원전 4세기에, 2장 3절에서 논하게 될 일련의 헌정 질서상 변화들은 통치 전반에 대한 시민들의 집단적 권위를 손상하지는 않은 채로 민회의 직접적인 입법 권한에 제한을 두는 것이었다. 우리는 이후의 장들에서 아테네의 다른 제도적 혁신의 몇 가지 사례들을 논할 것이다. 어쨌든 중요한 것은 아테네 민주정은 시민들의 집단적 자기 통치라는 그 본연의 의미를 단 한 번도 잃지 않았다는 것이다.

아테네의 정치발전사는 우리가 이 책을 시작하며 던진 질문들에 대한 최초의, 그러나 우연적으로 주어진 역사적 조건에서만 가능했던 대답을 내놓는다. 우리는 원초적 민주정이란 무엇이며, 왜 생겨났으며, 어떻게 지속되어 갔는지, 원초적 민주정은 무엇을 위해 좋은지 물었다. 오늘날의 규범에 미루어 따져 볼 때, 아테네는 자유주의 사회와 거리가 멀었다. 즉, 아테네 민주정은 입법자로서,

배심원으로서, 공직자로서 통치에 적극적으로 참여할 자격을 오직 남성, 보통은 아테네 태생 남성으로만 엄격히 제한했던 문화적 틀 안에서 생겨났다. 노예는 흔했고(추정상 아테네 주민들 가운데 3분의 1이 노예였다) 노예제도는 당연시되었다. 아테네 법률에 구체적으로 정의된 바는 없지만, 신들에 대한 불경죄는 사형까지 내릴 수 있는 중범죄였다. 도편추방제에 의해 재판이나 범죄 혐의가 없어도 단지 동료 시민들 대다수가 한 사람을 위험하다거나 다른 식으로 마음에 안 든다고 간주한 것만으로 그를 (임시적이긴 했지만) 추방할 수도 있었다. 그러나 내가 주장하려는 것은 고전기 아테네에서 민주정의 정의가 1장에서 내가 제시한 원초적 민주정의 예비적 정의에 정확하게 들어맞는다는 것이다. 3장에서 제시할 데모폴리스 사고실험은 고대 아테네의 역사, 문화, 정치 현실에서의 구체적이고 우연적인 상황들을 사상하고 원초적 민주정의 특징을 일반화할 것이다.

1장에서 이미 지적했던 대로, 민주정에 대해서는 그 어떤 정의를 내리더라도 최종적인 권위를 가질 수 없다. 하지만 주목할 것은 민주정이라는 본래 의미와 그리스 민주주의자들이 고전기 내내 이 단어를 사용했던 그 의미를 모두 고려할 때, 민주정이 결코 '다수의 폭정'은 아니었다는 것이다. 이 단어는 항상 '시민들에 의한 집단적 자기 통치'를 뜻했다. 게다가 실제로도, 하나의 집단으로서의 시민들이 모일 때마다 원하는 것은 무엇이든 할 수 있는 집단적 권위는 민주정이 시작되던 순간부터 오늘날 헌법에 상응하는 규칙들에 의해 제약되어 있었다. 물론 아테네의 포퓰리스트들이 "인민이 마음에 들어 하는 것을 못 하는 것은 끔찍한 일이다"라고 주장할 수 있었다. 포퓰리즘적 인민 선동가들은 때때로 인민이 기존 규범을 거스르며 경솔하게, 심지어 인민의 이익을 스스로 해쳐 결국에는 후회하게 될 행동을 하도록 부추기기도 했다.[4] 그러나 이는 늘 규칙과 규범에 따라 의사 결정을 해왔던 아테네 민주정에서 예외적인 사례였을 뿐이다. 이렇게 비합리적인 공적 행위가 전형적인 것이었다면, 아테네는 수많은 그리스 도시국가들과의 경쟁에서 금방 몰락했을 것이다. 게다가 아테네 정치 개혁은 지도자가 되려는 인물들의 포퓰리즘적 기회주의를 제재하기 위한 규칙들을 더 명료화하고 더 공식화하는 방향으로 진행되었다. 아테네 민주정은 극단적인 충격, 이를테면 외부 침략자들에 의해 도시가 물리적으로 파괴되거나, 전염병으로 불과 몇 년 안에 인구의 4분의 1 이상이 사망하거나, 지긋지긋한 장기전 속에서 가공할 피해를 입는 그 와중에도 늘 탄탄했다. 아테네 민주 정부는 민주정이 시민들에게 항상 안전과 풍요를 마련해 줄 수 있는 체제임을 증명해 보였다.[5]

아테네 정치사가 원초적 민주정이 안정적이고 효과적으로 오랫동안 복잡한 사회에서 유지되어 왔음을 보여 주었으므로, 원초

4) "끔찍한"(그리스어 'deinos') : 크세노폰, 『헬레니카』 1권 7장 12절. 아테네 민회가 아르기누사이 해전을 지휘한 장군들을 [수몰 장병 구조 실패의 책임을 물어 총 11명을] 단 한 번의 투표로 처형하기로 의결했을 때. 그에 대한 인민의 후회는 같은 책 1권 7장 35절.

5) 오버는 다른 그리스 도시국가들과 비교했을 때 아테네의 국가 경쟁력이 어느 정도였는지를 평가했고(Ober 2008a, 2장), 기원전 4세기 말 아테네의 생활수준과 소득 불평등의 정도를 추산했다(Ober 2017a).

적 민주정이란 불가능했을 것이라는 주장은 바로 그 사실로써 반박된다. 원초적 민주정이 인간의 본성 및 행동 양식의 요구들과 양립 가능하다는 것이 고전기 아테네를 비롯한 제법 큰 규모의 복잡한 사회에서 분명하게 드러남으로써 증명된 것이다. 물론 수만 명의 인구가 살았던 고대 아테네는 주요 근대 국민국가들에 비하면 소규모였다. 게다가, 아테네는 고대 그리스의 기준에서 보았을 때 다양성이 이례적으로 높았으며 이 다양성은 민주정이 가진 대표적인 특징 가운데 하나로 자주 꼽히곤 했음에도(플라톤, 『국가』 8권), 아테네는 완고하고 까다로운 일신론적 종교에 기반한 종교적 정체성과 정치적 선호를 지닌 꽤 큰 규모의 소수집단을 포함하지는 않았다는 점에서 다원주의적이지는 않았다. 원초적 민주정이 어느 정도까지 그 규모가 확장될 수 있는지, 원초적 민주정이 고대 아테네와는 달리 대규모이자 다원주의적이기도 한 근대 국민국가에서도 실천될 수 있는지는 이어질 장들에서 다뤄질 것이다.

2. 민주정의 본래 정의

잘 알려져 있듯이, 고대 그리스어 단어 'dêmokratia'는 'dêmos'(인민)와 'kratos'(권력[힘, 능력])의 합성어이다.[6] 그런데 여기서 권력이란 어떤 종류의 권력이며, '인민'이란 누구인가? 이

---

6) 이 절의 내용은 민주정의 본래 의미에 대한 문헌학적 주장을 처음으로 제시했던 오버(Ober 2008b)를 개작한 것이다.

합성어는 기원전 508년 [민주]혁명을 겪었던 세대에게 아테네에서 처음으로 만들어져 쓰인 것이 거의 확실시된다. 기원전 5세기 중반까지, 민주정에 적대적인 비판자들은 이 단어의 진짜 의미가 '다수의 가난한 사람들이 부유한 소수를 무제한적으로 지배하는 것', 즉 자기 이익만을 추구하는 다수의 폭정이라 보았다. 이와 같은 덧씌우기는 훗날 『리바이어던』의 토머스 홉스가 법 없이 통치하는 주권자로서 기능하는 거대한 민회를 설명하는 데 영향을 주었다(물론 홉스에게 [홉스적 의미에 가장 적당한 주권자로서] 최선은 일인 왕이고, 그다음으로는 소수의 집단이며, 민회는 차차선에 머문다). 우리는 4장에서 민주정에 대한 홉스의 사상을 다룰 것이다. 아주 조금만 변화를 가하면, 고대의 민주정 비판자들의 정의는 카를 슈미트(Schmitt 2007)가 정치를 친구와 적 사이에 벌어지는 실존적 쟁투로 그려지는 권력 체계로 정의한 것과도 맞아떨어진다. 쟁투에 대한 슈미트의 강조는 현대 경합적 민주정 이론가들이 발전시킨 정치이론들의 기반이 되었다. 그러나 다수의 폭정은 그리스의 민주정 고안자들이 마음속에 품었던 통치 형태는 결코 아니었다.[7]

결국 기원전 6세기 말에서 기원전 5세기까지 그리스의 민주정 고안자들이 이 단어로써 의미한 바가 무엇이었는지를 탐구하

---

7) 'dêmokratia'라는 단어의 조어 시기에 대해서는 한센(Hansen 1986)을, 민주정의 비판자들에 대해서는 오버(ober 1998)를 참조. 경합적 민주정 이론가들에 대해서는 8장의 주 11을 보라. 카네바로(Canevaro 2018)는 적어도 투표 결과 기록이 남아 있는 사례에 한해서는 민주정 시기의 그리스 민회에서 대부분의 법률 제정이 합의로 이루어졌고, 반대표는 아주 소수거나 아예 없었음을 보였다.

는 데 있어, 고대 그리스의 민주정 비판자들, 혹은 그들에게 영향을 받은 이들의 (그로부터 얼마나 더 나아갔든지 간에) 반감 가득한 증언을 받아들여야 할 이유는 없어 보인다. 바로 그렇기에 이 같은 반감 어린 정의를 기원전 4세기부터 기원전 2세기까지 아테네를 비롯한 그리스 도시국가들에서 발전했던 성숙한 민주정의 실제 모습에 적용해야 할 이유는 더더욱 없다.[8] 정치체제의 유형을 지칭하는 그리스어의 합성어들('monarchia', 'oligarchia', 'aristokratia', 'timokratia' 등)과 문헌학적으로 잘 비교해 보면, 우리는 'dêmokratia'의 'dêmos'가 민주정 비판자들이 주장하는 것보다 훨씬 더 광범위한 의미임을 알 수 있다. 'kratos'와 'dêmos'를 합쳐서 만든 이 단어는 인민이 가진 집단적 힘에 대한 긍정적인 확신을 담은 말이지, 결코 다른 이들에 대한 군림과 종속과 관련된 냉소적 주장을 담아낸 말이 아니다. 역사적 사실을 살펴보면, 집단적 힘이 특히 기원전 5세기 중반 아테네 제국이 다른 도시들에 군림하도록 만들어 주었던 것은 틀림없다. 하지만 이 사실이 결코 'dêmokratia'라는 단어가 가진 본래의, 그리고 성숙한 의미와 혼동되어서는 안 된다.

고대 그리스어에서 정치체제에 대한 단어들은 항상 '누가 지배하는가?'라는 질문에 집중했다. 여기에는 다음 경우의 수가 있다. 즉, 한 명의 개인이 지배하느냐, 소수의 특권 집단이 지배하느냐, 광범

---

8) 기원전 3세기부터 기원전 2세기까지 헬레니즘 시기의 민주정에 대해서는 그립(Grieb 2008), 해먼(Hamon 2010), 마(Ma 2013), 티가든(Teegarden 2014)을 보라.

표 2-1 정치체제 유형을 의미하는 그리스어 혹은 그리스어를 어원으로 하는 용어

1. 권력을 가진 집단	2. '-kratos' 계열의 단어들	3. '-archê' 계열의 단어들	4. 다른 방식으로 불린 정치체제의 이름들	5. 관련 정치 단어들 : 사람 혹은 추상명사
한 명	*autocracy*(전제정)	**monarchia** (일인 왕정)	tyrannia(폭정) basileia(왕정)	tyrannos(폭군, 참주) basileus(왕)
소수-다수	<u>**aristokratia**</u> (귀족정, 최선자 정체) <u>**dêmokratia**</u> (인민의 지배, 민주정) **isokratia** (평등한 이들의 지배) *ochlokratia* (군중의 지배)	**oligarchia** (과두정, 소수의 지배) *polyarchy* (다수의 지배)	dynasteia(과두정, 특정 파당의 지배) isonomia(법의 평등) isegoria(발언의 평등) *isopsephia* (투표의 평등)	hoi oligoi(소수) hoi polloi(다수) to plethos(상대적 다수) ho ochlos(군중, 떼) isopsephos(투표자)
기타 (대표적인 것만 기재)	timokratia (명예 지상 정체) gunaikokratia (여성들의 지배) *technocracy* (기술 지배)	**anarchia** (무지배, 아나키)	isomoiria(몫의 평등) eunomia(좋은 법의 지배) politeia(민주정과 과두정의 혼합정체 : 아리스토텔레스의 용법)	dunamis(힘, 권력, 능력) ischus(힘) bia(힘, 강제) kurios(주인) exousia(권한, 자격, [자유])

주 : 오래전부터 쓰인 단어(기원전 5세기경)는 진한 글씨. 기원전 5세기 말에서 기원전 4세기 사이에 쓰인 '표준적' 단어는 진한 글씨에 밑줄, 고대에 새롭게 만들어진 단어는 별도 효과를 넣지 않은 글씨, 고전기 이후 혹은 현대에 만들어진 단어는 이탤릭체 등으로 구별했다.

위하고 포괄적인 시민 집단이 지배하느냐. 〈표 2-1〉은 이에 따른 용어상의 지형도를 제시하고 있다. 개인의 지배, 엘리트 지배 집단의 지배, 대규모 시민 집단의 지배를 지칭하는 세 단어는 각각 'monarchia', 'oligarchia', 'dêmokratia'이다. 이 세 단어에서만도 벌써 두 가지 점이 눈에 띈다. 즉, 첫째, 'monos'(혼자)에서 온 'monarchia'(일인정[일인 왕정])와 'hoi oligoi'(소수[과두])에서 온 'oligarchia'(과두정)와는 달리, 'dêmos'(인민/시민 집단)에서 온

'dêmokratia'(민주정)는 구체적인 숫자와 무관하다. 'dêmos'라는 단어는 구체적인 크기를 갖지 않은 집합체를 의미한다(이어지는 내용 참조). 그러므로 'monarchia'나 'oligarchia'와는 달리, 'dêmokratia'는 '몇 명이 권력을 가지고 있느냐'라는 질문과는 무관하다. 둘째, 그리스어에서 정치체제를 가리키는 단어는 '-archê'를 접미사로 하는 것과 '-kratos'를 접미사로 하는 것으로 나뉜다.[9]

9) 각 주요 단어들이 언급된 표준적 구절은 다음과 같다.

- anarchia : 헤로도토스, 『역사』 9권 23장; 아이스킬로스, 『탄원하는 여인들』 906행.
- aristokratia : 투키디데스, 『펠로폰네소스 전쟁사』 3권 82장.
- dêmokratia(동사형 포함) : 헤로도토스, 『역사』 6권 43장; 투키디데스, 『펠로폰네소스 전쟁사』 2권 37장.
- gynaikokratia : 아리스토텔레스, 『정치학』 1313b33, 34.
- dynasteia('oligarchia' 중 가장 타락한 정체) : 아리스토텔레스, 『정치학』 4권 5장 1292b10, 4권 6장 1293a31.
- isegoria : 헤로도토스, 『역사』 5권 78장; 데모스테네스 연설 21 「메이디아스 반박」 124절.
- isokratia : 헤로도토스, 『역사』 5권 92장 a절.
- isomoiria : 아리스토텔레스, 『아테네의 정치체제』 12장 3절에 실린 솔론의 시.
- isonomia : 헤로도토스 『역사』 3권 80장, 3권 142장('dynasteia'의 반대 의미로 쓰인 것 : 투키디데스, 『펠로폰네소스 전쟁사』 4권 78장).
- isopsephia : 할리카르나소스의 디오니소스 7권 64장.
- isopsephos : 투키디데스, 『펠로폰네소스 전쟁사』 1권 141장.
- monarchia : 알카이오스 단편 12; 헤로도토스, 『역사』 3권 82장.
- oligarchia(능동태 '소수가 지배한다' 혹은 수동태 '소수로부터 지배받는다'의 동사형 포함) : 헤로도토스, 『역사』 3권 82장 2절, 5권 92절 b; 투키디데스, 『펠로폰네소스 전쟁사』 6권 38장, 8권 9장; 의인화(크리티아스의 묘비) : 아이스키네스 연설 1 「티마르코스 반박」 39절에 남

〈표 2-1〉은 정치체제를 가리키는 고전기의 주요 그리스어 단어와 고전기 이후 그리고 그리스어를 어원으로 하는 현대의 단어들을 실어 놓았다.

창의적인 신조어를 즐겨 만들어 냈던 그리스인들은 정치 분야에서도 예외가 아니었는데, 분명 쓰였을 법한 몇몇 정치체제 단어들이 〈표 2-1〉에 빠져 있는 것이 눈에 띈다. 그리스어에서는 '다수'를 뜻하는 말이 'hoi polloi'[10]로 굳어져 쓰였는데, 이 단어를 이용한 정치체제 명명, 이를테면 'pollokratia'라든가 'pollarchia'라는 단어는 존재하지 않았다. 또한 'monokratia', 'oligokratia', 'anakratia' 같은 단어들도 쓰이지 않았다.[11] 왜 이런 단어들은

겨진 주석.
- ochlokratia(다수의 지배가 타락한 형태) : 폴리비오스, 『역사』 6권 4장 6절, 6권 57장 9절.
- timokratia : 플라톤, 『국가』 8권 545b; 아리스토텔레스, 『니코마코스 윤리학』 8권 10장 1160a35, 36.
  해당 단어가 언급된 모든 구절의 일람은 리델 외(Liddell et al. 1968), 〈Thesaurus Linguae Graecae〉(www.tlg.uci.edu) 참조.

10) [옮긴이] 그리스어 'hoi'는 남성명사 복수형 주격 정관사이고, 'polloi'는 'polys'(많은, 다수의)라는 형용사의 남성 복수형 주격 변화형이다. 형용사 앞에 정관사를 붙여 '~한 사람(들)'의 의미로 사용한 것은 영어 문법에서와 동일하다('the many').

11) 'Demarchia'는 정치체제의 한 유형이 아니라 작은 지역의 공직을 의미했다('ho demarchos'는 해당 지역 해당 공직을 맡은 사람, 오늘날로 치면 '시장', '군수' 등). 이 경우 'de-'라는 접두사는 통치하는 권한이 행사되는 관할구역을 의미했고, 지배자의 수와는 무관했다. 한편 플라톤은 『국가』 8권 545b에서 'timarchia'를 명예 지상 정체를 의미한 'timokratia'와 동의어로 썼다.

쓰이지도, 존재하지도 않았을까? 먼저 〈표 2-1〉의 2열과 3열에 진한 글씨로 처리된 여섯 개의 단어를 중심으로 그 이유를 알아보자. '-kratos'를 접미사로 하는 2열의 'dêmokratia', 'isokratia', 'aristokratia', 그리고 '-archê'를 접미사로 하는 3열의 'monarchia', 'oligarchia', 'anarchia'의 조어 원리를 살펴보면 그 답을 찾을 수 있다.[12]

'-archê'를 접미사로 하는 주요 단어들(〈표 2-1〉의 3열)은 모두 '공직의 독점[적 소유]'과 연관된다. 그리스어에서 'archê'란 '공직'을 뜻했고, 헌정 질서에 따른 단위로서 공직들은 (복수형) 'archai'였다. 'archôn'이란 특별히 정해진 범위의 역할을 수행하는 공직을 맡은 선임 공직자였다.[13] 그렇기에 '-archê'가 붙은 세 단어는 "지배자가 될 수 있는 여러 큰 집단 중에서 국가 안에 (실제 혹은 잠재적 공직 수임자로서의) 지배자가 몇 명이 있는가?"라는 질문에 대답하는 의미를 지닌다. 답은 다음의 세 가지다. 즉, 'anarchia'(아무도 지배하지 않는다), 'monarchia'(단 한 명만이 지배한다), 'oligar-

---

12) 이 단어들은 모두 기원전 5세기 문헌에서 확인된다. 다만 'oligarchia'와 'aristokratia'가 'dêmokratia', 'isokratia', 'monarchia'보다 조금 나중에 만들어져 쓰인 단어일 것으로 추정된다.

13) 그리스어 'archê'라는 단어는 서로 연관된 몇 가지 의미를 지닌다. 시작(기원), 제국(하나의 국가가 다른 국가에 대해 미치는 헤게모니적 지배), 또한 본문에서처럼 공직 혹은 지역의 감독직 등을 뜻한다. 고전기 아테네에서는 총 아홉 명의 'archôn'과 수백 명의 기타 공직자들이 매년 한 번씩 선출되었다. 한센(Hansen 1999)을 보라. 고전기 정치사상, 특히 아리스토텔레스적 정치사상에서 이 공직들의 역할에 대해서는 레인(Lane 2016)을 보라.

chia'(소수가 지배한다).

반면 '-kratos'를 접미사로 하는 주요 단어들(〈표 2-1〉의 2열)
은 공직 혹은 공직자와 관련이 없다. 'archê'와는 달리 'kratos'
는 '공직'의 의미로 쓰이지 않는다. 물론 체제의 명칭들에서 'kra-
tos' 역시 정치적 권위를 뜻하지만, 만약 그런 권위가 어떤 공직을
독점적으로 수임함으로써 행사되는 것이 아니라면, 또 어떤 방식
이 가능한가? 'kratos'는 가장 뿌리가 되는 의미로 '권력[힘]'pow-
er을 뜻하는데, 실제 언어생활에서 'kratos'라는 명사와 여기서
파생된 동사는 '권력'이라는 뜻이 가진 다양한 스펙트럼, 즉 '~을
할 수 있는 힘/권력'strength/power, '억제'constraint, '군림/~위에 있
는 권력'domination/power over 등의 범위에 걸쳐 쓰였다. 우리는 정
치체제의 이름에 쓰인 '-kratos'라는 접미사의 의미를 그런 범위
를 고려해 줄일 수 있다. '-archê'가 붙은 단어들이 '몇 명인지'
그 숫자를 명시하는 단어들과 결합해 만들어진 것과 달리, '-kra-
tos'가 붙은 단어들은 숫자를 언급하지 않는다. 이를 고려했을 때,
'-kratos'가 붙은 단어들은 '몇 명이 지배하느냐', 즉 공직을 수임
함으로써 군림하는 혹은 지배하는 집단의 '크기'를 명시하는 것과
는 관련이 없는 것처럼 보인다. 그럼에도 분명 이 단어들은 군림
하는 권력을 가지고 지배하는 자들이 피지배자들과 구별되어 갖
는 특징들을 명시하고 있다.[14] 그것은 어떤 것인가?

14) 'kratos'의 다양한 의미에 대해서는 고대 그리스어-영어 사전인 리델 외
(Liddell et al. 1968)의 해당 항목을 보라. 윌리엄스(Williams 1993, 105)는 'kra-
tos'를 "물리적(신체적) 억제"physical constraint의 뜻으로 새겨 아이스킬

'hoi oligoi'(소수)가 공직을 독점하는 'oligarchia'(과두정)의 조어 방식으로부터 유추해 보면, 'aristokratia'[귀족정/최선자 정체][15]라는 단어는 'hoi aristoi'(탁월한 자들)[16]가 다른 어떤 수단으로써 나머지 구성원들 위에 군림할 때 그런 정체를 가리킨 것이라 생각할 수 있다. 그렇게 본다면, 이 단어는 "군림하는 자들은 탁월하며, 군림 아래 있는 자들은 탁월하지 못하다"는 것을 주장하는 것으로 이해될 법하다. 그러나 이 단어가 가진 긍정적인 함축을 고려하면, 'aristokratia'란 첫째, 탁월성이 이 체제를 정의할 수 있는 원리라는 것, 둘째, 탁월한 사람들이 공적인 사안들을 다루는 힘이나 능력을 가졌다는 것을 뜻한다고 이해하는 편이 더 그럴듯하다. 아리스토텔레스의 정체 분류에서, 'aristokratia'는 소수의 탁월한 자들이 공동체 전체의 이익에 따라 정의롭게 다스리는 정체로서, 소수가 자신들의 당파적 이익에 따라 지배하는 'oli-

로스의 비극 『사슬에 묶인 프로메테우스』의 '힘'bia, force과의 연결성을 지적한다. 군림domination은 고이스(Geuss 2008)가 "A가 B를"who whom 관계로 특징지어 설명한 바 있다.

15) [옮긴이] '최선자 정체' 그리고 〈표 2-1〉과 본문에서도 제시되는 '명예 지상 정체'는 플라톤, 『국가·정체』(개정 증보판, 박종현 옮김, 서광사, 2015) 에서 쓰인 번역어임을 밝힌다.

16) [옮긴이] 'aristos'는 형용사 'agathos'(좋은)의 최상급인 '가장 좋은'의 뜻으로, 이 장의 주 10에서 설명한 바와 같이 'hoi aristoi'는 '가장 좋은 사람들'the best을 뜻한다. 이 좋다는 말은 신분이나 혈통상 고귀한 귀족들을 가리키기도 하고, 전쟁에서 대단히 용기 있게 싸우는 투지를 보여주었다는 점에서 전사들을 뜻하기도 하며, 플라톤과 아리스토텔레스에게 와서는 윤리적 덕을 갖춘 사람들을 가리키기도 했다.

garchia'의 반대항으로 놓는다. 이렇게 이해할 때, 공직 수임이란 유능한 지배자들이 탁월함이라는 체제의 핵심 원리에 따라 공적 사안들을 처리하는 수많은 메커니즘들 가운데 하나이다.[17]

'-kratos'가 붙은 다른 단어들 중에서 오직 '여성적 지배 또는 여성에 의한 지배'를 뜻하는 'gunaikokratia'('gynaikos'는 'gynê', 즉 '여성'의 속격屬格 변화형)만이 여성들이 독점적으로 공직을 맡는다는 뜻으로 이해된다. 'timokratia'[명예 지상 정체]는 오직 'timê'(명예)만이 중시되는 정체라는 의미를 담고 있다. 플라톤의 『국가』에서 'timokratia'(철학자 왕의 지배 다음에 오는 차선의 정체)는 명예(특히 용기로 이해되는 명예. Balot 2014)가 체제를 정의하는 원리이며, 명예를 가진 자들만이 공적 사안들을 그 원리에 걸맞게 조직하는 그런 체제이다. 'isokratia'란 오직 'isos'('iso-', 즉 동등[평등])만을 강조한다. 'aristokratia'와 'timokratia'의 조어 방식과 의미에서 유추할 수 있듯이, 'isokratia'는 평등을 정체의 일반적 원리로 삼아 공적 사안들이 평등한 자들에 의해 그 원리에 걸맞게 다루어지는 체제를 뜻한다. 따라서 'isokratia'의 경우 여기서의 'kratos'를 본질적으로 불평등 관계인 군림으로 이해하는 것이 어렵다.

[당대 문헌에서] 'isokratia'가 'dêmokratia'와 동의어로 쓰였

---

17) 'aristokratia'의 긍정적인 함축은 리델 외(Liddell et al. 1968)의 해당 항목을 보라. 해당 단어에 대한 아리스토텔레스의 언급은 『정치학』 3권 7장 1279a34~37을 보라. 고대 그리스어의 해당 단어와 중세 및 근대의 'aristocracy'의 의미상 차이는 피셔와 반위스(Fisher and van Wees 2015)가 지적한 바 있다.

기 때문에, 비교연구를 위해서는 이 단어가 중요하다. 'isokratia'
란 기원전 5세기의 역사가 헤로도토스가 민주정과 동의어로 쓴 두
개의 단어인 'isonomia'와 'isegoria'와 접두사 'iso-'(동등한[평
등한])를 공유한다. 'isonomia'(법의 평등)와 'isegoria'(발언의 평
등)의 의미를 따져 볼 때, 당대 정치 담론에서 접두사 'iso-'는 접
근과 관련된 평등, 즉 '~을 사용할 권리/능력'상의 평등을 뜻하는
듯하다. 법의 평등이란 법, 법적 절차에 접근하고 법적 보호를 누
리는 것에서의 평등을, 발언의 평등이란 숙의의 현장에 참여하는
것에서의 평등을, 즉 공적 사안에 대해 발언하고 타인의 발언을 청
취할 평등한 권리를 의미하기 때문이다. 이 두 경우 모두에서 평
등한 접근[권]은 그 자체가 [공동체에서 살아가는 데] 중요한 도구(법
적 절차, 공적 발언)를 이용할 수 있는 중요한 수단이 된다. 'aristo-
kratia'의 경우에서처럼, 'iso-' 계열의 단어들은 공적 삶을 위한
도구에 대한 평등한 접근이 공동선에 기여한다는 긍정적 함축을
가진다.[18] 유추하면, 'isokratia'란 'kratos'라는 도구에 대한 평

---

18) 같은 계열에 있지만, 'isomoiria'(몫의 평등)는 그 계열의 단어들과는
다소 다른 의미론적 영역에 있다. 후대 아테네인들에게 민주정의 아버
지로 여겨졌던(Mossé 1979) 솔론은 "아티카의 비옥한 땅에 같은 몫isomo-
iria을 요구하는 저열한 사람들"이라는 언급을 한다(아리스토텔레스, 『아
테네의 정치체제』 12장 3절의 솔론의 시에서 인용). 다른 해석도 가능하긴 하
지만, 이는 주로 토지의 재분배를 뜻한다(Rhodes 1981의 해당 부분을 보라).
투키디데스(『펠로폰네소스 전쟁사』 7권 75장 6절)는 기원전 413년 시켈리
아에서 철수하는 아테네 군인들이 "악한 일에서도 평등하게 몫을 나눠
가졌다isomoiria"라고 말하는데, 이는 곧 다수polloi가 불운의 짐을 나눠
지면 그것의 무게를 줄일 수 있다는 것을 강조하는 맥락이었다[해당 부

등한 접근, 즉 공적인 영역에서 무언가를 행함으로써 공동선에 기여하는 공적 권력에 누구나 평등하게 접근할 수 있음을 뜻하는 것으로 이해할 수 있다.

그렇기에 'kratos'는 체제 유형의 단어에 접미사로 쓰였을 때는 군림이나 공직의 독점으로서 권력이 아니라 긍정적인 의미로, 즉 '힘', '능력', '~을 할 수 있는 능력'의 의미를 가진 것으로 보인다. 이는 'kratos'라는 단어와 그것의 동사 형태['kratein', 'kratunein']가 상고기 및 고전기 그리스에서 어떻게 쓰였는지를 살펴보면 더 확실해진다. 'isokratia' 아래에서, '평등한 사람들'(말하자면 시민들)이라는 범주에 속하는 자는 누구나 이런 '능력'이라는 의미에서의 공적 권력에 접근할 수 있었다. 아주 조금만 변화를 가하면, 이는 우리가 'gunaikokratia', 'timokratia', 'aristokratia'에서 확인한 바와 같다.[19] 공적 권력에 대한 접근은 공직에 대한 접

분의 천병희 번역은 다음과 같다. "너나없이 치욕을 당하고 다 같이 수난을 당하면 isomoiria 조금은 위로가 되는 법이건만, 그때[아테네군의 철병 당시 -인용자]는 무엇보다도 처음의 찬란함과 자긍심이 비참한 굴욕으로 끝났다는 생각이 들어 별로 위안이 되지 않았다"].

19) 그렇지만 나의 해석과는 반대되는 입장, 즉 (플라톤이나 아리스토텔레스식의 철학적인 사용에서는 아니라 하더라도 일상적인 그리스 정치 언어에서는) 이 단어들이 하나의 특징으로 정의되는 집단(탁월한 자들, 여성, 명예로운 자들, 서로 평등한 자들)이 타자들 위에 군림함으로써 지배하는 것을 뜻했다고 보는 입장을 실증적으로 완전히 반박할 수는 없다. 다만 (아마도 'gunaikokratia'를 제외한) 관련 용어들이 긍정적인 함축을 가지고 있는 반면, 그리스인들이 현재의 지배자들이 잠재적으로 지배자가 될 수 있는 자들(자유롭고 해당 도시국가 태생인 남성들로서 노예와 대비되는 자들) 위에 야만적으로 군림하는 것을 결코 바람직하게 생각하지 않았음을 고려한다

근보다는 더 포괄적이고, 당연히 전자가 후자를 포함한다. 요약하면, 나는 '-archê'가 붙은 단어들이 엄격하게 제한된 수의 사람들이 공직을 독점하고 있음을 표현하는 것과 달리, '-kratos'가 붙은 단어들은 그 본뜻 자체가 긍정적인 방식으로, 즉 능력으로서의 정치적 권력을 그럴 자격이 있는 사람들이 행사하고 있는 상태인 정체, 혹은 그런 사람들이 그런 권력을 행사해야 한다는 열망의 의미로 해석하기를 제안하는 것이다. 즉, 그 자격 있는 사람들이 여성이든, 명예로운 자들이든, 탁월한 자들이든, 평등한 자들이든, 혹은 'dêmokratia'에서처럼 인민 전체이든 말이다.[20]

'dêmokratia'는 결코 '인민이 공직을 독점함으로써 지배하거나 군림하는 것'을 뜻할 수가 없다. 단수 명사인 인민dêmos은 (복수 명사인 소수hoi oligoi와는 달리) 항상 집단성, '대중'public을 의미하며, 그런 '대중'은 그 어떤 일상적 의미에서도 집단으로서 '공직의 수임자'가 될 수 없기 때문이다.[21] 고전기 그리스어에서 'dêmos'란 여러 의미로 쓰였는데, 일차적으로 '시민 집단'을, 이차적으로는

면, 위의 반대 입장은 별로 그럴듯하지 않다.

20) 이는 곧 왜 'monokratia'(일인의 권력)나 'oligokratia'(소수의 권력)라는 단어는 존재하지 않았는지를 설명해 주기도 한다. '일인'이나 '소수'가 권력을 가지고 있는 상황에서는 그들은 이미 갖추고 있는 속성들, 이를테면 부, 특별한 교육, 고귀한 혈통에 의해 이미 강하고 능력 있음을 인정받은 것이다. 따라서 '일인'이나 '소수'가 무언가를 할 능력을 갖추었는지는 문젯거리가 아니었고, 오직 그런 그들이 실제로 정부 기구를 장악하고 통제하고 있느냐가 중요했다.

21) 아리스토텔레스는 이 문제에 대한 우려를 『정치학』 3권에 남겨 놓는다. 레인(Lane 2013)을 참조.

'민회' 그리고 '하층계급'을 의미했다.[22] 'dêmokratia'라는 단어
가 만들어졌던, 아테네 태생 모든 성인 남성 거주자들이 참정권을
가지게 된 [민주]혁명 이후 정치적 지평에서, 'dêmokratia'의 'dê-
mos'는 항상 '대규모의 다양성을 지닌 시민 집단 전체'를 의미했
으며, 민주정 비판자들이 생각했던 것처럼 결코 '다수의 가난한
사람들'(즉, '[생업에 쫓겨 공적 시간에 참여할] 시간적 여유가 없는 사람들')
을 의미하지 않았다. 'dêmos'가 '민회'를 뜻할 때도, 이 민회는
모든 시민들에게 열려 있었기 때문에, 그 맥락에서도 'dêmos'는
역시 시민 집단 전체라는 의미를 잃지 않았다. 민회에 참석해 입
법한 바를 재가한 'dêmos'는 '시민 집단 전체'로서 이를 재가한
것이다.[23] 그러므로 고전기 아테네에서 'dêmos'는 애초 '시민 집
단 전체'(영토 내 모든 아테네 태생 성인 자유민 남성들)를 뜻했지, 결코
사회학적으로 경계가 지어진 집단 일부만을 가리킨 것이 아니었
다. 'dêmokratia'의 'dêmos'는 원래 일부만이 아니라 (자유롭고
성인인 태생 남성의 범주에 들어가는) 잠재적 지배자 모두를 가리키는
포괄적인 단어였다. 부분과 전체에 대한 아리스토텔레스의 분석

---

22) 리델 외(Liddell et al. 1968)의 해당 항목을 참조. 돈런(Donlan 1970)도 참조.

23) 기원전 508년 아테네 민주혁명에 대해서는 오버(Ober 2007a)를, 혁명
이후 남성 주민들에 대한 보편적 참정권 부여에 대해서는 바디안(Badian
2000)을, 아테네 공적 담론에서 전체 시민 집단의 제유提喩로서 민회의
'dêmos'에 대해서는 오버(Ober 1996, 117~122)를 참조[민회에서 통과된 결의
나 입법적 명령이 포고될 때는 항상 "'dêmos'는 다음과 같이 결의했다"로 결의문
을 시작했다. 분명 숙의와 결정은 시민 집단의 일부만이 참여한 민회에서 이루어진
것이었지만, 이것이 포고될 때는 전체 시민 집단으로서의 'dêmos'가 이를 결정한
것으로 표현되었다는 점에서 위 결의문의 첫 문장은 제유법에 해당한다].

적 어휘를 빌린다면, 'dêmos'란 부수적인 부분이 아니라 포괄적 전체라고 말할 수 있을 것이다. 투키디데스의 기록에서 민주주의자였던 아테나고라스는 시라쿠사이의 민회 연설에서 정확히 이 점을 언급하고 있다. "'dêmos'는 전체를 포괄합니다. 과두정은 오직 일부만을 그렇게 할 뿐이지요."[24]

'Isokratia'를 비롯한 '-kratia' 계열의 합성어들로부터 추론해 보건대, 'dêmokratia'라는 용어는 문헌학적으로나 역사적으로나 모두 의미가 통하는 단어이다. 즉, 아테네의 민주혁명 이후 'dêmos'가 공동체 안에서 자신들의 중요성을 깨달아 감으로써 발생한 체제 유형으로 생겨난 'dêmokratia'(Ober 2007a)는 'dêmos'가 무언가를 집단적으로 할 능력, 유능하게 공적 사안들을 다룰 수 있다는 긍정적 의미에서 'dêmos'도 지배할 수 있음을 선언한 것이었다. 만약 이런 유추가 옳다면, 'dêmokratia'는 무엇보다 이미 존재하는 정치적 권위를 'dêmos'가 독점적으로 통제하는 것을 의미하지 않는다. 'dêmokratia', 즉 '인민의 권력/힘'이란 단지 "국가에서 'dêmos'가 같은 국가 안의 잠재적 실권자들에 맞서 군림하거나 독점적인 권력을 소유함"을 뜻하지 않는다. 좀 더 넓게 말하면, 'dêmokratia'란 '권력을 부여받은 데모스'를 뜻하며, 이

24) 투키디데스, 『펠로폰네소스 전쟁사』 6권 39장 1절. "민주정체는 현명 xuneton하지도 공정ison하지도 못한 체제이며, 재산가가 통치자로서는 최적임자라고 말하는 사람들도 있을 것입니다. 그러나 내가 말하고자 하는 바는, 첫째, 민중dêmos은 국가 전체xumpas를 뜻하는 반면 소수자에 의한 정부인 '과두정체'는 국가의 일부meros를 의미할 뿐 ……."

는 곧 데모스가 공적 영역에서 영향력을 행사할 집단적 능력을 갖는 체제를 뜻한다. 그러므로 그리스인들에게 민주정이란 공적 영역에서 인민이 집단적인 통제권을 갖는 문제(Pettit 2013)일 뿐만 아니라, 그 영역에서 인민이 효과적으로 행동할 수 있는, 그리고 집단적 행동을 통해 공적 영역을 재구성할 수 있는 집단적 능력의 문제이다.

아테네 민주 정부에서는 결코 공직자를 다수결 투표로만 선출하는 식의 제도를 운용하지 않았다. 예를 들어, 지휘관을 뽑거나 어떤 정책에 찬반 투표를 하는 일은 매우 중요했고, 그런 사안을 다룰 때 아테네 시민 개개인은 모두 'isonomos'[법 앞에서 평등한 자]였고 'isêgoros'[평등하게 발언하는 자]였을 뿐만 아니라 'isopsephos', 즉 평등하게 투표에 참여할 수 있는 자였다고 말함 직하다. 하지만 'isonomia'나 'isêgoria'와는 달리, 'isopsephia'는 실제 고전기 그리스 문헌에서는 등장하지 않는 단어이다. 기원전 1세기까지 이 단어로 만들어진 정치체제 단어는 존재하지 않았고, 이 단어가 'dêmokratia'와 동의어로 쓰인 적도 없다. 고대 그리스인들에게 'psephokratia'(투표의 지배)란 있을 수 없는 것이었다. 민주정 비판자들은 'dêmokratia'를 'polloi(다수의)-archia(지배)', 즉 가난한 다수가 투표로 권력을 행사해 정부 기구를 독점해 군림하는 사실상의 폭정과 같은 정체라 낙인찍으려 했다. '늙은 과두정 지지자'Old Oligarch로 불리는 기원전 5세기 익명의 작가가 민주정을 비판한 전략이 바로 그것이었다(Ober 1998, 1장).[25] 그러나 우리는 이 같은 낙인을 그리스 민주주의자들이 그리스 민주정의 오랜 역사에 걸쳐 사용했던 이 단어의 그 긍정적인 함축과 헷갈려서

는 안 된다.[26]

그러므로 원래 'dêmokratia'란 '무언가를 할 수 있는 인민의
능력', 즉 인민이 대규모의 집단적 행동을 통해 역사를 만들어 가
는 능력을 뜻하는 말이었다.[27] 민주정의 고안자들이 사용한 것처
럼, 'dêmokratia'는 기술記述적인 의미로서 인민이 변화를 만들
어 낼 능력을 가지고 있다는 사실을 강조하는 의미를 지녔다. 5장
에서 보겠지만, 대규모의 공동 행동을 위해 시민들은 인간의 고유
한 능력들인 이성, 언어적 의사소통 능력을 공동의 목적을 추구하
기 위한 공유된 계획을 수립하는 가운데 발휘해야 한다.[28] 그러

25) [옮긴이] '늙은 과두정 지지자'Old Oligarch로 전해진 작가가 쓴 아테네
정체에 대한 짤막한 문헌이며, 저자가 지적한 방식의 비판이 내용의 주
를 이룬다. 최자영·최혜영 번역본(『고대 그리스정치사 사료』, 신서원, 2002)
에서는 전통적 해석 중 하나에 따라 이 저자를 크세노폰으로 특정했으
나, 보통은 위僞-크세노폰으로 불리며, 정확한 저자가 누구인지는 여전
히 논란거리이다.

26) 플라톤은 『정치가』에서 기원전 5세기 정체 용어 대부분을 작품에서 사
용했는데, 'dêmokratia'라는 이름은 각각 '법을 준수하는 제한된 지배'
라는 긍정적 의미와 '무법한 군림'이라는 부정적 의미 등 '두 가지 의미'
에서 인민의 권력/힘/능력을 가리켰다. 기원전 2세기에 쓰인 폴리비오
스의 『역사』 6권 4장 5절에서 'dêmokratia'는 '무법한 군중의 지배'를
뜻하는 신조어인 'ochlokratia'와 대비되는 '정당하고 법을 존중하며
공화적인 정부'를 뜻하는 단어로 사용되었다.

27) 이런 해석은 아이스킬로스의 기원전 463년 작 『탄원하는 여인들』에서
'dêmos'와 'kratos'를 함께 쓴 용법과도 일관된다. 이 희곡에서는 'dê-
mos'와 'kratos'를 사용한 구句를 통해 사실상 'dêmokratia'의 관념이
최초로 표현되었다. 604행의 "인민의 다스리는 손"dêmou kratousa cheir,
699행의 "인민, 폴리스를 다스리는 권력"to damion, to ptolin kratynei.

나 '민주정' 고안자들은 또한 이를 규범적으로도, 즉 인민이 규칙을 만들고 시행하는 능력을 가져야 함을 주장하기 위해 쓰기도 했다. 그렇기에 고대 그리스에서 이 단어의 본래 정의는 민주정이라는 비폭정의 형식이 원리의 측면에서 무엇인지, 혹은 실제로 무엇인지에 대한 핵심을 정확히 포착하고 있다. 즉, 민주정이란 시민들에 의한 정당한 집단적 자기 통치이다.

3. 성숙한 그리스적 정의

이미 살펴본 바와 같이 그리스어 단어 'kratos'는 힘과 제약 모두를 의미했다. 이는 곧 규칙을 만들고 시행하는 행위와 연결된다. 아테네 인민의 'kratos'는 공동체 구성원 모두에게 구속력을 지닌 규칙을 제정하고 시행한 데서 가장 잘 드러났다. 고전기 아테네에서 시민들은 비폭정을 유지해 나가기 위해 때맞춰서 도시를 위한 활동civic activity을 하게끔 기대를 받았다. 그렇게 하지 않는 사람은 동료 시민들에게 비난을 사 투키디데스가 전하는 페리클레스의 그 유명한 추도 연설(『펠로폰네소스 전쟁사』 2권 40장 2절)에서처럼 "쓸모없는" 사람 취급을 받았다. 아테네의 법 그리고 참

---

28) 방법론적 개인주의를 취하는 공동 행동 이론의 철학적 정당화와 관련해 나는 브랫먼(Bratman 2014)을 따르고 있다. 브랫먼의 공동 행동 이론을 대규모의 민주정에 적용한 것에 대해서는 오버(Ober 2008a), 스틸츠(Stilz 2009), 페팃(Pettit 2013)을 보라. 6장 2절 역시 보라.

여해야 한다는 행동 양식상의 규범 덕분에 민주정의 조건인 정치적 자유, 정치적 평등, 시민적 존엄이 지속되었다. 아테네 민주주의자들뿐만 아니라 민주정 비판자들까지도, 이 조건들이 민주정의 존립을 위해 필수적인 것임을 잘 알고 있었다.[29] 그러나 자유, 평등, 존엄이라는 이 민주정의 조건들은 인민이 자신의 'kratos'를 행사하는 데 제약 조건이 되어야 하기도 했다. 그리스 정치사에서, 인민이 정치적 권력을 행사할 때 거기에는 항상 입법 절차를 준수하도록 하는 법률적 제한이 있어야 하고, 인민이 그런 제한을 잘 지킬 수도 있다는 것은 민주정이 세워진 이래 잘 인지되어 왔다. 하지만 이 같은 제한의 필요성이 아테네 법률상 인정되어 공식화된 것은 기원전 5세기 말에 들어서였다.

인민의 권위가 법률에 의해 제한되어야 하고, 또 제한될 수 있다는 인식은 흔히 자유주의적 민주정을 자유주의 이전의 민주정과 구별하는 기준 중 하나로 여겨진다(Starr 2007). 민주 정부에서의 입법적 권위에 대한 제한 설정은 자연적 조건 혹은 타고난 인권으로 이해되는 개인적 자유라는 자유주의적 이상을 연상시킨다. 그러나 입법적 권위에 대한 법률적 제한은 자연법이나 자연권 이론의 여러 교의들이 출현하기 훨씬 이전인 고대 그리스에서부터 이

---

29) 개인적으로 가치 있는 활동을 할 충분한 여유를 두면서도 '참여해야 한다'는 규범 역시 통용된 것에 대해서는 『펠로폰네소스 전쟁사』 2권 40장 2절을 보라. 정치적 자유에 대해서는 한센(Hansen 1996), 정치적 평등에 대해서는 라프라옵(Raaflaub 1996), 시민적 존엄에 대해서는 오버(Ober 2012)를 각각 보라.

미 이론상으로나 실제 관행 속에서 잘 발달해 있었다. 안전과 풍요라는 국가의 목표를 이루기 위해, 고전기 아테네의 시민들은 민회에 모인 인민의 권력이 무제한적으로 행사되어서는 안 될 필요성을 절감했다. 즉, 민주정의 조건인 정치적 자유와 평등이 다수가 아무런 제약도 없이 휘두르는 권위에 의해 잠재적으로 훼손되었음을 깨달으면서, 시민들은 이러한 필요성을 [체제가 갖춰야 할] 미덕으로 바꿔 생각하게 되었다.

민주정은 하나의 체제 유형으로서 고대 그리스에서 약 400년간 존속했고, 민주정의 이론과 실천은 그 시간 동안 괄목할 정도로 진화해 갔다. 기원전 2세기 역사가 폴리비오스의 시대에 'dê-mokratia'는 '정당한 비전제적 통치'의 동의어였으며, 또한 당시에는 '혼합 정부' ― 즉, 일인 왕정적·귀족정적·민주정적 요소들이 각 요소 안에 내재한 전제정의 경향들을 방지하는 방식의 정부에 대한 관념 ― 가 상식으로 자리 잡고 있었다. 하지만 입법적 권위에 대한 법률적 제한은 그보다 훨씬 이전부터 실제로 행해지고 있었다.[30]

인민이 바라는 바를 시민 개인에게 가할 수 있는 권위에 인민이 스스로 부과한 제약은 민주정 체제의 성립과 사실상 궤를 같이했던 것으로 보인다. 예를 들어, 시민 개인을 다수결 투표를 통해 공동체로부터 추방하는 도편추방제에는 여러 절차적 제한들이 존

---

30) 아테네 이외의 그리스 민주정에 대해서는 로빈슨(Robinson 1997, 2011)을 보라. 민주정에 대한 폴리비오스의 언급은 『역사』 6권 4장 5절, 혼합 정부에 대해서는 6권 11장 11절을 보라.

재했다. [이런 절차적 제한을 위한] 규칙들은 도편추방에 찬성하는 사전 다수결 투표가 있어야 한다는 조건을 규정했고,[31] 도편추방은 [아무리 다수가 원하더라도] 1년에 단 한 번 시행될 수 있었고, 추방 기간은 최고 10년까지만 가능했다.[32] 그러나 우리의 논의 목적을 위해 더 중요한 것은 기원전 5세기 말에서 기원전 4세기 초까지 일어났던 법률상의 혁신적인 변화들이었다. 이런 변화들은 인민 이 원하는 것은 무엇이든 할 수 있는 권력에 제약을 두어야만 국가의 안정성이 유지될 수 있다는 아테네인들의 인식으로부터 비롯했다. 이 제약들은 두 가지 형태였다. 첫째, 입법을 위해 개최된 민회에서 단순 다수결 투표(보통 거수)로 만들어지는 일상적인 정책과, 까다로운 여러 단계로 된 준사법적 과정을 거쳐 제정되는 헌정 질서 관련 법률constitutional law을 형식상 구별하는 것이었다. 둘째, 일상적인 민회 회의 때마다 통과되는 '입법적 명령[결의]'decree을 역시 더 까다로운 준사법적 과정을 거쳐 만들어진 성문화 된 헌정 질서 관련 '법률들'에 합치하도록 한 것이었다.[33]

---

31) [옮긴이] 일단 절차상으로 누군가를 추방하자는 데에 6000명의 시민 이 찬성해야만, 그다음으로 누구를 추방할지 도편에 해당 인물의 이름 을 적어 내는 방식의 투표가 아고라에서 행해질 수 있었다.

32) 도편추방제에 대해서는 포스다이크(Forsdyke 2005), 오버(Ober 2015b, 174, 175)를 보라.

33) 기원전 5세기 말 아테네의 헌정 질서 개혁들과 그 이후에 대해서는 한 센(Hansen 1999), 이 개혁들의 배경에 대해서는 시어(Shear 2011), 카라완(Ca-rawan 2013)을 보라. 이런 변화들의 동기에 대해서는 카루가티(Carugati 2015) 및 문헌 연구 부분을 보라. 카네바로(Canevaro 2013, 2015, 2018)는 다소 다른 절차가 있었음을 주장하며, (나와의 개인적인 의견 교환에서) 당시의 입

기원전 5세기 말, 펠로폰네소스전쟁 이후 아테네인들은 헌정 질서 관련 법률 하나를 민주적인 방식으로 새로 제정했다. 바로 민회에 모인 시민 집단이 '민회의 입법적 명령[결의]'이라는 형태로 직접적인 의지 표현을 할 때, 그것은 기존의 헌정 질서 관련 법률에 언제나 합치되어야 한다는 내용이었다. 그즈음 시민들은 이미 제정한 법률들을 성문화해 보관하고 있었다. 이제 이들은 헌정 질서 관련 법률을 제정하거나 개정하는 절차를 민회의 입법적 명령[결의]을 통과시키는 직접 투표 방식과 구분했다. 헌정 질서 관련 법률은 민회에 모인 시민들 다수가 투표로써 구체적인 법률 조항을 문제 삼기 위해 헌정 질서상 규정된 절차를 개시하기로 결정했을 때에만 개정될 수 있었다. 그 절차는 다음과 같다. 즉, 먼저 30세 이상의 시민들 가운데 문제 되는 법률 조항의 개정에 대해 숙의하고 재가하는 역할을 하는 입법위원회를 (추첨으로) 무작위 선발한다(Hansen 1999, 167, 168; Canevaro 2015와 비교하라). 이 절차는 마치 일종의 재판처럼 진행되었는데, 입법위원회의 위원들은 새로운 법률을 제정하고 그와 충돌하는 기존의 법률들을 폐지하는 개정안에 대해 상세한 찬성 주장과 반대 주장을 청취한 다음 이를 바탕으로 개정 여부를 결정했다. 이런 절차에 따른 헌정 질서 관

법자nomothetai란 결국 민회에 참석한 보통 시민들이었다는 견해를 제시했다. 그러나 우리의 현재 논의를 위해 중요한 것은 어쨌든 개혁 이후의 새로운 규칙들하에서는 헌정 질서 관련 법률을 만드는 절차가 일상적인 입법적 명령[결의]을 통과시키는 절차와 명확히 구별되었고, 더 까다롭기도 했다는 점이다.

련 법률 개정은 현재 미국의 헌법 개정만큼 어렵지는 않았다. 하지만 일상적인 입법 절차와 비교했을 때, 아테네의 헌정 질서 관련 법률 개정 절차는 훨씬 더 많은 시간이 소요되도록, 더 공적인 방식으로 진행되도록, 더 신중한 숙의를 거치도록 변화했다.

아테네 헌정 질서의 이 같은 혁신은 두 번의 과두정 쿠데타와 펠로폰네소스전쟁에서의 패배 이후에 이루어졌다. 기원전 403년 민주 정부를 회복한 아테네인들은 과거의 영광을 되찾기 위해서는 반드시 정치적 안정이 확보되어야만 함을 깨닫게 되었다. 이는 곧 다수의 보통 시민들은 부유층의 인명과 재산을 보장하도록 기존의 법질서를 따르고, 엘리트 시민들은 상대적으로 가난한 사람들도 정치에 참여할 수 있도록 여러 가지 재정적 지원(예를 들어, 공무 참여에 대한 수당 지급)을 인정하는 식의 화해로써만 가능했다. 아테네 내전은 에드윈 카라완(Carawan 2013)이 보여 주었듯이, "도시의 사람들"인 엘리트 시민들과 "항구의 사람들"인 보통의 시민들 사이의 화해 협정으로 끝이 났다.[34] 새로운 헌정 질서 수립은

---

34) [옮긴이] 아테네 내전은 기원전 404년 아테네의 과두정파가 승전국 스파르타의 세력을 등에 업고 쿠데타를 일으켜 민주 정부를 철폐하고 과두 정부를 수립한 사건으로 시작되었다. 크리티아스Kritias를 비롯한 30인의 쿠데타 지도자는 마치 참주처럼 군림하면서 자신들에게 방해가 되는 시민들을 살해하고 재산을 몰수해 정치자금으로 보탰다. 살아남은 민주정파는 망명했다가 기원전 403년 세력을 규합해 아테네의 외항 페이라이에우스에 상륙했고, 결국 내전에서는 민주정파가 승리해 민주정이 회복되었다. 카라완이 말한 "도시의 사람들"은 이때 항전하던 과두정파의 잔당이었고, "항구(페이라이에우스항)의 사람들"은 아테네 인민의 지지를 받고 있던 민주정파였다. 정권을 탈환한 민주정파는 과두정파를 지

인민들이 사회적 다양성에 따라 서로 대립하는 정책적 선호를 갖는다는 사실을 인정하는 것에서 시작했다. 그러나 이 같은 다양성 속에서도 아테네 인민에게는 페데리카 카루가티(Carugati 2015)가 말한 "선조들의 정체patrios politeia에 대한 합의" — 즉, 아테네인들은 '선조 때부터' 자신들의 고유한 법대로 살아갔다는 데 대한 합의 — 가 널리 퍼져 있었다. 다양한 선호들을 조율해 함께 평화롭게 살아갈 수 있는 아테네인들의 능력을 위태롭게 하는 그 어떤 행동도 법에 어긋나는 것이라는 합의도 있었다. 또한 그런 무법에 대한 관용이 빈곤과 불안을 낳을 것이라는 널리 공유된 감각도 존재했다. 시민들 사이의 이 같은 합의는 결국 근본적인 헌정 질서 관련 법률의 형식적 체계를 신뢰하고 따르려는 마음가짐을 만들어 내기에 충분했다.

그러므로 아테네에서 헌정 질서 관련 법률을 제정하는 방식의 변화는 위태로운 사회적 조건들 속에서 서로 싸우기보다는 협동함으로써 얻는 이익이 더 크다는 것을 깨달은 인민들이 달성한 균형 해equilibrium solution의 산물이었다. 그 결과가 바로 민주정에 대

지했거나 과두정부에 참여했던 시민들을 처벌하거나 추방하는 대신, 화해를 통해 함께 공동체를 재건할 것을 제안했으며, 이는 아테네가 정치적으로 대단히 성숙한 사회였음을 보여 주는 가장 상징적인 사건이었다. 내전의 발발과 전개에 대한 기록은 크세노폰의 『헬레니카』 2권 3장 이후 및 아리스토텔레스의 『아테네의 정치체제』 35~40장을 보라. "도시의 사람들"과 "항구의 사람들"에 대한 언급은 리시아스의 연설 1 「에라스토테네스의 살인죄 고발」 92~94절, 이소크라테스의 연설 18 「칼리마코스 반박」 45, 46절을 보라.

한 성숙한 (민주정 친화적인philo-democratic) 그리스적 정의였다. 즉, 민주정이란 사회적으로 다양성을 갖춘 시민들에 의해 이루어지는, 그러면서도 그 시민들이 만든 헌정 질서 관련 법률에 의해 제한되는, 집단적 자기 통치이다.

고대에 나온 이 정의는 초기 미국 정치사에서 가장 유명하고 오래도록 남은 두 어구와도 일맥상통한다. 하나는 게티즈버그연설에서 에이브러햄 링컨 대통령의 말, "인민의, 인민에 의한, 인민을 위한 통치"이다. 원초적 민주정은 인민을 위한 것이다. 왜냐하면 민주정이란 오직 다수파의 선호만을 만족시키는 것이 아니라, 시민 집단 전체의 공동의 근본적인 이익 성취를 목표로 하기 때문이다. 원초적 민주정은 또한 인민에 의한 것이다. 왜냐하면 공공 정책을 만들고 시행하는 것은 바로 시민들이기 때문이다. 원초적 민주정은 또한 인민의 것이다. 민주 정부란 공동의 소유이기 때문이다. 시민들이 바로 그 정부의 제작자였고 또 제작자이기에, 시민들은 정부를 소유하며, 이 정부는 그들의 정부이다. 시민들이 이 정부의 소유자이자 제작자라는 사실은 지난 세기 미국 헌법의 전문에서도 선언된 바이다. 즉, "우리 인민은 …… 이 아메리카합중국헌법을 제정한다."[35]

---

[35] 미국의 헌법의 민주적 요소를 읽어 내는 방식에서 전문前文이 갖는 중요성에 대해서는 아마르(Amar 2005)를 보라[미국 헌법의 우리말 번역은 세계법제정보센터 홈페이지 법령정보 게시판에 게재된 번역본을 참조했다. https://world.moleg.go.kr/web/wli/lgslInfoReadPage.do?1=1&AST_SEQ=1061&CTS_SEQ=28071, 2021년 7월 21일 검색. 본문에는 저자가 생략해 인용한 대로만 적어 놓았고, 전문의 전문全文은 다음과 같다. "우리 합중국 인민은 보다 완벽한 연합

물론 위의 두 어구가 나왔던 1787년과 1863년[36] 미국은 아테네식의 직접 민주정이 아닌 대의제 정부였다. 위에서 봤듯이, 고대 그리스 각 도시의 민주 정부는 매우 독특했고, 아마도 다시는 재현될 수 없을 역사적 우연들 속에서 생겨나고 유지되었다. 고대 그리스의 민주정은 독특한 사회적·문화적 특징들을 띠었다. 그 특징들 가운데 몇몇, 이를테면 노예제도, 여성 참정권 부인 등은 오늘날 민주정을 자임하는 체제에는 낯설고 거부감이 드는 것이었다. 하지만 다음 장에서 다룰 데모폴리스 사고실험에 따르면, 우리는 민주정을 실천하는 데에 있어 고대 그리스의 사회문화적 배경을 그대로 구현해야 할 필요도 없고, 1787년이나 1863년 미국의 정치 지도자들이 전형적으로 가졌던 태도를 지닐 필요도 없음을 알게 될 것이다. 만약 데모폴리스가 21세기 국가로 상상된다면, 시민들은 자유주의 원리에 입각한 도덕적 신념 없이도 노예제도를 거부하고, 여성도 평등하게 참정권을 나눠 갖게 될 것이다.

폴 카트리지(Cartledge 2016)가 강조했듯이, 고대 그리스의 모든 민주 정부는 시민들이 정기적인 참여를 통해 직접 입법 활동에 나섰다는 점에서 모든 근대 민주 정부와 다르다. 나는 2장 1절에서 절차의 측면에서는 이 둘이 구별되긴 하지만, 이 둘 사이에 메울

을 형성하고, 정의를 확립하고, 국내의 평안을 보장하고, 공동방위를 도모하고, 국민복지를 증진하고 그리고 우리와 우리의 후손들에게 자유의 축복을 확보하기 위하여 이 아메리카합중국헌법을 제정한다"].

36) [옮긴이] 1787년은 미국 헌법이 제정된 해였고, 1863년은 링컨 대통령의 노예해방선언과 남북전쟁 발발, 게티즈버그 전투가 있던 해이다.

수 없는 개념적 간극이 있지는 않다고 주장했다. 7장에서 우리는 어떻게 원초적 민주정이 인민이 대표자들에게 (모두는 아니지만) 대부분의 규칙을 만들고 시행할 책임을 위임하는 정부 형태의 기틀이 될 수 있는지의 문제를 살펴볼 것이다. 어쨌든 지금으로서는, 대규모의 국가에서 시행되는 대의제가 시민들이 (직접 혹은 대표자를 통해) 자기 통치하는 것으로서의 원초적 민주정이 될 수 없음을 증명하기 전까지는, 나는 자유주의 이전의 민주정이 근대국가에서도 가능할 수 있으리라 추정한다.[37] 그렇기에 다음 장에서 데모폴리스 사고실험을 해나가는 가운데, 나는 이 실험으로부터 생겨날 정부가 잠정적으로 대표자들에게 권한을 위임하는 식이 될 수도 있다고 믿는다. 고대 시민들의 자기 통치가 생겨났던 구체적인 역사적 조건을 사상함으로써, 이 사고실험은 원초적 민주정이라는 체계를 근대성을 포함한 어떤 맥락에도 위치시킬 수 있도록 해줄 것이다.

---

37) 대의 민주정에 대해서는 피트킨(Pitkin 1967), 마넹(Manin 1997), 우르비나티(Urbinati 2006)를 보라. 에이큰과 바텔스(Achen and Bartels 2016), 캐플런(Caplan 2007)은 인민이 현대성이라는 조건에서는 효과적인 집단적 자기 통치를 할 능력이 부족하다는 주장을 한 대표적인 예시다. 그러나 민주정에 대한 다른 자유주의 비판자들처럼, 그들은 자신들이 생각하기에 바람직한 정부 형태에다가 폴리비오스가 그랬듯이 '민주정'이라는 이름을 붙이는 것처럼 보인다. 한편, 민주정은 넓게 보면 조직화된 관리의 한 형태로서 국가에만 한정되어 쓰일 필요는 없다. 맨빌과 오버(Manville and Ober 2003)를 보라.

제3장

데모폴리스 건국

정치철학에서 사고실험이라는 방법은 플라톤의 칼리폴리스[1]에서 시작해 롤스의 원초적original 입장에 이르기까지 긴 전통을 자랑한다. 그러나 이 두 가지 예시와는 달리, '데모폴리스' 사고실험에서 우리는 사회정의의 조건들은 정하지 않은 채 놔둘 것이다. 정의론의 기초를 놓는 대신, 데모폴리스 사고실험은 사회질서에 대한 문제만을 다룰 것이다. 이 실험은 가장 원초적 형태의 민주정을, 한 인간 공동체가 사회적 협동으로 산출되는 이익을 어떻게 안정적으로 누릴 수 있을 것인가라는 근본적인 문제의 한 가지 변형에 대한 대답으로 상정한다. 그 변형이란 바로 어떤 [절대적] 지배자[2]의 지배도 받지 않고 — 전제적인 군주나 소수의 지배 집단에 권한을 넘겨주지 않고도 — 안전과 풍요라는 이익을 획득할 수 있

---

[1] [옮긴이] 플라톤의 『국가』 7권 527c에서 소크라테스가 자신들이 말로써 세운 이상 국가를 부른 말이다. 말 그대로 하면 '가장 아름다운 국가'라는 뜻이다.

[2] [옮긴이] 여기서 [절대적] 지배자'로 옮긴 말은 'master'이다. 사실 '주인'으로 옮기는 것이 가장 정확하겠지만, 우리말에서는 '주인'이 노예나 하인의 상대어인 'master'보다는 사물 등의 소유인인 'owner'의 뜻으로 이해되는 경우가 더 잦은 것 같다. 그래서 가령 저자가 데모폴리스를 '주인 없는'masterless 국가라고 서술하는 부분에서 이런 국가가 마치 '임자 없는' 국가라는 식으로 읽힐 여지도 있어 보여 부득이 '주인'이라는 번역어를 피했다. 따라서 저자가 다른 모든 사람들을 신민으로 두는 폭군, 전제군주, 절대적 주권자 등을 모두 교환 가능한 같은 뜻으로 사용하는 것을 고려하되, '지배자'로 옮긴 'ruler'와의 구별을 위해 다소 의역해 '절대적'을 추가했다.

을지이며, 원초적 민주정이 거기에 대한 대답이라는 것이다.[3]

역사 속 실제 민주정에서, 이런 해답은 항상 여러 가지 역사적으로 우연적인 특징들과 함께 생겨났다. 아테네를 놓고 보면, 노예제도가 있었고 참정권이 남성에게만 주어졌다는 사실 외에도, 그런 특징들 가운데 하나는 공동체의 규모가 작았다는 것이다. 그렇기에 사고실험으로서의 데모폴리스는 특정 역사적 시간대에만 존재하던 구체적 상황들을 사상하는 것에 더해, 원초적 민주정이 도시국가 이상의 규모에도 적용 가능한 정치체제인지를 따져 보기 위한 것이기도 하다.

[절대적] 지배자 없이도 어떻게 협동이 제대로 이루어질 수 있는가 하는 문제는 상정하는 공동체의 규모에 따라 대답의 난이도가 서로 다르다. 집단의 크기가 모든 구성원이 면식 관계에 있을 정도의 대면 사회face-to-face society라면, 이 문제를 풀기는 상대적으로 그리 어렵지 않을 것이다. 대학의 한 학과 교수진 간에, 한 회사의 동료들 간에, 동호회 회원들 사이에서 이 문제는 어려울 것이 없다. 5장 1절에서 보겠지만, 현생인류는 작고 대면 가능한 수렵 채집 집단에서 오랜 시간을 살아왔다. 그 시절 최초의 사회-정치 체계는 충분히 민주적인 것으로 볼 만하다. 그렇기에 민주정이야말로 실은 인간 본성에 내장된 기본 값이라는 생각 역시 그럴듯해 보인다. 하지만 사회적 규모가 커지면 커질수록, 이 본성 안의 민주정이라는 기본 값은 더는 사회적 협동의 문제에 대한 손쉬운

---

3) 윌리엄스(Williams 2005, 3)의 "가장 우선적인" 정치적 문제는 "질서의 안정화, 보호, 신뢰, 협동의 사회적 조건들"이라는 언급과 비교하라.

대답이 될 수 없게 된다. 어떤 집단이 상호 간에 서로를 살피고 비공식적인 방식으로 규범을 강제하는 일이 불가능할 정도로 커지면, 무임승차나 공유지의 비극에 의해 사회적 협동으로부터 오는 이익은 줄어들 것이다. 이렇게 되면 집단 전체의 생존은 위협받게 될 것이므로, 정치 질서에 대한 근본적인 문제에 대해 분명 새로운 해결책이 필요했다. 1만 2000년 전 농경의 발생과 음식의 가공 및 저장의 기술이 발전하면서, 각 사회는 더 큰 규모가 될 수 있는 잠재력을 얻었다. 그리고 인간 공동체가 더 커지고 더 복잡해질수록 더 전제적이 되었으며, 이는 역사시대 대부분에 걸쳐 몇몇 예외를 제외하고는 항상 존재한 경향이었다.[4]

정치학자 올슨(Olson 1965)이 몇 가지 이유를 들어 이야기하듯, 전제정은 분명한 위계질서에 따라 구성원들에게 지위와 권한을 분배함으로써 규모가 큰 공동체에서 발생하는 협동의 문제를 제법 잘 풀어낸다. 위계질서의 상위에 있는 계층은 나머지 하위 계층으로부터 지대의 형태로 이익을 취하는데, 그렇게 얻는 이익이야말로 상위 계층이 무임승차나 다른 사회적 일탈을 처벌하게 되는 강력한 유인으로 작용한다. 상위 계층이 지대를 이런 식으로 활용해 전제정을 유지하고 일탈자를 처벌하는 데 적극적이라면, 하위 계층은 사회적 협동에 기여는 덜 하고 이익만 취하는 모든 형

---

4) 선사시대 초에서 시작하는 인류의 발전사에 대한 조망은 모리스(Morris 2010), 하라리(Harari 2015)를 보라. 수렵 채집 시절의 민주정으로부터 복잡한 사회의 전제정으로의 전환에 대해서는 터친(Turchin 2015)에서 인용된 연구들을 보라.

태의 일탈을 시도할 유인이 그만큼 줄어드는 셈이다.[5]

처벌의 공포는 전제정이 사회적 협동이라는 균형 상태를 잘 유지하는 한 가지 방법이 되지만, 다른 정치체제도 그렇듯이 전제정 역시 정당성을 필요로 한다. 여기서 정당성이란 다음과 같이 예비적으로 정의할 수 있다. 즉, 정당성이란 대다수의 사람들이 권위를 '따라야만 하는 것'이자 '올바른 것'으로 거의 항상 수용해 권위에 대한 복종을 정상적이고 예측 가능하게 만드는 조건이다. 사람들은 지배자가 (혹은 더 직접적으로 말하면 지배자를 지배자로서 유지되게끔 하는 문화적 배경이) 자신들이 왜 그에게 복종해야 하는지에 대한 납득할 만한 이유를 제공하기 때문에 복종한다.[6] 역사적으로, 전제정의 정당성은 지배자가 신적인 존재와 특별하고 유일한 관계를 맺고 있기 때문에 그를 정점으로 하는 사회적이고 정치적인 위계는 자연스럽다고 주장하는 이데올로기에 의해 뒷받침되어 왔다.[7] (민주주의자의 눈에는 허무맹랑한 소리에 불과할 수도 있겠지만)

---

5) 노스 외(North et al. 2009)를 보라. 4장 2절에서 더 자세하게 논의할 콕스 외 (Cox et al. 2012)도 보라.

6) 이는 도덕적이기보다는 실용적인 의미에서의 정당성 개념이다. 도덕적 정당성의 예는 크리스티아노(Christiano 2008, 232~240)를 보라. 이 두 가지 정당성의 개념의 구별에 대해서는 윌리엄스(Williams 2005, 5)를 보라. 실용적인 정당성이란 왜 정부가 피지배자로부터 지대를 걷을 때 과도한 폭력을 지속적으로 쓸 필요가 없는지에 대한 문제를 답한 것이라면, 도덕적인 정당성은 왜 피지배자가 도덕적 의무로서 정부의 권위에 복종해야만 하는지에 대한 답으로 주어진다. 이에 대해서는 4장을 더 보라.

7) 신격화된 왕들에 대해서는 모리스(Morris 2010)를 보라. 전제정을 정당화하려는 오늘날의 시도는 보통 이데올로기, 개인에 대한 숭배 혹은 민주

어쨌든 이런 이유들이 통해서 피지배자들이 전제정을 정당한 것이라 인정한다면, 전제적 지배자의 명령은 명령 체계를 타고 내려가 전달되고, 위계질서의 각층에서는 이에 (정확하게 그리고 자발적으로) 순종하면서 대규모 사회에서의 사회적 협동을 이룩하게 된다.

역사적으로 전제정이 대단히 만연했다는 사실은 시대와 지역을 막론하고 대규모 사회질서를 구축할 때 전제정이 꽤 잘 작동했음을 시사한다. 만약 전제정의 정당성이 무너져 피지배자들이 더는 복종의 이유를 설득력 있게 받아들이지 않게 되면, 우리는 사회적 협동을 지켜 내기 위한 유력한 대안 중 하나였던 전제정을 거부하게 되겠지만, 그 대가로 그 어려운 [협동의] 문제, 즉 어떻게 [절대적] 지배자 없이도 큰 규모의 협동으로부터 오는 이익을 확보할 수 있을지의 문제를 직접 마주해 이를 풀어내야만 한다. 그리고 고대 세계에서는 아테네인들을 비롯해 수많은 도시국가의 시민들이 이 문제를 민주정으로 해결했다. 아테네는 분명 '자연적인' 소규모 집단에서의 해결책에 의존하기에는 너무 큰 공동체였다. 그러나 2장에서 보았듯이, 아테네는 수많은 근대 국민국가들에 비하면 아주 작았다. 게다가 이미 말한 바 있듯이 고대 도시국가의 민주정은 사회적·경제적·문화적으로 특별한 시대적 조건과 지리적 조건에서 발전했으며, 이런 조건들 가운데 최소한 몇몇은 이제

정의 형태들을 의인화하는 방법에 의존해 왔다. 전제적 지배자들이 제시하는 이유들은 보통 전제정의 실질적인 대안들이 대중에게 널리 인식되어 있을 때는 설득력이 떨어지는 경향이 있으며, 그렇기에 고대 그리스에서든 현대에 와서든 민주정이 확산될 수 있었다.

오늘날에는 마련될 수 없는 것이기도 하다. [그러므로 우리가 민주정이라는 해결책을 좀 더 확신하기 하기 위해] 데모폴리스 사고실험은 고대 그리스 도시국가들에만 해당되었던 특정한 문화적 조건이나 작은 규모라는 조건이 없이도 [절대적] 지배자 없는 협동의 어려움을 풀 수 있을지를 보여 주기 위해 의도되었다.

1. 건국자들, 그리고 국가의 목적

여기 하나의 인구 집단이 있다. 이 인구 집단은 (대면 가능한 규모 이상으로) 크고, 사회적·경제적으로 다양성을 지니고 있다. 이 인구 집단은 가치관에 있어서도 다양성을 지녔지만, 종교전쟁이나 종족 간 전쟁을 치를 정도로 분열되거나 갈등을 겪지는 않고 있다. 이 사람들은 (구체화할 필요까지는 없지만) 전사前史와 시민사회 요소들을 공유한다. 이들은 서로 쉽게 언어적 의사소통을 할 수 있다(즉, 한 가지 언어를 공유하거나, 언어가 다르더라도 쉽게 통·번역이 가능하다).

우리는 이 인구 집단을 전제정에 대한 개인적 선호도에 따라 정렬할 수 있다. 그 결과를 그래프로 나타낼 때, 이는 〈그림 3-1〉처럼 (종鐘 모양의) 정규분포 곡선을 이룰 것이다. 이 분포의 왼쪽 끝에는 전제정에 결연히 반대하는 사람들이 위치한다. 반면 오른쪽 끝에는 전제정에 대한 강한 선호를 지닌 사람들이 위치한다. 대부분의 사람들은 이 양극단의 중간에 분포한다.[8]

이제 이 인구 집단을 이 분포의 중앙에서 조금 더 왼쪽으로 치

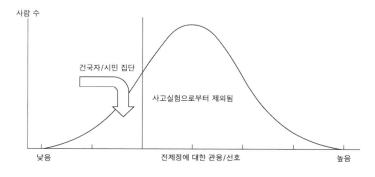

그림 3-1 데모폴리스 사고실험에서 가정하는 한 인구 집단 내 전제정에 대한 태도 분포

우친 곳에 그은 세로 방향 직선을 기준으로 해서 나눈다고 생각해 보자. 이 직선의 오른쪽에 있는 사람들은 전제정에 관용적이거나 심지어 적극적으로 지지하는 사람들이다. 이 직선의 왼쪽에는 전제정을 극도로 혐오하는 사람들부터 전제정을 관용할 생각이 별로 없는 사람들까지가 분포해 있다. 이 '직선 왼쪽'에 있는 사람들이 바로 우리 사고실험의 대상이다.

우리는 이 '직선 왼쪽'의 사람들이 가치관을 비롯해 모인구 집단의 사회적·경제적 다양성을 그대로 반영하고 있음을 실험의 조건으로 전제할 것이다. 이제 '반전제정이라는 공통점 외에 다른 모

---

8) 물론 우리는 다른 식의 분포를 상상할 수 있다. 이를테면 전제정이나 비전제정을 지지하는 사람들 각각이 〈그림 3-1〉에서보다 더 많거나, 양극단의 꼬리가 더 길게 늘어져 있는 등의 분포도 가능하다. 여기서 제시하는 정규분포는 그저 단순화를 위한 장치일 뿐, 실제 인구 집단의 실제 선호도 분포를 나타낸 것이 아니다.

든 것에서는 다양성을 지닌' 사람들이 일정한 영토에 거주하면서 [절대적] 지배자 없이 사회적 협동의 성취에 대한 문제를 해결하러 나선다고 가정해 보자. 구성원들은 다른 부분에서는 다 다르지만, 적어도 [절대적] 지배자 아래에서 살아가지 않겠다는 가장 일반적인 합의를 이루고 있다.[9] 이 일반적 합의는 총 세 단계 헌정 질서 구성 과정의 첫 단계이다. 두 번째 단계는 앞으로 다음 절들(3장 3~5절)에서 논하게 될 몇 가지 기본 규칙을 정하는 것이다. 세 번째 단계는 여러 문제들, 특히 분배 정의에 대한 어려운 문제를 다루기 위한 다른 규칙을 정교화하는 것이다. 첫 번째 단계와 두 번째 단계에서 이루어진 합의와 규칙의 내용은 세 번째 단계에서 제정할 중요한 규칙들의 내용을 어떤 방식으로든 선규정하지 않는다. 원초적 민주정의 핵심 아이디어는 원초적 민주정이 서로 꽤 큰 차이를 보이는 다양한 민주적 체제들을 위한 안전한 토대를 마련해 줄 수 있다는 것이다(8장). 한편, 첫 번째 단계로서 비전제정에 대한 일반적 합의를 가능케 하는 상황에서 우리는 종 모양 분포에 그은 직선의 오른쪽에 있는 사람들, 즉 전제정에 대한 보통 수준

---

[9] 역사적으로 이런 상황은 아주 드물지만 아예 사례가 없진 않다. 기원전 508년 아테네, 그리고 1776년 미국이 그렇다. 애스모글루와 로빈슨(Acemoglu and Robinson 2016)은 (여기서 쓰인 것보다는 더 넓은 의미의) 민주정은 국가의 형성과 동일한 것이며, 민주적 이행은 엘리트들의 결단이 아니라 통치에 참여를 요구하는 사람들의 강한 압력을 통해 더 잘 설명될 수 있다고 주장한다. 한편, 여기서 언급한 일반적 합의가 꼭 모든 사람이 같은 것에 대해 같은 이유로 동의하는 수준의 만장일치로 이해될 필요는 없다. 전제정을 선호하지 않는 이유는 수없이 많을 수 있기 때문이다.

혹은 적극적인 수준의 선호와 관용을 지닌 사람들이 아예 다른 영토에 거주하고 있다고 가정할 것이다.[10]

이 사고실험은 정치적 선호에 따라 모인구 집단의 많은 수를 제외했다는 점에서 가치중립성이라는 자유주의적 전제를 따랐다고 할 수 없다. 다른 종류의 가치 다원성은 남아 있겠지만, 전제정에 대한 다양한 수준의 선호 문제는 숙의적 추론을 제시함으로써 도달하게 되는 중첩적 합의(Rawls 1996)나 여타 자유주의적 절차로 해결되기보다는, 나눔과 분리에 의해 해소된다. 이 사고실험은 특정 인구 집단이 지구상의 특정 지역을 관할하지만, 그 영토를 관할해야 할 도덕적 권리가 있다고 가정하지는 않는다(Stilz 2011, 2013). 이 사고실험은 과거에 이미 (좋은 일이든 나쁜 일이든, 정당한 일이든 부당한 일이든) 어떤 사건이 일어나, 그리하여 특정 인구 집단이 어떤 특정한 시점에 어떤 특정한 나라를 갖게 되었다는 그런 역사적 배경 속에서 시작된다. 이제 이들은 어떤 체제를 세워 통치를 해야만 적대적 경쟁 세력에 맞서 [자신들의 안전을 도모할지] 특히 그 중에서도 영토를 어떻게 방어할지부터 결정해야 한다.

이런 설정은 한때는 영토를 공유했던 모인구 집단이 분열된 상황을 가정한다(예를 들어, 1776년 미국과 캐나다의 경우). 인간 역사의 모든 기간에 걸쳐, 우리는 꽤 많은 수의 인민들이 역사적으로

---

10) 이 세 단계의 과정은 하딘(Hardin 1999)의 두 단계 헌정 질서 구성 과정을 정교화한 것이다. 하딘은 세부 사안에서의 협력이 가능할 정도의 폭넓고 충분한 합의를 첫째 단계로, 갈등을 빚는 세부 사안에 대한 의사 결정을 해가는 것을 둘째 단계로 규정한 바 있다.

어떻게든 비전제정을 이루어 살아가기를 추구해 왔지만, 역시 대단히 많은 수의 인민들은 전제정을 관용하거나 심지어 선호하기까지 했음을 인정할 수밖에 없다.[11] 비록 민주정이 인간에게 자연스러운 것으로 여겨질 수 있고, 5장에서는 여러 가지 좋음들이 민주정에 의해 아주 잘 공급될 수 있음[민주정적 좋음들]을 논증하기도 하지만, (역사가 시작된 이래) 늘 모든 곳에서 민주정이 전제정보다 선호되었던 것은 아니었다. 나는 합리적인 사람들이라면 어떤 일련의 이상적인 조건들 속에서는 [자신들의 체제로] 민주정을 택하리라 믿고 있다. 하지만 자유주의 이전의 민주정은 이상적 이론이 아니다.

그러므로 우리는 비전제정에 대한 선호만 빼고는 다른 모든 점에서 다양성을 지닌 대규모의 한 인구 집단을 택해, 이들이 [절대적] 지배자 없는 국가의 일원으로서 자신들을 위한 규칙을 세워가는 과정을 살펴보고자 한다.[12] 이 집단은 다양한 방식으로 통

11) 샤이델(Scheidel 2017)은 중세 유럽에서 빈번했지만 결국 실패로 돌아갔던 농노 반란에 대한 자료를 연구했다. 이 자료들은 전제정 내지 절대적 지배에 대한 만족이 일반적인 역사적 규범은 아니었음을 보여 준다.

12) 이 설정은 국가의 설립과 원초적 민주정이라는 헌정 질서를 구성하는 일이 동시에 일어난다고 가정하고 있다. (전제정으로 통치되는) 국가의 형성이 민주화에 선행해야 한다고 주장하는 국가 형성 이론가들(대표적으로 Huntington 1968)에 따르면, 이런 가정은 전혀 그럴듯하지 않다. 하지만 '선 가능 조건, 후 민주화' 순서는 경험적으로나 이론적으로 모두 반박되어 왔다. 애스모글루와 로빈슨(Acemoglu and Robinson 2016, 4, 5) 및 인용된 문헌들을 보라. 로장발롱(Rosanvallon 2006, 34)에 따르면, "'정치적인 것'은 한 인간 집단이 …… 그들이 공유할 수 있고 공동으로 달성할 수

치되고 있는 경쟁 국가들로 이루어진 세계에 존재한다. 그 경쟁자들 가운데 하나는 모인구 집단의 분포에서 그은 직선의 오른쪽에 있는 사람들의 국가이다. 국가들로 이루어진 세계에는 항상 잠재적 위험이 도사리고 있다. 즉, 경쟁 관계란 늘 정복을 시도하는 관계이기 때문이다. 또한 국가들의 세계는 변화무쌍하다. 즉, 국가들의 통치 형태는 늘 바뀌곤 한다. 인구는 늘거나 줄어든다. 기술과 기후 등이 급변하기도 한다. 나는 이 집단의 규모를 확정하지는 않겠지만, 우리의 사고실험 목적을 위해서는 적어도 대면 사회보다는 크다고 가정한다. 이 집단은 경제적 수준(부와 소득), 삶의 경험, 지식의 종류에 있어 다양성을 지닌다. 또한 이 집단의 사람들은 서로 아주 정교한 언어적 의사소통을 할 수 있다.

이 집단의 구성원들은 특별한 심리적 상태를 갖지 않는다. 무지의 베일이나 '집단 지성', (시민적 정체성과 대비되는) 강한 민족적 정체성을 지니지도 않는다.[13] 이들은 (가장 기본적인 의미에서) 사

있는 것들에 대한 명시적·함축적 규칙들을 발전시켜 나가는 항상 논쟁적일 수밖에 없는 과정에 의해 구성되어 가는 과정을 뜻한다."

13) [옮긴이] 저자에 따르면 이 조건들 각각을 가정해야 하는 이유는 구체적으로 다음과 같다.

① 해당 집단의 전사前史를 가정하는 것은 이 사고실험이 실제와 같은 어떤 물리적 공간에서 행해지도록 하기 위해, 즉 다수 국가 간의 협동이나 인터넷 세계에서 행해지는 것으로 생각하지 않게 하기 위함이다.

② '무지의 베일'을 가정하지 않는 것은 데모폴리스 사고실험을 롤스의 사고실험과 구별하기 위함이다. 각자가 자신의 선호와 자신에게 귀속되는 지위들을 모두 아는 비이상적인 상태에서도 민주정이라는

회성을 갖추고 있으며, (보통의 인지적 한계를 지닌 상태로 역시 보통의 감정적 상태인 한에서) 이성적이며, (편협하지는 않지만) 자기 이익을 우선시하고, 전략적이며, 언어로 의사소통하는 인간들이다. 이들은 유난히 이타적이지도, 완전히 이기적이지도 않다. 이들은 개인으로서, 그리고 사회적 하위 집단(예를 들어, 가족)의 한 구성원으로서 풍요롭기를, 다시 말해 삶의 물질적 조건 속에서 '잘 살기'를 바란다. 이들은 이를 위해 대규모의 사회적 협동이 체계적으로 이루어져야 함을 알고 있다.[14] 이들은 정치사적·사회사적 배경 지식과 사회과학 및 자연과학에 대한 배경 지식을 갖추고 있다. 어떤 이들은 통치와 관련한 다양한 분야의 전문가이기도 하다. 이들은 의사 결정을 하는 과정에서 전문성을 활용하고 싶어 하면서도, 동시

체제를 선택하는 것이 모두에게 이익이 된다는 점을 증명하는 것이 데모폴리스 사고실험의 목표이기 때문이다.

③ '집단 지성'은 사회를 하나의 전체로 보는 '전체론'holism에 의거해 '민주정이 한 사회가 결국 나아가게 될 올바른 방향'이며, 집단 지성이 여기에 역할을 한다는 결론을 내지 않기 위해 배제된다. 저자는 '방법론적 개인주의'(6장 2절)를 취하는데, 이는 각 개인이 자기 이익을 추구하는 합리적인 존재임을 가정하고도 모두가 민주정을 합리적으로 선택할 것임을 증명하는 것이 데모폴리스 사고실험의 목표이기 때문이다.

④ '강한 민족적 정체성'은 합리적으로 고를 직한 체제인 민주정 없이도 고도의 사회적 협동이 이루어질 만큼 민족적 정체성이 강한 집단을 가정한다면, 민주정의 이점을 제대로 드러낼 수 없기에 배제된다.

14) 이 모든 조건들을 한마디로 하자면, 이들은 '인간'이지 '이콘'이 아니라는 것이다. 이 용어는 세일러(Thaler 2015)가 사용했고, 다른 이들 중에서 다니엘 카네만(Kahneman 2011)도 빌려 썼다.

에 전문가들이 의사 결정 과정을 독점해 결국 전제정이 출현하는 결과를 원하지는 않기 때문에, 그런 결과를 방지할 보장책이 마련되지 않는 한 전문가들에게 모든 것을 위임하려 하지는 않는다.

이런 사람들이 일정한 영토[15] 위에서 독립국가의 근본 규칙들, 즉 헌정 질서를 수립하려 하고 있으므로, 이들은 '건국자'이며, 우리는 이들이 건국할 국가를 '데모폴리스'라고 부르자. 건국자들은 대부분 국가가 세 가지 목적을 가져야 한다는 데 동의하며, 그 목적을 이룰 능력을 갖춘 국가를 만들고 싶어 한다. 아래에 열거할 세 가지 목적은 각각 탄탄하게 유지되어야 한다. 어떤 하나의 목적도 다른 하나의 목적을 위해 포기하거나 타협의 대상이 될 수 없다.

1. 안전 : 이 국가는 외인外因성 충격(예를 들어, 적대적 이웃 국가의 도발이나 침략, 환경 변화)에 대처할 능력을 갖추어야 한다. 이 국가는 외부적 위협이나 내부적 갈등 혹은 전복의 위협에 매우 탄탄하게 대처해야 한다. 그런 한, 이 국가는 오랫동안 존속할 잠재력을 갖게 되며, 주민들은 생명과 재산에

---

15) 21세기에 정치란 정해진 영토 안에 있는 국가의 활동에 국한되지는 않는다. 이에 대해서는 런시먼(Runciman 2017)을 보라. 그러나 스틸츠(Stilz 2009, 2011)와 다른 이론가들이 최근 이야기하듯, 영토 국가는 여전히 이론적으로 주목할 수밖에 없는 실질적인 중요성을 가진 대상이다. 자유주의 이전의 민주정이 런시먼이나 다른 글로벌리즘 이론가들이 상상하는 무영토적 공동체에도 적용 가능할지의 문제를 나는 앞으로의 연구 과제로 남겨 두고, 여기서는 다루지 않겠다.

대한 자의적인 위협으로부터 안전하다.

2. 풍요 : 이 국가는 빈곤하지 않으며 매우 풍요롭다. 주민들은 생존 이상으로 자신이 바라는 삶을 추구할 정도의 부와 소득을 얻을 기회를 갖게 될 것이다. 집단으로 놓고 봤을 때, 풍요는 주민들을 빈곤하게 만들지 않으면서도 체제가 다른 국가들 사이에서 충분한 경쟁력을 갖출 수 있게 해준다.[16]

3. 비폭정 : 이 국가에서는 그 어떤 개인이나 집단도 정치적 권위를 독점하지 않는다. 이 국가에는 정치권력의 고정된 위계가 존재하지 않는다.

비폭정([절대적] 지배자가 없는 상태, 비전제정)이 핵심적인 전제이다. 안전과 풍요는 두말할 것 없이 역사 속에서 국가를 이루어 살아갔던 모든 사람들의 보편적인 목적이었다. 간단히 말해, 건국자들은 다른 사람들이 역사적으로 원했던 것[안전과 풍요]을 원했다. 그러나 이들은 [절대적] 지도자와 그를 정점으로 하는 위계질서를 받아들이기를 거부한다는 점에서 독특하다. 이들은 독재자의 선의도, 지배 엘리트들의 지혜도, 신이 내려 주는 왕의 자격이나 귀족들만이 타고날 법한 권리가 있다는 이데올로기도 믿지 않는다. 한편 이

---

16) 플라톤의 『국가』 2권 372d를 참조해, 우리는 완전한 국가의 과제는 단순한 생존의 조건 마련에만 국한되지 않는다고 말할 수 있다. 시민들은 삶의 기본 조건과 관련해 『국가』의 등장인물 글라우콘의 선호 순서를 공유하기 때문이다. 생존 이상의 삶을 더 선호하고 가치 있는 것으로 본 글라우콘은 소크라테스가 제시한 단순하고 건강한 "첫 번째 나라"를 돼지들에게나 어울리는 나라라고 부른다.

들은 전제정이 왜 잘못된 것인지에 대해서는 저마다 이유가 다르다. 누군가는 전제정이 필연적으로 잔악함, 폭력, 군림으로 흘러갈 위험이 있기 때문에, 누군가는 전제정이 자유와 평등, 존엄이라는 가치의 훼손이기 때문에, 또 누군가는 전제정이 개인의 경제적 이익을 약탈하고 사적 영역을 침해하기 때문에, 또 누군가는 전제정이 낳는 여러 가지 — 이를테면, 열병식, 동원된 대중 집회, 선동적 연설, [권위주의적인] 건축물이나 조형물 등 — 가 우스꽝스럽고 경멸적이며 미적으로 혐오스럽기 때문이라고 말한다.

전제정을 거부하는 이유가 제각각이듯, 데모폴리스의 건국자들의 윤리적 신념은 다양하다. 롤스의 표현을 빌리면, 이들의 믿음은 좋음에 대한 서로 다른 포괄적 이해 방식[선관/가치관]을 표현하고 있다.[17] 어떤 이들은 유신론자이고, 또 어떤 이들은 윤리적 자유주의자이거나, 자유 지상주의자, 공화주의자, 평등주의자 등일 것이다. 이들은 정의에 대한 어떤 특정한 이해 방식[정의관]이나, 심지어 개인적 자유와 평등이 그 자체로 고유한 가치를 가진다는 것조차 사전에 합의하지 못했다. 그러나 이미 말했듯이, 이들의 신념에서 나타나는 불일치는 종교전쟁, 또는 인종 전쟁에 치닫거나 그렇게 번질 수준에까지 이르지는 않는다. 일단 규칙이 정해지고 난 뒤에, 좋음에 대한 어떤 이해 방식은 조세 제도에 의해

---

17) [옮긴이] 여기서 '이해 방식'으로 옮긴 말은 'conception'으로 롤스의 국역본에서는 '관점' 또는 '~관'(정치관, 선관/가치관 등)으로 옮기고 있다. 앞으로 나오는 모든 '이해 방식'은 항상 'conception'의 번역어임을 밝혀 둔다.

실현되거나, 공교육을 통해 적극적으로 전파되고 장려될 수도 있다. 다른 이해 방식은 상대적으로 덜 우선시되겠지만, 여전히 선택지로서는 남아 있을 것이다. 어쨌든 데모폴리스의 기본적 헌정질서는 위에서 말한 국가의 세 가지 목적으로부터 곧장 도출되는 가치들을 제외하고는 어떤 가치도 더 우선시하도록 규정하지는 않지만, 단 하나, 전제정을 지지하는 포괄적 이해 방식은 분명 억압되거나 거부되리라는 점에서 가치중립성을 따르지는 않는다.[18] 데모폴리스 건국 이후에 세 번째 단계에서 시민들이 제정할 추가적 규칙들이 자유주의에 우호적일지, 자유주의를 금하게 될지는 8장에서 살펴볼 것이다.

건국자들은 자신들이 세우고 있는 정체가 모든 인민들에게 보편적으로 최선의 것이라 믿지 않는다. 이들은 오직 자신들에게 어울리는 통치 형태를 찾으려 할 뿐이며, 이들은 비폭정이 오직 자신들만의 선호라는 것을 인정한다. 이들은 전제정을 거부하지만 세계시민으로서 혹은 보편주의자로서 그렇게 하는 것이 아니라, 버나드 윌리엄스 류의 지역주의자로서 그렇게 한다. 윌리엄스의 표현대로 하면, 이들은 "지금 바로 여기"에서 가능한 최선의 비전제적 해답을 찾으려 할 뿐이다.[19]

18) 가치에 대해 비중립성을 띠는 정체는 특정인이 가진 포괄적 이해 방식에 따라 그를 차별적으로 대우함을 허용한다. 예를 들어 정치적 참여에 가치를 두는 국가에서는 모범적으로 정치에 참여하는 시민들이 그에 따른 보상을 받아 그렇지 않은 시민들에 비해 더 큰 효용을 누릴 수 있다. 시민교육에 대해서는 4장 4절, 5장 5절을 보라.

이 세 가지 국가의 목적에 더해, 건국자들 각각은 다른 사회적 목표들도 가지는데, 동시에 이에 대한 매우 중대한 의견 불일치도 겪게 된다. 건국자들이 세운 이 헌정 질서는 후속 입법을 통해 불완전하게나마 분배 정의에 대한 원칙을 세울 수 있도록 해준다. 그러나 분배 정의는 그 전까지는, 즉 헌정 질서 관련 기본 규칙을 제정하는 과정까지는 직접적인 목표가 아니다. 앞으로 보겠지만(3장 4절, 6장 8절), 이 세 가지 목적을 성취하고 지속되도록 하기 위해 필요한 조건들을 구체화하는 가운데 분배 정의의 문제도 분명 고려의 대상이 되긴 하겠지만, 분배 정의 자체가 건국자들에게 가장 우선적으로 추구할 목표는 아니다. 이들은 (어떻게 정의定義되었든) 정의正義가 실현되는 (어떤 조건들이 되었듯) 모든 사회적 조건들을 세우려 하기에 앞서, 일단 규칙 제정을 위해 잘 작동하는 체계적 절차를 갖춘 안전하고 풍요로운 비폭정 국가가 있어야 한다고 생각한다. 부나 수입의 분배와 관련한 공정 또는 자격에 대한 입법을 하기에 앞서, 이들은 먼저, 하나의 사회로서, 분배될 재화들을 안정적으로 소유해야 하고, 분배를 비롯해 앞으로 수없이 부닥칠 문제들에 대해 의사 결정을 하고 이를 시행할 탄탄한 제도적 장치들을 마련해야 하기 때문이다.

각 건국자들은 (열렬한 정도로까진 아니더라도) [절대적] 지배자 없이 사회적 협동을 실현하기 위한 어떤 비용들(시간 투자, 세금 납부, 자신의 지식을 다른 시민들과 공유)을 기꺼이 감당하려 한다. 그러나

---

19) 윌리엄스(Williams 2005, 8 이하). 건국자들은 자신들의 국경 너머까지 민주정을 널리 전파하려는 윤리적 의무를 전혀 느끼지 않는다.

이들은 자기 삶을 통째로 통치에 참여하는 데에 바치는 것까지는 꺼려할 것이다. 마찬가지로 통치 참여 이외에 다른 활동은 꿈도 못 꿀 정도의 비용을 감당하는 것까지도 이들은 바라지 않을 것이다. 지금 우리가 논하는 원초적original 토대 위에 세워질 어떤 사회 체계에서는 통치 참여 이외의 사회적 활동들은 개인의 자유로운 선호에 따라 자율적으로 추구된다(윤리적 개인주의). 다른 사회 체계에서는 통치 참여 이외의 사회적 활동은 전통문화나 종교에 따라 강제될 수도 있다. 나는 이런 활동들을 [통치 참여 활동과 같은] 시민으로서의civic 책임과 구별해 '사회적으로 가치 있는 활동들'이라 부를 것이다.

참여의 비용에 대한 지불 용의는 시민들마다 그 수준이 다양할 것이다. 그러나 어떤 수준의 비용까지도 치르며 비폭정을 원하는 사람은 극소수에 불과할 것이다. 대부분의 사람들은 합리적인 비용을 지불하면서, 즉 자신들이 사회적으로 가치 있는 활동들을 추구할 적절한 기회를 누릴 만큼의 비용만으로 비폭정 아래에 살기를 바랄 것이다.[20] 마찬가지로 통치를 자신의 가장 중요한 활

---

20) 이런 틀에서 보면 아주 높은 비용을 지불할 용의가 있는 시민들은 최소한의 비용만을 지불할 용의가 있는 시민들에게 착취당하는 것이라 볼 수도 있다. 그러나 전자는 참여를 그 자체로 혹은 도구로서 가치를 두고 있다[따라서 이들이 마냥 바라지 않는 일을 한다고만 볼 수는 없다]. 한편 '사회적으로 가치 있는 활동들'은 자율적으로 정해질 수도 있고, 아닐 수도 있다. 어떤 개인의 활동은 종교적 신념에 따라 종교적으로 통일된 공동체를 만들어 모두가 똑같은 '검은색 부분'[〈그림 3-2〉 참조], 즉 동일한 활동들을 사회적으로 가치 있다고 여기도록 하는 목표를 가지고서 동료 시민들에게 선교하는 것일 수 있다.

그림 3-2 가장 중앙에 위치한 건국자-시민의 효용 함수

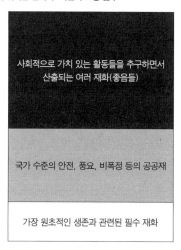

사회적으로 가치 있는 활동들을 추구하면서
산출되는 여러 재화(좋음들)

국가 수준의 안전, 풍요, 비폭정 등의 공공재

가장 원초적인 생존과 관련된 필수 재화

동으로 여기는 건국자들도 아주 소수일 것이다. 어떤 건국자들은 이사야 벌린(Berlin 1969)의 '불간섭'으로서의 자유, 즉 자기 스스로 좋다고 여기는 목적들 사이에서 무언가를 선택하거나 선택하지 않을 자유를 선호할 것이다. 다른 건국자들은 인생에서 가장 중요한 활동이 종교적으로 봉사하는 삶일 수도 있고(그래서 이들은 전제정이 그런 믿음에 대한 위협이라고 볼 수도 있고), 또 어떤 이들은 다양한 좋음들 가운데 하나를 자유롭게 선택하는 것을 대수롭지 않게 여길 수도 있다. 그러나 선택할 자유를 원하는 사람들처럼, 이들 역시 비폭정 아래서 살아가야 하는 비용이 이들 각자의 활동 전반에 심각하게 지장을 줄 정도가 된다면, 비폭정을 더는 지지하려 하지 않을 것이다.[21]

우리는 '건국자들이 원하는 바'를 경제학 용어를 써서 '효용 함수'로 나타낼 수 있다. '가장 중앙에 위치한 건국자'[중앙값]의 효

용 함수를 우리는 〈그림 3-2〉처럼 나타낼 수 있다. 먼저 건국자들에게는 구성원에게 최소한의 생존을 위한 필요를 보장하는 사회가 필요하다(흰색 부분). 또한 이들에게는 국가 수준의 안전과 풍요, 비폭정을 보장하는 공적 조건이 필요하다(회색 부분). 마지막으로 이들은 사회적으로 가치 있는 활동을 할 여유 역시 필요하다(검은색 부분). 가장 중앙에 위치한 건국자는 생존에 필수적인 재화를 공급하기 위해 상대적으로 적은 노력만 하기를 바라고, 그보다는 많은 시간을 공공재(안전, 풍요, 비폭정) 공급에 쏟으려 할 것이며, 대부분의 시간은 자신에게 '사회적으로 가치 있는 활동들'에 투자하려 할 것이다.

각 건국자들의 효용 함수는 세 가지 종류의 재화가 주는 효용의 상대적 크기에 따라 다양할 것이고(예를 들어, 누군가는 '사회적으로 가치 있는 활동들'을 하며 얻는 효용보다 공공재 생산에 기여하는 시민으로서의civic 의무로부터 얻는 효용을 더 크다고 느낄 수 있다), 검은색 부분을 채우는 사회적으로 가치 있는 활동들의 [구체적인] 내용 역시 다양할 것이다. 그러나 각 건국자들은 유사하게 구조화된 효용 함수를 가질 것이고, 다른 사람들 역시 자신처럼 그렇게 구조화되어 있다고 예상할 것이다. 이 구조는 (국가의 세 가지 목적이 그렇듯이) 세 부분의 내용이 서로 교환 가능하지 않음을 전제한다. 즉, 공적이

---

21) 자유를 불간섭으로 이해하는 이사야 벌린에 대한 비판적 논의는 페팃 (Pettit 2013)을 보라. 우리의 사고실험에서 건국자들이 내릴 선택이 비자유주의적 가치 체계의 기초가 될 수 있을지에 대한 물음에 대해서는 8장을 보라.

며 정치적인 재화가 늘어난다고 해서, 사회적으로 가치 있는 다른 재화들이 완전히 사라지는 것을 벌충할 수는 없다. 또한 이 세 부분은 흰색, 회색, 검은색 순으로 서열적 순서가 높다. 즉, 각 건국자들은 자신의 생존을 가장 우선순위로 둘 것이고, 공동체를 유지하는 데 필요한 조건들의 마련(공공재의 생산)을 그다음으로, 자신에게 '사회적으로 가치 있는 활동들'을 그다음으로 둘 것이다. 이는 건국자들이 흰색 또는 회색 부분으로부터 최대의 효용을 얻는다는 뜻이 아니라, 생존 없이는 공공재를 생산할 기회도 없을 것이고, 또 안전과 풍요라는 공공재 없이는 자신에게 사회적으로 가치 있는 목적을 추구할 기회도 없음을 건국자들이 잘 알고 있다는 뜻이다. 회색 부분에 비폭정이라는 재화가 포함될지 안 될지는 비폭정이라는 재화를 갖기 위한 비용이 합리적인지 아닌지에 따라 정해질 것이다. 우리가 보게 되겠지만(5장 5절), 민주정에서는 참여하는 시민들만이 고유하게 누릴 수 있는 회색 부분의 재화들[민주정적 좋음들]이 존재한다는 사실이 밝혀진다면, 비폭정이라는 공공재 생산을 위해 들이는 비용이 실은 그렇게 무리한 비용이 아니며 기꺼이 치를 만하다고 받아들여질 것이다.

공공재 공급[회색 상자]이 사회적으로 가치 있는 활동들(검은색 상자)이라는 목적에 대한 확실한 수단이 되어 준다면 이 서열적 순서는 안정적일 것이다. 그러나 이것이 곧 공공재 생산을 보장하기 위해 필요한 요건들로 인한 [불가피한] 간섭으로부터 모든 [사회적으로 가치 있는] 활동들이 항상 보호된다는 뜻은 아니다[국가의 목적을 위해 꼭 필요한 경우 개인이 원하는 활동들이 제약될 수도 있음을 뜻한다]. 흰색/회색/검은색 순서로 된 서열적 순서가 의미하는 바는 검은색 부분이 때때로 흰색 혹은 회색 부분의 조건들에 의해 희생 [양보]될 수도 있다는 것이기 때문이다. 하지만 사회적으로 가치 있는 활동들에 국가가 개입해 간섭해야 할 때, 그 개입은 항상 국가가 존재하는 세 가지 목적에 의거해 정당화되어야 한다. 과도하고 임의적인 간섭은 불만을 낳고 불안으로 이어져 결국 국가의 안전과 비폭정이라는 목적을 훼손할 것이고, 자본 투자를 위축시켜 국가의 풍요마저 앗아 갈 것이기 때문이다.

2. 권위와 시민 자격

건국자들은 위험하고 변화무쌍한 환경 속에서 무지배anarchy 상태가 (이론적으로 얼마나 매력적이든 간에) 현실적이지 않다는 것을 잘 알고 있다. 그렇지만 동시에 이들은 비폭정을 국가의 주요 목적 가운데 하나로 선택함으로써, 통치하는 권한jurisdiction — 즉, 규칙을 제정하고 시행하며 갈등을 중재하는 권위 — 을 어떤 개인 혹은 집단에 무조건 양도하기를 거부했다. 그렇게 하는 것은 곧 [절대적] 지배자를 받아들인다는 것이기 때문이다. 물론 통치하는 권한을 대표자들에게 위임하고도 그 목적을 훼손하지 않을 수 있도록 하는 조건들이 어떤 규칙, 그리고 그 규칙에 따른 행동 양식을 통해 조성될 수 있다(7장 1~4절). 그러나 우리의 사고실험은 그 단계까지는 가지 못했다. 건국자들은 스스로 법률을 제정하고 이를 스스로 재가해야 한다.[22] 건국자들이 만든 규칙은 이들 자신이 그 규칙의 시행자가 되도록 해주어야 한다. 또한 이들이 만든 규칙은 후대 사람들이, 일상적인 공적 권위를 대표자들에게 위임했더라도, 여전히 규칙의 제정자이자 규칙의 시행자로서 능력을 갖출 수 있도록 해주어야 한다. 미래에 있을 어떤 통치하는 권한의 위임도 철회될 수 있어야 하며, 그렇기에 위임은 현실적인 필요성 때문이 아닌 집단적 선택에 의한 것으로 남는다.

건국자들은 어떤 주권자 아래에서 피지배자[신민]로 살기를 거부하므로, 이들은 집단적 행위자로서 함께 행동해야 한다.[23] 가장 기본적인 수준에서 선택할 수 있는 정체 유형은 단 두 가지뿐이다. 즉, 하나의 공동체에 모인 사람들이 하나의 집합체로서 지배하거나, 이들 위에 올라선 어떤 [절대적] 지배자에 의해 지배받거나, 양자택일이다. 건국자들은 이미 전제정을 거부하기로 합의했고(헌정 질서 구성의 첫 번째 단계), 이 합의는 기본적 규칙을 정하는 순서(두 번째 단계)에 선행하는 것이었으므로, 우리는 이 건국자

22) 누가 헌정 질서 관련 규칙, 즉 헌법을 '작성'write하느냐는 문제는 여기서 다루지 않는다. 그것은 개인(예를 들어, [고대 아테네의] 솔론) 혹은 소집단(예를 들어, 미국의 건국자들)이 될 수도 있다. 중요한 것은 그런 규칙은 건국자들이 집단적으로 제정해야 한다는 것이다. 이는 곧 이들 스스로 이 규칙의 주인이자 작성자이자 책임자가 된다는 의미이다. 이 기본적 규칙은 시민 집단 전체의 집단적 행동으로 재가되어야 한다.

23) 나는 홉스가 『리바이어던』의 서문에서 제기한 철학적 문제, 즉 집단적 행위자가 합리성을 가질 때 혹은 이성을 사용할 때 그가 가상의 인격으로 이해될 수 있는지, 어떻게 그렇게 이해될 수 있는지의 문제는 다루지 않을 것이다. 이 문제에 대해서는 스톤(Stone 2015)의 논의 및 4장 3절을 보라. 지금 우리의 논의를 위해서는 이 사람들이 자신들에게 구속력 있는 의사 결정을 함께 내려 국가의 중요한 목적을 성취하고 지속 가능하게 할 수 있다는 것만으로 충분하다.

들을 개개인으로는 '시민', 집단적으로는 '인민'이라 부를 수 있다. 시민들과 인민은 안전, 풍요, 비폭정이라는 세 가지 국가의 목적에 대한 일반적 합의와 함께 탄생 — 이는 이 세 가지 목적의 달성을 위한 규칙들을 만드는 결정 이전이다 — 한다.[24] 그러나 데모

24) 나는 세 가지 목적에 대한 합의가 어떻게 이루어지는지, 어떻게 정해지는지를 상세하게 말하지 않았다. 다만 내가 이야기할 수 있는 것은 안전과 풍요라는 목적은 모든 형태의 사회질서가 목적으로 하는 공통적인 것이며, 비폭정이라는 목적은 애초에 이 사고실험의 전제였다는 것뿐이다. 이른바 "권한 부여의 역설"the paradox of authorization이라는 표현으로 멕스트로스가 말했듯(Meckstroth 2015, 18~23), 규칙의 제정 과정 일체를 가능케 하는 원초적 합의의 문제는 민주정 이론에 항상 내재해 있다. 어쨌든 중요한 점은 이러한 사전 합의가 그에 기초한 다양한 선택지들의 영역을 제한하며, 그렇기에 '수많은 판단을 집적할 때 그로부터 어떤 식의 합리적이며 통일된 결론을 낼 수 없다'는 케네스 애로 Kenneth Arrow의 '불가능성 정리'Impossibility Theorem가 갖는 '보편적 영역'이라는 전제를 약화해 집단적 판단들을 잠재적으로 안정시킬 수 있다는 것이다. 이에 대해서는 리스트와 페팃(List and Pettit 2011)과 이에 대한 오버(Ober 2013a)의 논의를 보라.

[멕스트로스의 "권한 부여의 역설"이란, "민주적 체제는 그 체제의 정당성을 승인할 독립적인 권위를 필요로 하지만, 동시에 그런 권위는 민주정에서 결코 인정될 수 없다"는 것이다. "만약 최상위 권위가 민주적 체제와 진정으로 독립적이라면, 그런 권위가 바로 진정한 주권자이며 인민은 오직 그 주권자가 허락하는 한에서만 스스로 통치한다고 말할 수 있을 것이다. 그러나 만약 민주적 체제가 그 자체로 유일한 최상위 권위를 보유한다면, 그렇다면 우리는 그 권위가 인민의 민주적 의지를 대표한다는 말 이상의 어떤 이유도 갖지 못한다"(Meckstroth 2015, 18, 19).

애로의 불가능성 정리란 경제학자 케네스 애로가 어떤 완벽한 의사 결정 과정도 각 개인의 선택지들에 대한 선호 순위를 집단적·사회적 순위로 모으는 것은 불가능함을 증명한 것이다. 예를 들어 정책 입안자들은 개인들의 선호를 바탕으로 여러 대안들에 대한 사회 전체 차원의 선택을 내려야 한다. 그러나 어떠한 사회적 선택 메커니즘도 '모든 개인의 선호들을 아울러야 한다'(보편성), '모두가 더 선호하

폴리스의 주민들 가운데 '누가 시민인가?'[25]

　누가 권력을 부여받은 시민인지, 누구를 골라내어 '인민'을 만들 것인지는 가장 우선적으로 '지금 여기'에서 통용되는 문화적 규범들에 의해 정해진다. 시민 자격을 부여함에 있어 오늘날의 관습이나 역사적인 관습 모두에서, 어린이가 교육받는 중인 시민이 아닌 완전한 시민으로 인정된 일은 없었다. 마찬가지로 한 국가에 의미 있는 헌신을 한 일도 없고 중대한 이해관계가 걸려 있지도 않은 단기 여행자들이 국가의 시민이 되는 것도 상상하기 어려운 일이다. 각각의 공동체가 가진 서로 다른 문화적 조건에 따라, 남성만이 참정권을 지닌 시민이 될 수 있는지, 여성만 혹은 여성도 될 수 있는지, 해당 국가 비태생 장기 거주자들은 될 수 있는지,

---

는 선택지가 사회적 선호가 되어야 한다'(파레토 기준), '사회가 선택한 바가 선택되지 않은 선택지들의 존재 여부에 독립적이어야 한다'(무관한 선택지로부터의 독립성), '사회적 선택에 한 명의 개인의 선호가 결정적이어서는 안 된다'(비독재)는 최소한의 조건들을 만족시킬 수 없다는 것이 애로의 불가능성 정리의 내용이다. 이상의 내용은 *Dictionary of the Social Sciences* (ed. Craig Calhoun, Oxford University Press, 2002)의 해당 항목에 기초해 작성했다. -옮긴이].

25) "누가 권력을 부여받는 시민인가?"라는 질문은 이른바 "경계의 문제"로 민주정 이론에서 자주 언급된다. 웰런(Whelan 1983)을 보라. 우리는 데모폴리스 사고실험에서 건국자들이 윌리엄스(Williams 2005, 8 이하)가 말한 뜻에서의 '지역주의자'라고 가정했으므로, 여기서도 시민이 될 수 있는 모집단의 크기를 '해당 영토에 사는 사람'으로 제한하려 한다. 물론 어떤 정치 이론가들은 그런 제약이 임의적이고 도덕적으로 정당화될 수 없다고 생각할 수도 있다. 왜 시민이 될 수 있는 모집단의 경계가 '이해관계가 얽힌 사람들'보다는 더 좁아야 하는지에 대한 문제는 구딘(Goodin 2007)을 보라.

혹은 범죄로 유죄판결을 받은 자는 될 수 있는지 등 시민 자격에 대한 물음에는 상이한 대답이 가능하다. 그러나 안전이 국가의 주요 목적 가운데 하나라는 조건에 의거해 원초적 민주정에는 시민 자격이 최대한 포괄적inclusive이어야 한다는 규범이 존재한다. 즉, '지금 여기에서 문화적 규범에 따라 시민으로 상상되는' 누군가가 반드시 그래야 하는 이유도 없이 시민 집단에서 제외된다면, 그런 부당한 제외로부터 생겨나는 불만은 결국 공동체 내적civil 분쟁을 초래하고 국가의 목적 가운데 하나인 안전을 위협할 것이다. 아리스토텔레스가 '시민'의 범주를 정할 때 과두정 국가 대신 민주정 국가를 언급한 것은 바로 이런 고려들로부터 나온 것이다.[26]

안전이라는 목적을 고려할 때, 데모폴리스의 시민 자격은 건국자들이 데모폴리스를 건설한 바로 그곳, 바로 그때에 통용되는 문화적 규범에 따라 시민으로 상상되는 모두에게 열려 있다. '누가 시민이어야 하는가?'라는 질문에 현재 데모폴리스의 주민들로서

---

26) 『정치학』 3권 1장 1275b5를 보라. '헌정 질서' 이전의 인민의 탄생은 역사적으로 고대 아테네와 미국의 혁명 사례에서 확인할 수 있다. 문화적으로 누구를 시민으로 상상할 수 있는지는 시간의 흐름에 따라 혹은 극적으로 변하기도 했으며, 그렇기에 민주정의 근본 규칙은 늘 수정될 수 있다. 민주정에서는 '문화적 규범에 따라 시민으로 상상되는 사람이라면 누구나 시민 집단에 포함되어야 한다'는 조건이 통용되므로, 따라서 고대 스파르타는 시민 중심의 사회질서를 가졌으면서도 민주정이라 볼 수는 없다. 즉, 스파르타는 (그리스 전체 문화적 맥락에서) 시민으로 상상하기에 아무런 하자도 없었던 피정복자 '헤일로타이'들(헬롯)heilôtai 을 시민적 참여로부터 제외하는 대신, 그들과의 영원한 내전 상태를 받아들였기 때문이다.

는 하나의 답을 내놓을 수 없다. 지금의 주민들이 내놓은 답은 시간이 지남에 따라 상황이 변하고, 지나간 시대의 사람들과는 세상을 바라보는 눈이 완전히 다른 외부인 혹은 신세대에 의해 극복되고 바뀔 것이다. 그러나 우리는 지금 주어진 이 시점에서는 '누가 시민인가?'라는 질문에 이들에게서 통용되는 문화적 규범에 의거한 하나의 확실한 대답이 있다고 가정하자. 이 대답에 동의하지 않는 사람들은 그것을 바꾸려 시도할 수 있다. 그들이 이 대답을 도저히 받아들일 수 없다면, 그들은 이 사회에서 떠날 수도 있다(3장 6절).[27)]

어떤 주어진 시점에 시민 자격에 대한 지배적인 문화적 상상이 존재한다는 나의 주장은 이 같은 상상이 어떻게 생겨났는지에 대한 질문을 새로 낳는다. 만약 건국자들이 (그리고 이들의 후세대가) 시민 자격 문제에 대한 최초의 답이 특정한 시대의 산물이자 우연한 것이라는 점을 알아보지 못한다면, 국가는 경직화의 위험에 빠져 변화무쌍한 환경에 대응할 능력을 상실할 것이다. 시민 자격이 모두는 아니지만 몇몇 장기 거주자들에게 주어지는 일종의 재화로 여겨지는 한에서, 시민 자격에 대한 문화적 상상은 [시민으로 인정

---

27) '문화적 규범에 따라 상상되는'이라는 기준은 '상상 가능한'이라는 기준보다 덜 포괄적이다. 예를 들어, 아리스토파네스의 희극 『여인들의 민회』에서 작품 속 아테네는 여성들이 시민으로서 남성들을 대신해 활동하는 장면들이 그려진다(Ober 1998, 2장을 보라). 그러나 희극을 떠나서는, 아테네인들이 여성을(단지 공동체의 일원이라는 의미의 시민이 아닌. Patterson 2005를 보라) 참정권을 행사한다는 의미에서의 시민으로 상상했다고 믿을 증거는 없다.

할 만한] 자격desert에 대한 인식 변화와 맥을 같이하며 진화해 갈 것이다. 현재의 시민적 소속감과 관련한 근본적인 문제와 관련해, 민주적 질서가 세워지고 영원히 이어져 나가는 과정에서 어떤 윤리적 판단이 생겨나게 된다.

이런 이유로, '누가 시민인가?'라는 질문에 대한 대답은 결코 고정될 수 없으며, 그렇기에 시민 자격에 대한 최초의 규정이 장차 시민 집단을 확장해야 할 이유가 발생했을 때 후속 세대의 손을 옭아매는 굴레가 되어서는 안 된다. 그러나 시민 자격이 늘 한 방향으로 운동하는[되돌릴 수 없는] 관성을 띤다는 경향에 주목해야 한다. 즉, 이미 시민 자격을 누리고 있는 한 범주의 사람들에게서 다수의 이름으로 참정권을 박탈한다면, 그것은 곧 다수가 폭군처럼 행위하는 것이므로 그 자체로 비폭정이라는 국가의 세 번째 목적 달성은 실패하게 될 것이다. 물론 민주정 국가에서도 그런 일은 일어날 수 있고, 실제로 일어나기도 했다(태평양전쟁 당시 미국 정부가 [행정명령 9066호를 시행해] 일본 태생 시민들과 주미 일본인들을 억류 및 수용收容했다). 그러나 이런 '예외들'은 어디까지나 일시적인 것일 수 있고, 민주 정부는 곧 이것이 실수임을 인정하게 된다. 한때 동료 시민이었던 이들을 적으로 규정함으로써 시민 집단 내 어떤 소수자에게서든 시민으로서의 지위를 박탈하는 것이 용인된다면, 이는 곧 모든 시민을 (모든 시민은 어떤 점에서는 항상 소수자이므로) 위험에 빠뜨리는 행위이다. 시민 다수가 소수의 시민들에게서 참정권을 박탈할 때마다, 그 다수는 그 순간에는 집단적 폭군으로 군림하는 것이고, 이는 곧 갈등을 낳아 사회질서 전체가 무너지는 결과를 초래한다. 결국 안전이라는 국가의 중대한 목적 하나는 달

성되지 못하는 것이다.[28]

우리가 데모폴리스의 건국 시기를 (아테네의 경우처럼 기원전 6세기 후반이 아니라) 오늘날, 즉 21세기 초라고 정한다면, 성인 여성과 최소한 몇몇 비태생 장기 거주민들은 시민 집단에 별 문제없이 포함될 것이다. 데모폴리스는 국가들 간의 경쟁 속에서 정보가 국가의 경계를 자유로이 오가는 그런 세계에 존재한다. 우리가 우리 사고실험의 시대적 맥락을 현대로 가정한다면, '누가 시민일 수 있는가?'에 대한 지구촌의 문화적 상상은 직간접적으로 자유주의의 원리들에 영향을 받게 될 것이다. 그러나 우리는 데모폴리스의 건국자들이 여성들과 비태생 장기 거주민들에게도 참정권을 보장하기 위해 꼭 자유주의의 원리들에 기대야 한다고 생각할 필요는 없다.[29]

---

28) 시민 집단의 구성constitution과 계속되는 재구성reconstitution 과정에 있는 논쟁의 역할에 대해서는 프랭크(Frank 2010), 보먼트(Beaumont 2014), 이에 대한 뮐러(Müller 2016)의 논의를 함께 보라. 예외 상태 및 시민적 적에 대해서는 카를 슈미트(Schmitt 2007)를 보라. 시민적 우정에 대해서는 앨런(Allen 2004)을 보라. 시민 자격 확대라는 관성을 뒤집을 때의 위험성에 대해서는 하딘(Hardin 1999, 310)을 보라. 참정권 박탈에 반대하는 자유주의적 논변은 크리스티아노(Christiano 2008, 264~270)를 보라. 공공의 안녕에 위협이 되는 사람 혹은 중대한 범죄를 저지른 사람의 권리를 박탈하는 권한의 문제는 별개로 다루어져야 한다. 나는 한 시민에게서 시민으로서의civic 권리들을 박탈하는 가장 분명한 사례인 도편추방제의 문제를 8장 3절에서 다룰 것이다.

29) 2015년에 사우디아라비아는 처음으로 여성들에게도 투표에 참여할 권리와 지명자를 포함해 구성되는 의회(2100석 중 국왕이 1050석에 해당하는 인원을 지명) 선거에 입후보할 권리를 허가했다. 이렇듯 여성이 운전조차 하지 못하는[2018년 여성의 운전도 가능해졌다] 대단히 종교적인 전통주의 사회에서도, 시민 자격에 대한 문화적 규범에 따른 상상은 이렇

'문화적 규범에 따라 시민으로 상상되는 모든 사람은 권력을 부여받는 시민이어야 한다'는 정치적 대원칙은 시민 자격 문제를 다루는 모든 상황에서 마치 천장과 같은 상한선이 아니라 최저 기준으로서의 하한선을 이룬다. 우리가 5장 5절에서 보게 되겠지만, 인간 본성에 대한 가정으로부터 연원하는 윤리적 고려 사항들이 정체의 정당성을 확보하기 위해 반드시 고려되어야 한다면, 민주정에서는 장기 거주하는 성인들을 어떤 정당한 이유 없이 시민 자격에서 제외할 수 없다. 그렇지만 이런 대원칙 때문에 시민으로서 지켜야 할civic 규범을 위반한 개인에게서 일시적으로 혹은 영구적으로 시민으로서의civic 지위를 박탈(피선거권 제한 등)하는 것이 불가능해지지는 않는다. 그렇게 할 수 있다는 규칙이 민주적 절차로 제정된 것이라면 이는 얼마든지 가능하다. 예를 들어 미국 사법 당국으로부터 유죄판결을 받은 흉악범에게 투표권이 제한되어야 하는지 아닌지의 문제는, '범죄자들이 투표권을 가질 수 있음'이 상상 가능하다는 사실과는 별개로 다뤄져야 한다는 것이다. 물론 그런 지위 박탈, 권리 제한이 민주적 질서 자체의 정당성을 훼손하는 결과를 낳는 것인 경우에는, 시민 자격의 범위에 대한 대원칙에 의거해 그런 식의 지위 박탈이나 권리 제한은 허용되지 않는다.

[데모폴리스의] 건국자이자 시민인 이 사람들은 조직된 정치권

게 여성에게 기본적인 정치적 참여의 권리를 부여하지 않는 것이 더는 용인되지 않는 방향으로 변하고 있다. 물론 이 권리들이 여성들을 옭아맨 사회적 제약과 정치적 자유에 대한 근본적인 제약이 있는 상황에서 얼마나 실질적인 가치를 가질지는 두고 봐야 하겠지만 말이다.

력으로서의 권위가 필요하다는 것을 받아들이지만, 동시에 그 권위에 대한 일반적이고 자발적인 복종의 조건으로서 이 권위가 정당성을 갖출 것을 요구한다. 이들은 안전, 풍요, 비폭정이라는 국가의 세 가지 목적을 위해 필요한 규칙을 정하려고 하며, 이들은 이 규칙이 시행되어야 한다는 것을 알고 있으며, 이를 위해 강제력이 필요하다는 것도 인정한다. 다만, 건국자들은 국가의 모든 규칙을 남김없이 제정하려고 하지는 않는다. 이들은 정치의 다른 중요한 측면들, 이를테면 분배 정의나 교정적corrective 정의에 대한 기나긴 규칙 제정 과정(헌정 질서 구성의 세 번째 단계)이 뒤따를 것임을 알고 있다. 이들은 입법으로써 대응해야 할 외부의 변화나 충격이 닥쳐올 것임을 예상한다. 최초의 기본 규칙은 국가가 미래에 생겨날 어떤 문제들에 맞서 항상 혁신적인 해결책들을 찾을 수 있는 능력을 기를 수 있도록 해야만 한다.[30]

3. 참여

안전과 전반적인 풍요와 마찬가지로, 비폭정은 시민들에게 공공재이다. 비폭정이라는 재화는 어떤 시민이 소유한 비폭정이라

---

30) 멕스트로스는 헌정 질서 내의 역동적 변화에 필요한 조건들에 대해 상세하게 다루고 있다는 점에서 자유주의적(제1의 원리로 평등한 자유의 내재적 가치를 믿는 의미에서의 자유주의적. Meckstroth 2015, 11) 민주정 이론 중에서 독특하다.

는 조건이 다른 시민이 누리는 비폭정을 감하지 않는다는 점에서 경합적이지 않은 재화이며, 모든 시민들(영토 안에 사는 원래 '직선 왼쪽'의 사람들)이 똑같은 비폭정 상태를 누린다는 점에서 배제적이지도 않은 재화이다.[31][32] 따라서 공공재인 비폭정은 언제나 무임승차와 공유지의 비극이라는 문제를 피할 수 없다. 안전, 풍요, 비폭정이라는 공공재는 시민들이 집단적으로 규칙을 제정하고 시행함으로써만 보전될 수 있다. 그렇게 하는 데에는 당연히 비용이 든다 — [〈그림 3-2〉 효용 함수의] 회색 부분인 공공재의 효용을 위해 쓰여야 할 시간과 노력 등은 사실 얼마든지 사회적으로 가치 있는 활동들로부터 산출되는 재화들이 주는 효용을 위해 투자될 수도 있다. 물론 모든 시민들은 비폭정이라는 공공재가 보전되기를 바라지만, 규칙을 제정하고 시행하는 이 '게임'에서 합리적으로 각자의 이익을 추구하는 행위자인 각 시민은 그에 어긋나는 선택을 하게 될 수도 있다. 즉, 어떤 시민이 비폭정을 유지하는 데

31) [옮긴이] 경합적 재화란 내가 그 재화를 소비했을 때 타인은 내가 소비한 그만큼을 소비할 수 없는 종류의 재화, 배제적 재화란 대가의 지불 유무에 따라 소비를 제한할 수 있는 종류의 재화를 뜻한다.

32) '비폭정'이라는 공공재는 우리가 이민자들에게 시민 자격을 얻을 기회를 아예 주지 않는다면(예를 들어, 장기 '이주 노동자'의 경우) 클럽재[배제적이기는 하나 경합적이지는 않은 재화]가 될 수는 있다. 그러나 이러한 배제는 곧 안전의 위협이라는 결과로 돌아올 개연성이 크다. 물론 시민 자격에 대한 적격성이 자동적으로 곧장 시민 자격에 대한 허가로 이어져서는 안 된다는 점은 중요하다. 4장 4절에서 시민 자격에 대한 허가의 조건으로서 시민교육 이수와 국가의 목적에 대한 적극적 찬동에 대한 내용을 보라.

드는 비용은 부담하지 않은 채 그것을 누릴 수만 있다면, 그는 언제든 기꺼이 비용 부담을 피하려 할 것이다. 이런 식으로 무임승차 혹은 다른 식의 사소한 부정행위가 쌓이고 쌓이다 보면, 비폭정은 유지될 수 없고, 이는 곧 안전과 풍요를 잃어버리는 결과 역시 초래할 수 있다.[33]

그러므로 건국자들이 제정할 첫 번째 규칙은 바로 이 공공재를 유지하기 위한 과업에 '모두가 참여'[전원 참여]해야 한다는 규칙이다. 이는 모든 시민이 어떤 방식으로든 규칙들을 제정하고 개정하며 시행하는 데 참여할 의무를 명시한다. 이는 동시에 그런 참여 의무를 소홀히 하는 사람들을 제재하는 데 참여할 의무도 명시한다.

이런 참여의 의무가 정확히 무엇을 포함하는지는 입법적·행정적·사법적 절차를 규정하는 규칙들의 구체적 내용에 대해 시민들이 이후에 어떤 선택을 했는지에 달려 있다. 최소한도로, 이 의무는 공적 문제들에 대해 숙의하는 데 다소간의 시간을 쓰고, 공익과 관련한 중요한 사안들에 투표하며(정기적인 선거, 혹은 총투표[34]), 배심원으로서 복무하는 것 등을 포함할 것이다. 더 나아가서는 규칙을

---

33) 공공재, 그리고 어떻게 공유지의 비극이 극복될 수 있는지에 대한 논의는 오스트롬(Ostrom 1990), 포티트 외(Poteete et al. 2011)를 보라. 턱(Tuck 2008)은 무임승차가 현대에 고유한 문제라고 주장한다. 하지만 이에 대해서는 오버(Ober 2009), 티가든(Teegarden 2014)도 함께 보라.

34) [옮긴이] 여기서 '총투표'로 옮긴 말은 'referendum'으로 우리 헌법에서 '국민투표'에 해당한다. 한 공동체의 모든 구성원이 참여하는 투표라는 의미가 통하도록 하되, '인민'도 '시민'도 아닌 '국민'이라는 말의 애매성 때문에 '국민투표'라는 번역어를 피했다. 그러나 에필로그 등에서는 언론 보도에서 흔히 쓰이는 표현에 따라 '국민투표'로 옮기기도 했다.

시행하는 인력으로서 임무를 맡는 것(6장 6절을 참조)을 포함할 수도 있다. 이른바 '있는 사람들'에게는 추가적인 세금을 내는 것도 포함된다. 국가 세입稅入의 일정 부분은 안전을 위해, 또 일정 부분은 기본적인 복지와 교육을 지원하는 형태로 재분배될 것이다.

'전원 참여' 규칙은 모든 시민들이 정보에 접근하고 유권자이자 배심원, 예비 공직자(예를 들면, 숙의위원회 등이 열릴 때. 7장 7절을 참조)로서 책임 있는 선택을 내리기 위해 필요한 기본 교육을 받을 수 있어야 한다고 요구한다. 또한 집단적 자기 통치라는 과업에 온전히 참여하기 위해 시민들이 어느 정도의 생활수준을 누릴 수 있어야 한다. 즉, 어떤 시민이 [〈그림 3-2〉의 효용 함수에서] 흰색 부분에 해당하는 단적인 생존조차 감당할 비용이 없다면, 그는 참여의 비용 역시 치르지 못하기 때문이다. 그렇기에 모든 시민에게 최소한의 의료, 먹거리, 주거를 지원할 책임은 시민들의 참여 의무의 한 부분이 된다[이는 자유주의적 사고방식과는 뚜렷한 차이를 보인다]. 즉, 원초적 민주정에서는 분배란 사회정의의 조건으로서 행해지는 것이 아니라 국가의 세 가지 목적을 보장하는 조건으로 도입되어야 한다. '전원 참여' 규칙으로부터 나오는 재분배의 필요성은 시민들이 정의로운 분배 방식을 결정하는 세 번째 단계에 선행해 충족되어야 하는 것으로서, 그런 의미에서 이는 마치 천장과 같은 상한선이 아니라 최소한의 기준으로서 하한선을 이룬다.

국가의 목적 가운데 처음 두 개에 따라 시민들은 안전하고 풍요로운 사회를 목표로 삼는다. 각 시민들은 국가가 사회 전체의 풍요로움뿐만 아니라 (각 개인이 사회적으로 가치 있는 활동들을 추구할 여유라는 의미에서의) 개인적 풍요로움도 마련해 줄 수 있기를 기대한다. 분배 정의에 대해 어떤 결정이 내려지든, 세율과 세금의 재분배 기능은 (큰 과세 부담을 질) 부유한 소수와 (공공 세입으로부터 다양하게 지원을 받을) 중-저소득층을 이루는 다수 양자 모두가 자신들의 개인적 풍요와 관련된 기회가 체계적으로 좌절될 것을 예상해 비폭정이라는 현상 유지status quo로부터 이탈하는 일이 없을 수준에서 정해져야 한다[소수가 너무 많이 빼앗겨도, 다수에게 너무 적게 돌아가도 안 된다]. 세율이나 재분배 정책을 잘못 수립하면, 이는 곧 그런 정책의 피해자들의 "혁명의 임계점"(Kuran 1991, 1995)[35]을 낮

35) [옮긴이] "혁명의 임계점" 개념과 관련한 쿠란의 설명(Kuran 1991, 17 이하)은 다음과 같다. 즉, 어떤 개인 한 명이 현 체제를 반대할 때, 그는 체제의 탄압 등을 두려워하며 공적 공간에서는 자신이 실제로 느끼고 있는 바를 있는 그대로 표현하지 않고 감추려 한다(선호 위장). 한 시민이 자신의 선호를 더는 위장하지 않겠다고 마음을 먹는 데에는 두 가지 요인이 작동한다. 하나는 체제에 대해 공개적으로 반대할 때 당할 탄압의 비용이다. 이 비용은 체제 반대 집단의 크기가 클수록 작아진다. 다른 하나는 선호 위장 자체에 드는 심리적 비용, 이를테면 자신의 비굴함이나 외적 행동을 꾸며 내야 하는 데서 오는 스트레스 등의 비용이다. 당연히 이 비용은 그가 체제에 불만이 많으면 많을수록 크다. 이때 "혁명의 임계점"이란 한 개인의 체제에 대한 불만 정도를 상수로 했을 때, 체제 반대 집단의 크기가 커져서 공개적인 반대의 비용이 선호 위장의 심리적 비용 아래로 떨어질 때의 체제 반대 집단의 크기를 가리킨다(어떤 사람이 x만큼의 불만을 가질 때, 몇 명의 사람들이 같은 생각을 하고 있음을 확인하고서야 그 역시 혁명에 가담하기를 선택하는가). 이를 본문 내용에 대입해 생각해 보면, 잘못된 세율이나 분배 정책에 의해 소수가 집중적인 피해를 봐서 현 체제에 대한 불만이 극도로 높아지면, 아주 작은 크기의 체제 반대 집단만으로 소수는 선호 위장을 포기하고 적극적으로 공개적인 체제 반대에 나서게 되며, 이를 그 소수의 "혁명의 임계점"이 낮아졌다고 표현할 수 있다는 것이다.

춘다. 그렇게 되면 민주정을 전복하려는 전제적 반혁명의 위험이 증가할 것이고 국가의 안전은 크게 훼손되고 만다. 원초적 민주정이 다양한 재분배 방식의 가능성들에 부여하는 제약에 대해서는 6장 8절에서 다룰 것이다.

4. 입법 과정에 대한 규칙들

['전원 참여' 규칙에 이은] 두 번째 규칙은 앞으로 있게 될 규칙 제정 절차([헌정 질서 구성의] 세 번째 단계)를 명시할 것이다. [세 번째 단계에서 제정할] 어떤 규칙들은 안전과 풍요, 비폭정이라는 국가의 세 가지 우선적인 목적에 관한 합의 위에서 곧장 의견 일치를 보아 만들어질 수 있을 것이다. 그러나 데모폴리스가 갖춰야 할 규칙 제정 과정은 항상 의견 불일치를 염두에 두어야 하며, 심지어 어떤 사안에서는 이 의견 불일치가 진정한 의견 일치를 불가능하게 할 정도로 심대할 가능성까지도 고려해야 한다. 이러한 의견 불일치와 그로부터 발생하는 정치적 논쟁과 대결은 첫째, 시민들 사이의 가치 다원주의라는 사실로부터 오며, 둘째, 시민들이 각자 추구하려는 활동에 필요한 자원이 희소할 때 생겨나는 경쟁에서 비롯된다. 앞서 첫 번째 규칙은 모든 시민들이 정치에 참여해야 함을 규정했다. 만약 합의 불가능한 사안에 대한 결정을 앞두고 시민들이 이 '전원 참여' 규칙에 따른다는 것은 곧 (최소한) 어떤 식으로든 '다수의 의사에 따른다는 규칙' 아래에서 투표에 참여함을 뜻한다.

비폭정은 인민 가운데 어떤 특정 '부분'이 집단적인 전제적 지배자가 되어 전체 인민 위에 군림할 수 없는 것을 의미하기에, 투표 시 각 시민이 갖는 투표 가치는 최대한 동등하게 계산되는 방향으로 발전할 것이다. 한 개인의 투표 가치가 다른 모든 사람들의 투표 가치를 합친 것보다 큰 가장 극단적인 불평등이 존재할 때, 그런 투표 가치를 누리는 그 개인은 정의定義상 폭군이다. 마찬가지로, 만약 소수의 투표 가치가 다수의 투표 가치보다 더 큰 경우, 그런 소수 역시 정의상 집단적 폭군에 해당한다. 더 나아가, 만약 비슷한 참여 비용을 감당할 것을 요구받는 시민들의 투표 가치가 서로 다르다면 — 예를 들어, 존 스튜어트 밀(Mill, 1861, 8장)의 제안처럼 (엘리트 교육으로 갖춘) "정신적 우월함"을 지닌 사람들에게 여러 장의 표가 주어지는 식으로 — 그럴 때에 참여는 외견상 불공정한 조건에서 행해지는 셈이고, 이는 곧 안전을 위협하는 불만을 낳게 될 것이다.[36] 그러므로 '전원 참여' 규칙과 비폭정이라는 목적이 함께 함의하는 바는, 고전기 아테네에서처럼 모든 시민들이 동일한 투표 가치를 누려야 하고, 규칙 제정 과정에서 누군

[36] 공공의 이익이 걸린 사안에 대한 정치적 영향력이 공정성과 효율성을 위해 다소간 불평등하게 행사되어야 한다는 밀의 문제의식은 중요하다. 그러나 내가 7장 5절에서 주장하듯, 정치적 영향력의 불평등은 오직 해당 사안에 대한 전문성에 근거해야 하며, 그렇게 달성되는 효율성과 공정성이 꼭 투표 가치 혹은 배정받는 표의 수를 불평등하게 해야만 가능한 것도 아니다. 밀의 '복수 투표권'plural voting 제안이 시민교육과 효과적인 정부에 대한 그 자신의 주장과 일으키는 내적 모순에 대해서는 톰슨(Thompson 1976)을 보라. 이 문헌을 소개해 준 프리스비 다타Prithvi Datta에게 감사를 표한다.

가 맡아야 하는 정치적 역할(예를 들어, 추첨으로 구성되는 위원회의 위원. 7장 6절)이 있다면 그것을 맡을 동등한 기회를 가져야 한다는 것이다. '동등한 투표 가치'와 '동등한 참여 기회'는 아무리 데모폴리스 시민들이 서로 동등하지 않다고 하더라도(누군가는 더 많은 정보를 가졌거나, 누군가는 더 달변일 수도 있다 하더라도) 보장되어야 한다. 투표자 다수가 소수 위에 군림하는 집단적 폭군이 되지 않도록 방지할 여러 제도적 장치는 다음 3장 5절에서 다룰 것이다.

입법은 그 과정이 비폭정적이어야 한다는 것뿐만 아니라 효율성 역시 꾀해야 한다. 위험하고 변화무쌍한 환경에서 안전을 꾀해야 하는 조건에서, 시민들이 내리는 정책적 결정은 '동전 던지기'로 하는 무작위 선택보다는 항상 더 나은 것이어야만 한다.[37] 위에서 말했듯, 시민들은 책임 있는 선택을 내리기 위해 교육과 복지[적정 생활수준]를 필요로 할 것이다. 이들은 또한 최선의 정책을 입안하고 시행하기 위해 연구의 자유, 발언의 자유, 결사의 자유를 필요로 한다. 그렇게 하기 위해 이들은 의사 결정과 관련한 정보를 얻을 자유를 가져야만 한다. 해당 사안을 결정할 때 중요한 지식을 가진 사람에게는 이를 공유해야 할 충분한 유인이 주어져야 할 뿐만 아니라, 공적 공간에서 동료 시민들에게 이를 알리고 (그럼으로써 영향을 미칠 수 있는) 자유 역시 보장되어야 한다. 누구의 어떤 정보, 어떤 지식이 잠재적으로 중요할지에 대해서는 최소한의 예상조차 불가능하기에, 모든 사람은 명확하게, 정치적인 방식

---

37) 정치적 의사 결정의 (바람직하다고는 할 수 없을) 대안적 형태로서의 '동전 던지기'에 대해서는 이스트런드(Estlund 2008)를 보라.

으로 [즉, 정치 공간에서 활동하는 데 아무런 문제가 없도록] 평등하게 자유로워야만 한다. 만약 일부의 혹은 모든 시민들이 연구의 자유, 탐구의 자유, 발언의 자유, 결사의 자유를 갖지 못한다면, 이들은 자기 통치를 위한 필수 조건들을 박탈당하는 것이며, 그런 비자유를 강제하는 누군가에게 지배받는 셈이다. 그렇기 때문에, 현대 공화주의 이론(Skinner 1998; Pettit 2014)과는 달리 원초적 민주정에서는 정치적 자유가 정의의 원칙으로 이해될 필요는 없지만, 여전히 [절대적] 지배자 없는 국가가 갖춰야 할 필요조건으로 중시된다.

따라서 위에서 말한 이유로, 시민들은 실제로 기능하는 정치적 평등과 정치적 자유를 누려야만 한다. 평등과 자유가 실제로 기능하려면, 시민들은 서로를 존엄한 상대로서, 시민적civic 참여의 자격을 갖춘 인격체로 대우해야 한다. 또한 시민들은 자신들이 설치한 공직 혹은 통치 기구를 맡은 이들로부터도 존엄하게 대우받아야 한다. 공적인 모욕이나 어린애 취급을 당해 존엄을 상실한 시민은 그에게 부여된 평등과 자유를 사실상 누리지 못하는 상태에 빠지기 때문이다. 게다가 앞으로 보겠지만(6장 8절), 시민적 존엄은 분배의 문제에서 실질적 정의에 대한 쟁점이 도마 위에 올랐을 때, 이를 둘러싼 평등주의자와 자유 지상주의자들 양자의 극단적인 주장 가운데서 온건한 길을 찾는 준거점이 되어 준다. 한편, 교육과 복지의 경우에서처럼, 자유와 평등, 존엄에 대한 민주정의 신념은 [정치를 넘어선 도덕적 신념으로서가 아니라] 정치 영역 안에서 지켜지는 신념이다. 자유주의적 가치관을 지닌 시민들은 자유와 평등, 존엄이 그 자체로 고유한 가치라고 믿을 것이다. 하지만 이를 고유한 가치로 인정하지 않는 시민들조차도, 비폭정 상태를 유지하기 위한 필수 조건으로서 자유와 평등, 존엄이 도구적인 가치를 지닌다는 사실은 분명 인정할 것이다. 자유, 평등, 존엄이라는 이 조건들은 헌정 질서 구성의 세 번째 단계에서 도덕화된 정의관에 영향을 받은 공적 선택들로 더 확장되고, 더 정교화될 것이다. 그러나 민주적인 방식으로 효율적인 입법을 하는 데 필요한 이 최소한의 필요조건들을 훼손한다면, 이는 곧 국가의 세 가지 목적 가운데 어느 하나를 희생시키는 것으로 이어질 수밖에 없다.

5. 체제 안정화

세 번째, 그리고 마지막 기본 규칙은 국가의 세 가지 목적에 대한 일반적 합의(첫 번째 단계), 그리고 앞서 참여와 입법에 관한 규칙들을 안정화하는 목적으로 제정된다. 더 구체적으로 말하면, 이 세 번째 규칙은 앞으로 후속 입법으로 제정될 더 구체적인 규칙들(세 번째 단계)이 행여 안전, 풍요, 비폭정이라는 목적을 위태롭게 하거나, 혹은 이 목적이 달성될 수 있는 조건인 정치적 평등, 정치적 자유, 시민적 존엄을 위태롭게 하지 못하도록 시민들의 입법 권력을 제한하는 규칙이다. 기본적 자유를 지키기 위해 통치의 범위를 제한하는 것은 자유주의의 흔한 특징이다. 하지만 우리의 사고실험에서 이런 제한은 개인의 자율성, 자연권 혹은 인권이 갖는 그 자체로서의 가치로부터 도출되지 않는다. 이런 제한은 전적으로 안전, 풍요, 비폭정이라는 국가의 세 가지 목적을 관철하기 위해 요구된다. 첫 번째 규칙과 두 번째 규칙으로부터 요구되는 자유, 평등, 존엄은 정치 공동체 차원에서civic and political 통용되면 될 뿐, 자유주의가 요구하는 정도로 심오하거나 광범위할 필요까지는 없다(Christiano 2008, 138~154). 물론 원초적 민주정은 상한선으로서의 기준이 아니라 하한선을 정하는 기준이다[정치적인 수준에서의 자유, 평등, 존엄은 훗날 자유주의적 가치를 받아들이는 체제가 원초적 민주정 위에 들어설 때 얼마든지 더 풍부한 내용을 지닐 수 있다]. 한편, 비폭정이라는 목적을 철저하게 성취하기 위해, 데모폴리스에는 자유주의로부터는 도출되지 않는 입법상 제한을 부과하기도 한다.

국가의 세 가지 목적에 대한 앞서의 합의가 의미하는 바는 시민들이 입법자로서 통치에 참여함에 있어, 국가를 위험하고, 빈곤하며, 전제적으로 만드는 규칙들을 제정하지 않아야 한다는 것이다. 우리가 보았듯이, 소수자의 시민 자격을 박탈하는 사안에 다수결 규칙을 사용하는 것은 국가의 목적을 위태롭게 하는 입법의 한 사례이다. 간단히 말해, 후속 제정되는 규칙들(세 번째 단계)은 헌정 질서의 기준, 즉 일반적 합의(첫 번째 단계)와 기본 규칙들(두 번째 단계)을 위배할 수 없다는 것이 세 번째 규칙이 되어야 한다. 이렇게 안정화된 헌정 질서 관련 규칙들은 이제 시민들에 의해 시행되어야 한다. 그러므로 헌정 질서 관련 규칙은 누구나 숙지하고 있어야 하며, 이에 대한 어떤 위반도 쉽게 인식될 수 있어야 한다. 그렇게 되기 위해, 국가의 세 가지 목적, 시민 자격에 대한 합의, 그리고 두 번째 단계에서 제시된 근본 규칙들은 공직자 또는 시민이 제안하는 어떤 새로운 규칙이나 조치가 이들 가운데 어느 하나에 위반될 때 그것이 즉시 인지될 만큼의 '명확성'bright line을 특징으로 해야만 한다.[38] 그렇게 되면, 위반이 벌어졌을 때 여기에 맞서는, 혹은 필요한 경우 위반자에 맞서는 저항에 참여해야 할 각 시민의 책임감이 촉발된다. 저항은 제도적인 의무일 수도 있고, 필요한 때에는 이 위반을 목도한 시민에게 부과되는 초-제도적 의무일 수도 있다(6장 5, 6절). 헌정 질서를 파괴하려는 시도에 맞서는 저항이 효과적이기 위해서는, 그에 알맞은 법률과 행동 양식상의 규범이 필요하다. 이 법률은 시민으로서의civic 행동 양식을 (장려하거나 혹은 만들어 내는 방식으로) 키워 나갈 것이다. 즉, 이 법률은 시민들이 특정 상황에서 서로 조율된 행동을 가능케 하는 구심점이 되어 주어야 하고, 동시에 항상 진행되는 시민교육의 한 형태가 되어야 한다.[39]

건국자들이 채택한 기본 규칙들은 안전, 풍요, 비폭정이라는 국가의 세 가지 목적을 달성하기 위한 최소한의 것으로서 제정된 것이다. 가치 체계가 다양한 시민들, 이를테면 자유주의자나 종교

---

38) [옮긴이] '명확성의 원칙'은 법 규범이 명확해야 한다는 헌법 원칙으로, 『법령 입안·심사 기준』(법제처, 2021, 41쪽) 중 '법령 형식에 관한 헌법 원칙' 부분에서 다음과 같이 표현된다. "법령은 행정과 사법司法에 의한 법 적용의 기준이 되므로, 명확한 용어 등으로 분명하게 규정해야 한다는 원칙이다." 한편 대법원 판례(대법원 2008. 10. 23.자 2008초기264 결정)에서는 다음과 같이 이 원칙의 근거를 제시하고 있다. "법규범의 의미 내용이 불확실하면 법적 안정성과 예측가능성을 확보할 수 없고, 법집행 당국의 자의적인 법해석과 집행을 가능하게 할 것이기 때문이다."

39) 고전기 그리스 전통에서 시민교육의 한 형태로서의 법률에 대해서는 플라톤의 『법률』, 고전기 그리스에서의 참주-살해 법률에 대한 티가든(Teegarden 2014), 오버(Ober 2001 = 2005a, 6장)를 보라. 이를 또한 마키아벨리의 『로마사 논고』 1권 18장과도 비교해 보라.

적 전통주의자는 그 최소한에다가 자신들이 생각하기에 반드시 지켜져야 할 규칙들을 얹기를 원할 것이다. 예를 들어 자유주의자라면 교회와 국가의 분리에 대한 규칙이, 종교적 전통주의자라면 신성한 권위에 대한 존경에 대한 규칙이 헌정 질서에 포함되어 자리 잡기를 바랄 것이다. 각 집단은 헌정 질서 구성의 세 번째 단계에서 자신들의 가치관이 결부된 의제를 추구할 기회를 갖는다. 국가의 세 가지 목적에 대한 시민들의 합의가 있고, 데모폴리스에는 종교전쟁 혹은 인종 전쟁으로 치달을 정도의 심대한 갈등은 없다고 가정했기 때문에, 사회 안의 다양한 집단에 중요한 사안에 대한 결정은 정치적 토대를 다진 이후 시점으로 유예될 수 있다.

바로 이런 이유에서, 건국자들은 꽤 많은 부분을 미래 세대의 손에 남겨 놓았는데, 여기에는 대단히 까다로운 도덕적 문제뿐만 아니라 절차상의 중요한 문제들도 포함된다. 건국자들은 적어도 헌정 질서 구성의 단계에서는 권위를 어떤 식으로 대표자들에게 위임할지를 정할 필요가 없다. 기본적 규칙에 의해 [〈그림 3-2〉의] 효용 함수에서 공공재와 시민으로서의civic 참여를 나타내는 회색 부분은 사회적으로 가치 있는 활동을 가리키는 검은색 부분이 충분히 보장되기 위해 일정 크기 이상 커져서는 안 되지만, 그럼에도 검은색 부분이 자유주의 체제에서 그렇듯 침해될 수 없는 권리들의 영역으로 정의되지는 않는다. 건국자들은 두 번째 단계에서 제정한 기본 규칙들이 안정화되면 될수록(아주 까다로운 과정을 통해서만 개정 가능한 것이 될수록), 이는 개인이나 집단이 미래를 위한 계획을 수립하고 국가를 위한 나머지 규칙들을 서로 협상해 정할 수 있게 해준다. 첫 번째 단계의 합의와 두 번째 단계의 규칙들의 안정화는 시민들에게 그들이 치르는 비용으로써 합리적으로 기대할 수 있는 이익에 대한 확신을 준다. 규칙들의 안정화는 헌정 질서에 대한 위협이 무엇인지를 식별하고 거기에 저항할 조건을 만들어 냄으로써, 치명적인 공동체 내적civil 분쟁의 위험을 줄인다. 규칙들의 안정화는 시민들에게는 위협이 생겨날 때마다 저항에 참여해야 한다는 책임감을 낳고, 그 규칙의 위반자들에게는 감당해야할 비용을 높이는 효과를 갖는다. 즉, 규칙을 위반하며 헌정 질서를 위협하는 자는 분명 공동체 내적civil 분쟁, 심지어는 내전에서 자신이 이길 수 있으리라 믿을 법하다. 그러나 시민들이 규칙을 널리 인지하고 규범으로 내면화한다면, 위반자들은 점점 더 줄어들고 이데올로기적으로도 고립될 것이다. 그러므로 기본 규칙들을 시도 때도 없이 개정하거나 기본 규칙들을 위협하는 행위의 유인은 점점 줄어들 것이다.[40]

6. 이탈, 진입, 찬동

참여, 입법, 체제 안정화를 규정하는 기본 규칙들은 그 규칙들이 정한 과정에 따라 재가되어야 한다 ― 모든 사람이 정치적으로 자유롭고 평등한 시민으로서 이 재가의 과정에 참여해야 하며, 이들은 자신들의 권위가 국가의 세 가지 목적에 위배되는 새로운 규

---

[40] 기원전 5세기 말 입법 개혁 이후 아테네 역사가 정확히 이 상황을 보여준다. 카루가티(Carugati 2015)를 보라.

칙을 만들 수 없다는 제약 아래 있음을 정확히 인지해야 한다. '건국자'들은 규칙의 입안자일 뿐만 아니라, 숙의하고 투표함으로써 이를 재가하는 데 참여하는 전원이다. 기본 규칙을 재가하고 나면, 시민들은 이제 그 규칙을 준수해야 하며, 이 규칙들에 합치해 후속 입법된 규칙들도 준수해야 한다(이는 다른 주민들도 마찬가지이다). 그런데, 규칙들이 구체화될수록, 어떤 시민들은 [그런 규칙들을 전부 준수하면서 비폭정 아래 사느니, 차라리 폭정이 낫다고 생각하면서] 비폭정의 비용이 기대 이익을 초과한다고 결정할 수도 있다. 그들은 아마도 전제정을 선호하는 가치관(예를 들어, 신적 권위와 특별한 관계를 맺는 개인이 지배해야 한다는 종교적 믿음)을 키워 왔을 수도 있고, 원초적 민주정과 같이 [절대적] 지배자 없는 통치가 오랫동안 안정적으로 운영될 수 없다며 우려하고 있을지도 모른다. 그들은 효용 함수의 회색 부분에 해당하는 비폭정이라는 공공재의 효용을 포기하는 대신 비폭정의 생산 비용[곧, 정치 참여 비용]을 사회적으로 가치 있는 활동들의 효용을 더 얻는 데에 투자함으로써 효용 함수의 검은색 부분을 더 확대하려는 소수파로 자리 잡는다.

(이제 반폭정 다수파로 상상되는) 시민들은 전제정을 선호하는 소수파의 정치적 선호를 수용할 필요가 없다. 국가 영토 안에 머무르면서도 국가의 세 가지 목적을 보전하기 위한 규칙을 준수하려 하지 않고 참여하기도 거부한다면, 그런 이들은 시민의 지위를 갖지 못할 것이다. 이렇게 '시민 자격을 가질 수 있지만 비시민인 사람들'은 특별세를 비롯한 다양한 형태의 제약을 받는다. 데모폴리스를 떠나는 것은 언제나 누구에게나 가능하지만, 시민 집단은 안전(동원력 유지)상 이유에서 국가의 인구가 줄어드는 것을 선호하

지는 않을 것이다. 그러므로 건국자들은 비폭정에 그렇게까지 열렬한 편은 아니어도 최소의 비용만을 들여 '전원 참여' 규칙을 지키려는 사람이면 웬만해서는 다 품으려 노력할 것이다. 비슷하게 현실적인 고려가 데모폴리스의 시민들이 국가 종교를 제정하려 할 때, 혹은 이러저러한 가치관에 기반해 그에 따른 사회적 행동 양식에 관한 규칙들을 제정하려 할 때도 마찬가지로 작동된다[예를 들어 국가 종교 의례 참여 등 규칙이 부과하는 최소한의 의무만을 따르는 사람이라도 국가는 웬만하면 다 품으려 노력할 것이다]. 물론 그조차도 따르지 않으려는 주민들이 있을 것이고, 그런 주민들의 이탈은 유감스럽긴 하지만 시민들에게 결코 있을 수 없는 일로 받아들여지지는 않는다. 시민들은 분명히 새로운 규칙을 만들 때마다 어떤 사람들은 국가에서 이탈할 수 있음을 받아들인다 — 다시 말해, 누군가는 다른 경쟁 국가에 정착하는 비용보다 비폭정을 유지하기 위해 자신들이 들여야 했던 비용이 더 크다고 느껴 데모폴리스를 떠나는 것을 선택할 수 있다.[41]

기본 규칙들이 재가된 이후에도 시민으로서 남기를 선택한 사람들은 건국에 참여한 것이므로 곧 새로운 국가 권위를 정당한 것으로서 기꺼이 받아들이겠다는 데에 적극적으로 찬동assent한 것이다. 흔히 정당성은 동의consent의 문제로 생각되어 왔지만, 데모폴리스의 건국은 적극적 찬동, 즉 모든 시민이 각각 자신의 사정을

---

41) 물론 이는 그들을 받아 줄 다른 나라가 있다는 것을 전제한다. 이어지는 내용을 보라. 샤피로(Shapiro 2016, 65, 66)는 이탈의 비용이 매우 높다는 사실을 강조한다.

따진 끝에 기꺼이 내린 선택에 근거한다고 말해야 한다 — 이는 다른 종류의 기본 규칙을 더 선호했을 사람들에게도 해당된다. 그런데 건국자들이 세운 이 국가는 무한정 지속되도록 의도되었다. 따라서 최초의 규칙이 제정된 이후에 이 국가에 남기로 결정한 모든 성인들은 기꺼이 참여 비용을 감당할 것에 합의했다고 간주하더라도, 미래의 시민들까지도 그런 비용 부담에 찬동할지, 어떻게 찬동하도록 만들지의 문제는 반드시 다뤄져야 한다. 이는 건국 당시의 청소년들, 미래 세대, 그리고 데모폴리스의 성원이 되려는 이민자들에게 해당되며, 우리는 이들 가운데 그 누구라도 비폭정의 비용을 기꺼이 지불하리라 얼렁뚱땅 가정할 수는 없다.[42]

최초의 시민들은 안전과 풍요, 비폭정을 지키기 위해 필요한 규칙들을 지키는 데에 드는 실천 비용(투표, 납세, 공무 참여 혹은 복무)을 기꺼이 감당하기로 했다. 그러나 잠재적 시민들은 그런 비용을

---

42) 기본 규칙의 수준에서 해결해야 할 이 문제는 새로운 시민들의 허용에 대한 것이지, 비시민 이민자들에 대한 것은 기본 규칙에서 다룰 사안은 아니다. 이 차이에 대해서는 송(Song 2017)을 보라. 일반 이민 정책의 문제는 세 번째 단계에서의 후속 입법으로 미뤄도 될 수많은 사안들 중 하나이다. 정치 참여를 원하지 않거나, 참여하지 못하는 이민자들은 시민이 되지 않을 것이다. 그들이 지불하지 않는 참여 비용은 그들이 거두는 이익을 줄이거나, 세금을 부과하는 방식, 혹은 두 가지 방법 모두를 통해 상쇄될 수 있다. 그러나 만약 국가의 정당성이 장기 거주자들에게도 시민이 될 기회를 제공하는 방향으로 이뤄지는 인간적 번영에 대한 요구 및 주장에 근거해야 한다면, 이민 정책 일체와 시민 자격은 긴밀하게 연관될 것이다. 5장 5절을 보라. "세대의 문제"와 시간에 따른 "인민"의 비규정성 일반의 문제에 대해서는 에스페호(Espejo 2011, 특히 7장)를 보라.

감당할 만큼 비폭정을 선호하지는 않을 수도 있다. 하지만 항구적
으로 안전하고 풍요로운 국가를 지켜 나가기 위해서는 시민들에
게 체제의 정당성을 납득시키는 일은 반드시 필요한 일이므로, 건
국자들은 새로 태어났거나 이민을 통해 공동체의 일원이 된 사람
들에게도 합의를 이끌어 낼 계획을 세워야만 한다. 모든 시민들은
단지 자유주의 정치 이론에서의 정당성 조건인 암묵적인 동의(로
크) 혹은 가설적인 동의(롤스)가 아니라, '전원 참여' 규칙에 따라
(건국에 참여한 것과 같은 수준의) 적극적 찬동을 통해 그 합의에 도달
해야 한다.[43]

데모폴리스에서 살아가는 비용을 부과하는 것을 정당화하는

---

43) 합리적인 한 개인이 가설적으로 동의할 법한 규칙들의 실체적 내용을
정의하는 이상적 조건들을 세우는 것이 바로 롤스(Rawls 1971)의 "무지의
베일" 사고실험의 목적이었고, 롤스는 이를 통해 (한 법질서 내에 머무르
면서 공공재를 받아 소비한 것만으로 인정되었던) 암묵적 동의라는 이전의 관
념을 개선하려 했다. 하딘(Hardin 1999, 4장)은 모든 동의 이론을 거부하고
("형이상학자 패거리"가 뒤집어쓴 "가식". Hardin 1999, 180), 기존 정부를 반대
하는 조직적 활동에 나서지 않는 상태로서의 "묵인"을 정당성의 조건
으로 본다. 하딘은 실제적 동의를 "죽은 정치 이론"(Hardin 1999, 143)이라
부른다. 그는 원초적 민주정을 근거짓는 그 어떤 식의 적극적 찬동도 고
려하지 않기에, 민주정 참여의 가능성과 적극적 찬동을 함께 거부하는
것은 당연한 귀결이다(Hardin 1999, 166~169). 여기서의 문제 중 하나는 (실
제로든, 암묵적으로든, 가설적으로든) '동의'란 타자의 행위의 수용자가 되
겠다는 마음가짐 내지 태도이며, 항상 피지배자가 지배자에게(환자가 의
사에게, 실험 대상자가 실험자에게 하는 것과 같이) 동의하는 형태로 이루어
진다는 것이다. 만약 그렇다면, 그런 동의의 개념은 한 시민이 자기 통
치라는 집단적 활동에 참여하기로 합의한 것에는 적용되기가 어렵다.
이에 대해서는 4장 4절을 더 보라.

데는 첫째, 시민교육이, 둘째, 국가 간 협정이 필요하다. 시민교육은 합리적 설득을 목표로 한다. 즉, 잠재적 시민들에게 안전하고 풍요로우며 비폭정 상태의 이 국가에서의 참여가 갖는 가치를 증명하는 것이다.[44] 그러나 시민교육이 매우 합리적이고, 사실에 기반하며, 정서적으로 동기부여가 되고, 수사적으로 잘 꾸며져 있더라도 늘 성공할 수는 없는 법이다. 그렇기에 데모폴리스는 영토 내 거주하는 비시민들의 주민 지위civil status를 관리할 유인 부합적[45] 규칙을 고안해야 하며, 또한 이웃 공동체들과의 협정을 통해 체제에 대한 선호에 따라 국가 간 이주가 평화롭게 진행될 수 있도록 해야 하고 안전을 위협하지 않도록 해야 한다.

7. 체제의 명명

건국자이자 최초의 시민들이 안전하고 풍요로우며 비전제적인 국가를 위한 기본 규칙들을 제정하는 이 사고실험으로부터 우

---

44) 데모폴리스에서 시민교육의 구체적 커리큘럼은 4~6장과 일치한다. 민주정과 설득의 관계에 대해서는 가스틴(Garsten 2009, 2011), 오버(Ober 1989, 2014)를 보라.

45) [옮긴이] 여기서 '유인 부합적'으로 옮긴 말은 'incentive-compatible'로, 어떤 것이 유인 부합적이라는 말의 의미는 다음과 같다. 한 체계에 속한 각 행위자들을 특정한 방식으로 행동하도록 만들기 위해 강제력 등의 외적 규제 이외에 그런 행동이 행위자 자신에게도 이득이 될 수 있도록 제도나 규칙을 고안해 놓은 경우, 그런 제도나 규칙 혹은 그런 체계를 유인 부합적이라고 할 수 있다.

리는 다음과 같은 것을 배울 수 있었다. 데모폴리스라는 이 국가는 (시민들의 능동적 참여를 통한) 집단적 자기 통치로 운영되고, (그런 정부는 헌정 질서 구성 후의 후속 입법이 국가의 세 가지 목적을 달성하는 데 필수적인 조건들을 해치는 규칙은 제정할 수 없게 하는 방식으로) 제한되어 있으며, 국가를 안전하고 풍요롭게 만드는 정책들을 만들어 낸다는 의미에서 효과적이다. 이제 데모폴리스의 건국자들은 자신들의 정치체제에 '민주정'이라는 이름을 부여한다. 이런 명명을 통해 건국자들은 인민이 이 위험하고 변화무쌍한 세계에서 제한된 집단적 자기 통치를 위한 조건들을 만들고 지켜 나갈 수 있는 능력을 충분히 갖추었음을 선언하려는 것이다. 데모폴리스 사고실험으로부터 생겨나는 이론적 민주정 모델은 고대 그리스인들이 사회적 다양성을 갖춘 대규모의 인민에 의한, 인민을 위한, 인민의 정부 형태를 위한 이름으로 만들어 사용했던 'dêmokratia'라는 단어의 뜻에 정확히 들어맞는다. 그러므로 건국자들은 민주정이라는 이 용어가 그때그때 다수를 점한 이들의 전제정을 의미하거나, 법률에 의해 제한되는 다수결을 통한 지배를 자유주의적 원리와 결합한 무언가를 의미하기 위한 단어로만 쓰이는 것을 걱정하지 않아도 된다.

데모폴리스가 자신들의 체제를 고대 그리스인들이 만들어 낸 단어로 명명했지만, 그렇다고 해서 데모폴리스가 그리스 도시국가들이 가졌던 구체적인 역사적·사회적·문화적 규범과 믿음, 관행에 얽매여 있다는 것은 결코 아니다. 데모폴리스에는 노예제도가 없으며, 여성들과 비태생 장기 거주민들도 시민 집단에 포함할 것이다. 데모폴리스는 또한 고대 아테네에서 운용되었던 직접 민주적 통치 메커니즘 대신에 입법과 사법, 행정을 대표자들에게 위임하는 헌정 질서 관련 규칙들을 발전시킬 수도 있다. 이는 곧 데모폴리스가 규모에 따른 한계를 지니지 않는다는 것을 의미한다. 데모폴리스의 시민들이 어떻게 대표자들이 전제적 지배자가 되는 것을 방지하는지를 우리는 7장에서 다룰 것이다.

2장과 3장에서 우리는 원초적 민주정이, 그것이 실천된 고대에서나 현대 이론의 틀에서 구상된 것 모두에서, 안전, 풍요, 비폭정을 성취하는 길 중에 하나임을 살펴보았다. 이어지는 네 개 장에서 우리는 그런 원초적 민주정의 정당성 문제와 이 체제를 유지하는 조건들을 상세하게 다루게 될 것이다. 정당성의 문제는 비폭정을 더 선호해 이 체제에 적극적으로 찬동해 참여의 비용을 기꺼이 감당하기로 합의한 건국자들에게서는 발생하지 않는다. 정당화 문제는 미래 시민들의 문제다. 데모폴리스에서 살아가는 한 이들 역시 데모폴리스의 규칙의 제정자이자 시행자로서 참여해야 하지만, 이들은 애초에 기본 규칙을 제정할 때 자리에 없었으며, 또한 건국자들처럼 비폭정을 선호할지도 불확실하다. 게다가 원초적 민주정이 고대 아테네의 여러 우연적 조건들을 넘어서 현실적으로 가능한 체제로 인정받으려면, 고대와 근대의 민주정 비판자들의 문제 제기도 반드시 넘어서야만 한다. 이어지는 4~7장은 데모폴리스 사고실험으로 세워진 정치적 토대를 더 정교화해, 원초적 민주정이 자유주의적 상부구조 없이도 여러 문제들, 그중에서도 체제 수호에 대한 개인적 동기부여를 어떻게 줄지, 시민으로서civic 정체성은 어떻게 형성할지, 공적 의사 결정에 전문가들의 지식을 어떻게 반영할지 등의 문제들을 다룰 수 있음을 보이려 한다. 그리고 8장에서 나는 이러한 원초적 민주정이라는 하나의 헌정적 기본 질서가 현대 자유주의 사회와 비자유주의 사회 각각에 꽤 매력적인 정치적 토대가 될 수 있는지를 따져 볼 것이다.

제4장

정당성과 시민교육

앞선 2장과 3장에서 우리는 이론적으로나 역사적으로나 '자유주의 이전의' 민주정, 즉 원초적 민주정을 사회적 다양성을 지닌 대규모 시민 집단에 의한 집단적이고 제한된 자기 통치로 정의했다. 고대 아테네의 정치발전사는 이런 원초적 민주정이 소규모의 대면 수렵 채집 사회보다 훨씬 더 대규모의 복잡한 사회에서도 실천 가능한 체제임을 증명해 보였다. 또한 데모폴리스 사고실험을 통해 나는 안전, 풍요, 비폭정이라는 세 가지 목적을 이루고 보전할 수 있는 국가를 건설하려는 한 가설적 집단이 어떤 헌정 질서 관련 규칙에 합의해 나가는지를 보였다. 상상 속 데모폴리스 시민들이 제정한 헌정 질서 관련 기본 규칙들은 역사 속 '성숙한 고전기 아테네'의 시민들이 민주정을 이해하고 실천한 방식에 따른 규칙들과 매우 유사하다. 물론 데모폴리스는 고대 그리스에만 특수했던 문화적·사회적 조건들에 제약되어 있지는 않다는 차이점이 있었다.

이번 장에서 우리는 민주정의 정당성 문제를 다룰 것이다. 여기서 정당성이란 국가가 건국될 당시에는 없었으나 이미 제정된 규칙을 준수할 의무가 있는 사람들에게, 왜 그들이 그런 강제력을 띠는 공적 권위를 받아들이고 이에 복종해야 하는지, 왜 그들이 이 체제를 유지하는 데 필요한 참여의 비용들, 이를테면 세금이나 시간, 노력을 들여야만 하는지에 대해 국가가 제시하는 정당화를 뜻한다. 건국자들이 데모폴리스 건국을 결의했을 때 이미 견지하고 있던 비폭정에 대한 결연한 반대가 미래의 시민들에게도 당연하게 해당되리라고 생각해서는 안 되기 때문에, 그런 정당화 과정은 반드시 필요하다. 이런 정당화 논변은 원초적 민주정이 (국가의 안전과 풍요를 지키는 데) 효과적이면서도 제한적으로 행해지지 못할 것이라는 비판으로부터 민주정을 옹호하는 맥락에서 만들어진다. 나의 변론apology(이 단어가 고대어에서 쓰인 의미에 따라) 전략은 민주정이 공급하는 물질적 좋음들과 비물질적 좋음들이 어떻게 이론에서나 실제에서나 상호 지지하는 관계일 수 있는지를 증명하는 것이다. 이 증명 자체가 곧 건국 이후 데모폴리스의 시민들에게 제공될 생애 전반에 걸친 공식적·비공식적 시민교육의 내용이기도 하다. 이런 증명은 민주정의 작동을 설명하기 위해 실증적 이론, 규범적 정치 이론, 역사의 방법들과 결과들을 긴밀하면서도 생산적으로 엮어 내는 방식을 보여 준다.

1. 물질적 좋음과 민주정적 좋음

원초적 민주정이 여러 비민주적 대안(가장 유명하게는 홉스식 절대주의)에 비해 매력적이며 합리적 선택을 받을 만한 사회질서로서 정당성이 있는 것이려면, 원초적 민주정은 시민들에게 중요한 재화들[좋음들]을 안정적으로 공급해 줄 수 있는 사회질서임이 밝혀져야 한다. 가장 근본적으로 원초적 민주정은 개개인의 생명과 복지에 대한 내외부의 위협들에 맞서 안전을 제공해야 한다. 더 나아가, 원초적 민주정이 더욱 탄탄하게 고름 직한 것이 되기 위해서는 이런 물질적인 좋음에 더해, 비물질적이지만 시민들이 민주정을 실천함으로써 쌓아 가는 이른바 '민주정적 좋음'도 제공해야 한다.[1] 아무리 민주정이 최소한 전제정이 할 수 있는 만큼의 안전과 풍요를 공급할 수 있다고 밝혀지더라도, 가장 효과적인 민주정과 가장 효과적인 전제정을 비교했을 때 아직은 전자가 훨씬 더 실질적으로 삶의 물질적 조건들을 지속적으로 마련해 줄 수 있다고 말할 수는 없기 때문이다.

민주정은 참여할 책임의 형태로 된 비용을 필연적으로 시민들에게 부과하게 된다. 나는 3장에서 이미 이 같은 참여의 비용이 사회적으로 가치 있는 활동으로부터 오는 좋음들의 영역(〈그림 3-2〉의 검은색 부분)을 추구하는 데 지장이 생길 만큼 높아서는 안 된다고 주장했다. 그러나 시간과 에너지는 제한되어 있기에, 개인 안에서 이에 대한 수요는 결국 제로섬이며, 민주 시민들이 감당해야 할 참여 비용은 어떤 의미에서 고스란히 '기회비용'이다 — 즉, 민주 시민으로 살지 않았더라면 다른 가치 있는 좋음들에 시간과 에너지를 더 투입할 수 있었을 것이라는 뜻이다.[2] 전제정 역시 원초

---

1) 5장에서 나는 인간의 본성적 능력들의 발휘가 민주정적 좋음들을 평가하는 한 가지 기준이 된다고 주장할 것이다. 민주정적 좋음은 '실제로 가치 있거나' 그렇지 않을 수도 있고, 다른 평가 기준으로 평가했을 때 도덕적으로 허용 가능할 수도 있고, 그렇지 않을 수도 있다. 8장을 참조.

2) 하딘(Hardin 1999, 155~174)에서 제시되는, 정치에 대한 적극적인 참여에 반대하는 논변은 흔히 오스카 와일드Oscar Wilde의 말을 떠올리게 한다. 진위도 확실치 않고 정확한 어구도 전해지지는 않지만, 오스카 와일드는 다음과 같이 말했다는 것이다. "민주정(사회주의)의 문제는 회의가 너무 많다는(저녁 시간을 너무 많이 잡아먹는다는) 것이다." '사회적으로 가치 있는'이라는 표현으로 내가 말하고자 하는 것은 거기에 가치를 두는

적 민주정과 마찬가지로 피지배자들에게 지대와 복종의 의무를 부과하지만, 그 의무를 다하는 데에 드는 비용이 원초적 민주정에서 요구하는 높은 수준의 참여 비용보다 적을 수도 있다.[3] 선의의 전제정은 (어쨌든 현재, 그리고 예측 가능한 미래에는) 피지배자들에게 민주정보다 훨씬 더 적은 공적 의무만을 부과해, 시민들이 공적 참여 대신 다른 활동들을 하는 데에 더 여유를 가지도록 해줄 수 있다.

만약 민주정과 전제정이 보장하는 생활의 물질적 조건은 엇비슷한데, 민주 시민으로 살아가는 비용이 전제정의 피지배자로 살아가는 비용보다 더 높다면, 미래 시민들에게는 그럼에도 왜 전제정 대신 민주정을 선호해야 하는지에 대한 이유가 필요하다. 미래 시민들 가운데 어떤 이들은 건국자들이 가졌던 전제정의 단점에 대한 믿음을 공유할 수도 있다. 이들에게는 왜 데모폴리스에서 민주적 규칙을 따르고 그에 따른 참여 비용을 감당해야 하는지를 굳이 3장에서 확인한 것 이상의 내용을 들어 정당화할 필요가 없다. 그러나 다른 이들은 전제정의 단점에 대한 믿음을 갖지 않을 수도 있다. 따라서 그들이 자기 통치 체제[민주정]가 부과하는 참여 비용

사람이 (칸트적 의미에서 혹은 자유주의적 의미에서) 자율적이라는 뜻이 아니라, 다만 그들이 가치를 두고 하는 활동이나 그들의 목적이 정치적 참여로부터 생겨나는 책임과 그로부터 생겨나는 좋음들과 다르다는 것을 표현하는 것이다.

3) 물론, 어떤 전제 정부(소비에트연방, 마오주의 중국, 오늘날 북한)는 폭정 아래에서 살아가는 정신적 스트레스의 비용뿐만 아니라, 높은 수준의 참여 비용까지도 부과하고 있다. 단지 (국가가 승인한 후보자에 대한) 투표뿐만 아니라 친정부 집회나 연설회 참여, 권위의 상징물들에 대한 추앙 등이 그런 비용이다.

이 어떻게 정당화되는지 묻는 것은 대단히 합리적이다.

　각 개인은 같은 양의 시간과 노력의 투입으로 생산된 (혹은 가용한) 좋음들을 서로 다르게 평가할 수 있다. 예를 들어, 나는 어떤 기계를 만지는 따분한 일을 직업으로 갖고 있다. 그리고 여덟 시간의 일을 마치고 나면, 그림을 그리는 즐거운 취미에 똑같은 여덟 시간과 기계 조작에 들이는 노력 못지않은 에너지를 쓴다. 그럴 때 나는 그림 그리기가 기계 만지는 일보다 더 높은 가치가 있다고 말할 수 있다. 내가 기계 만지는 일에 시간과 에너지를 쏟는 이유는 단지 내가 그것을 하지 않으면 당장 밥줄이 끊기기 때문이고, 내가 좋아하는 그림 그리기에 필요한 자원을 마련할 수 없기 때문일 뿐이다. 충분한 생활수준이 보장되기만 하면, 나는 그림 그리기에 온 시간을 쏟기 위해 기계 만지는 일을 그만둘 것이다. 그 '기계 만지는 일'에 '정치적 참여'를 대입해 보자. 즉, '참여'는 따분한 일이고, '사회적으로 가치 있는 활동'이 취미 생활이라면, 충분한 생활수준이 보장만 되면 나는 사회적으로 가치 있는 활동에 온 시간을 쏟기 위해 참여를 그만둘 것이다. 이는 곧 민주정보다 전제정을 더 선호하게 된다는 것을 뜻한다. 그런데 만약 내가 참여를 그 자체로 목적으로 삼을 만한 활동이라 여기거나, 참여에 드는 비용을 지불하는 것이 그 기회비용을 상회하는 가치를 지닌 좋음들로 돌아온다면, 나는 전제정보다 민주정을 선호할 것이다. 이런 상황이 〈그림 4-1〉에 나타나 있다.

　안전과 풍요가 똑같이 공급되는 조건에서 민주정의 참여 비용이 더 높다면, 미래 가치를 충분한 정도로 평가 절하하면서(언젠가 전제적 지배자가 지금만큼의 선의를 가지지 않을 수도 있음에 개의치 않으면서)[4] 합리적으로 효용을 극대화하려는 사람의 입장에서 원래는 전제정을 선호하지만 민주정을 선택하는 경우는 오직 다음의 조건들 아래에서다. 즉, (1) 얼마나 선의를 가졌든 상관없이 전제정으로부터는 결코 주어질 수 없거나 항상 덜 주어질 수밖에 없는 좋음들이 민주정에서는 안정적으로 공급될 때, (2) 그런 '민주정적 좋음'이 오직 참여 비용을 지불하는 사람에게만 주어질 때, (3) 민주정적 좋음의 가치가 공적 의무와 참여로부터 발생하는 기회비용보다 높을 때. 이를 〈그림 4-1〉을 참고해 이렇게 바꿔 말할 수도 있다. 즉, 합리적 개인이 자유롭게 그리고 확실하게 B(피지배자) 대신 A(민주 시민)가 된다면, 그 이유는 A의 회색 부분(참여 비용)과 검은색 부분(사회적으로 가치 있는 활동에 쏟는 시간)의 가치의 총량이 B의 검은색 부분에 의해 생산되는 가치보다 더 크기 때문인 것이다.

4) [옮긴이] 미래 가치의 평가 절하future discounting란 먼 미래에 생겨날 어떤 결과의 가치를 평가 절하하는 것을 말한다. 예를 들어 1년 후 10만 원을 얻을 기회가 오늘 당장 5만 원을 얻을 기회보다 가치가 덜 나간다고 생각하는 경우이다. 이를 본문의 맥락 및 괄호 안의 내용과 연관지어 이해해 보자. 위 해당 개인은 민주정의 참여 비용이 높다고 생각하며 같은 정도의 안전과 풍요가 마련된다면 전제정이 낫다고 생각하고 있다. 그러나 이 전제정의 지배자가 미래에 폭군이 되어 그의 신민들이 누리는 효용(안전과 풍요, 그리고 사회적으로 가치 있는 활동을 할 기회)이 줄어드는 일이 발생할 수도 있다. 하지만 미래의 불확실한 그런 상황 때문에 현재 전제정에서 누리고 있는 당장의 효용을 포기하고 민주정을 택하는 것은 그에게 불합리하게 여겨질 수 있다. 따라서 그는 그런 일이 생겨났을 때에만 확실해질 민주정의 미래 가치를 평가 절하하고, 전제정에 머무른다. 그런 그조차도 민주정을 택하게 만드는 조건이 이어지는 내용에 열거되어 있다.

그림 4-1 민주 시민으로서 사는 것의 가치와 선의의 전제적 지배자 아래에서 피지배자로 사는 것의 가치 비교

A. 민주 시민

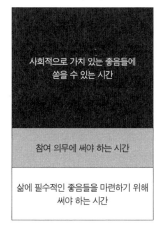

B. 선의의 전제적 지배자 아래 피지배자

주 : 합리적인 개인이 B보다 A를 선택하기 위해서는, A의 회색과 검은색 부분에 의해 개인이 거둘 수 있는 가치의 총량이 B의 검은색 부분에 의해 개인이 거둘 가치의 총량보다 커야 한다. 흰색 부분에 의해 생겨나는 가치는 A와 B에서 동일하다고 가정할 것이다.

4장과 5장의 목적은 첫째, 원초적 민주정이 경쟁력 있는 수준 (즉, 효과적인 전제정에 의해 산출되는 정도에 비길 만한 수준)의 안전과 풍요를 마련해 줄 수 있다는 기대가 아주 현실적이라는 것, 둘째, 정치 참여로부터 생산되는 좋음들의 가치(회색 부분)가 (그 좋음들의 가치를 잘 이해하고 있는 사람에게는) 기회비용 이상임을 보이는 것이다. 참여에 의해 생산되는 좋음들[민주정적 좋음들]은 그것을 생산하는 이들만이 소비할 수 있도록 고유하게 주어진다. 다시 말해, 생산에의 관여만이 그 좋음들이 생산자에게 주어질 수 있도록 만들어 준다는 것이다.

4장과 5장에서는 물질적 좋음들과 참여에 고유한 좋음들에 집중할 것이다. 한편 우리가 이미 (3장 3절에서) 보았듯이, 민주정에

서 주어지는 좋음들 가운데 몇몇은 경합적이지도 않고 배제적이 지도 않은 공공재이다. 따라서 6장과 7장의 목표 가운데 하나는 다음의 두 가지 문제에서 비롯하는 위협에 대처할 메커니즘이 민주정에서 고안될 수 있음을 보임으로써, 민주정에 대한 다른 종류의 문제 제기에 대응하는 것이다. 즉, 첫 번째 위협은 정치적 자유, 정치적 평등, 시민적 존엄과 관련된 공공재의 공급이 참여 비용을 치르려 하지 않으려는 사람들의 불이행과 부정행위에 의해 줄어드는 경우에 발생한다. 두 번째 위협은 인민이 위임한 권한을 가지고 자기들끼리 협력해 당파적 이익을 추구하는 '엘리트 독점' 상황에서 비롯한다. 만약 민주정이 집단행동 상황에서 무임승차나 공유지의 비극의 문제를 해결하지 못한다면, 그리고 공적 의무를 제대로 수행하지 않는 대표자들에게서 권한 위임을 철회하고 직접 지배에 나설 능력을 갖지 못한다면, 민주정은 경쟁적이고 변화무쌍한 환경에서 긴 시간 동안 유지되지 못할 것이다.

2. 제한 접근 국가

농업의 출현으로 가능해진 표준적인 (그리고 역사적으로 일반적이었던) 비민주적 사회질서 모델은 최근에 '제한 접근 질서'라고 불리기 시작했다.[5] 제한 접근 질서에서는 상대적으로 적은 수의 권력자가 사회 전체를 지배하고, 사회의 다른 구성원들이 자본이나 노동을 투여해 생산한 (생존을 위해 필요한 수준 이상의) 잉여를 지대의 형태로 수탈한다. 이렇게 지대를 추구하는 권력자들은 [자신들의 이익을 위해] 내부의 폭력을 제압해 가며 사회질서를 유지해 나갈 강한 유인을 갖는다. 제한 접근 국가limited-access state란 이렇게 권력자들이 다른 잠재적 경쟁자들이 자신들이 활용하고 있는 제도에 진입하지 못하게 함으로써, 혹은 대안적인 제도를 구축하기 위해 조직적으로 행위하지 못하도록 함으로써, 지대 수취를 독점하려는 합리적 행태로 정의할 수 있다.[6]

성숙한 제한 접근 국가는 실증적 이론의 관점에서 봤을 때 안정적이다. 이런 국가는 이른바 '비례 원칙'에 따른 분배, 즉 개인

---

5) 노스 외(North et al. 2009). 이들은 '제한 접근 국가/상태'limited-access state가 '자연스러운 상태/자연발생적 국가'라고 여겼다. 나는 '자연스러운 상태'라는 표현은 홉스의 '자연 상태'state of nature와의 혼동을 피하기 위해 사용하지 않았다. 노스 외가 자신들의 이론적 주장들을 뒷받침하는 경험적 근거들을 많이 제시하고는 있지만, 이들이 그리는 제한 접근 질서는 여전히 주어진 어떤 상태에 대한 기술이라기보다는 일반적 모델에 머문다. 한편, 역사 속에서 지배 엘리트들의 수탈의 정도는 매우 다양했다. 밀라노비치 외(Milanovic et al. 2011)를 보라.

6) 고전기 아테네에는 해당되지 않았지만, 기록이 풍부하게 남아 있는 전근대사회 어디서나, 이런 제한 접근 국가의 피지배자들 대부분은 실제로 생존 수준을 간신히 넘어선 정도로밖에 살지 못했다. 샤이델(Scheidel 2010), 오버(Ober 2017a)를 보라. 밀라노비치 외(Milanovic 2011)는 한 사회에서 '불평등 가능성 경계'를 측정하는 방법을 제시했는데, 이는 인구통계학적 붕괴가 일어나지 않을 정도로 사회가 지속하는 선에서 상위 계층이 하위 계층으로부터 얼마나 자원을 수탈할 수 있는지 그 한계를 가리킨다. 민주국가라면 응당 이 경계선보다 훨씬 더 나은 사회를 지향해야 한다. 즉, 생존 이상의 잉여를 생산해 내고, 이를 생산한 이들에게 그 잉여의 많은 부분이 돌아가도록 해야 한다. 반면 홉스의 절대주의 체제는 결국 이 경계선에 닿지는 않는 정도로 끊임없이 접근할 것이다.

이나 집단이 폭력을 사용해 사회질서를 해칠 수 있는 능력을 얼마나 가졌느냐에 따라 재화가 분배되기 때문이다(Cox et al. 2012). 이런 비례성에 따라, 질서를 해칠 능력을 갖춘 이들에게는 그렇게 할 유인을 줄어들게 하고, 사회질서를 바꿀 유인이 큰 이들에게는 그렇게 할 힘을 박탈하는 식으로 안정이 유지될 것이다. 제한 접근 국가는 개인이 자기 자신을 위해 투자할 유인을 없애고 공정한 경쟁을 보장할 제도도 마련해 놓지 않기에 (개방 접근 국가와 비교했을 때) 항상 비생산적이다. 그러나 지대를 추구하는 상위 계층의 지배자들은 개방형 시장을 통해 생겨난 큰 파이로부터 작고 불확실한 몫을 가져가기보다, 차라리 작은 파이의 큰 부분을 독점하는 것이 더 낫다는 합리적 계산을 한다.

만약 내외적 안전과 최소한의 풍요(생존 이상으로 안전하게 자본을 소비함으로써, 〈그림 3-2〉의 흰색 부분)를 보장하는 안정적인 사회적 균형을 이루는 데서 원초적 민주정이 제한 접근 국가와 비교해 별반 나을 게 없다면, 민주정에서만 주어질 수 있다고 하는 다른 비물질적 좋음들은 그것이 무엇이든 별로 대단치 못할 것이다. 민주정이 [최소한 필요한 이상의] 생활수준을 마련해 주지 못한다면, 시민들은 생존 이하의 수준에 빠질 위험에 처한다. 그리고 생존을 가능케 하는 조건조차 마련되지 못한 상황에서, 대부분의 사람들은 다른 가치들이 중요하다는 생각을 하지 못할 것이다. 마찬가지로, 다른 구성원의 자의적인 폭력으로부터 내적 안전을, 외부의 적으로부터 외적 안전을 확보하는 데서 원초적 민주정이 제한 접근 국가와 비교해 별반 나을 게 없다면, 그런 위험을 상쇄할 만큼의 다른 가치 있는 삶의 조건들이 민주정에 마련되어 있다고 말하는 것은 아무런 의미가 없다. 우리가 이미 보았듯이, 데모폴리스의 건국자-시민들은 안전과 풍요를 희생해 가면서까지 비폭정을 바라지는 않았다. 그럼에도 이들이 자신들의 체제를 민주정으로 세운 것은 분명 그 방법으로 안전과 풍요, 비폭정을 모두 성취할 수 있다고 믿었기 때문이다. 우리의 과제는 과연 이들의 믿음이 타당했는지를 검토하는 것이다.

그러므로 자유주의 이전의 민주정이 시민들에게 주는 비물질적 좋음들을 고려할 때, 우리는 다음과 같은 핵심 질문을 잊어서는 안 된다. 즉, 원초적 민주정 — 시민들에 의한 집단적이고 제한적인 자기 통치 — 은 안전과 적정한 수준의 풍요를 마련해 줄 수 있는가? 이 질문에 그렇다고 대답하기 위해 우리는 '시민들에 의한 제한된 자기 통치로는 안전도 풍요도 이룰 수 없을 것'이라 주장하는 [토머스 홉스의] 아주 강력하고 영향력 있는 주장을 반박해야만 한다.

3. 홉스의 문제 제기

토머스 홉스는 그의 주저 『리바이어던』에서 내가 제시한 위의 질문에 대해 단호하게 '아니!'라고 대답한다. 그의 논변은 인간이란 본성상 합리적이고 감정적인 존재라는 전제 위에서 전개된다.[7]

---

7) 인간 행동의 동기에 대한 홉스의 설명에서 감정의 역할은 포아뇨(Foisneau 2016, 123~146) 참조.

인간은 자기 이익을 추구하고(효용을 최대화하려 하고), 자존심이 세기에(스스로 매긴 자신의 우월성에 대한 타인의 인정, 즉 명예를 추구한다), 이 같은 욕망들의 결과로 말미암아 서로에게 위험한 존재가 된다. 누구도 지배하지 않는 '자연 상태'에서 인간은 원초적primordial 평등성 때문에 서로에게 더없이 위험한 존재들이다. 각각의 인간은 모든 것에 대한 자연적 권리 주장claim, 그에 대한 우리의 권리right 와 관련된 확신을 가지기 때문에, 결국 자신이 원하는 것을 얻기 위해 서로를 파괴할 수 있고 파괴하려 할 것이다. 충분한 무기가 주어지고 단기적으로 패거리를 이룰 수 있는 한, 모든 개인은 아무리 강한 자라고 하더라도 다른 모든 사회 구성원에 의한 폭력에 항상 취약할 수밖에 없다.

합리적인 자기 이익 추구와 감정적 자기과시self-aggrandizement 의 욕망이 결합해 있는 이상, 홉스는 인간 종은 자신들의 치명적인 잠재력을 실현한 끝에 모두가 폭력적인 죽음에 대한 합리적 공포 속에서 살아가게 될 것이라 결론을 내린다. 단, 두 가지 조건이 충족되기 전까지는 말이다. 첫째, 우리 각자가 목숨을 명예보다 더 중요하다고 생각해야 한다. 둘째, 살인을 금지하는 어떤 제3자를 모두가 두려워한다. 홉스의 전제들이 옳다면, 선호의 합리적 순서 [목숨〉명예], 그리고 충분히 강력하고 적절한 동기를 갖춘 제3자가 없이는 인간은 서로에 대한 신의를 갖출 수 없다. 이런 신의 없이는 협동이 불가능하며, 협동으로부터 산출되는 중요한 이익이 없이는 인간의 삶은 위험하고 빈곤한 조건에서 벗어나지 못한다. 자연 상태라는 균형[상태]에는 안전도 풍요도 존재하지 않는다.

홉스는 리바이어던 — 합리적으로 자기 이익을 추구하고, 합리적으로 두려워할 것을 두려워하는 개인들이 주권자가 지켜 주는 안전을 대가로 자신들이 가진 본성적 자유를 포기하기로 하는 계약에 의해 탄생하는 제3의 절대적인 지배자 — 없이는 인간이 자연 상태에서 결코 벗어날 수 없을 것이라 주장했다. 그런 자연 상태에서 인간의 삶은 "고독하고, 가난하고, 험악하고, 잔인하고, 그리고 짧다"[『리바이어던』 13장 62절]. 실증적 이론이라 부를 만한 이런 논변으로부터 홉스는 조금이라도 잘 혹은 안전하게 — 즉, 자연 상태에서 모두가 모두에 대해 벌이는 전쟁으로부터 벗어나 — 살기를 원하는 사람들에게는 딱 하나의 방법밖에 없다고 주장한다. 어떤 법에도 종속되지 않고, 통치 권력들 간의 분립과 견제에 의해 행동에 제약을 받지도 않는, 절대적 지배자인 주권자의 권위에 복종할 것. 주권자는 모든 절차상·형식상 제약들, 이를테면 법이나 다른 견제 장치들로부터 벗어나 있다. 주권자가 다른 이들 상호간의 신의를 강제할 유일하게 믿을 만한 제3자이기 위해서는 어떤 식으로도 제약을 받지 않아야 하기 때문이다. 짧게 말해, 문명이란 각 개인이 (예를 들어, 계약을 통해) 서로에게 신의를 지닐 수 있어야만 가능하기에, 자연 상태로부터 벗어나기 위해서는 절대주의가 필요하다는 것이다.[8]

8) 틱(Tuck 2016)은 홉스의 초기 저작[『법의 요소』(1640), 『시민론』(제1판 1642, 제2판 1647) -지은이], 그리고 자유를 비간섭으로 보는 그의 견해에서 엿보이는 "민주적" 요소를 강조함으로써 홉스의 절대주의에 대한 신념이 온건한 것일 수 있는 가능성을 모색했다. 하지만 이 책에서 나는 홉스의 『리바이어던』에 집중해 적어도 이 저작에 한해서는 홉스가 절대주의에 대단히 심취해 있다는 전통적인 견해를 따를 것이다. 리바이어던은

홉스의 이런 주장은 우리가 사회질서로부터 무엇을 기대할 수 있는지에 대해 중대한 결론으로 이어진다. 홉스가 옳다면, 피지배자들은 주권자가 자신들끼리 서로 싸우고 죽이는 위험으로부터 자신들을 안전하게 해주리라 기대할 수 있다. 주권자는 자신이 허용하지 않은 내부 폭력을 억압할 것이다. 또한 주권자는 자신의 주권적 권위에 대한 외부의 위협에 저항하도록 무력을 동원하기도 할 것이다. 그리하여 주권자 아래 피지배자들은 이제 상존하는 폭력의 위협으로부터 해방된 끝에 사회적 협동을 통해 자연 상태의 비참한 조건을 상회하는 생활수준을 누릴 수 있으리라 예상할 수 있다. 그런데, 우리 생명 자체가 위태로워지지 않는다는 점, 그리고 사회적 협동을 통해 생존에 필요한 정도의 물질적 조건을 마련할 수 있다는 점을 빼고 나면, 홉스는 리바이어던인 그 주권자 아래에서 우리가 '잘 살게 될 것'이라 믿어야 할 근거를 그리 잘 제시하지 못했다.

리바이어던인 주권자 아래에서 우리는 생존에 필요한 재화들 외에는 그 어떤 좋음들도 안정적으로 마련하지 못하게 될 것이다. 주권자는 항상 사회에서 생산되는 잉여 재화를 그 자신을 위해 취하려 할 것이기 때문이다. 주권자는 피지배자들끼리 맺은 계약을 지키도록 강제하지만, 주권자와 피지배자 사이에는 계약이 없다. 주권자가 나의 생명 자체를 위협하지는 않더라도, 그는 재산을 몰수하거나(『리바이어던』 29장 169, 170절), 제멋대로 모욕할 수는 있

이상적으로는 일인 왕으로서 모든 법과 견제 기구의 제약 바깥에 있어야 한다. 이에 대한 최근의 연구로는 포아뇨(Foisneau 2016)를 보라.

다(『리바이어던』 10장 43절). 주권자는 그야말로 나에게 생명 외에 다른 어떤 것이든 요구하게 될 것이다. 그가 생명까지 요구할 수 없는 것은 애초에 이 계약이 생명이라도 부지하기 위함이었기 때문이다. 만약 주권자가 내 생명을 위협한다면, 계약은 해지되고 우리는 다시 자연 상태로 돌아가게 된다.

주권자 역시 모든 합리적 인간이 그렇듯 자연 상태로 돌아가기를 원하지 않을 것이므로, 그가 피지배자의 생명까지 위협하는 일은 확실히 없을 것이다. 주권자의 선의에 기댄다면, 피지배자들은 그에 더해 자신들의 재산과 존엄이 합리적으로 존중받기를 희망할 수도 있다. 명예를 중시하는 사람이라면 특히 자신의 가치 merit를 제대로 인정받기를 희망할 것이다. 하지만 주권자가 늘 공정하거나 선의를 가지리란 보장은 어디에도 없다. 물론 주권자가 '선한 황제' 하드리아누스(로마제국의 제14대 황제)처럼 한없이 이타적이거나, 장기적 안목을 가지고 자신의 세입을 위해 피지배자를 빈곤에 빠뜨리지 않도록 그들을 착취하거나 모욕하지 않을 수도 있다. 이는 홉스가 희망했던 바이기도 하다(『리바이어던』 30장 175절). 하지만 주권자는 (살해를 일삼는 정도까지는 아니더라도) 폭군 칼리굴라[로마제국의 제3대 황제]가 될 수도 있으며, ([호메로스의 서사시] 『일리아스』 1, 2권의) 아가멤논처럼 미래를 내다보지 못한 채 자기가 원하는 것은 무엇이든 취하고 피지배자를 모욕하는 데서 즐거움을 얻는 자(『리바이어던』 18장 94절)일 수도 있다.

요약해 말하자면, 홉스는 우리가 늘 눈앞의 죽음에 대한 공포에 떨며 비참하게 살아갈 운명에서 벗어나기 위해서는 리바이어던인 주권자의 절대적 통치에 복종하는 길뿐이라고 주장한다. 그러나 이를 통해 우리는 생존에 필요한 것 이상의 재산이나 지위에 대한 권리들까지 보장받을 수는 없다. 우리는 "법이 침묵하는 곳"에서는 자유롭지만, 이는 오직 법이 금지하지 않을 때는 우리가 그 행동을 하지 못하도록 하는 물리적 제약에서 벗어나 있다는 뜻에서 자유롭다는 의미일 뿐이다.[9] 우리는 주권자가 허락하는 한에서, 그 테두리 안에서만 존엄을 누릴 수 있다. 주권자는 (그의 수하들을 이용해) 법의 유일한 근거이자 독점적인 집행자가 될 것이므로, 사회적 협동으로부터 거두게 되는 이익의 분배나 정의로움의 기준 역시 그가 결정하게 된다. 홉스는 부자나 강자에게 치우치지 않는 공평무사함으로 피지배자를 다스리는 이상적인 주권자를 꿈꿨지만(『리바이어던』 30장 180절), 그런 공평무사함이 얼마나 오래갈지 누구도 보장할 수 없다.[10] 어쨌든, 우리가 실증적 정치이론을 진지하게 받아들이는 한, 무법적이고 강제적인 제3자로서의 주권자를 세우지 않는 한 최소한의 안전과 풍요도 불가능하다는 홉스의 주장은 쉽게 일축하지 못한다(Hampton 1988).

두 번째 문제 제기는 안정적인 사회질서를 세우려는 이들이

---

9) [옮긴이] "법이 침묵하는 곳"the Silence of the Law은 『리바이어던』 21장 113절의 언급이다. 21장에서 홉스는 자유liberty를 원하는 것을 하기에 외부의 장애물이 없는 상태로 정의한다. 인간은 자연 상태에서 이런 자유를 가지고 있지만, 우리가 국가와 법률을 만든 이후에는 피지배자로서 우리는 첫째, 주권자가 미리 정해 놓은 것, 둘째, 주권자가 국가를 세운 목적과는 상관없이 자신의 생명이나 신체를 해할 것 등을 명령할 때 이를 거부하는 것, 셋째, '법의 침묵', 즉 주권자가 규칙을 정해 놓지 않은 것들에 대해서만 자유를 갖는다. 그런 '법의 침묵'의 범위는 국가마다 다르다.

반드시 마주하게 될 문제이다. 즉, 명예욕으로 가득 찬 개인이 일으키는 잠재적인 사회적 혼란이다. 어느 사회에든지 자기 힘을 믿고서 자신만만하고 이를 넘어 오만불손하기까지 한 사람들이 있기 마련이다. 그들은 타인에 대한 자기의 우월함을 인정받으려 하고, 자신이 인정받지 못했다고 생각하면 이를 모욕으로 받아들여 분노한다(이는 사회에 통용되는 규칙을 위반하는 결과로도 이어진다). 그들의 그런 행태는 리바이어던 아래에서는 체계적으로 좌절될 것이다. 주권자라는 한 명의 절대자 앞에서 "모두는 종으로서 평등하게 명예 따위는 없이 살아갈"[『리바이어던』 18장 19절] 것이기 때문이다. 사적인civil 명예를 지켜 줄지 말지는 전적으로 주권자의 재량에 달려 있으므로, 비슷한 상황이 주권자의 변덕에 따라 명예가 되기도, 불명예가 되기도 할 것이다. 홉스는 주권자의 권리들에 대해 피지배자에게 교육한 다음 주권자가 훌륭한 (그러나 야심은 없는) 이들에게 사적civil 명예를 분배함으로써 이 문제가 해결되기를 희망했다. 하지만 극단적으로 명예를 사랑하는 인간은 (『일리아스』의 아킬레우스처럼) 생명 자체보다 명예를 더 중시할 수도 있다. 이는 [아킬레우스와 같은 인간이 실제 사회에도 존재한다는 사실은] 홉스의 논변을 포함해 합리적인 행위자라면 다른 무엇보다 목숨 자체를 가

10) 강력하고 고도로 중앙 집중화된 '리바이어던들'이 장기적인 생활수준 향상에 기여한다는 오늘날의 신홉스주의 연구자들(예를 들어, Morris 2014)에 반대해, 애스모글루와 로빈슨(Acemoglu and Robinson 2016, 32)은 (특별히 독재와 내전, 학살로 얼룩진 현대 르완다의 역사를 언급하며) "홉스가 주장했던 것과는 달리, 리바이어던은 생명에 대한 위협을 제거하려 하면서 결국 삶을 '험악하고, 잔인하고, 짧게' 만들 것"이라고 지적한다.

장 우선시하리라는 전제 위에 쌓아 올려진 어떤 식의 균형 이론에도 심각한 문제로 대두된다.[11] 우리는 원초적 민주정이 명예 추구와 지독한 정도의 자기과시를 어떻게 다루는지 6장에서 보게 될 것이다. 여기서는 일단 절대적 주권자의 필요성에 대한 홉스의 합리성-기반 논변을 좀 더 다뤄 보자.

뤽 포아뇨(Foisneau 2016, 25~47)는 홉스가 『리바이어던』에서 수행한 사고실험이 "민주적 계기"라 부를 만한 어떤 것에 기반해 있음을 지적해 왔다. 즉, 인민이 처음으로 주권자를 세웠을 때, 그 선택은 분명 다수의 결정으로 내려졌다는 것이다. 모든 사람이 자연 상태에서의 이 비참한 상황을 타개할 유일한 방법이 주권자를 세우는 것임을 깨달을 만큼 충분히 합리적이지는 않기에, 그 다수의 결정이 곧 만장일치 합의가 될 수는 없다. 그러나 포아뇨가 옳게 강조하듯이, 민주적 계기는 바로 거기까지다. 즉, 일단 리바이어던인 주권자가 세워지고 나면, 그다음부터 민주정은 선택지에

11) 교육에 대한 홉스의 논의는 『리바이어던』 30장을 보라. 주권자의 권리들은 "부지런히, 그리고 제대로 가르쳐야 한다. 이 권리들은 민법 혹은 법적 처벌의 공포로는 유지될 수 없기 때문이다"(30장 175절). 주권자가 분배해 주는 명예에 대해서는 10장 43, 44절을 보라. 그러나 인기 있는 사람 혹은 야심 있는 사람에게 명예를 부여하는 것은 위험하다. 30장 183절을 보라. 주권자 앞에서는 모두가 마치 종처럼, "평등하게, 주인 앞에서는 누구도 명예가 없다"(18장 93절). 주권자의 변덕에 따른 명예와 불명예는 10장 43절의 페르시아 왕 예시를 보라. 자기를 지나치게 과신하는 허영심, 그리고 그 허영심이 모욕, 분노, 범죄와 갖는 연관성은 6장 27절, 8장 35절, 13장 61절, 27장 155절을 보라. 이 점에 대해 생각하게 해준 앨리슨 매퀸Alison McQueen에게 감사를 표한다.

서 사라지고 만다. 아주 고전적인 질문, '누가 다스릴 것인가?'에 대해 홉스는 세 가지 선택지를 내놓는다. 즉, 개인(일인 왕정)이, 소수(귀족정)가, 혹은 보통 사람들의 무리(민주정)가 다스릴 수 있다. 그러나 우리가 보게 되겠지만, 홉스는 이 선택지들 간에 분명한 선호를 가지고 있으며, 대중이 주권자일 수 있는 가능성을 설명하는 대목에서 결정적으로 반민주적인 태도를 내보인다. 홉스는 원칙적으로 따지면 법에 의해 제약받지 않는 인민도 절대적 주권자가 될 수는 있으리라 생각했지만, 인민은 결국 개인이나 소수에 비해 더 나은 지배자가 될 수 없음을 보여 주려 했다.

홉스의 전제를 받아들이면, (애초에 그리 대단한 선택지가 아닌) 민주정은 이른바 (살해를 일삼지는 않는) '다수의 폭정'으로 기능함으로써만 그나마 자연 상태의 유력한 대안이 될 수 있다. 인민은 다음의 두 가지 조건을 만족시키는 바로 그때에만 홉스적 의미의 주권자일 수 있다. 즉, [첫째] 인민이 법에 의해 제약받아서는 안 된다. [둘째] 인민은 다수결 투표로써 분명하게 표현되는 단일한 의지를 지닌 가상적 인격이 되어야 한다. [실제로] 아테네인들은 마치 아리스토파네스의 희극[『기사』에 등장하는 인물 '데모스']에서처럼, 공공장소의 석비에 새긴 공지문을 통해 이 조건을 만족시킨 것처럼 보인다.[12] 하지만 굳이 불가능성 정리와 투표의 순환voting cycles[13]까지 언급하지는 않더라도, 참여하는 시민들(홉스에게는 동시

---

12) [옮긴이] "인민은 다음과 같이 결정했다"로 시작하는 결의문에 대해서는 2장 주 23의 옮긴이 주를 보라.

13) [옮긴이] 애로의 불가능성 정리에 대해서는 3장 주 24의 옮긴이 주를

에 피지배자들인 사람들)은 사회적 다양성을 띠며 서로 다른 정체성을 가진 하위 집단으로 나뉘어 있다는 사실 때문에, 만장일치 투표에 의한 결정을 단일한 의지의 표현으로 파악하는 것은 항상 문제적이게 된다. 홉스에게 [민주정의] 문제는 본성적으로 (다양한 의지를 지닌) 다수인 시민들이 한데 모여, 다른 모든 이를 복속시키는 단일한 의지를 지닌, 인공적인 '인민'으로서 효과적으로 행위할 수 있을지 여부였다. 만약 (어떤 형태의 실제 민주정에서 그렇듯이) 한데 모인 인민이 무언가를 결정하기 전에 꼭 숙의를 한다면, 혹은 인민이 "잠자는 주권자"[14]로 머무는 대신 (원초적 민주정에서처럼) 능동적으로 통치에 역할을 하려 한다면, 위 문제에 대한 기본적인 대답은 그럴 수 없다는 것이다.

홉스의 리바이어던으로서의 가상적·인공적 인민에 본질적인

보라. '투표의 순환'이란 '투표의 역설' 내지 '콩도르세 역설'이라 불리며, 단순 다수결 투표가 전체의 선호를 제대로 반영하지 못하는 현상을 지적한 것이다. 즉, 셋 이상의 선택지를 가지고 둘씩 선호를 반영해 투표한 결과가 서로 순환(A, B, C 중 A보다 B가, B보다 C가 선호되지만, 다시 A가 C보다 선호되는 경우)하거나, 가장 선호하지 않는 것과 가장 선호하는 것을 기준으로 한 투표 결과가 똑같은 경우(A, B, C 중 가장 선호하는 것으로 뽑힌 A가 가장 선호하지 않는 것을 뽑았을 때도 가장 많이 뽑히는 경우)가 발생할 수 있다는 것을 말한다.

14) "잠자는 주권자"는 턱(Tuck 2016)의 주제이다. 홉스에게서 그냥 '다수의 사람들'과 '인민'의 구별에 대해, 그리고 숙의와 통치의 문제에 대해서는 턱(Tuck 2016, 99~103)을 보라. 앤더슨(Anderson 2009)은 고대 아테네에서 인민이 홉스적 방식으로 인격화되었으며, 이를 지지할 근거를 아리스토텔레스『정치학』의 부분/전체 논변에서 찾고 있다. 그러나 이에 대해서는 오버(Ober 1996, 117~120; 2013b) 역시 함께 보라.

문제는 카를 슈미트(Schmitt 2007)의 친구-적 구별을 통해 설명할 수 있다. 다수결 투표는 주권자가 분열되었다는 사실을 공개적으로 드러낸다. 다수파에 속한 시민들에게는 설득력 있는 안이 소수파에 속한 시민들에게는 거부된다. 설득되지 않는 소수파는, 다수파의 권력 앞에 무력한 채로, 결과에 반대하거나 다수파에 맞서 싸울 준비를 한다. 계약으로 생겨난 주권자가 인민이 아닌 한, 리바이어던을 탄생시키는 투표에서 위와 같은 소수파의 사후적 적대는 문제가 되지 않는다. 일인 왕 혹은 소수의 엘리트 집단이 [주권자, 곧 리바이어던으로] 한 번 자리를 잡고 나면 모든 피지배자들을 평등하게 위압할 것이기 때문이다. 거기에 반대표를 던졌든 찬성표를 던졌든 간에, 모두는 죽음의 공포로 인해 복종해야만 한다.[15] 그러나 인민이 그 자신을 주권자로 세우는 경우, 이제 상황은 일인 왕이나 소수의 엘리트 집단이 모두를 평등하게 위압하던 상황과 완전히 다르다. 새롭게 세워진 인민-리바이어던을 가정했을 때, 승리한 다수파는 "리바이어던 물러가라!"를 외치는 소수파의 구성원들을 잠재적인 적으로 간주해 참정권을 박탈해 버릴 수 있다. 이어지는 투표에서도 이 '소수파인 적'에게서 참정권을 박탈하는 결정이 내려질 것이다. 이런 정치적 퇴행은 다수파가 참정권을 박탈당한 소수파를 폭력을 동원해 제압하지 못한다면 결국 전

---

15) 홉스의 『리바이어던』 18장 90절. "다수파는 동의consent하는 발언들을 통해 주권자를 선언했기에, 동의하지 않았던 자 역시 이제는 나머지에 동의해야 하며, 그렇지 않으면 나머지에 의해 파괴당할 것이다." 턱 (Tuck 2016, 특히 104, 주 40) 역시 보라.

쟁으로 치닫게 된다.

이 책의 6장과 7장은 이렇게 무법적 인민-리바이어던을 자기 파멸로 몰고 가는 퇴행적인 친구-적 구별의 논리가 원초적 민주정에서는 생겨날 필요가 없음을 보여 주려 한다. 법을 준수하는 인민은 체제 안정화 규칙들을 제정해, 이를 다수의 시민에게 규칙 위반자를 함께 규제할 동기와 능력을 주는 협력coordination 장치로 사용함으로써 마침내 홉스의 문제 제기를 극복할 수 있다. 6장과 7장에서의 접근 방식은 민주정이라는 사회 전체를 단일한 게임으로 모델링하지 않고, 몇몇 국소적 균형 상태[6장 6절의 '시민적 존엄 게임'에서의 균형, 7장 3절의 '위임 게임'에서의 균형]를 탐구하는 것이다.

'주권자로서의 인민'에 대한 홉스의 설명은 더 나아가 그가 다수의 폭정의 가장 정확한 역사적 예시로 들었던 고전기 그리스의 민주정이 생존에 필수적인 재화들을 공급하는 데 실패했다고 믿게 했다는 점에서 '독약'poison pill을 품고 있다(이와 같은 믿음은 당연히 잘못된 것이었다. Ober 2015b를 보라). 실제로 고전기 그리스 민주정은 점점 모두의 모두에 대한 전쟁 상태와 비슷한 상태로 악화되었다. 홉스가 여기서 민주정을 이해한 방식은 무엇보다도 투키디데스로부터 연원한 것이었다. 홉스는 『리바이어던』(1651년)을 쓰기 이전에 『펠로폰네소스 전쟁사』의 최초 영어 번역자(1629년)였다. 홉스가 스스로 밝히고 있듯, 그에게 투키디데스의 저술은 현실 속 다수의 폭정은 나쁘게 작동하며 본질적으로 불안정한 것이라는 확신의 원천이었다.[16]

다른 고대 혹은 근대 초 정치 이론가들처럼 홉스도 민주정이 최소한의 안전과 풍요조차 제공하지 못하는 무능력한 체제임을 주장하기 위해 그리스 도시국가들을 예시로 이용했다. 펠로폰네소스전쟁에서 패배한 민주정 아테네는 그중에서도 가장 정확한 예시였다. 하지만 다수의 폭정이라는 실패는 또한 투키디데스가 전하는 케르키라 내전과 과두정파와 민주정파가 번갈아 저지른 끔찍한 학살 등의 만행(『펠로폰네소스 전쟁사』 3권 81~85장)에서도 확인된다. 케르키라의 사회질서 붕괴 과정을 홉스는 『리바이어던』에서 자연 상태를 묘사하기 위한 모델로 썼다. 홉스는 더 나아가 민주정이 안전과 풍요를 안정적으로 마련했었다는 생각조차 실은 착각에 불과하다고 믿었다. 그것은 그저 이름만 '민주정'일 뿐이었고, 사실상 한 사람 혹은 소수의 지배였기 때문이다(『펠로폰네소스 전쟁사』 2권 65장 9절. 사실상 일인 왕이었던 페리클레스에 대하여).[17]

규범적 정치 이론뿐만 아니라 실증적 정치 이론 역시 진지하게 고려할 때, 이제 우리는 원초적 민주정이 홉스의 문제 제기를 어떻게 넘어설 것이냐는 문제에 답해야 한다. 즉, 어떻게 우리는

16) 홉스의 투키디데스 번역에 대해서는 이오리(Iori 2015)를 보라. 그는 홉스가 민주정에 일관되게 비판적임을 강조하고 있다(Iori 2015, 8장). 그런 비판은 홉스의 서문, 표지 삽화, 번역어의 선택에서 드러난다. 이런 점으로 보아 이오리는 홉스의 민주정에 대한 비판적 태도가 투키디데스가 "민주정이 …… 얼마나 부당한지"democratia …… quam sit inepta를 보여 주었다는 자신의 전기에서의 발언과 일맥상통한다고 결론짓는다. 이오리의 책을 알려주고 자신의 논평을 미리 공유해 준 폴 드몽Paul Demont에게 감사를 표한다.

17) 홉스가 (아리스토텔레스가 아닌) 투키디데스를 민주정의 모델로 삼은 것과 관련해서는 훅스트라(Hoekstra 2007)와 스키너(Skinner 2007)를 보라. 이는 턱(Tuck 2007)의 연구와 대조된다.

(개인이자 한 집단의 시민으로서 우리 각각은) 주권자인 개인 혹은 소수 엘리트 집단에게 통치 권위를 완전히 양도하지 않고도 안전하고 풍요로운 삶을 살 수 있을까? 시민들에 의한 집단적이고 제한된 자기 통치로서의 민주정을 정당화하고자 한다면, 이런 식의 정치 질서가 어떻게 오랜 시간 안정성을 확보할 수 있는지, 또 어떻게 안전과 풍요를 마련해 줄 수 있는지 잘 설명할 수 있어야 한다. 원초적 민주정이 안정적인 정체이며, 안전과 풍요를 마련해 줄 수 있다는 것이 밝혀지면, 우리는 비로소 홉스의 문제 제기를 넘어설 수 있는 것이다. 내가 제안하려는 대답은 자유주의에 의해 주어지는 좋음들과 섞이기 이전에 오직 민주정 자체로 얻을 수 있는 좋음들을 고려함으로써 전개된다. 이런 민주정적 좋음들은 민주정이 물질적 좋음에 해당하는 안전과 풍요를 안정적으로 마련해 줄 때 필요한 바로 그 조건들로부터 생겨난다.

4. 시민교육

데모폴리스 건국자들이 비전제정을 선호한 이유는 제각각이었다. 앞서 살펴보았듯이, 이들은 왜 비전제정을 선호하는지 그 이유 자체에 합의할 필요는 없었으며, 오직 전제정을 용납할 수 없다는 것에만 합의하는 것으로 충분했다. 또한 우리가 보았듯이, 미래의 어떤 시민들은 폭정을 거부할 이유를 사전에 갖고 있지 않을 수도 있다. 따라서 비폭정의 가치가 참여의 비용을 정당화해 준다는 시민들의 합의가 없는 상태에서, 민주정은 그 정당성의 근거를 잃어

버릴 것이다. 그러므로 현재의 데모폴리스 시민들은 비폭정이 분명히 가치 있다는 판단의 확실한 근거를 미래 시민들에게 충분히 납득시킬 준비가 되어 있어야 한다.[18] 이들은 집단적 자기 통치가 그 자체로 가진 가치, 그리고 도구로서 가진 가치를 증명하는 논변을 주요 내용으로 하는 시민교육의 형태로 그렇게 할 수 있다. 데모폴리스 시민교육은 시민들을 (감정적이면서도) 합리적인 인격으로 대우하는 모든 체제의 시민교육과 마찬가지로 체제의 정당성을 옹호하는 내용의 매우 잘 정제된 논변으로 이루어져 있다. 이 교육의 일부는 구조화된 학교 교육과정으로 제공될 수도 있지만, 시민교육 전체가 꼭 공식적인 학교 교육에만 제한되는 것은 아니다. 시민들에게 참여의 책무를 합리적으로 설득하고 심리적으로 그렇게 할 동기를 부여하기 위해서는, 시민교육은 체제의 기본 규칙들과 그로부터 도출되는 정치적 규범들을 파악하고 내면화하며 그에 상응하는 시민적 행동 양식이 끊임없이 발전해 나가도록 평생 이루어져야 하기 때문이다.

데모폴리스의 시민교육은 시민들에게 어떤 독특한 사회적 정체성을 만들어 주는 것을 목적으로 한다는 점에서 엄격한 가치중립성에 입각해 있지 않다. 즉, [시민교육을 통해] 특정한 민주적 가치들을 받아들이며 그것을 받아들일 만한 좋은 이유를 알고 있는 남성과 여성이 되는 것이다. 민주적 시민성을 선택하는 것이 더 낫다는 논변이 어떤 합리적인 사람도 거부할 수 없을 정도로 확정

---

18) 이런 정당화 조건을 윌리엄스(Williams 2005, 4~6)는 "기본적 정당화 요구"라고 불렀다.

적이지는 않다. 하지만 민주정의 필요조건 가운데 하나인 존엄, 즉 시민을 어린애 취급하지 않아야 한다는 조건에 비추어 봤을 때, 민주적 시민성을 옹호하는 논변은 전통 그 자체의 가치에 대한 부권주의적paternalistic 주장 이상의 무언가여야만 한다. 즉, 데모폴리스의 교육자들은 아이들에게 하듯이 "그냥 그런 거야!"라고 강변하는 대신, 잠재적 시민들이 그들이 발 딛고 선 지금 여기의 문제들을 바로 민주정적 방식으로 헤쳐 나가야 할 설득력 있는 이유와 동기를 제시해 주어야 한다.[19)]

우리가 보았듯이, 상상 속 데모폴리스의 건국자-시민들, 그리고 역사 속 아테네 시민들이 제정한 규칙들은 모두 [절대적] 지배자 없는 체제에서 국가의 안전과 풍요를 이룰 조건들을 충족하도록 고안되었다. 시민교육의 교육과정을 고안하는 데에, 데모폴리스의 교육자들은 현대 자연과학과 사회과학이 보여 주는 결과들을 끌어들일 수 있다. 이들은 오늘날 수많은 연구들이 민주정과 경제성장 사이의 긍정적 상관관계를 지지한다는 점을 지적할 수 있다. 오늘날 사회과학 연구에 따르면, 그 어디에서도 전제국가가 표준적인 경제적 척도에서 민주국가를 능가하는 결과를 도출한 일이 없다. 마찬가지로 교육자들은 고대건 근대건 몇몇 민주국가로 충

---

19) 데모폴리스의 [시민]교육은 확실히 자유주의적이지는 않지만, 슈클라 (Shklar 1989, 33)가 거부했던 "독점적이고 권위주의적인 방식으로 결론을 정해 놓고 가르치려 드는" 식도 아니다. 자유주의 사회가 민주정 정당화를 위한 시민교육을 필요로 하되, 그런 교육을 받아들이지 않는 사람들이 자유로이 이탈할 수 있도록 되어 있는 민주정적 기초 위에 세워질 수 있는지의 문제에 대해서는 8장 4절을 보라.

분히 증명된 사회적 안정성과, 수많은 전제적인 제한 접근 국가가 겪었던 불안정성을 대조해 보일 수도 있다. 이들은 대중 민주정과 군사적 성공 사이의 긍정적 상관관계를 입증하는 연구를 인용할 수도 있다. 그렇기에 민주정이 안전과 풍요를 마련할 수 있겠느냐는 근본적인 질문에 대해 오늘날 사회과학의 증거는 오직 경험에 근거해서만으로도 홉스가 틀렸음을 보여 준다.[20]

비폭정 체제에서는 사회적 위계 구조가 약화되고 각자가 자신의 운명을 개척할 기회가 평등해져서, 그 결과 건강이 증진된다는 것을 믿을 근거 역시 존재한다. 마이클 마멋Michael Marmot의 '2차 화이트홀 연구'Whitehall II Studies[21]는 영국 공무원들의 건강을 연구하기 위해 사회역학疫學의 방법을 사용했다. 대단히 흥미로운 결과는 바로 "건강의 변화도"였다. 즉, 공무원 위계 서열에서 한 개인이 더 낮은 지위에 있을수록 그의 건강은 더 나빴다. 건강보험에 대한 접근성, 빈곤 등의 변수를 통제한 뒤, 마멋(Marmot 2004)은 건강상 차이를 낳은 원인이 지위 불평등이라는 강한 주장을 내

---

20) 민주정과 경제성장 사이의 상관관계에 대해서는 오버(Ober 2015b)와 여기에 인용된 문헌들을 보라. 민주정이 성장의 가장 주요한 원인이라는 점에 대해서는 애스모글루와 로빈슨(Acemoglu and Robinson 2006), 애스모글루 외(Acemoglu et al. 2014)를 보라. 성장의 결과로서 민주정에 대해서는 보익스(Boix 2003, 2015)를 보라. 민주정과 군사적 성공에 대해서는 라이터와 스탬(Reiter and Stam 2002)을 보라.

21) [옮긴이] 화이트홀은 예전 왕궁 터이자 현재는 영국의 의회 및 정부 청사가 위치한 거리로, 영국 정부에 대한 별칭으로 쓰인다. 해당 연구는 화이트홀에서 일하는 공무원들을 대상으로 삼았기에 '화이트홀 연구'라고 불렸다.

놓았다. 그는 지위 불평등 자체가 건강 불평등을 유발한다고 결론을 내린다. 이른바 "지위 증후군"의 메커니즘[기전]은 사람들이 자신의 운명을 스스로 통제할 수 있는 상대적 수준으로 드러난다. 즉, 통제력이 낮은 사람일수록 만성적 스트레스에 더 시달린다는 것이다. 낮은 지위, 높은 스트레스, 건강 악화 사이의 상관관계는 다른 사회적 동물들에게도 현저하다. 로버트 새폴스키(Sapolsky 2004, 2005)는 인간 외 다양한 종들에게서 위계질서의 악영향과 지위에 따른 스트레스를 추적해 조사했다. 민주사회가 전제정 사회에서 나타나는 지위/통제의 강력한 위계질서를 약화한다면, 모든 점을 고려했을 때 민주정이 인간의 삶에 이로울 것이라는 가설은 충분히 그럴듯해 보인다.

상급자와의 거리가 가까울수록 주관적으로 느끼는 행복감이 떨어진다는 경험적 증거들도 있다. 다니엘 카네만(Kahneman 2011, 394)은 일터에서 주관적 행복에 영향을 미치는 사회적 요인이 무엇인지를 밝히려는 연구에서 '상급자와 직접 대면'하는 것이 불행감과 매우 강한 상관관계가 있음을 보고한 바 있다. 그것은 "혼자 있는 것보다 더 나쁘다고 나온 유일한 항목"이었다. 이런 결과는 스위스의 각 주州, canton에서 운영되는 직접 민주정 제도들이 주관적 행복에 미치는 영향을 연구한 브루노 프라이와 알로이스 스투처(Frey and Stutzer 2000, 2002)의 발견과도 관련이 깊다. 가장 놀라운 결과는 바로 다른 조건이 동일할 때 직접 민주정 제도들이 더 많이 발달해 있는 주일수록 거기에 거주하는 개인의 행복감이 더 높았다는 것이다. 또 다른 결과는 주 정부의 탈중앙화(연방주의) 정도가 높을수록 해당 주의 거주자들이 누리는 주관적 행복감이 더 커졌다는 것이다. 프라이와 스투처는 비록 물질적인 측면에서 보면 실제로 비시민 거주자들이 스위스의 직접 민주정 제도 메커니즘(발의와 전체 주민 투표)을 통한 결정으로부터 더 많은 이익을 얻었다고도 주장하고 있지만, 어쨌든 이들은 시민들이 직접 민주정이 더 활발한 곳에 삶으로써 더 많은 행복을 얻는다는 것을 보여 주었다. 따라서 이들은 더 나은 물질적 이익이 아니라 민주적 실천에 참여할 기회가 더 나은 행복으로 이어진다는 결론을 시사한다.[22] 이 모든 경험적 연구의 결과들은 민주정이 '인간의 본성적 기본 값', 즉 농업혁명 이전부터 수천 세대에 걸쳐 내려온 인간 사회조직의 표준적 방식임을 가정한다면 충분히 그럴듯하다.

그러나 데모폴리스의 교육자들은 오직 민주정과 경제성장, 안전, 건강, 주관적 행복감 사이의 경험적 상관관계를 설명하는 인과적 논변만으로 미래 시민들을 설득하지는 않을 것이다. 이들은 민주정이 무엇을 위해 좋은지뿐만 아니라, 왜, 그리고 어떻게 좋은 것일 수 있는지도 이야기할 수 있어야 한다고 생각한다. 이들의 대답은 물질적 좋음들을 민주정적 좋음들과 연결한다. 교육자들은 데모폴리스의 기본 규칙이 시민들로 하여금 어떤 민주정적 좋음들을 얻을 조건을 안정적으로 조성한다고 가르친다. 이 민주정적 좋음들은 그 자체로 목적이 될 수도 있고, 다른 가치 있는 좋음들[안전과 풍요]을 얻기 위한 도구적 가치를 가질 수도 있지만, 어

---

22) 그러나 이민자 문제에 대한 결정들이 체계적으로 편향된다는 점에서 스위스 직접 민주정의 어두운 면에 대해서는 하인뮐러와 한가트너(Hainmueller and Hangartner 2013)를 보라.

쨌든 가치가 있다고 여기기에 충분하다. 그리고 교육자들은 이 민주정적 좋음들이 생산될 조건이 오직 구체화할 수 있는 민주적 메커니즘을 통해서만 지속 가능하다고 가르친다. 인간성을 구성하는 능력들의 자유로운 발휘, 정치적 자유, 정치적 평등, 시민적 존엄, 그리고 이것들을 제공하기 위한 메커니즘의 구체화가 충분히 가치 있음을 납득시키는 것이 바로 데모폴리스의 '잠재적 시민들' — 너무 어려 건국의 순간에는 시민이 아니었던 이들, 후세대, 이민자들 — 에게 제공될 시민교육의 주요 내용이 된다.

데모폴리스 시민교육의 '가치 제안'[23]은 민주정에 참여함으로써 만들어지는 어떤 좋음들이 안전과 풍요를 지속하는 데 도구적인 역할을 할 뿐만 아니라 그 자체로도 고유한 가치를 지니며, 바로 그것이 민주정이라는 체제의 권위를 받아들이고 그에 복종하며 시민으로서의 참여 비용을 부담하는 것을 납득시킬 수 있다는 것이다. 다양한 좋음들의 가치를 옹호하는 논변들은 자연과학과 사회과학의 발견, 그리고 역사적 사례에 의해 뒷받침되는 사실로부터(또는 그럴듯한 가정들로부터) 논리적으로 도출되기에 타당하며, 그런 한에서 데모폴리스 시민교육의 교육과정은 (거짓에 근거한 세뇌라는 부정적 의미에서) 이데올로기적이지 않다. 이 발견들 가운데 어떤 것은 인간 본성, 그리고 인간적 번영을 위한 조건에 관한 것

---

23) [옮긴이] 가치 제안 혹은 가치 제안서value proposition란 주로 기업 운영에서 쓰이는 말로, 한 기업이 고객들에게 어떤 가치(제품이나 서비스)를 제공할 수 있는지, 그 가치가 다른 기업들과 어떻게 차별화되는지 등을 명시한 바를 말한다.

이기도 하다.[24) 나는 (놀랍지 않겠지만) 데모폴리스 시민교육의 교육학적 방법이 이 책이 따르는 방법과 매우 유사할 것이라 생각한다. 즉, 오늘날 사회과학을 뒷받침하는 실증적 정치 이론의 접근법을, 분석적인 규범적 정치 이론과 역사, 그리고 자연과학의 몇몇 성과들과 결합하는 식이다.[25)

시민교육을 통해 국가의 존속과 정당성을 지켜 나가려 한다는 점에서 나는 고전기 그리스 이론가들을 따르고 있다. 플라톤은 『국가』와 『법률』에서, 아리스토텔레스는 『정치학』에서 시민교육의 형식과 내용에 깊은 관심을 기울이고 있다. 물론 데모폴리스의 교육은 결코 『국가』에서의 "고귀한 거짓말"이어서는 안 된다.[26) 오

24) 어쨌든 중요한 것은 데모폴리스 시민교육의 교육과정이 전적으로 인간 본성에 대한 내용 혹은 인간적 번영을 위한 조건들만을 다루고 있지 않다는 것이다. 정밀하게(즉, 자연과학과 사회과학에 의해) '지금 여기'의 주어진 조건에서 인간적 번영을 장려하는 인간 본성의 측면들을 제시할 때에야 교육과정은 현실에 기반한 것이 될 수 있다(Williams 2005, 8). 만약 인간 본성의 다른 측면들이나 다른 조건들이 인간적 번영을 장려한다 하더라도, 그것이 곧 데모폴리스의 미래 시민들에게 제공될 이 [시민]교육이 현실에 기반하고 있다는 사실 자체를 반박하지는 않는다.

25) 스탠퍼드 대학교에서 내가 진행한 '정부의 탄생'Inventing Government이라는 학부 수업은 [데모폴리스의] 시민교육을 10주간의 강의로 불완전하게나마 녹여 낸 시도이다.

26) [옮긴이] 『국가』 3권 414b~415d에서 소크라테스는 통치자들은 그들의 피지배자 시민들을 위해 헌신하고, 후자는 전자에게 기꺼이 복종하면서 국가의 계급 질서를 흩뜨리지 않도록 하기 위해, 이 국가의 주민들 모두가 하나의 땅에서 생겨난 형제라는 것, 그리고 태어나면서 통치자가 되어야 할 본성을 타고난 사람들이 있다는 내용의 신화를 고안해 이를 믿게 할 방안을 논하고 있다. 이것을 소크라테스는 "고귀한 거짓말"

히려 교육이 (그리고 체제가) (얼마나 고귀한 것이든지) 거짓에 근거하고 있다는 것은 혐오스러운 일이며, 교육받는 시민들은 자신들의 실제 본성과 이익에 따른 합리적인 이유들을 가지고서 자신들이 배운 바를 받아들여야 한다는 아리스토텔레스의 믿음(『정치학』 7, 8권)이 시민교육의 근간이 되어야 한다. 그러나 아리스토텔레스의 "바람에 따른" 폴리스[27]의 시민교육과는 달리, 데모폴리스에서는 덕성 일반에 대한 단 하나의 기준을 가르칠 필요는 없다. 원초적 민주정에서는 인간적 좋음에 대한 이해 방식이 단일하지 않기 때문이다. 물론 시민들은 좋음에 대한 하나의 이해 방식에 합의할 수도 있을 것이다(그렇게 되면 데모폴리스는 국가 종교를 갖는 셈이다). 그러나 원초적 민주정 체제는 모든 시민들이 각자가 선택한 사회적으로 가치 있는 다양한 활동들을 추구할 기회를 충분히 제공하는 것을 목표로 한다. 이런 대안적 경로들을 8장에서 더 다루게 될 것이다.

데모폴리스의 시민교육에 가장 근접한 고전적 모델이라고 한다면, 플라톤 『법률』의 이상 국가 마그네시아(크레타섬에 세워질 이상 국가)의 각 법률 앞에 붙은 서문을 합리주의적으로 해석한 크리스토퍼 보보니치(Bobonich 2002)의 연구를 참고할 수 있다.[28] 보보

gennaion pseudos이라 부른다.

27) [옮긴이] 아리스토텔레스 『정치학』 2권 1장 1260b27, 7권 4장 1325b 35의 표현이다. 바라는 대로 이루어졌으면 하는 이상적인 국가의 모델을 뜻한다.

28) [옮긴이] 플라톤 『법률』 4권 719e 이하에서 아테네인은 법을 공표함에 있어 그 법을 지켜야 하는 이유를 설득해야 할 필요성을 자유인을

니치에 따르면, 마그네시아의 각 법률 앞에 붙은 서문은 시민들에게 자신들의 삶을 최선으로 이끌어 주는 법률에 복종해야 하는 합리적 이유를 제시함으로써, 그 법률에 자발적으로 복종하도록 설득할 목적으로 쓰였다. 마찬가지로 내가 다른 연구에서 주장한 바 있듯이(Ober 2005a, 6장), 아테네 민주 정부라는 "기계를 제대로 굴려 보는" 이른바 현장 경험이야말로 아테네 시민들에게는 효과적인 시민교육이었다. 시민적 참여를 통해 시민들은 정부가 어떻게 운영되는지를 이해할 수 있었을 뿐만 아니라, 어째서 민주정이 자신들에게 — 개인에게나 인민 전체에게나 — 이로운지를 깨달을 수도 있었다.[29]

요약해 말하자면 지금 여러분이 읽고 있는 이 책은 데모폴리스의 미래 시민들에게 제공될 시민교육에 대한 개관이라고 할 수 있다. 미래 시민들이 교육받는 기간 동안 이 논변들을 합리적으로 받아들이고, 이 논변들에 의해 심리적 동기부여를 얻는다면, 그리하여 그들이 민주 시민에게 알맞은 사회적 정체성을 지니게 된다면, 국가는 시민들에게 어째서 그들이 참여의 높은 비용을 부담하는 것이 꼭 필요한 일인지를 정당화할 수 있게 될 것이다. [민주 시민으로서 참여해야 한다는] 필수 요건requirement은 선호하는 것prefer-

---

치료하는 의사의 유비를 들어 주장하고, 4권 722c 이하에서는 법률의 서문prooimion이 그 설득의 수단임을 밝히고 있다.

[29] 시민교육은 홉스의 리바이어던 국가에서도 똑같이 중요하다(이 장의 주 11과 『리바이어던』 30장을 보라). 홉스는 주권자의 법률이 단순한 언어로 표현되고, 모두에게 알려져야 하며, 법률에 종속된 이들에게 명확하게 그 법률의 이유가 설명될 수 있어야 한다고 주장했다.

ence이 되고, 그 선호는 개인적인, 그리고 공동의 이익에 기반하게 될 것이다. 즉, 우리는 미래 시민들이 기꺼이, 심지어 즐거이 법이 규정하는 방식대로 참여하는 시민으로서의 역할을 받아들이게 될 것이라 믿을 수 있다. 시민성에 대한 '사회적 사실'은 시민들의 적극적 찬동을 담은 '언어 행위'를 통해 재확인되고, 데모폴리스는 이렇게 세대를 걸쳐 지속된다.[30] 짧게 말해 원초적 민주정은 그것이 선택할 만하고 적극적으로 선택될 때, 바로 그때에만 탄탄하게 유지된다.

앞으로 5장과 6장에서 우리는 데모폴리스의 교육자들이 합리

---

[30] '사회적 사실'과 '언어 행위'의 개념에 대해서는 오스틴(Austin 1975), 설 (Searle 1995)을 보라. 나는 건국 이후 세대에 속하는 시민들의 적극적인 체제 찬동이 어떤 형태로, 혹은 어떤 내용으로 이루어질지를 구체화하지는 않을 것이다. 아마도 그것은 성인이 된 이후에 시민으로서 갖는 책임과 특권을 받아들일 준비가 되었음을 선언하는 선서의 형태일 수 있을 것이다. 물론 시민civic 선서는 현대 민주정의 중요한 부분이다. 판사나 군인 등이 선서를 하고, 귀화한 미국 시민들도 헌법을 수호하겠다는 선서를 한다. https://www.uscis.gov/citizenship/learn-about-citizenship/the-naturalization-interview-and-test/naturalization-oath-of-allegiance-to-the-united-states-of-america(검색일 2021년 8월 3일). 우연히 미국에서 태어났다는 이유로 어째서 미국 태생 시민들에게는 그런 비슷한 선서가 면제되는지는 불명확하다. 고대 아테네 청년들의 시민 선서, 그리고 20세기 몇몇 미국 대학교에서 유사한 절차를 따르게 한 것에 대해서는 헤드릭(Hedrick 2004)을 보라[대한민국에서는 2018년부터 귀화한 시민은 법무부 장관에게 "나는 자랑스러운 대한민국 국민으로서 대한민국의 헌법과 법률을 준수하고 국민의 책임과 의무를 다할 것을 엄숙히 선서합니다"라는 내용의 선서를 하도록 제도화되었다. 대한민국 태생 시민들에게는 국기에 대한 맹세가 이와 비슷한 역할을 한다].

적 회의懷疑를 품은 주민들에게 시민으로서의 사회적 정체성을 입고 그럼으로써 시민 자격에 요구되는 의무들을 기꺼이 이행하도록 설득하기 위한 논변들을 살펴볼 것이다. 5장에서, 우리는 그 시작으로 시민적 참여가 민주정 체제를 지키기 위한 도구적 가치 때문에 감당해야 하는 비용이기만 한 것이 아니라, 그 자체로 인간에게 매우 중요하고 고유한 이익이 된다는 것을 보이려 한다.

제5장

인간적 능력들과 시민적 참여

"역사가 가능성을 증명한다"는 말을 받아들인다면, 우리는 오직 절대주의만이 안전과 풍요를 마련할 수 있다는 홉스의 논변을 어렵지 않게 반박할 수 있다. 홉스는 알지 못했지만 우리는 현재 고대(자유주의 이전)와 현대(자유주의 이후)의 여러 비절대주의 정부가 남긴 풍부한 기록들을 찾아볼 수 있다. 이 정부들은 (직접적인 것이든 대표자를 통한 것이든) 시민들의 집단적이고 제한된 자기 통치라는 민주정의 원초적 정의에 잘 들어맞았고, 그런 통치 아래에서 주민들은 안전하고 풍요로운 삶을 살았음을 우리는 안다.[1] 그러나 이전 장에서 강조했듯, 경험적인 반박으로는 충분치 않다. 역사적 사례를 드는 것만으로는 사람들은 여전히 시민적 참여 노력에 걸맞은 보상을 받으리라는 것을 확신하지 못할 수도 있고, 혹은 사회질서를 유지하기 위해 전제정이 훨씬 더 효율적이라 생각

---

1) 고대 : 민주정 아테네 및 시민들을 위해 안전과 풍요를 잘 보장해 주었던 민주정의 높은 성과에 대해서는 오버(Ober 2008a)를 보라. 현대 : 두쿨리아고스와 울루바쇼을루(Doucouliagos and Ulubaşoğlu 2008)가 수행한 문헌 연구 및 현대 민주정과 경제적 성과 간의 메타 회귀 분석을 보라. 콕스 외(Cox et al. 2012)는 체제 안정성에 대한 데이터들을 제시한다. 여기서 나는 내가 제시한 원초적 민주정의 정의에 꼭 들어맞는 현대 대의 민주정 체제가 존재한다고 가정한다. 8장 1절을 보라. 그러나 경험적인 반박은 오직 하나의 반례만으로 충분하기에, 경험적 반박[현실의 어떤 x라는 국가는 원초적 민주정을 실천하는데도 안전과 풍요를 적절히 마련했다는, 홉스에 대한 경험적 반박]만으로는 본문의 주장[모든 원초적 민주정 국가는 안전과 풍요를 잘 마련했다는 주장]을 확고히 하지는 못한다.

할 수도 있다. 이들에게 민주정의 정당성을 납득시키기 위해서는 어떻게 그리고 왜 집단적이고 제한된 시민들의 자기 통치가 자유주의에 고유한 특징들이 더해지기 이전에도 충분히 안전과 풍요라는 물질적 좋음들을 제공해 줄 수 있는지를 설명해 내야만 한다. 또한 우리는 물질적 필수 재화들의 공급 이외에도 원초적 민주정이 또 어디에 좋은지도 밝혀야 한다.

나는 5장과 6장에서 삶에 필요한 물질적 조건을 마련할 민주정의 능력이 민주정적 좋음들 — 즉, 집단적 자기 통치에 참여함으로써 시민 개인이 얻는 좋음들 — 에 긴밀하게 뿌리박고 있다는 것을 주장하고자 한다. 이런 좋음들은 인간성을 구성하는 능력들의 자유로운 발휘, 정치적 자유, 정치적 평등, 시민적 존엄이라는 조건들을 포함한다(물론 이 외에도 민주정적 좋음은 더 많을 수도 있다). 이런 민주정적 좋음들은 삶에 필요한 물질적 조건을 마련하는 데에 장애물도 아니고, 그런 물질적 조건들이 마련된 뒤에야 가능한 사치재도 아니며, 오히려 원초적 민주정에 대한 실증적 정치 이론[의 내용]을 채우는 요소이다. 그러므로 규범적 이론으로부터 나오는 고려 사항들은 홉스의 실증적 이론이 제기하는 문제에 민주정이 어떻게 답할 수 있을지를 설명하는 데 도움을 줄 것이다.

(홉스의 절대주의부터 아리스토텔레스의 시민적 질서civic order까지) 사회 조직화의 광범위한 형태에는 공통적인 배경 조건들이 있다. 이 조건들을 제대로 파악한다면, 우리는 어떻게 원초적 민주정이 안정적이고 지속인 방식으로 생존에 필수적인 물질적 조건들을 마련하는, 역사적으로 증명된 그 능력을 얻을 수 있었는지, 그리고 어떻게 이 민주정의 능력이 민주정적 좋음들과 연관되는지를

보여 줄 수 있다. 원초적 민주정은 실증적 정치 이론의 관점에서 홉스의 문제 제기를 넘어선다는 것을 알기 위해, 그리고 자유주의 이전의 민주정이 규범적 정치 이론의 관점에서 무언가에 좋은 게 확실한지에 대한 의심도 상당 부분 해소할 수 있게 되기 위해서는, 몇 개의 간단한 믿음들assumptions을 놓아 보면 된다. 그 전제들은 (1) 인간에게 내재한 독특한 능력들, (2) (윤리적이라기보다는) 방법론적 개인주의, (3) 협동을 불가피하게 만드는 상호 의존성, (4) 모든 사회들이 처한 환경의 가변성과 관련되어 있다.

이 믿음들을 '간단한' 것이라 부름으로써, 나는 여러분의 동의를 이끌어 내려 한다. 그러나 당연히 모두가 이를 받아들일 것이라고까지는 생각하지 않는다. 사회질서의 이 네 가지 선행 조건에 대한 (분석적 정치 이론가들이 즐겨 쓰는 말인) 이른바 '우리의 직관'이 옳다며 이를 검증하지 않고 참이라 추정하는 일이 없게 할 한 가지 방법은 바로 홉스와 아리스토텔레스 양측이 모두 받아들일 법한 선행 조건에서 민주정의 가치를 위한 논변들을 쌓아 올리는 것이다. 나는 홉스와 아리스토텔레스가 인간의 내재적 능력들과 관련해 의미 있는 정도로 공통된 입장을 지니고 있음을 보여 주려 한다. 이런 작업이 의미 있는 이유는 홉스가 자신의 규범적·실증적 이론 기획을 (다른 무엇보다도) 인간의 사회성과 정치 사이의 관계에 대한 아리스토텔레스의 견해를 논박하는 것이라 스스로 생각했기 때문이다. 홉스에 따르면 아리스토텔레스의 견해는 불합리하고 혐오스러우며 무지한 것이다.[2] 물론 여기서 도덕 심리학, 윤리학, 정치 이론과 관련된 문제들과 관련해 아리스토텔레스와 홉스 사이의 차이를 흐릿하게 하려는 것은 아니다. 그들이 어디까지 공통된 입장을 지니고 있는지를 인식하면, 차이는 훨씬 더 부각될 것이다. 하지만 홉스가 여러 지점에서 아리스토텔레스와 심한 입장차를 보이기 때문에, 그들이 공유하는 어떤 기반이 있다면, 거기에는 매우 그럴듯한 직관적 타당성이 존재한다고 봐도 무방하지 않을까? 게다가 현대 사회과학과 자연과학도 그런 기반을 공유한다고 할 때, 그 기반의 직관적 타당성은 훨씬 더 커질 것이다.

아리스토텔레스와 홉스 양자의 의견 일치는 제한적인 것으로서 사회질서의 오직 몇 가지 선행 조건에 관한 것일 뿐, 그런 선행 조건이 함축하는 모든 사항에 대한 것은 아니다. 나는 두 인물이 민주정과 인간적 번영에 대해 그들이 공유하는 기반이 어떤 의미인지에 대해 서로 의견 일치를 이루지 않을 것임을, 그리고 선행 조건에 대한 양자의 입장이 겹친다는 사실이 결국 다른 더 중요한 문제들에 대한 의견 불일치에 의해 무색해질 수 있다는 것도 인정한다. 그러나 우리가 효과적인 정치적 권위란 무엇이며, 그것이 법 제정 및 집행과는 어떤 관계를 갖는지에 대한 아리스토텔레스와 홉스의 논쟁으로부터 한 걸음만 떨어져 본다면, 현대 자연과학과 사회과학의 발견과도 일맥상통하는 인간의 능력들에 대한 그들의

2) 예를 들어 『리바이어던』 4장 46절, "나는 자연철학 안에서 현재 아리스토텔레스의 『형이상학』이라 불리는 것만큼 불합리하게 이야기된 것이 없다고 믿는다. 또한 통치와 관련해서는 그가 『정치학』에서 이야기한 것보다 더 혐오스러운 것이 없다고 믿는다. 역시 그의 『윤리학』의 대부분의 내용보다 더 무지하게 이야기된 것도 없다." 레어드(Laird 1942)는 아리스토텔레스의 『정치학』에 대한 홉스의 입장을 잘 요약했다는 점에서 여전히 유용하게 참고할 만한 연구이다.

제한적 의견 일치는, 데모폴리스 교육자들이 참여 비용 부담에 회의적인 미래 시민들에게 그 정당성을 설득하는 일에 분명 중요한 참고 사항이 될 것이다.

이어질 논의에서 나는 첫 번째 믿음assumption, 즉 인간이 다른 동물들과 마찬가지로, 인간에게 고유한 특성과 독특한 능력을 지닌다는 믿음을 다루고자 한다. 그런 능력은 바로 사회성, 합리성, 언어적 의사소통 능력이다. 이 능력 각각을 나는 아리스토텔레스와 홉스 양자를 참조해 자세하게 하나씩 다룰 것이다. 그럼으로써 나의 결론은 이런 능력 일체를 자유롭게 발휘하는 것이야말로 오직 민주정에서만 완전하게 실현될 수 있는 [민주정] 고유의 좋음들이라는 것이다. 앞서 말한 '간단한 믿음들' 가운데 [방법론적] 개인성, 상호 의존성, 환경의 가변성과 관련된 믿음들은 이차적인 것으로서 첫 번째 믿음으로부터 따라 나오며, 6장에서 더 자세하게 다룰 것이다. 이런 이차적 믿음들은 인간적 능력들의 발휘 이외의 다른 민주정적 좋음들의 기반이 될 것이다.

1. 사회성

인간이 '사회성'을 지녔다고 주장하는 것은 인식론적으로 다양성을 지닌(즉, '집단 지성'이 존재하지 않는 상태에서) 개인들이 규범에 따라 구조화된 집단[곧, 사회] 안에서 살아가는 것이 인간에게 아주 전형적인 삶의 방식이며, 인간의 잘 삶에 필수적이라는 것을 의미한다. 아리스토텔레스는 이 점을 『정치학』의 도덕 심리학 부분에서 강조하며, 『동물지』에서 상세하게 다룬다.

아리스토텔레스는 동물 종들을 주요하게 두 범주로 분류한다. 첫 번째 범주에는 같은 종에 속한 개체들 간에 그 어떤 복잡한 형태의 협동도 없이 본성적으로 혼자 살아가는 동물 종들 — 예를 들어 오랑우탄, 고양잇과 동물들, 호박벌, 거미 등이 대표적이다 — 이 있다. 두 번째 범주에는 항상 집단 속에서 살아가는 종들 — 예를 들어, 기러기 떼, 정어리 떼, 영양 떼, 영장류 떼가 이에 해당한다 — 이 있다. 이 두 번째 범주, 사회적이고 집단으로 살아가는 동물 종 중에서, 아리스토텔레스는 한 하위 범주에 속하는 종들의 개체들이 이 사회성으로부터 본질적으로 수동적인 이익을 얻는다는 것을 관찰했다. 예를 들어, 많은 초식동물 종들(영양, 들소, 얼룩말)은 개별 감각들의 집합을 통해 이익을 얻는다. 만약 무리의 한 개체가 포식자를 보거나 듣거나 냄새를 맡고서 도망치기 시작한다면, 무리의 나머지도 이를 신호 삼아 안전하게 도망친다. 그러나 영양 등이 재화를 함께 만들거나 공유하지는 않는다. 그러므로 포식자를 피하는 무리의 행태는 상호적 이익이긴 하지만 그 이익의 원천이 능동적 협동인 것은 아니다.[3]

두 번째 하위 범주의 어떤 종들은 공동체의 모든 구성원들이 공적으로 공유하는 재화를 생산하고자 협동함으로써, 좀 더 능동

---

3) 물론 이런 상황은 다른 몇몇 군집 종들에게서는 더 복잡하다. 한 무리에 속한 개체들은 일종의 '전前 사회적인 의무'로서 서로 번갈아 가면서 '보초'를 서며 포식자를 피한다 — 그러나 확신컨대 그 원리는 충분히 명확하다.

적으로 사회적 삶을 살아간다. 이런 공공재를 산출하는 동물들의 행동을 일컬어 아리스토텔레스는 '정치적'이라 규정했다. 사회적 곤충들은 아리스토텔레스가 꼽는 비인간 정치적 행태의 가장 대표적인 예시이다. 『정치학』에서는 꿀벌만 언급되지만, 『동물지』에는 벌, 말벌, 왜가리에 이어 개미도 정치적 동물로 꼽힌다(1권 1장 20절). 아리스토텔레스는 이런 종들 가운데 "어떤 것들은 우두머리에 복종하며, 다른 것들은 통치에 종속되지 않는다. 예를 들어, 왜가리나 꿀벌의 몇몇 종류는 우두머리에 복종하지만, 개미나 수많은 다른 생물들은 모두가 자신의 주인이다"라고 말한다. 아리스토텔레스는 하나의 벌집마다 "왕"이 있어서, 그 왕이 다른 벌들의 행동을 제어한다고 잘못 생각했다. 그러나 그는 동일한 개미집의 개미들은 [일을 시키는] 주인이 없이도 공공재를 산출하기 위해 협동한다고 믿었다는 점에서는 옳았다. 꿀벌들이 그렇게 하듯, 일개미들은 소속 개미집의 모든 개미가 공유할 수 있도록 음식물을 가공하고 저장한다. 이렇게 명확하게 경계 지어진 공동체를 이루어 공공재를 생산하고 공유하는 모든 생물들을 아리스토텔레스는 행동학적 분류에 따라 "정치적 동물"이라 규정했다.[4] 그에 따르면, 인간 역시 사회적 동물 중에서 공공재를 생산하는 하위 범

---

4) 아리스토텔레스가 말하는 왕벌(『동물지』 5권 21장)은 실제로는 여왕벌, 즉 그 벌집의 모든 벌들의 어미이다. 그러나 여왕개미처럼 여왕벌도 자기 벌집 벌들의 활동 전반을 세세하게 지시하지 않는다. 놀랍도록 복잡한 형태를 띤 꿀벌 개체 간 협동, 특히 새로운 벌집을 건설할 장소를 물색하는 가운데 보여 주는 그런 협동은 실리(Seeley 2010)를 보라.

주에 속하는데, 바로 이런 분류가 아리스토텔레스의 그 유명한 "인간은 정치적 동물"(『정치학』1권 2장 1253a1~3)이라는 주장의 근거가 된다. 실제로 아리스토텔레스에게 인간은 가장 정치적인 동물이다 — 다시 말해, 사회적 곤충들과 같은 행태적 관점에서 볼 때 우리는 더 고도로 정치적이다.

홉스는 인간을 정치적 동물로 특징짓는 아리스토텔레스를 직접적으로 겨냥하며 특히 사회적 곤충들과의 비교를 문제 삼는다. "벌이나 개미와 같은 곤충들이 사회를 이루어 살아간다는 것은 사실이지만(그렇기에 아리스토텔레스는 이들을 정치적 동물로 규정했다), 이 곤충들은 오직 특정한 판단과 욕구 이상의 다른 지향을 갖지 않는다. 또한 이 곤충들은 각자가 공동의 이익을 위해 도움이 된다고 여기는 무언가를 서로에게 지시할 언어도 갖지 못한다." 홉스는 "그러므로 어떤 사람들은 왜 인류는 동일한 것[곤충들이 하듯 어떤 강제력 없이도 사회 안에서 살아감]을 할 수 없는지 그 이유를 알길 원할 수 있다"는 점은 인정한다(『리바이어던』17장 86절).

홉스가 생각하기에, 자신의 대답은 명백한 것이었다. (1) 사회적 곤충들과 달리 인간은 "끊임없이 명예와 존엄[지위]을 두고 경쟁 관계에 있기 때문이다." (2) 사회적 곤충들에게는 공동의 좋음과 사적인 좋음이 동일하지만, "남과 자신을 비교하는 데서 기쁨을 느끼는 인간은 아주 최고가 되는 것 이외의 다른 어떤 것에서도 기쁨을 느끼지 못하기 때문이다." (3) 사회적 곤충들은 이성을 결여하므로 인간이 습관적으로 그렇게 하듯 정부의 행정 탓을 하지 않기 때문이다. (4) 사회적 곤충들은 언어를 사용할 줄 모르기에 인간이 하는 것처럼 서로에게 현실을 왜곡해 전달하지 못한다.

(5) 사회적 곤충들은 인간과는 달리 육체적 손상damage과 부정의한 손해injury를 구별하지 못한다. (6) "마지막으로 사회적 동물들의 합의는 자연적인 것"인 반면, 인간은 오직 서로 간의 인공적인 신의 계약에 의해서만 합의에 이를 수 있는데, 그렇기에 인간은 그 합의를 집행할 강제적 제3자, 즉 법 위에, 그리고 법 밖에 위치하는 절대적 지배자를 필요로 한다(『리바이어던』 17장 86, 87절).[5]

인간의 사회성에 대한 아리스토텔레스의 강한 주장은 공동체의 구성원들이 본성대로 상호작용하는 가운데 생겨나는 여러 규범으로부터 안정적이며 잠재적으로는 덕스러운, 그리고 시민 각자가 모두 행복한 공적 질서가 스스로 생겨날 수 있음을 강변하고 있는데, 홉스는 바로 이 지점에서 아리스토텔레스와 대립각을 세운다. 홉스가 보는 자연 상태의 인간은 사회적 상호작용이 위험한 것이자 자신의 자존심에 해로운 것이라 여기며 경멸한다(『리바이어던』 13장 61절). 그에게 문제는 이렇게나 반사회적인 본성을 지닌 인간이 왜 사회를 이루어 함께 살아가고 있는지를 해명하는 것이었다(Foisneau 2016, 121, 122). 이 지점에서 그는 인간 사회가 본성적으로 우리의 최상위 목적들을 공동으로 성취하기 위한 것이라는 아리스토텔레스의 전제는 거부하면서도, 플라톤이 『국가』(2권 369b~372a)에서 파악한바, 곧 인간은 사회적 협동의 광범위한 체계를 형성하지 않고서는 결코 잘 살 수 없다는 점에서 상호 의존적이라는 전제에는 동의할 것으로 보인다. 인간이 충분한 수준의

---

5) 여기까지의 네 단락은 오버(Ober 2015b, 3장)에서 그대로 가져온 것이다[본문에 인용된 내용은 『리바이어던 1』, 진석용 옮김, 나남, 2008, 230, 231쪽 참조].

물질적 조건을 누리기 위해서는 반드시 사회 안에서 함께 살아갈 길을 찾아야만 한다.

물론 자연 상태에서의 삶을 묘사한 그 유명한 다섯 단어["고독하고, 가난하고, 험악하고, 잔인하고, 짧다"] 중에서 "고독함"을 있는 그 대로 받아들인다면, 홉스에게 인간이란 주권자가 성립하기 이전에는 사회를 이루어 협동할 능력을 결여하고 있다고 생각할 수도 있다. 하지만 킨치 훅스트라(Hoekstra 2017, 1부)가 아주 상세히 보인 바 있듯이, 홉스가 말한 자연 상태에서의 "고독함"이라는 조선은 수사학적 과장이며, 자연 상태에서도 존재할 수 있는 아주 작은 규모의 집단 형성("연합"confederacy)에 대한 홉스의 암시와 모순된다. 실제로, 공동의 목표를 정하고 달성하도록 협동할 수 있는 집단을 형성하는 인간의 능력은 홉스의 자연 상태에서도 매우 필수적이다. 바로 그 능력 때문에 자연 상태에서 가장 강한 개인마저도 타인들을 두려워할 수밖에 없다(『리바이어던』 13장 60절).

분명 홉스는 인간이 잘 살기 위해서는 규범에 따라 구조화된 사회적 집단 안에 사는 것이 반드시 필요한 일이라 생각했다. 즉, 리바이어던을 만들어 내는 사회계약이 이루어지는 이유는 바로 그 잘 삶을 가능케 하기 위함이다. 리바이어던을 만들어 내는 사회계약은 인간이 특정한 올바른 조건들 아래에서는 사회적 협동을 할 수 있음을 알고 있다고 가정한다. 그렇기에 홉스가 비록 필수적인 사회적 조건들을 성취하는 원동력으로서 본성적 사회성은 거부했지만, 인간에게 사회적 협동을 위한 타고난 능력은 있으며, 그런 능력을 발휘하는 것이 인간적 번영에 필수적이라는 데에서는 아리스토텔레스와 의견을 같이할 것이다.

실제로 인간이 규범에 따라 구조화된 집단 속에서 살고 있고, 또 살아왔다는 것은 분명한 사실이다.[6] 고고학과 인류학의 수많은 증거에 근거해, 생물학적으로 현생인류는 (인류의 조상과 그 근연종이 그랬던 것처럼) 몇몇 개체로 이루어진 아주 작은 무리를 이루어 살았음이 확실히 밝혀져 있다. 그런 작은 집단 안에서 인류는 수렵 채집 생활을 했고 언제나 규범에 따라 구조화되어 있었다. 인류학자들이 연구한 어떤 수렵 채집 공동체에서건 규범을 위반한 자는 집단의 다른 구성원들로부터 제재를 받았다.

주목할 만한 것은 인류의 수렵 채집 집단의 규범은 자유주의적이지는 않았지만, 정치적인 용어로 하면 분명 민주적이었다는 것이다. 인간과 생물학적으로 가장 유사한 고등 영장류(침팬지, 고릴라, 보노보) 역시 집단을 이루어 산다. 그러나 이 집단들과는 달리 인간 집단은 전형적으로 이른바 '알파'[동물행동학 연구에서 한 집단의 우두머리 개체를 뜻하는 용어]가 존재하지 않았으며, 구성원들 간 엄격한 위계가 존재하지도 않았다는 점에서 차이가 있다. 즉, 인간 집단에는 왕이나 대장이 없었다. 이런 '알파'가 없었던 이유는 어떤 개체가 군림하려 들 때 다른 구성원들이 이에 적극적으로 대항했기 때문이다(Boehm 1999). 이런 저항은 반감을 표현하는 정도의 약한 것에서부터 아예 그 야심 있는 개체를 추방 혹은 제거하는 강한 수준으로까지 이루어진다. 이렇게 '군림 위계질서'가 존재

---

6) 심지어 은둔자마저도 다른 이들과의 사회성으로부터 만들어진 배경 조건들에 의지할 수밖에 없다. 최소한 그는 협동하는 사회조직을 통해 발명되고 발전해 온 도구를 사용해 살아갈 수밖에 없기 때문이다.

하지 않게 된 결과,[7] 공적으로 중요한 사안에서의 의사 결정은 개인 혹은 소수가 지시하는 대로가 아니라, 모두의 합의에 의해 내려졌다.

(인간, 침팬지, 보노보를 아우르는) 고등 영장류의 어떤 '공통 조상'으로부터 갈려 나온 뒤에, 현생인류의 먼 조상은 수백만 년간 작은 집단을 이루어 사는 가운데 진화를 거쳐 오늘날의 생물학적 형태로까지 변모하게 되었다. 그 진화의 어느 한 지점에서, 인간의 사회성은 다른 영장류들에게서는 전형적으로 나타나는 엄격한 위계 서열로부터 구별되어 가기 시작했다. 우리는 역시 수만 년간 — 현생인류가 출현한 이후 거의 대부분의 시간 — 을 항상 민주적인 작은 집단을 이루어 살았고, 이는 약 1만 2000년 전 농경이 시작되기 전까지 계속되었다. 그러므로 민주정이 (진화적 적응에 의해 유전적으로 선택된) '자연스러운 것'이라 말하는 것은 지극히 합리적인 결론이다. 이는 마치 침팬지의 사회성의 본성적 형태가 엄격한 군림의 위계질서인 것과 마찬가지다.[8]

진화 과학과 사회과학을 제쳐 두더라도, 소규모 집단에서의 협

---

7) [옮긴이] '부정 우위 위계질서'negative dominance hierarchy는 인류학자 크리스토퍼 뵘의 개념을 저자가 다르게 표현한 것으로 8장 1절의 역-군림 위계질서와 같은 말이다. 저자는 뵘에게 군림의 위계질서가 존재하지 않는다는 의미가 다음과 같다고 설명했다. 즉, 한 공동체가 취하는 사회질서 내에서, 한 개인이 다른 구성원들에 대해 우월성을 주장하면서 군림하려 할 때, '누구도 군림하지 말 것'이라는 규칙에 따라 다른 구성원들이 그를 제재할 것이 모든 구성원들에게 명확히 알려져 있는 상태가 바로 역-군림 위계질서 내지 군림 위계질서의 부재 상태라는 것이다.

동을 가능케 하는 인간의 기초적 능력에 대해서는 아리스토텔레스와 홉스 모두 인정할 것으로 보인다. 거기에 더해 홉스는 또한 자연 상태에서 소규모 집단으로 뭉친 인간이 갖게 될 공동의 목적 중 대부분이 잠재적으로는 [타인 혹은 타 집단에 대한] 살해 계획이라고 할지라도, 어쨌든 인간이 그 공동의 목적을 추구하기 위한 최소한의 규범을 만들어 낼 수 있다는 점은 기꺼이 인정할 것으로 보인다. 홉스는 또한 그런 [서로에 대한] 살해 위협으로부터 생겨나는 불안정 이외에도 수렵 채집 사회의 빈곤함 역시 강조할 것이다. 아리스토텔레스 역시 프로타고라스와 데모크리토스에서 플라톤에 이르는 초기 그리스의 '인간학' 전통에 따라, 혈연에 의한 소규모의 자연적 인간 집단은 항상 서로에 의한 혹은 자연의 힘에 의한 위험에 취약하다고 보았다.[9] 그렇기에 아리스토텔레스와 홉스 모두 소규모 집단이 생존할 수 있는 정도의 협동이 인간의 본성적 능력으로부터 가능하다는 것, 그러나 그런 능력이 인간적 번영의 조건으로까지는, 심지어 가장 기본적 의미에서의 안전과 풍요를 이루기에는 불충분하다는 데에 의견 일치를 볼 것이다. 이런 가장 기본적인 물질적 조건이 마련되려면, 인간 공동체는 더욱 커지고 복잡해져야 한다. 물론 그렇게 규모와 복잡성이 커져 나가

---

8) 침팬지나 다른 영장류와는 대비되어 수렵 채집 공동체에서 나타나는 "부정 우위 위계질서"와 비전제적 정치라는 특징에 대해서는 뵘(Boehm 1999, 2012a), 하라리(Harari 2015), 터친(Turchin 2015)을 보라.

9) 아리스토텔레스 이전 그리스 인간학의 잘 알려진 예시는 데모크리토스(『소크라테스 이전 철학자들의 단편 선집』B252), 플라톤의 『프로타고라스』(프로타고라스의 '위대한 연설')와 『정치가』등이다.

면, 우리가 3장에서 본 바와 같이 맨서 올슨과 후세대 사회과학자들이 분석한 집단행동 문제들이 발생하게 된다.

2. 합리성

인간의 독특한 능력 중 두 번째에 해당하는 전략적 합리성을 논할 때, 우리는 홉스에게 더 친숙하고 아리스토텔레스는 낯설게 여길 듯한 토양에 서게 된다. 물론 홉스는 인간이 지닌 자존심과 명예욕을 강조하면서, 합리적 행위자 이론의 가장 강한 입장에서 가정하듯이 인간을 냉철하고 분석적이기만 한 효용 계산가, 이른바 리처드 세일러(Thaler 2015)가 생각한 "이콘"과 같은 상상 속 (혹은 실제 있더라도 극히 드문) 행위자로만 바라보지는 않았다. 명예를 얻으려는 욕망과 자기 우월함을 인정받으려는 욕망을 지닌 인간들로 인해, 인간의 합리성을 단순하게 바라보는 그 어떤 인간관도 실제에는 잘 들어맞지 않는다. 그러나 다른 한편으로 홉스는 자신의 사회계약에 대한 이론을 (1) 평범하고 건강한 성인인 인간이라면 누구나 합리적으로 순서 매긴 선호가 있으며 — 곧, 여러 다른 좋음들에 앞서 생명 그 자체를 맨 앞에, 그다음으로 안전과 충분한 생활수준 순으로 — , (2) 우리 모두는 우리 자신의 공적 혹은 사적 이익을 추구하는 전략적 이성을 사용한다는 이 두 가지 사실에 기반해 펼치고 있다. 게다가 홉스는 인간이 타인 역시 자신처럼 선호를 합리적으로 순서 매길 수 있는 능력과 전략적 이성을 보유했음을 알고 있으므로, 그런 타인의 행동을 고려하면서 계획을 세우고 그에 따라 행동해 간다는 것을 알고 있었다. 『리바이어던』의 핵심 논변은 그런 전략적 합리성이 자연 상태의 원초적 평등과 상호 위협이라는 조건에서는 그 자연 상태로부터 인간성을 지켜 내기에 충분히 일반적이고 믿을 만한 그 어떤 상호 신의도 불가능하게 만든다는 것이었다. 그렇기에 초법적인 주권자 혹은 (인격화된) 제3의 집행자 없이 생겨나는 사회적 균형[자연 상태]은 우리에게 기본재들을 결코 마련해 줄 수 없으며, 그렇기에 인간은 결코 안전과 풍요의 조건들에 도달할 만큼 충분한 규모와 복잡성을 지닌 사회조직을 형성하지 못한다는 것이 홉스의 결론이었다.

인간의 사회성에 내재한 사회질서와 공공재 산출의 잠재성을 강조한 아리스토텔레스의 면모를 보면, 아마도 그는 인간이 타인과의 경쟁 속에서 자기 효용을 최대화한다는 의미에서 전략적 합리성을 본성적으로 갖추었다는 사실을 받아들이지 않을 것처럼 보인다. 『정치학』에서 그는 인간 사회가 자연적으로 핵가족(+ 노예)이라는 가장 단순한 형태에서 여러 가족이 모인 혈연 혹은 지역 기반의 소규모 공동체를 거쳐 도시국가(폴리스)라는 대규모의 복잡한 사회로 발전해 간다고 보았는데, 바로 이 폴리스가 인간 사회 발전의 본성적 목적telos이라고 주장했다(『정치학』 1권 2장 1252b 14~30). 그러나 『정치학』의 다른 수많은 구절을 보면, 아리스토텔레스 역시 전략적 합리성이 사회적 존재로서의 인간을 그 밖의 다른 '정치적' 동물들, 곧 개미나 벌과 구별지어 준다는 홉스의 평가에 동의할 것 같다는 인상을 준다.

위에서 인용한 사회적 곤충들에 대한 『리바이어던』의 한 부분(17장 86, 87절)을 보면, 홉스가 강조하려던 것은 개미나 벌이 개체로서 집단 전체의 이익과 상충하는 개체적 이익이나 선호가 없다는 것이었다. 게다가 만약 하나의 개미 개체나 벌 개체가 실제와 달리 개체적 선호를 가진다고 하더라도, 이 곤충들이 그런 개체적 선호를 추구할 구체적 계획을 수립할 만큼의 전략적 합리성을 갖추고 있지는 않다는 것이 홉스의 생각이었다. 다시 말해, 한 집단 속 사회적 곤충들은 '전적으로' 협동한다 — 이들은 부족한 자원을 두고 상호 경쟁하지 않으며, 착오(예를 들어, 같은 집단의 구성원을 침입자로 착각)로 인해 갈등을 빚지도 않는다. 반면에 인간은 자신의 개인적 이익 — 생명 자체, 명예, 자기과시 순 — 때문에 공공재를 산출하기 위해 협력하기보다는 서로 경쟁한다. 그리고 우리의 사적인 목적을 추구할 때 전략적 합리성은 우리가 가진 좋은 무기가 된다.

바로 이 지점에서 홉스는 아리스토텔레스를 반박하려 했지만, 아리스토텔레스는 『정치학』에서 인간의 사회적 행동을 설명하는 가운데 공동체의 개별적 '부분'들 — '공동체 전체의 공동선'보다 훨씬 더 좁게 이해되는 선호를 가진 개인이나 하위 집단 — 이 공동의 이익과 상통하지 않는 자신 혹은 자신들만의 이익을 인식함을 솔직하게 인정하고 있다. '부분'들은 전체 공동체의 이익을 해하면서까지 자신의 사적 이익을 전략적으로 추구하며 행동하기도 한다. 그렇기에 『정치학』 3~6권의 논의 대부분은 그런 사회적 부분들(개인이나 집단)이 자신의 이익을 국가 전체의 이익과 일치시키지 못할 때 생겨나는 문제들을 다루고 있다.

『정치학』 1권 2장(1252b14~30)에서 폴리스라는 자연적 공동체의 발생을 고찰하는 가운데 아리스토텔레스는 폴리스가 인간의 사회성의 본성적 목적이라고 주장하지만, 동시에 "함께 살고 (다시 말해) 모든 인간의 관심사를 공유한다는 것은 어렵다"(2권 5장 1263a15, 16; 3권 15장 1286b1과도 비교하라)고도 말한다. 또한 "이와 같은 종류의 공동체[정치적 공동체]로 향하는 충동은 자연적으로 모든 인간에게 있"더라도, "처음으로 [사람들을] 함께 살도록 한 자가 가장 큰 좋음들의 원인이다"(1권 2장 1253a29~31)[10]라고도 말하고 있다. 입법자와 형식적 규칙이 갖는 역할에 대한 논의는 7권에서도 반복된다. 이 대목에서 아리스토텔레스는 자연적 폴리스로서 성취 가능한 가장 완벽한 형태, 이른바 "바람에 따른 폴리스"를 그려낸다. 그는 바람에 따른 폴리스가 번영의 조건 속에서 오랜 시간 유지될 수 있으려면 인간의 행위로 제정되어 강제력을 지니고 집행되는 형식적 규칙이 꼭 필요함을 역설한다. 만약 인간이 개미나 벌처럼 본성으로 정해진 대로 전적으로 협동할 수밖에 없는 존재라면 규칙 같은 건 전혀 필요하지 않을 것이다. 홉스에게 그랬듯이 아리스토텔레스가 보기에도 인간이 잠재적으로 협동하지 않을 수 있다는 문제의 근원은 인간이 가진 전략적 합리성 — 즉, 개인이나 하위 집단이 자신만의 선호를 식별하고 추구하며 상대도 분명 그렇게 할 것임을 인지할 수 있는 인간의 독특한 능력 — 에 내재해 있는 것이다.[11]

홉스와는 달리 아리스토텔레스는 협동의 문제가 초법적 주권자 없이도 해결될 수 있으며, 시민들의 공동체가 자기 자신을 통

10) [옮긴이] "공동체를 세우려 했던 맨 처음 사람은 최고의 좋음에 대해 책임이 있다"(『정치학』, 김재홍 옮김, 길, 2017, 36쪽).

치할 수 있도록 해주는 규칙이 고안될 수 있으리라 믿었다. 아리스토텔레스의 "가능한 최선의" 폴리스는 실제 고전기 그리스 민주 정부들이 그랬듯이 시민들이 (배심원 혹은 공무 담당civic 행정관으로서) 서로를 지배하고 또 동료 시민들에게 지배받는 그런 형태였다. 아리스토텔레스에게 시민들에 의한 자기 통치는 지속 가능한 것이었고, 안전과 풍요를 안정적으로 마련하며, 법에 의해 일정한 제약 아래 이루어지는 것이었다. 그러나 그가 그런 행복한 조건이 쉽게 이루어지리라 생각했던 것은 결코 아니었다. 즉, 『정치학』의 중간 여러 권들[4~6권]은 현실 속 시민들에 의해 다스려지던 도시 국가에서 전체 — 도시국가의 정치적 공동체 — 의 이익과 부분들의 이익이 상충한 끝에 최상의 번영에 이르지 못한 여러 방식들을 상세하게 그린다. 그는 각각의 구성원이 자신의 본성이 허락하는 한 최고로 번영할 수 있는 가능한 최선의 공동체가 본성적인 인간의 사회성 발휘만으로 생겨날 수 있다고는 결코 믿지 않았다.

인간의 행동 양식과 사회조직 안에서 전략적 합리성이 어떤 역할을 하는지는 사회과학자들 간에 다양한 견해가 있지만, 주류 학계에서는 사회과학적 설명을 할 때 항상 인간의 전략적 합리성에 대한 믿음을 그 기반으로 삼는다. 물론 인간의 합리성은 내재적으로 불완전하다. 우리가 판단을 할 때 감정이 수행하는 역할에 대한 실험심리학, 행동 경제학, 신경학 연구가 발전함에 따라, 현

11) [『정치학』] 1권의 자연적 폴리스와 7권의 가능한 최선의 폴리스 간의 관계는 오버(Ober 2015a; 1996, 11장, 특히 169, 170; 1998, 295~297, 297의 주 19에 인용된 문헌)를 보라.

재는 기대되는 효용의 최대화로 이해되는 합리성이 실은 상당한 제약 아래 놓여 있음이 널리 인정된다. 그렇지만 이 새로운 연구들이 보여 주려는 것은 자기 이익 추구로서의 합리성이 존재하지 않는다는 것이 아니라, 어떻게, 그리고 어느 정도로 우리의 합리성이 제약되는지를 밝혀내는 방향으로 발전하고 있다. 전략적 계산은 사회과학자들이 이미 널리 인정한 인간 상호작용의 표준적 특징이다. 현대 심리학이 밝혀낸 것은 설명 요인으로서 합리성의 역할은 여러 조건에 의해 다소 제약된다는 것일 뿐, 결코 합리성을 완전히 대체할 다른 요인을 찾아낸 것은 아니다.[12]

아리스토텔레스와 홉스 모두가 받아들일 것처럼 보이는 공통의 기반은 바로 이런 현대 주류 사회과학의 시각에도 잘 들어맞을 것이라 나는 생각한다. 홉스와 아리스토텔레스 두 사람 모두 인간을 근본적으로 그들의 잘 삶을 염려하는 존재로 간주했다. 두 사람 모두 인간의 행태에서 감정이 차지하는 역할을 널리 인정하지만, 고차원적 추론 능력이야말로 인간의 독특한 특징 가운데 하나라고 보았다. 합리성은 개인들이 자신의 선호를 서열화해 그 선호[순서]에 따라 다소간 일관적인 방식으로 자신이 욕망하는 목적을 추구할 수 있게 해준다. 또한 합리성은 타인 역시 자신과 유사한

---

12) 사이먼(Simon 1955), 카네만(Kahneman 2011), 세일러(Thaler 2015)를 보라. 제한적인 전략적 합리성은 그리스 작가들에 의해(Ober 2009; Ober and Perry 2014), 그리고 그리스 제도 설계자들에 의해(Ober 2008a) 인간 사회에 널리 퍼져 있는 것으로 이해되어 있었다. 한편 본문에서 '사회과학'이란 주로 정치학과 경제학을 말한다.

합리적 방식으로 행동할 것을 인지한 상태에서 자신의 목적을 추구하기 위한 전략적 계획 수립을 가능케 한다. 홉스와 아리스토텔레스 모두 (대면 사회 이상의) 대규모의 복잡한 사회에서의 협동이 인간적 번영에 매우 중요하다고 보았다. 두 사람은 그런 사회적 협동을 위해서는 규칙에 대한 복종이 필수적이라 생각했다. 두 사람은 체제의 정당성은 규칙의 적용을 받는 사람들이 그것을 합리적으로 수용했는지 여부에 달려 있다고 보았다. 다시 말해, 두 사람은 어떤 체제가 정당한 것이려면, 각 구성원이 자신을 비롯한 모든 구성원이 규칙에 복종하는 편이 더 낫다는 인지를 통해 자발적으로 규칙에 복종해야 한다고 믿었던 것이다.

3. 언어적 의사소통

세 번째 근본적이고 독특한 인간의 능력은 고차원적인 언어적 의사소통 — 언어를 이용해 서로에게 중요한 사안들에 대해 (정보를 교환하고 무언가를 믿거나 행해야 할 이유를 제시하는 방식으로) 숙고하며, 그에 대한 결정을 내리는 — 능력이다. 홉스와 아리스토텔레스는 모두 언어의 발달과 도구적 사용을 근본적으로 중요하고 독특한 인간의 특징이라고 인정했다. 두 사람 모두 언어의 사용 혹은 상징체계의 발전이 인간 집단에 보편적이라 생각했으며, 그런 생각은 옳았다. 아리스토텔레스는 수단과 목적, 이로움과 정의로움에 대한 언어적 의사소통을 위한 언어의 사용이 이성과 더불어 인간을 '가장 정치적인' 동물로 만들어 준다고 지적했다(『정치학』 1권 2장 1253a8~18).

> 동물 가운데 인간만이 말을 가진다. …… 말은 유익한 것과 해로운
> 것을 분명하게 하는 데에, 따라서 또한 정의로운 것과 정의롭지 않
> 은 것을 분명하게 하는 데에 기여한다. 왜냐하면 다른 동물에 비교
> 해서 인간만이 좋은 것과 나쁜 것, 정의로운 것과 정의롭지 않은 것,
> 그리고 다른 나머지 지각을 가진다는 이 점은 인간에게 고유한 것
> 이기 때문이다.

우리가 이미 보았듯이 홉스 역시 언어 사용이 인간을 사회적 곤충
들과 구별해 준다고 생각했다(『리바이어던』 17장 87절). 게다가 아
리스토텔레스와 홉스는 모두 수사학 분야에 정통했고 그 분야에
많은 기여를 한 인물들이었다. 그러므로 두 사람 모두 언어가 사
회 친화적 목적들, 이를테면 대규모 인간 집단에서 벌어지는 고도
의 협동에 기여하는 숙고에 사용될 수 있음을 잘 알았을 것이다.
그러나 두 사람은 설득하는 말이 개인의 편협한 자기 이익 추구를
위한 전략적 목적들에 동원될 수도 있음을 또한 잘 알았다. 두 사
람 모두 기만 혹은 조작과 같은 형태의 전략적인 언어적 의사소통
이 어떻게 정치를 타락시키며 사회적 협동의 기반을 무너뜨릴 수
있었는지를 잘 알았다. 그렇기에 아리스토텔레스와 홉스 모두에
게 언어적 의사소통을 사회 친화적 방식으로 사용하도록 교육하
는 것은 무엇보다 큰 관심사였다. 즉, 개인은 언어적 의사소통을
통해 서로를 (자신이 아는 바를 드러냄으로써) 가르치고 또 배운다.[13]
　역시, 인간의 언어적 의사소통 능력의 독특성과 그 능력의 목

적을 두고 아리스토텔레스와 홉스 사이에서 나타나는 명백한 의견 일치는 오늘날 주류 현대 과학의 견해와도 잘 맞는다. 물론 언어가 두뇌의 발달, 다른 생리학적 특징, 인간 집단의 사회적 조직 형태와의 연관 속에서 정확히 언제 어떻게 진화해 왔는지는 여전히 학계에서도 큰 논쟁거리이다. 하지만 확실한 것은, 언어의 사용은 전략적 목적과 협동의 목적 둘 다를 위해 쓰이는 인간의 보편적 특징이라는 것이다. 언어적 의사소통 능력이 대규모의 정교한 협동을 가능하게 한 것도, 기민과 조직을 통해 공동의 이익에 해를 가할 수 있다는 것도 모두 의심의 여지 없는 사실이다.[14]

4. 민주정적 좋음으로서의 인간적 능력들의 자유로운 발휘

사회성, 합리성, 언어적 의사소통 능력, 인간의 이 세 가지 능력은 그 기원과 기능 사이에 깊은 상호 연관성이 있으며, 각각의 발전 역시 상호작용을 통해 이루어져 왔다.[15] 이 세 가지 능력은 인간의 여러 특징 중에서도 특별히 더 인간을 다른 동물들로부터

---

13) 이와 관련해 아리스토텔레스의 『수사학』에 대해서는 케네디(Kennedy 1963), 홉스의 『리바이어던』에 대해서는 스키너(Skinner 2008)를 보라.

14) 언어의 기원에 대해서는 하라리(Harari 2015), 언어가 구조화된 과정framing에 대해서는 레이코프(Lakoff 2003 [1980]), 현대 정치 이론에서의 수사학에 대해서는 가스틴(Garsten 2011)을 보라.

15) 사회성, 합리성, 언어적 의사소통 능력의 기원과 기능에 대해서는 하라리(Harari 2015) 및 여기에 인용된 문헌을 보라.

구별해 주며, 인간이 이룩한 사회질서의 확고한 선행 조건으로 고려됨이 마땅하다. 다른 포유류들도 매우 사회적인 경우가 있으며, 집단적 목적뿐만 아니라 개인적 목적도 추구하고, 그 목적들을 이루기 위한 언어적 의사소통을 한다. 그렇지만 인간과 비교했을 때 이 동물들에게는 언어와 이성을 사용할 능력이 제한되어 있다. 그렇기 때문에 사회성, 합리성, 언어적 의사소통 이 세 가지 능력의 결합이 인간에게만 고유하며 독특하기에, 우리는 이 능력들을 인간성을 구성하는 능력들이라 간주할 수 있다(물론 여기에는 이 세 가지 이외의 다른 능력들도 충분히 있을 수 있다).[16]

우리가 보았듯이, 사실 이 결합[곧, 세 가지 능력이 결합해 구성된 인간성]은 대규모의 사회적 발전을 도모하는 데 문젯거리이다. 전략적 합리성을 사용하는 무임승차자가 언제나 존재하기 때문에, 이들의 무임승차를 통제해 기능적으로 효과적인 인간 공동체가 되도록 하기 위해서는, 그 크기와 복잡성이 제한되어야 하기 때문이다. 하지만 바로 그런 세 가지 속성들의 결합이야말로 역사 속에 존재했던, 개인적으로 서로를 알지 못하는 수많은 사람들[대면 사회 이상으로 인간 집단의 본성적 기본 값으로서의 민주정이 통용되지 않는 규모의 사회]의 공동체에서 공동의 목적에 대한 헌신[신뢰 가능한 약

---

16) 인간성을 구성하는 능력들의 가능한 후보를 떠올리기는 어렵지 않다. 예를 들어 (다른 동물들처럼 신체적으로뿐만 아니라 가상으로도) 고통을 느끼는 능력, 그리고 정념(역시 신체적으로뿐만 아니라 가상의 정념에 대해서도)과 상실에 의한 고통에 반응하는 능력에 대해서는 윌리엄스(Williams 2005, 99)를 보라.

속]commitment이 생겨나게끔 했던 메커니즘의 원천이기도 하다. 가장 주요한 메커니즘은 협동하는 자에게 보상이 돌아가고 배신자에게는 처벌이 내려지도록 집행되는 규칙(규범과 법률)이다. 결론적으로, 인간은 (서로에게 해를 끼치기도 하지만) 사회적이고, (이성에 놓인 제약이 많음에도) 어쨌든 합리적이며, (반사회적인, 혹은 사회 친화적인 방식 어느 쪽으로든) 언어로 의사소통하는 존재이며, 그리고 바로 인간성을 구성하는 이 세 가지 능력들은 민주정이 안전과 풍요를 위해 좋다는 깃 외에도, 더 무엇을 위해 좋은지에 대한 물음에 한 가지 가능한 대답이 된다. 즉, 민주정은 이 세 가치 인간성을 구성하는 능력들의 자유로운 발휘에 좋다.[17)

내가 보기에 홉스는 이 결론의 몇몇 전제에는 의견을 같이할 수도 있겠지만, 이런 결론까지 동의하지는 않을 것이다. 아리스토텔레스 역시 이를 다소 문제 있는 주장이라 간주할 듯하다. 어쨌

17) 이 절의 논변은 오버(Ober 2007b)로부터 일부 가져온 것이다. 나는 해당 연구에서 왜 오직 건강한 성인들이 내가 여기서 다루는 이런 능력들을 갖춘 종인지를, 그리고 능력들의 비기생적 발휘가 무슨 뜻인지를 논했다. 한편 여기서 '자유로운'이란 윌리엄스(Williams 2005, 79)가 정의한 원초적 자유, 즉 "원하는 것[여기서는 나에게 어떤 유형의 것으로서 좋기 때문에 원하는 것 -인용자]을 하는 데 있어 인간적인 차원에서 부과되는 어떤 강제로 인해 방해받지 않는 상태라는 단순한 관념"을 뜻한다. 한편 나의 논변은 경제학 혹은 윤리학에서의 '역량 접근법'capabilities approach과 유사하지만(예를 들어, Sen 1993; Nussbaum 2011), 그런 이론과 비교했을 때 최소한의 요소만을 취한다. 센이나 특히 누스바움과 달리, 나는 현대 자유주의적 관점에서 완전한 인간적 번영으로 인정되는 삶을 유지하기 위해 꼭 필요할 법한 다양한 능력들 모두를 구체화하지 않는다.

든 위와 같은 나의 주장은 민주적 참여의 가치를 옹호하기 위해 제기할 수 있는 수많은 주장 가운데 한 가지일 뿐이다. 하지만 이 장에서 내가 주장하려는 민주정적 좋음은 자유주의로부터 오는, 우리에게 친숙한 좋음들과는 독립적이며, 특정 종교적 신념들에 기반한 좋음들과도 독립적이다. 나는 이 외의 좋음들 역시 존재하며 이것이 두 가지 종류의 좋음들과 독립적이라는 다른 식의 논변이 얼마든지 발견될 수 있음을 인정한다. 또한 원초적 민주정에 대한 나의 설명은 자유주의적 국가와 종교적 전통주의를 따르는 국가 모두를 위한 잠재적인 틀로 활용되게끔 의도된 것이기에(8장), 데모폴리스의 미래 발전상을 어떻게 상상하는지에 따라 민주적 참여가 어떤 이익을 가져다주는지, 또 어떻게 그런 이익을 가져다주는지를 더 잘 설명해 줄 다양한 도덕적 주장들이 만들어질 수도 있다. 요컨대 인간적 능력들의 자유로운 발휘는 앞으로 발견되거나 정당화될 민주정적 좋음들 가운데 하나의 대표적인 예시일 뿐이다. 이는 자유주의 이전의 민주정이 무엇에 좋은지에 대한 규범적 물음에 가능한 한 가지 대답이며, 데모폴리스 건국자들이 미래 시민들이 왜 폭정을 거부해야 하는지, 어떻게 그들이 그저 비용으로만 생각될 수도 있는 공적 활동들로부터 물질적으로나 심리적으로 이익을 거두게 될 것인지를 보여 주는 수많은 논변들 가운데 하나인 것이다.

　　민주정에 참여함으로써 이 같은 인간의 근본적 능력들을 자유롭게 발휘하는 것이 안전과 풍요라는 물질적 좋음을 넘어서는 의미의 인간적 번영에 좋은 것이라는 논변은 다음과 같다. 원초적 민주정의 조건들 아래, 시민들은 중요한 결정을 내리는 과정에서 자유롭게 그리고 공연公然하게 이성을 사용하고 언어로 의사소통한다. 시민들은 이 결정을 내리기까지의 과정을 스스로 해내며 그 결과에 책임진다. 다른 정치조직 형태와는 달리 민주정은 그 존속 자체를 위해 참여하는 시민들이 자신들의 인간적 능력을 발휘하는 것을 허용하는 것을 넘어 필요로 하기까지 한다. 시민들이 자신들을 통치한다는 것이 바로 이성과 언어적 의사소통을 사회 친화적 목적을 위해 발휘함으로써 대규모의 정치적 공동 행위를 수행하는 것이다. 게다가 민주적 문화와 제도들에 참여한다는 것은 사회적 목적을 성취하고자 이성과 언어적 의사소통을 대규모로, 반복적으로, 그리고 적극적으로 발휘함으로써 가능하기에, 민주정의 실천은 인간에 내재한 사회성, 이성, 언어적 의사소통 능력을 더욱 개선하고 넓히며 심화한다.[18]

이런 논변은 두 가지 방식, 즉 가치에 대한 주관적 경험을 기반으로 전개되거나, 혹은 이른바 아리스토텔레스식의 좀 더 높은 까다로운 기반에서 전개될 수 있다. 후자는 어떤 한 존재자에 대해 항상 무언가 객관적으로 좋은 것이 존재한다고 가정한다 — 다시 말해, (한 존재자에게) 어떤 것의 좋음은 그 존재자의 주관적 경험과는 독립적으로 존재한다는 것이다.[19] 전자든 후자든 두 가지

---

18) (개미와 벌과 같은) 사회적 곤충은 대규모의 사회적 협동 체계를 이루지만 결코 인간의 이성과 같은 것에 의해 그렇게 하지 않으며, 각각이 완전한 의미에서의 개체로도 간주되지 않는다. 사회적 곤충들이 안전과 풍요를 얻는 그 메커니즘에서 의사소통이 중요한 역할을 하지만, 그 의사소통은 결코 인간이 하는 것에 견줄 수 없다. 오버(Ober 2015b, 3장)를 보라.

전개 방식 모두 모든 동물(인간, 고양이 등)은 저마다 고유한 구성적 능력들 — 곧, 해당 동물을 그런 종으로서 독특한 것으로 만들어 주는 본성적 능력들 — 을 가진다고 전제한다. 그런 능력을 제대로 (건강하게, 그리고 비기생적 방식으로) 발휘할 기회를 갖는 것이 해당 종의 동물에게 좋다. 그것이 (해당 동물에게) 좋은 이유는 (능력들을 발휘하려는 욕망을 충족해서, 그렇게 하려는 선호를 이루어서, 그렇게 하는 데서 오는 즐거움 때문에 등등) 주관적으로 좋은 것으로 경험되기 때문이거나, 아니면 이른바 아리스토텔레스식 주장에 따라 그런 능력들을 발휘하는 것이 객관적으로 좋은 것이기 때문이라고 할 수 있다. 하지만 어떤 경우든 능력들을 발휘하는 것 자체가 그 능력들을 발휘함으로써 산출되는 어떤 산물의 가치와는 독립적으로, 혹은 그것을 보충하는 것으로서 가치 있는 하나의 독립된 좋음이라는 데는 차이가 없다.[20]

19) 이런 입장은 아리스토텔레스 자신의 논변은 아니지만, 아리스토텔레스의 주장에 근거한다는 점에서 아리스토텔레스적이다. 이 구분에 대해서는 오버(Ober 2013b)를 보라. 중요한 것은 인간의 본성적 능력들을 잘 발휘하는 것이 인간적 번영에 필수적이라는 생각 자체가 아리스토텔레스 고유의 것만은 아니라는 것이다. 『도덕 형이상학 정초』에서 칸트 역시 "인간의 최상위 목적"이 "모든 본성적 능력들의 계발"이라 말하고 있다 (Kant 1991, 133, Starr 2007, 72에서 재인용). 그러나 윌리엄스(Williams 2005, 102)가 강조하듯이, 칸트는 아리스토텔레스, 그리고 내가 이 장들에서 다루려는 종류의 경험적 능력들을 염두에 둔 것은 아니다.

20) 모든 동물들은 수많은 능력들, 이를테면 섭취 능력, 생식 능력 등을 공유한다. 섭취는 모든 동물들의 번영을 위한 전제 조건이지만, 그 능력이 그 종을 구성하는 것은 아니다. 나의 논변에서 구성적 능력들의 자유로운 발휘는 당연히 번영의 조건이 되는 여타 능력들의 발휘를 전제

구성적 능력들을 자유롭게 발휘하는 것이 그 자체로 좋음이라는 나의 논변을 반려묘의 예를 들어 설명해 보겠다. 반려묘는 우리가 알다시피 유전적으로 사실상 동일한 야생 고양이 조상으로부터 지금에 이르렀다. 그 조상은 자연선택에 의한 보통의, 무작위의, 그 어떤 지성도 개입하지 않은 진화 과정에 의해 작은 먹잇감(예를 들어, 쥐)을 사냥하는 능력이 극대화된 식으로 '디자인'되었다. 고양이는 내고 넣는 것이 가능한 발톱을 갖추어 대단히 특화된 사냥 도구인 발로 먹잇감을 잡을 수 있다. 사냥하는 고양이는 일단 숨었다가 뛰어오른다. 그리고 발을 내밀어 먹잇감 위를 덮친다. 고양이와 많은 시간을 보내 본 사람이라면 누구나 알게 되듯이, 그렇게 덮치는 동작pouncing은 고양이가 하는 행동 중에서 가장 두드러지고 또 가장 전형적인 것이다. 새끼고 성체고 심지어 나이 들고 노쇠한 고양이고 가릴 것 없이 이 동작은 모든 고양이가 전형적으로 취하는 동작이다. 이렇게 덮치는 동작은 본능으로서 사냥을 통해 먹이를 구하려는 물질적 필요에서 비롯한 것이지만, 적어도 반려묘의 경우에는 이 동작이 꼭 먹이를 구하는 목적으로 환원되지는 않는다. 보통의 건강한 고양이라면 먹잇감처럼 보이는 모든 물체에 대고 열심히 그리고 반복적으로 덮치는 동작을 하며, 그 행동을 하는 것 자체 외에 그것으로부터 아무런 보상이 따르지 않는데도(따르지 않는 것처럼 보이는데도) 그렇게 한다.[21]

이 (먹이로 여겨지는 어떤 물체를 향해) 덮치는 동작을 가설적으로

하고서 이루어져야 한다(한 동물이 실제로 생식을 하지 않고는 번성할 수 없으니 말이다).

220

고양이의 구성적 능력들 중 하나라고 생각해 보자. 물질적인 차원에서만 보면, 이 능력을 발휘할 기회가 없어도 고양이는 살아갈 수 있다 — 예를 들어, 작은 우리에서, 적절히 먹이를 공급받으며 살아갈 수 있다. 하지만 우리 속에서 평생을 살아간 고양이가 고양이로서 적절하게 좋은 삶을 살았다고 말하는 사람이 있다면, 그건 두말할 것 없이 틀린 것이고, 심지어 무섭도록 틀린 것이다. 그렇게 말하기 위해서는 (다른 활동들 중에서) 그런 덮치는 동작을 할 기회가 그 자체로 그리고 필연적으로 고양이에게 좋은 삶을 구성하는 부분이 아니라고 주장할 수 있어야 한다 — 그것이 주관적으로 경험되는 좋은 것이든, 객관적으로 좋은 것이든 말이다.[22]

구성적 능력을 발휘할 기회를 박탈당할 때 그것이 (먹이나 보금

---

21) 고양이의 진화와 행태에 대해서는 브래드쇼(Bradshaw 2013)를 보라. 고양이의 예시를 택한 것은 내가 고양이들과 나눈 경험이 많아서이기도 하지만, 무엇보다 반려묘는 여러분에게 이미 친숙한 개나 다른 동물들에 비해 행동학적으로나 형태학적으로 훨씬 야생의 조상에 가깝기 때문이다.

22) 고양이들과 함께 지내본 사람들이라면 비전문가라 하더라도 이 점을 관찰을 통해 깨달을 수 있을 것이다. 네이글(Nagel 1974)은 "박쥐로 산다는 것은 무엇과 같은가?"라는 질문을 던짐으로써, 비인간 동물들이 주관적 의식을 분명히 갖지만, 그런 의식이 무엇인지는 상상을 통해서가 아니면 알 수 없음을 지적했다. 나의 논변은 고양이가 주관적 의식을 지니고 있다는 사실(즉, 돌이나 식물과는 달리 고양이는 무언가를 좋은 것으로 경험할 수 있다고 우리가 말할 수 있다는 사실)에 기반하고 있다. 물론 나는 객관적으로 그런 덮치는 행동이 고양이에게 무엇과 같은지를 안다고까지 주장할 수는 없다. 다시 말해 무언가를 두고 그것이 '~에게 좋다'고 주장한다고 해서 내가 그것이 '~과 같다'는 데 대한 지식까지 가지고 있는 것은 아니라는 말이다.

자리 등을 빼앗기는 것만큼이나) 동물에게 고통이라는 직관은 동물 학대 행위에 대다수 사람들이 갖는 불편함의 핵심적인 근거이다. 만약 이 직관이 올바르다면, 어떤 고양이가 다른 모든 좋음들(먹이, 보금자리 등)을 가졌더라도 먹잇감 혹은 그 비슷한 것(장난감이나 고양이 낚싯대 등)에 대고 덮치는 동작을 할 기회를 잃어버렸다면 그것이 고양이로서 충분히 좋은 삶이었다고 말할 수 없음이 분명하다. 고양이를 평생 작은 우리 안에 가둬 놓은 사람은 고양이에게 해를 가했다는 점에서 비난받아야 한다. 평생을 우리 안에서 지낸 그 고양이는 다른 고양이라면 겪지 않아도 되었을 기회 박탈을 경험하며 고통받았기 때문이다. 물론 결과주의적으로 고양이를 작은 우리에 가둬야만 할 이유가 있었다는 식의 정당화가 가능할 수도 있다. 하지만 다른 모든 조건들이 같을 때 우리 안의 고양이가 그렇지 않은 고양이보다 근본적으로 덜 좋은 삶을 산다는 사실은 변하지 않는다.

이런 논변을 인간에게도 그대로 적용해 보자. 적정한 수준의 인간적 번영에는 사회적 환경에서 이성과 언어적 의사소통 등 인간의 구성적 능력들을 발휘할 기회를 갖는 것이 반드시 필요하다. 이성과 숙의(공동의 관심 사안에 대해 언어적으로 의사소통하는 것)[23]는

---

23) 여기서의 '숙의'란 일상적인 의미로, 곧 토론하고 주장하며 수사를 동원해 선동하는 것까지도 포함한 넓은 의미이다. '숙의 민주정'을 주창하는 사람들deliberative democrats이 쓰는 특별한 의미, 곧 '모든 당사자들이 합리적이라 동의하는 이유를 제공하고 수용함으로써 서로의 의견을 상호 정당화하는 것'과 구별된다.

인간의 독특하고 구성적인 능력들이다 — 이 능력들은 (공동선에 기여하는) 사회 친화적인 목적들을 위해 쓰일 수 있는 사회적 능력들이다.[24] 이런 능력들을 발휘하는 것은 대부분의 사람들에게 주관적으로 좋은 것으로 경험된다. 우리는 사회적 조건(가족, 친구들, 동호회, 회사, 단체 등 수많은 종류의 자발적 결사체) 안에서 끊임없이 언어와 이성을 사용한다. 이는 곧 그런 능력들을 발휘하는 것이 주관적으로 우리에게 좋은 것으로 받아들여짐을 보여 준다.

이런 능력들의 발휘가 필연적으로 그렇다고까지는 못 해도 인간에게 객관적으로 좋은 것이라 여길 수도 있다 — 다시 말해, 사회적 조건에서 언어와 이성을 사용하는 것이 욕망의 충족이나 선호의 성취 혹은 즐거움으로 전혀 경험되지 않는 사람들이 있을지도 모르지만, 그런 사람들도 능력들의 발휘로부터 가치를 얻는다. 물론 이 능력들의 자유로운 발휘가 꼭 인간 삶에서 실현해야 할 최상위의 객관적인 좋음이라거나, 인간이 주관적으로 경험하기에 최고로 바랄 만한 경험이라고까지 주장할 필요는 없다. 예를 들어, 어떤 이들은 아리스토텔레스(『니코마코스 윤리학』 10권)를 따라 관조야말로 인간의 활동 가운데 가장 고름 직한 것이라 생각할 수도 있고, 또 어떤 이들은 이런 능력들의 발휘가 갖는 가치가 어떤 상위의 원천(예를 들어, 신 혹은 권리들)으로부터 파생된 것으로서, 능력들의 발휘 자체가 갖는 가치는 그런 상위의 목적들(예를 들어,

---

24) 이는 왜 거짓말, 학대, 부정행위 등이 — 이성과 언어적 소통 능력이 매우 고도로 발휘되는 행위임에도 — 보통은 비난받으며, 반대로 사회 친화적 목적으로 사용되는 것만이 보통 장려되는지를 설명한다.

신에 대한 숭배 혹은 정의)을 성취하기 위한 도구적 가치에 불과하다고 생각할 수도 있다. 그러나 양측 모두는 인간이 사회 친화적 목적을 위해 언어로 의사소통하고 이성을 사용할 기회를 박탈당한다면 분명 거기에 따른 박탈감을 경험하게 된다는 것을 받아들일 것이다. 이는 독방 감금이 재소자들에게 내려지는 특별히 가혹한 처벌인 이유이기도 하다.

하지만 그 가치가 주관적이든 객관적이든, 그 자체로 가치 있는 깃이든 도구적 가치만을 갖든지 간에 사회성, 이성, 언어적 의사소통이라는 능력들을 발휘하는 것 그 자체만으로는 인간적 번영에 불충분하다. 즉, 누군가가 당장 굶어 죽게 생긴, 혹은 생존이 크게 위협받는 상황이라면 아무리 이성을 사용하고 타인과 의사소통할 기회를 가지더라도 그가 인간적 번영의 조건 아래 있다고는 할 수 없다. 원초적 민주정에서 능력들의 발휘라는 가치가 실현된다는 것만으로는 체제를 정당화하는 근거로 완전하지 않으며, 원초적 민주정은 안전과 풍요를 마련해 주는 그 능력에 기반하고 있다. 다음의 5장 6절에서 나는 원초적 민주정이 안전과 풍요를 마련할 수 있는 것은 바로 시민들이 자신들의 인간적 능력들을 발휘한 덕분이라 주장할 것이다. 시민들이 집단적 자기 통치를 수행한다는 것은 곧 시민들이 자신들의 인간적 능력들을 사회 친화적 목적을 위해 공동으로 발휘하는 것과 같다. 심지어 이런 공동의 발휘는 안전과 풍요를 비롯해 시민들 자신에게 가장 중대한 결정과 결과를 만드는 행위로서 가장 고도의 수준으로 행해진다.

5. 자유로운 발휘와 참여적 시민성

우리 안에 갇힌 고양이가 고양이로서의 삶이 번성할 기회를 잃어버려 결국 해를 경험하듯, 인간 역시 사회 친화적 목적으로 이성을 사용하고 언어로 의사소통할 기회를 잃어버린다면 박탈감을 겪을 뿐만 아니라 인간적 번영을 실현하는 삶을 살지 못하게 되고 만다.[25] 누구든 이 세 가지 [인간성을] 구성하는 능력들을 발휘할 기회를 박탈하는 체계에서 타인을 살아가게 한다면, 그는 그런 타인에게 해로움을 끼치고 있다 — 그것이 주관적으로 가치 있는 경험을 하지 못하도록 함으로써든, 객관적 좋음을 빼앗는 것이든 말이다. 그런데 혹시 이렇게는 생각할 수 없을까? 집단적 자기 통치와는 아무 관련 없는 사회적 상황들, 이를테면 가족이나 친구 사이, 혹은 자발적 결사체에서 이런 능력들을 자유롭게 발휘하고, 그리하여 주관적이든 객관적이든 그로부터 오는 좋음을 취할 수 있다면 문제가 없는 것이 아닐까? [이렇게 원초적 민주정이 아니어도 이 능력들을 발휘할 기회가 여전히 많아 보인다면] 어떤 근거에서 인간의 본성적 능력들을 자유롭게 발휘하는 것이 (다른 좋음들을 얻기 위한 도구적 가치뿐만 아니라) 그 자체로도 민주정에 고유한 민주정적 좋

---

25) 이런 내재적 능력들에 대한 나의 주장은 종교적 신념들과도 양립할 수 있다 — 어떤 독실한 종교인은 (내가 보기에는 틀린 생각이지만) 인간이 신에 의해 그런 능력들을 타고나 그것을 발휘하도록 창조되었기에, 인간이 이렇게 '디자인'된 것[인간이 그런 능력들을 타고났다는 것]은 다원주의적인 것이 아니라 '지적'intelligent인 [설계에 따른] 것이라 주장할 수도 있다.

음이며, 이를 통해 원초적 민주정에서의 참여 비용이 정당화된다고 할 수 있을까?

어떤 선의의 전제적 지배자는 국가 수준에서 중대한 정치적 사안에 대한 숙의는 금지하되, 시민사회civil society 수준(이를테면, 종교 결사체 등에서)에서 혹은 국가 수준 아래 행정구역(이를테면, 마을 자치회)에서의 숙의는 허용할 수도 있다. 만약 누군가 그런 금지에 이의를 제기하면, 그 전제적 지배자는 다음과 같이 반문할 수 있다. 즉, "당신은 이미 다른 사회적 상황들, 이를테면 타인의 가족 모임이나, 당신이 속하지 않은 자발적 결사체에서의 숙의에서 이미 제외되어 있지 않느냐?" 그렇다면 이의 제기자는 "그런 경우엔 내가 제외되는 납득할 만한 이유가 있다. 즉, 내가 타인의 가족이나 타인의 자발적 결사체에 속하지 않고 구성원이 아니기 때문이다"라고 대꾸할 것이다. 하지만 그는 분명 국가에는 속하고, 또한 국가의 구성원이기도 하다. 그런데도 그가 국가 수준의 숙의에서 제외된다면, 그래야 할 이유는 무엇인가? 어째서 그는 피지배자로 머물러야 하고 참여하는 시민이어서는 안 되는가?

가장 명백한 답은 부권주의적인 것이다. 즉, 전제적 지배자가 당신에게 무엇이 좋은지를 가장 잘 알고 있다. 이런 대답은 본질적으로 어린애 취급이며, 그의 존엄에 대한 모독이다(6장을 참조). 국가의 구성원이면서도 통치에 참여할 기회를 부정당한다면, 그는 자기 삶 전체를 '유리 천장' 아래에서 살아가는 셈이다. 그는 유리 천장 위에 있어야 자기의 능력들을 발휘할 수 있지만, 지배자가 이를 금지해 발휘할 수 없는 상태에 있는 것이다. 유리 천장 아래의 삶은 다른 식으로는 만족스러울 수도 있다. 그러나 유리 천장의 존재 자체가 그의 인간성을 구성하는 능력들을 폄하함으로써 비롯하는 지속적 모욕이다. 게다가 공적 권한을 전제적 지배자가 독점한다면, 이는 곧 능력을 발휘하도록 허용된 사회적 상황들 역시 전적으로 그에게 달려 있다. 그 허용이 언제든지 철회될 수 있기에, 능력들의 발휘란 진정으로 자유롭지 못하다. 그는 항상 그가 말하는 것 자체, 혹은 표현하고자 하는 바가 지배자의 분노를 불러일으키지는 않을까 염려하며 말조심을 해야만 한다. 홉스라면 이렇게 말할 것이다. 당신은 여전히 "법의 침묵"[26] 속에서 자유롭다고. 하지만 전제적 지배자의 그림자는 늘 우리에 당신을 가둘 준비가 되어 있다. 그야말로 우리에 갇힌 고양이처럼 그가 해를 입고 있다고 말하기 위해 아리스토텔레스의 국가의 우선성에 대한 목적론적 설명까지 끌어들일 필요까지는 없다. 우리에 갇힌 고양이의 경우처럼, 전제적 지배자는 왜 자신을 제외한 다른 사람들은 공공 정책에 대한 숙의에서 제외되어야 하는지를 결과주의적으로 정당화하려는 주장을 할 수도 있을 것이다. 그러나 이 책에서 전개하는 (그리고 데모폴리스의 교육자들이 제시할) 여러 논변의 핵심은 그런 식의 금지나 제외를 정당화하는 논변은 어떤 식으로도 만들어질 수 없다는 것이다. 애초에 안전과 풍요가 반드시 전제정을 통해서만 가능하다고 믿어야 할 이유가 하등 없기 때문이다.[27]

---

26) [옮긴이] 4장의 주 9 참조.

27) 이런 논변에 따르면, (독재자로서 저지르는 다른 죄과와는 별개로) 독재자로 군림하는 것 자체가 죄라는 주장이 가능하다. 만약 인간의 본성적 능력들에 대한 나의 주장이 옳다면, 일단 독재자로 군림하는 한 그 어떤 선

역사 속으로 거슬러 가보자. 아테네의 정치체제는 모든 남성, 대부분 아테네 태생이고 노예를 소유한 시민들의 참여로 고안되고 운영되었다. 그 과정에서 공동의 이익에 관련한 사안에 대해 정책을 입안하고 시행하는 권위를 이용해 영토 내에 장기 거주하는 많은 성인들을 시민으로서의 정치 참여에서 제외시켰다. 물론 아테네에 살았던 그런 비시민들이 단지 '우리에 갇힌 고양이'처럼 살지만은 않았다. 그들도 분명히 공동의 관심 사안에 대해 이성을 발휘하고 언어로 의사소통했다. 최소한 그들이 가졌던 몇몇 정보, 생각, 의견은 그들과 사회적으로 관계를 맺고 있던 시민들을 통해 아테네의 공공 정책을 만드는 데 영향력을 발휘하기도 했다.[28] 그러나 어쨌든 아테네 여성, 노예, 대부분의 비태생 장기 거주민은 권력을 부여받은 시민들이 정책을 토론하고 만드는 제도화된 장에서 공식적으로 제외되었다. 비시민들은 민회에서 투표를 하지도 못했고 공직을 맡지도 못했으며 법정에서 배심원으로 활동하지도 못했다. 여성들과 비태생 장기 거주민들 역시 아테네의 권위 아래서 살아갔음에도, 이들에게 가장 중대한 사안들에 대해, 그리고 가장 중대한decisive 정치적 공간에서 이성과 언어적 의사소통 능력을 자유롭게 발휘할 역할을 주지 않았다는 점에서, 아테

의를 지녔더라도 그 자체로 피지배자들에게 저질러지는 죄과를 물릴 수는 없다. 구성적 능력 논변에 대해 생각하게 해준 샤를 지라르Charles Gi-rard와 휴 더피Huw Duffy에게 감사를 표한다.

28) 예를 들어 테일러와 블라소풀로스(Taylor and Vlassopoulos 2015)에 수록된 논문들과 티어쉬(Tiersch 2016)를 보라.

네 정치체제는 우리의 관점으로 비난받을 만하다. 이런 비난은 오늘날 만연한 자유주의적 사유에 많은 영향을 받은 관점에서 비롯하지만, 그렇다고 해서 꼭 이런 비난이 여러 인간의 권리들을 그 근원으로 삼는 자유주의적 이해 방식 안에서 나오는 것은 아니다.

아테네인들은 그들 자신의 문화적 관점에서 봐도 비난받을 만했는가? 그렇다고 할 수 있다. 아테네인들은 정치 참여가 인간적 좋음임을 알았고, 또한 민주정의 정당성을 옹호하기 위해 [능력들의] 자유로운 발휘 논변과 유사한 주장을 하기도 했다.[29] 아리스토텔레스와는 달리, (아래와 같이) 대다수 아테네인들이 실제로는 여성, 노예, 외국인이 사회성과 이성, 언어적 의사소통 능력에서 태생 성인 남성과 근본적으로 달랐다고 믿었을 증거는 제시된 바 없다. 아테네 남성들은 별 합리적인 정당화도 없이 정치 참여로부터 생겨나는 좋음을 태생 성인 남성에게만 제한해 왔던 셈이다. 이는, 즉 그들이 "여기서는 그게 당연하다 — 그리고 시민 자격에 대한 우리의 문화적 상상에 따르면, 그런 제외가 우리 국가의 안전을 위협하지 않는다"고 말하는 것 이상으로 더 나은 이유가 하나도 없었던 셈이다. 심지어 안전을 위협하지 않는다는 주장조차도(실제로 누군가가 그런 주장을 한 적이 있었다면) 결국엔 옳지 않았다. 나는 다른 연구에서(Ober 2008a, 258~263) 여성과 비태생 장기 거주

---

29) 오버(Ober 1989)는 시민들에게 참여가 갖는 내재적 가치에 대한 아테네인들의 생각이 가진 배경, 그리고 모든 인간이 갖추고 있는 이성과 언어적 의사소통 능력의 자유로운 발휘가 엘리트주의적 민주정 비판자들에게 대항한 아테네인들의 민주정 옹호와 어떤 관계에 있는지를 논했다.

민, 노예를 정치 참여에서 제외함으로써 결국 아테네가 국가로서, 그리고 사회로서 가진 잠재력을 완전히 실현할 만한 인적 자원 활용에 도달하지 못했음을 주장한 바 있다.

우리가 보았듯이, 원초적 민주정은 물질적 좋음뿐만 아니라 비물질적인 민주정적 좋음 역시 공급해 준다는 점에서 그 정당성이 생긴다. 그런 민주정적 좋음은 그럴 만한 이유가 있어서 공급될 수도, 공급되지 않을 수도 있다. 하지만 인간의 본성적 능력의 자유로운 발휘라는 윤리적 고려 사항에서 보았을 때, 아테네인들이 여성과 노예, 비태생 장기 거주민에게 최상위의 사회적 수준에서 이성과 언어적 의사소통 능력을 발휘할 기회를 박탈한 것은 분명 비난받을 만했다. 이는 우리가 고전기 그리스의 문화적 틀을 기준으로 봐도 변하지 않는 결론이다.

이렇듯 인간적 능력들의 자유로운 발휘를 원초적 민주정의 정당성을 옹호하는 한 가지 논변으로 삼는 한에서, 영토 안에 사는 모든 장기 거주민들 가운데 특정 집단[비시민 장기 거주민]을 어떤 식으로든 정치 참여에서 제외하는 경우 원초적 민주정은 꼭 그럴 만한 정당한 이유가 있음을 제시해야만 한다. 즉, 데모폴리스의 영토 안에 사는 모든 장기 거주민들은 참여 자격이 있는 시민의 지위에 도달하기 위해 필요한 시민교육의 대상자라고 처음부터 가정해야 한다. '문화적으로 시민이라 상상되는 모든 이는 시민이다'라는 이 강화된 원리는 버나드 윌리엄스(Williams 2005, 3~6)의 "기본적 정당화 요구"로부터 생겨난다. 국가가 모든 장기 거주민들에게 능력을 자유롭게 발휘할 기회를 제공해야 한다는, 혹은 그러지 않을 때에는 반드시 정당화가 필요하다는 요구는 마치 권리들의 주장처럼 보인다. 그러나 이는 자유주의 정치 이론에 따른 자연권들 혹은 인권들과는 독립적이다(물론 내가 말하는 이런 요구와 자유주의 정치 이론의 권리들에 대한 여러 주장들은 양립할 수 있다고 생각한다). 원초적 민주정에서 누군가를 정치 참여에서 제외할 때, 이를 정당화하는 것은 오직 국가가 존재하는 근본적인 목적에 따라서만 가능하다.

정치 참여의 좋음을 강조하며 인간의 구성적 능력들을 포함한 인간 본성에 대한 이해 방식을 통해 인간적 좋음을 근거 지으려 했던 아리스토텔레스는 장기 거주민 가운데 누군가에게 시민 자격을 주지 않을 때에는 반드시 특별한 정당화가 필요함을 알았어야 했다. 그는 실제로 그런 정당화를 시도하긴 했다. 그러나 이는 정교한 철학적 논변이라기보다는 도덕 심리학적 미봉책에 그쳤다. (자신과 같은)[30] 아테네 출신이 아닌 비태생 자유민들을 무시한 채, 그는 정치 참여에서 여성과 노예를 제외해야 하는 이유를 별로 깊이 고심하지 않은 채, 그들이 숙고적 추론을 할 능력이 부족하다는 점을 들어 이를 정당화하려고 했다(Ober 2015a).

그러나 장기 거주민들 가운데 퍽 많은 부류에 해당하는 사람들을 완전한 수준의 정치 참여로부터 제외해야 하는 이유로 아리

---

30) [옮긴이] 아리스토텔레스는 당시 마케도니아왕국에 속한 스타게이라 Stageira(현 스타기라) 출신으로, 플라톤이 세운 아테네의 아카데미아에서 활동했지만, 출중한 능력에도 출신 때문에 플라톤의 후계자가 되지 못했고, 마케도니아왕국과 그리스 도시국가들의 정치적 관계가 악화되었을 때는 아테네를 떠나 도피해야만 했다.

스토텔레스가 주장한 바가 대단히 부적절하다고 하더라도, 어쨌든 원초적 민주정의 기틀 안에서도 이러한 정치 참여에서의 제외를 다른 방식으로 정당화할 가능성은 여전히 남아 있지 않을까? — 자유주의하에서는 안 되더라도 말이다. 오늘날의 세계에서 사회적 다양성을 지닌 대규모의 인구 집단에서 특정 집단의 사람들을, 예를 들어 종교적으로 비국교도에 해당하는 사람들을 정당하게 정치 참여에서 제외할 수 있는지의 문제에 대해서는 8장 5절에서 다룰 것이다.

다시 시민교육이라는 주제로 돌아가 보자. 인간의 구성적 능력들의 자유로운 발휘가 인간적 번영에 좋다는 주장, 그리고 민주정이야말로 그런 능력들이 최고로 잘 발휘될 수 있는 사회조직 형태라는 주장은 이미 4장 4절에서 건강과 주관적 행복감 간의 관계에 대한 경험적 연구 결과로 (증명된다고까지는 할 수 없어도) 뒷받침된다. 만약, 반사실적 주장이긴 하지만, 마멋의 [2차] 화이트홀 연구가 엄격한 위계질서에서 낮은 지위에 있는 개인이 오히려 더 스트레스가 적고 건강 상태는 더 나았다면, 상대적으로 덜 위계적인 정치 질서가 인간적 번영을 증진한다는 주장은 좀 더 나은 이유들을 찾아야 했을 것이다. 마찬가지로 프라이와 스투처가 직접 민주정이 주관적 행복감에 미치는 효과를 연구한 결과 민주정을 더 많이 할수록 응답자의 삶의 만족도가 더 떨어지는 것으로 나왔다면, 민주정과 인간적 번영에 관계에 대한 주장 역시 분명 뭔가 문제가 있어 보였을 것이다. 물론 인간적 번영이라는 것이 전적으로 신체적 건강, 주관적 행복감 내지 주관적인 삶의 만족도로 환원될 수는 없겠지만, 분명 이 변수들 사이에는 긍정적 상관관계가 있을 것이다. 그렇기에 비폭정과 연관된 조건들과 건강 및 주관적 행복감 사이에서 나타나는 긍정적 상관관계는 곧 능력들의 발휘/민주정/인간적 번영을 서로 연결 짓는 우리의 주장을 뒷받침하는 근거로 활용될 수 있다.

참여의 기회비용은 실재하며 결코 적다고 말할 수 없다. 하지만 인간적 능력들에 대한 논변의 관점으로 보면, 이런 비용은 이제 적지 않은 실질적 이익을 낼 수 있는 것으로 보인다. 인간적 능력들을 자유롭게 발휘함으로써 오는 이익은 바로 그런 발휘 활동 그 자체로부터 온다. 민주정에서 시민으로서 참여하는 (즉, 사회적 환경에서 이성을 사용하고 언어로 의사소통해 중대한 공동의 관심 사안에 대해 의사 결정하는) 개인들이 거두는 이익은 오직 참여를 통해 실현된다. 비참여자들은 다른 사회적 상황[가족, 친구 관계, 자발적 결사체 등]에서 그 능력들을 발휘할 수 있고, 국가 수준에서는 다른 이들이 참여한 의사 결정의 결과들에 따라 이익을 볼 수는 있겠지만(물론 손해를 볼 수도 있겠지만), 그런 활동 자체로부터 오는 이익을 결코 누릴 수는 없다. 민주정의 무임승차자들은 참여 비용을 물지 않음으로써 동료 시민들을 상대로 부정행위를 한 것일 뿐만 아니라, 선생들이 학생들을 지도할 때 즐겨 쓰는 말마따나 '자기 자신을 상대로도 부정행위를 한 것'이기도 하다. 따라서 무임승차에 대한 처벌은 제재일 뿐만 아니라 교정으로 간주될 수 있으며, 단순한 응보로 이해될 필요가 없다.

6. 능력들의 자유로운 발휘로부터 달성되는 안전과 풍요

절대적 지배자가 자신의 피지배자들에게 공동의 이익이 걸린 사안에 대해 숙의할 기회를 박탈할 때, 내가 제안한 바와 같이 반드시 정당화가 필요하다고 생각한 그가 다음과 같이 주장한다고 해보자. 즉, "결과주의적으로 계산해 봤을 때, 나의 절대적 통치로 여러분이 얻게 될 안전과 풍요가 여러분의 능력들을 자유롭게 발휘하지 못해 여러분이 입게 되는 해를 상쇄하고도 남기에, 결국 삶의 관점에서 보면 여러분이 순이익을 거두는 셈이 아닌가?" 이런 결과주의적 논변은 만약 그 정도의 이익을 보기에 다른 (그보다 손해가 덜한) 방식이 없다면 더욱 그럴듯해진다. 바로 이것이 우리가 살펴본 홉스의 절대주의에 대한 옹호 논변이기도 했다. 그러나 이미 확인했듯이, 홉스의 논변은 경험적으로 반박된다. 최소한 하나의 원초적 민주정[즉, 고전기 아테네의 민주정]이 (윤리적으로는 비난받을 소지가 있긴 했지만) 전제정에 최소한 비길 정도, 혹은 그보다 높은 수준의 안전과 풍요를 마련해 주었음이 분명하기 때문이다. 만약 원초적 (따라서 참여적인) 민주정이 그 자체로 절대주의보다 안전과 풍요를 더 잘 제공한다는 것이 증명된다면, 홉스의 논변은 완전히 반박될 것이다.[31]

매우 엄격한 추론을 통한 증명, 즉 시민들의 인간적 능력들의 자유로운 발휘로부터 개인과 국가 수준에서 모두 물질적 풍요가

---

31) 고대 그리스 도시국가의 경험에 기반한 역사적 논변 하나는 오버(Ober 2015b)를 보라.

늘어난다는 인과관계를 오류 없이 밝혀내는 것은 이 책이 담으려는 바의 범위를 벗어난다. 하지만 이론적으로는 어째서 사회적 다양성을 지닌 대규모의 사회에서 사회성, 이성, 언어적 의사소통 능력을 자유롭게 발휘하는 것이 주관적 행복감뿐만 아니라 안전과 풍요와도 연결되는지를 설명하기는 어렵지 않다. 이성과 언어적 의사소통 능력이 공동체에서 자유롭게 발휘된다면, 각 개인은 자신이 상대적 우위를 갖는 기술이나 재능이 무엇인지를 알게 된다. 능력들의 자유로운 발휘는 곧 인적 자본에 대한 합리적 투자로 이어져 더 효율적인 경제적 전문화가 진전한다. 그렇게 축적된 인적 자본과 고도화된 전문화는 곧 시장에서의 비교 우위에 따른 재화와 서비스의 교환을 촉진해 자원의 효율적 분배와 활용으로 풍요의 총량을 증가시킬 것이다.

또한 모든 구성원들이 이성과 언어적 의사소통 능력을 자유롭게 발휘한다면, 이는 다른 조건들이 다 올바르게 주어져 있을 때 분명히 공동의 이익이 걸린 사안마다 더 나은 (공공제를 산출하고 지속하는 데에 더 효과적인) 공적 판단을 하게 될 것이고, 그럼으로써 더 생산적인 정책도 만들어 갈 수 있을 것이다. 마지막으로, 다른 조건들이 모두 같을 때, 공동체 전체의 풍요(부)의 총량이 제한 접근 국가(4장 2절)에서 전형적으로 그렇듯이 (사적 재화 내지 클럽재로서) 소수의 엘리트 집단의 손에 떨어지는 대신, 사회 전반에 (공공재로서) 골고루 분배되는 한에서, 능력들의 자유로운 발휘는 더 공정한 정책이 만들어져 시행되게끔 해줄 것이다. (완전히 반박 불가능한 것은 아니지만) 여러 중요한 증거가 개방적인 사회가 더 안전하고 더 풍요롭다는 것을 뒷받침한다. 인간적 능력들을 자유롭게 발휘하려면 그렇게 할 수 있는 공적 제도에 개방적인 접근이 가능해야 하기 때문이다. 개방 접근 질서가 제한 접근 질서를 경험적으로 능가하는 것이 보인다면, 이는 곧 민주정을 인간적 번영의 조건으로 꼽는 우리의 주장을 더 확고하게 할 수 있다.[32]

위에서 강조했던 것처럼, 구성적 능력들의 발휘가 지닌 그 자체로서의 가치와 도구로서의 가치가 민주정적 좋음으로서의 참여를 정당화하기 위한 논변의 전부는 아니다. 자유주의적 혹은 종교적 믿음과는 독립적으로 참여의 가치를 옹호하는 다른 식의 수장은 얼마든지 새롭게 제기될 수 있다. 게다가 만약 자유주의적 혹은 종교적 전통주의의 상부구조가 원초적 민주정의 기반 위에 쌓아 올려진다면(8장), 서로 다른 가치관에 기반해 민주정을 정당화하는 논변이 시민교육의 형태로 제시될 수 있을 것이다. 능력들의 자유로운 발휘 논변의 요점은 미래 시민들에게 어떻게 민주정을 정당화할지에 대해 유일한 해답을 제공하는 것이 아니었다. 오히려 요점은 데모폴리스의 교육자들이 미래 시민들에게 민주정을 전제정보다 선호해야 할 이유, 그리고 민주정이 요구하는 참여의 다

---

32) 이에 대한 기본적 논변은 토머스 페인의 『인간의 권리』 2부(Paine 1995 [1792], 227~233)에 제시된 바 있고, 더 확장된 논변은 애덤 스미스의 『국부론』에서 제시되었다. 또한 아리스토텔레스의 『정치학』 3권 11장 및 오버(Ober 2013a, 2008a)도 보라. 지식 기반 민주정에 대해서는 랑데모르 (Landemore 2012)를 보라. 나는 위에서 말한 조건들이 고전기 그리스 세계의 경제적·문화적 개화를 설명할 수 있다고 주장한 바 있다(Ober 2015b, 5 장). 불평등이 덜할수록 번영으로 나아간다는 주장은 밀라노비치(Milano-vic 2011), 대블라-노리스 외(Dabla-Norris et al. 2015)를 보라. 개방 접근 질서가 제한 접근 질서를 능가한다는 것은 노스 외(North et al. 2009)를 보라.

소 높은 비용을 감당하는 것이 꽤 수지가 맞는 일인 이유를 제시할 수 있다는 것, 그리고 자유주의적 가치나 종교적 가치에 호소하지 않고도 그렇게 할 수 있다는 것이다.

데모폴리스의 교육자들이 다음으로 더 제시하게 될 이유들은 민주정의 조건들, 그 조건들이 [민주정에서만 고유하게 마련되는] 민주적 좋음들이기도 하다는 것, 그 조건들과 물질적 풍요 간의 관계에 대한 것들이다. 민주적 공동체가 인적 자본을 늘리기 위해, 효과적으로 조직된 언어적 의사소통을 통해 각 개인이 지닌 다양한 재능과 지식을 공공재의 원활한 생산을 위해 활용하도록 하기 위해, 그렇게 하여 더 높은 수준의 안전과 풍요를 확보하기 위해서는 반드시 어떤 조건들이 마련되어야만 한다. 그 조건들은 바로 정치적 자유, 정치적 평등, 시민적 존엄이다. 이미 위에서 언급한 [방법론적] 개인성, 상호 의존성, 환경의 가변성에 대한 믿음을 함께 고려한다면, 우리는 왜 이런 가정 속에서 자유와 평등, 존엄이 원초적 민주정에서 생겨나는지, 또 어떻게 생겨나는지, 그리고 이 조건들이 어떻게 탄탄한 사회적 균형 속에서 안정적으로 유지될 수 있는지를 보다 잘 설명할 수 있을 것이다. 우리는 이제 이 믿음들, 그리고 이 조건들을 다음 장에서 다루려 한다.

제6장

시민적 존엄과 민주정의 다른 조건들

4장과 5장에서 우리는 데모폴리스의 미래 시민들을 대상으로 하는 시민교육으로 제시될 원초적 민주정의 정당성에 관한 논변을 전개하기 시작했다. 국가의 강제력은 항상 정당화를 거쳐야 한다는 기본적 정당화 요구에 더해, 왜 다른 일에 투입할 수도 있는 기회비용을 들여 정치에 참여해야 하는지 의문을 갖는 잠재적 시민들에게 시민교육 프로그램은 답을 주어야만 한다. 원초적 민주정의 정당성은 민주정이 참여 비용을 상쇄하기에 충분한 물질적·비물질적 좋음들을 공급해 준다는 주장에 근거해 있다. 그런 주장을 유지하기 위해서는 '홉스의 문제 제기'에 답하며 시민들에 의한 집단적이고 제한된 자기 통치가 규칙을 만들고 강제할 제3자 없이도 충분히 안전과 풍요를 공급할 수 있고, 또 비물질적인 민주정적 좋음을 가치 있다고 여겨야 할 이유들 역시 마련해 줄 수 있음을 보여야 한다. 나는 민주정이 인간성을 구성하는 능력인 사회성, 이성, 언어적 의사소통 능력을 자유롭게 발휘할 수 있게 해줌으로써 이런 문제 제기에 대응할 수 있음을 보였다. 이 주장이 옳다면, 물질적인 좋음들[곧, 안전과 풍요]은 민주정적 좋음에 의해 공급된다.

이제 남은 문제는 그런 원초적 민주정, 즉 자유주의 이전의 민주정이 어떻게 근본적인 사회적 협동의 문제를 풀어 가게 될지, 그리고 원초적 민주정이 어느 정도 규모의 공동체에서까지 실현될 수 있을지를 설명하는 것이다. 수만 명 수준의 시민들이 살던 고대 아테네가 원초적 민주정이 운영 가능한 인구 집단 크기의 상한선이라면, 이어질 장들에서 제시될 정치 이론은 적어도 국가 수준에서는 아주 제한적으로만 적용 가능할 것이기 때문이다.

1. 조건들과 가치들

자유주의 한참 이전에 고대 그리스 민주 정부는 전제정 없이
도 안전과 풍요를 이룩해 냈다. 하지만 그들은 어떻게 그렇게 했
을까? 그리고 도시국가 규모의 [민주적] 통치가 오늘날의 근대국
가 규모에서도 재현될 수 있을까? 이 질문들을 다루는 의미는 단
지 규범적이고 실증적인 이론을 현실에서 관찰한 사실에 적합하
게 만드는 메커니즘을 발견하려는 그 자체로서의 관심 이상의 문
제이다. 민주정이 어떻게 안정적이고 탄탄하게 집단행동의 문제
들을 해결하고 좋은 정책을 만들어 내는지를 만족스럽게 설명하
지 못한다면, 민주적 제도들은 전제정을 지지하는 사람들의 문제
제기에 늘 취약할 것이다. 이미 고대에서부터 민주정 비판자들은
시민들에 의한 통치가 복잡한 문제나 심각한 위기 상황에 직면했
을 때 결코 안정적이지 못하다고 주장해 왔다.[1] 민주주의자들이
민주정이 대단히 위급한 도전들을 어떻게 대처할 수 있는지에 대
한 질문에 그저 '어떻게든, 우리는 그럭저럭 버텨 나간다'라고밖에
대답할 수 없다면, '소수의 진정한 전문가들에 의한 강하고 집중된

---

[1] 이것은 "예외 상태"를 강조하는 슈미트(Schmitt 2004)뿐만 아니라, 에이큰
과 바텔스(Achen and Bartels 2016)와 같은 "시민적civic 무능력" 이론가들의
핵심 주장이기도 하다.

정부'의 이점이 더 부각되어 보일 것이다.[2]

데모폴리스의 잠재적 시민들은 어떻게 민주국가가 경험한 역사적 성공이라는 '결과 변수'가 관찰되지도 검증되지도 않는 요인(예를 들어, 행운)이 아니라 민주정이라는 체제의 장점이라는 '설명 변수'에 의해 생겨난 것임을 확신할 수 있을까?[3] 구성적 능력들의 자유로운 발휘와 같은 민주정의 내재적 가치를 증명하는 데 더해, 원초적 민주정은 시민교육의 커리큘럼 속에 민주정이 변화무쌍한 조건들하에서도 어떻게 안전과 풍요를 마련해 줄 수 있는지에 대한 만족스러운 설명력을 가진 내용을 담을 수 있어야 한다. 즉, 민주적인 사회적 균형이 외부로부터 오는 충격들과 사회가 발전해 감에 따라 내부적으로 생겨나는 충격들 모두에 탄탄하게 대응할 수 있는지를 설명해 내야 한다는 것이다.

'어떻게 그리고 왜'라는 이 질문에 대답하기 위해 이전 장의 도입부에서 제시했던 네 개의 '간단한 믿음들'로 돌아가 보자. 지금까지 나는 그중에서 오직 첫 번째 믿음, 즉 사회질서의 선행 조

---

2) 런시먼(Runciman 2013)은 다양한 위기를 그럭저럭 헤쳐 나가는 민주정의 능력이 이미 증명되었으니, 다른 위기들도 비슷하게 그렇게 할 수 있으리라고 주장하는 민주주의자들의 과한 자신감의 위험성을 지적한다.

3) 물론 과거에 잘 작동했던 정책 수립과 시행의 체계가 미래에는 적절하지 않을 수도 있다. 하지만 기존 방식이 미래에 생겨날 문제들을 다루는 데는 부적절할 수 있다는 사실(그래서 미래에는 생산적으로 제도적 변화가 필요하다는 사실) 자체도 오직 기존 체계를 잘 이해하는 시민들의 참여를 통한 민주적 과정에 의해서만 적절히 다뤄질 수 있다. 학습과 혁신 사이의 균형을 찾는 문제는 민주정의 가장 주요한 과제 중 하나이다. 오버(Ober 2008a)를 보라.

건으로서 인간에게 내재한 독특한 능력들, 곧 사회성, 이성, 언어적 의사소통 능력과 관련된 믿음만을 다루었다. 민주정이 어떻게 물질적 좋음들을 탄탄하게 공급할 수 있는지에 답하기 위해 그리고 민주정적 좋음들에 대한 설명을 보완하기 위해, 이제 나머지 세 가지 믿음들도 살펴보자. 방법론적 개인주의, 협동을 불가피하게 만드는 상호 의존성, 그리고 모든 사회를 둘러싼 환경의 가변성에 대한 믿음들이었다. 민주적 제도들이 기능하는 가운데, 이 세 가지 전제들의 결합은 원초적 민주정의 필수 조건들, 곧 3장 4절에서 간단히 언급되었던 정치적 자유, 정치적 평등, 시민적 존엄과 긴밀하게 연관되어 있다.

이 장은 정치적 참여의 완전한 자격이 있다고 사회적으로 받아들여지는, 그리하여 시민으로서의 지위를 손상하는civic 모욕이나 어린애 취급[4]으로 인해 참여 불능 상태를 겪지 않는 조건으로서의 시민적 존엄에 대해 다룰 것이다. 시민적 존엄은 민주정과 긴밀한 연관이 있는 구성적 능력들의 자유로운 발휘가 그런 것과 마찬가지로, 주류 자유주의 정치 이론에서는 다소 불명확하게 다뤄지곤 하는 민주정의 근본 조건 가운데 하나이다. 시민적 존엄이 (자유 혹은 평등이라는 표제어[항목] 가운데 어느 하나 아래 놓이지 않고) 독립적인 필수 조건으로서 인정된다면, 시민적 존엄이 민주정을 유

---

4) [옮긴이] 본문과 같이 옮긴 말의 원어는 'civic humiliation'과 'civic infantalization'이다. 직역하면 '시민적 모욕'과 '시민적 애 취급'이라는 번역어로 옮길 수 있겠지만, 사실상 전혀 뜻이 통하지 않는다. 따라서 부득이하게 위와 같이 옮긴이의 해석을 넣어 풀어 옮겼다.

지하는 데 막대한 역할을 하는 것을 확인할 수 있다. [첫째] 시민적 존엄은 자신의 우월성을 관철하고 타인의 인정을 받음으로써 더 많은 효용을 얻으려는 성격(즉, 선호에 대한 서열적 순서)이 몸에 깊이 밴 개인들로부터 정부가 어떻게 사회 친화적 행동 양식을 유도할 수 있는지의 문제에 대해, 홉스가 하지 못했던 대답을 제공한다. 이런 — 홉스의 표현을 빌리면 명예에 집착하며 '공명심'功名心으로 움직이는 — 개인들이 자신의 생존 자체보다 스스로 매긴 자신의 우월성을 표현하며 타인을 모욕하는 것을 더 선호한다면, 이런 개인들의 행태는 리바이어던에 커다란 위협이 된다. [둘째] 시민적 존엄을 지켜야 한다는 요구는 투표를 비롯한 여타의 정치 참여 형태에서 평등을 보장하는 민주적 규칙을 설득력 있게 정당화한다. [셋째] 시민적 존엄은 극단적 평등주의자들과 극단적 자유 지상주의자들이 분배 정의에 대해 저마다 내놓는 극단적인 주장을 거부하기 위한 원리에 입각한 수단을 제공한다.

나 개인적으로는 칸트주의적 자유주의자들과 마찬가지로 자유, 평등, 존엄이 단지 다른 상위의 목적을 위한 필요조건 혹은 도구로서의 수단적 가치를 갖는 대신 그 자체로 가치 있는 목적이라고 생각한다. 나는 데모폴리스의 시민들 중에서도 이 같은 자유주의적 믿음을 가진 사람들이 있으리라고 가정한다. 하지만 어떤 시민들은 분명히 그렇지 않을 수도 있다. 우리가 보았듯이(3장 1절), 데모폴리스의 건국자들이 전제정을 거부하는 이유는 다양하며, [비전제정 선호를 제외한 모든 것에 대해서는] 다양한 가치관을 갖는다. 그러나 내 개인적인 가치판단 혹은 데모폴리스의 원래 시민들이 가질 법한 가치판단은 여기서는 별로 중요하지 않다.

나는 원초적 민주정이 존엄과 자유, 평등이라는, 사람들이 체험하는lived 이 조건들을 산출하고 유지하는 데에 좋으며, 비록 존엄과 자유, 평등이 대단히 높은 가치를 그 자체로 부여받게 되지는 않더라도, 시민들이 이 조건들의 가치를 충분히 깨달을 수 있게 한다고 주장하려 한다. 데모폴리스 교육자들이 제시할 논변에 따르면, 개인성, 상호 의존성, 환경의 가변성에 대한 믿음들을 우리가 받아들였을 때 민주정이 탄탄한 사회적 균형으로서 잘 기능하려면 — 즉, 높은 수준의 안전과 풍요를 안정적으로 공급해 줄 수 있으려면 — 오직 자유와 평등, 존엄이라는 정치적 조건들 아래에 있어야 한다. 그렇기에, 자유와 평등, 존엄은 그 독립적인 가치가 충분히 널리 인정되면, 그리고 그렇게 인정될 때 선택적으로 그리고 사후에 민주정에 덧붙여지는 부수적 조건들이 될 수 없다. 이 셋은 민주정의 근본적인 실질적 조건들로서, 민주적인 사회적 균형이 유지되기 위해 요구되는 조건들이다. 이런 의존성[민주정이 이 조건들에 의존한다는 사실]의 이유들은 개인성, 상호 의존성, 환경의 가변성이 민주적 공동체에서의 지식의 조직화에 대해 갖는 함의들을 고려함으로써 생겨난다.

2. 개인성, 상호 의존성, 환경의 가변성

서로 다른, 그리고 잠재적으로는 상충할 수도 있는 이해관계에 놓인 개인들은 변화무쌍한, 즉 가변적인 환경에서 충분한 번영을 누리며 살기 위해 반드시 협동해야 한다는 점에서 상호 의존적이다. 이런 복합명제로 된 믿음은 이전 장에서 이미 충분히 보인 첫 번째 믿음, 즉 인간이 사회성, 합리성, 언어적 의사소통 능력을 가졌다는 것으로부터 따라 나온다. 우리가 보았듯이, 홉스와 아리스토텔레스 모두 이런 능력들이 인간적 번영에 필수적이라는 것을 인정했다 — 물론 두 사람은 상이한 도덕 심리학을 주창했고, 각각의 능력에서 서로 다른 요소를 강조했으며, 그런 능력들 모두를 인정하고도 서로 다른 결론에 도달했지만 말이다. 홉스는 변화무쌍한 환경에서 개인들이 가진 실질적인 상호 의존성이 인간이 어떻게 번영을 이루어 (혹은 그나마 견딜 수 있을 정도로) 살아갈지를 둘러싼 문제에 대해 법을 넘어선 주권자의 무제한적 정치적 권위라는 형태의 한 가지 독특한 해결책을 낳는다고 주장했다. 이 같은 주장은 역사적 사례에 의해 쉽게 반박되었다. 이 절에서는 그렇다면 어떻게 비전제적 사회질서가 자유와 평등, 존엄의 특정 형태들을 필요로 하는 메커니즘들을 통해 안정적으로 안전과 풍요를 마련해 줄 수 있는지를 밝히기 위해, 방법론적 개인주의, 상호 의존성, 환경의 가변성에 대한 세 가지 믿음들을 다뤄 볼 것이다.

먼저 여기서 내가 말하는 방법론적 개인주의란 인간 동기를 규범적으로라기보다는 기술記述적으로 이해하려는 방식이다. 즉, 이는 외재적 동기와 자율적 의지를 대립시키면서 칸트주의적 자유주의를 뒷받침하는(Williams 1993, 2장) 윤리적 개인주의와 혼동해서는 안 된다. 내가 다루려는 개인주의란 도덕화된 것이 아니라, 사회학적 혹은 지식적 전체론[5]과 대비되는 의미이다. 즉, 모든 인간 집단(고대 그리스 도시국가를 포함해. Murray 1990)은, 그 집단이 문화적으로나 사회적으로 얼마나 동질적이든지 간에, 다양한 개인들, 다수의 정신들, 다원주의적 정체성들, 그래서 잠재적일지언정 상충하는 이해관계로 이루어져 있는 복합체라는 것이 방법론적 개인주의의 내용이다. 물론 사회적 정체성은 사회질서를 어떻게 기술해 설명하든 고려해야 할 중요한 요인이며, 어떤 인간도 [사회의 영향 없이] 고유하게 스스로 만들어질 수 없다. 하지만 개미나 벌과 달리, 개별적 인간은 자기 자신의 이익을 전체로서 공동체의 이익과는 다른 것으로 인지할 능력을 분명 갖추고 있다.

모든 인간 공동체에 내재한 나원주의는 의견 불일치를 낳는다. 우리가 5장 2절에서 보았듯이, 정치 질서를 통해 풀어야만 하는 문제를 이해하는 데서 아리스토텔레스와 홉스에게 이 같은 사실은 핵심적인 것이었다. 아리스토텔레스와 홉스 각자가 생각한 서로 다른 올바른 조건들 아래에서, 인간은 이성과 언어적 의사소통 능력을 사용함으로써 갈등을 평화적으로 중재하고 공동의 이익을 인식할 수 있게 될 것이다. 홉스는 '사적인 판단 사이의 차이들'이라는 문제가 주권자 — 이상적으로는 일인 왕 — 의 단일한 의지에 의해 해결될 것이라 여겼다. 반면 아리스토텔레스는 이 문제가 (전체의 자연적 부분들인) 수많은 덕 있는 시민들이 (자연적 전체로서) 국가의 공동선인 정의로움에 마음을 모음으로써 해결될 수 있을 것이라 믿었다. 두 사람은 사회적 정체성 형성에 이르도록 지

---

5) [옮긴이] 여기서 '지식적 전체론'으로 옮긴 말은 'epistemic holism'으로, 한 사회 내지 공동체가 개인으로 환원되지 않는 집단 지성을 가지고 있다는 입장을 뜻한다. '지식적'이라는 말은 우리말로만 놓고 보면 전혀 뜻이 통하지 않기에 옮긴이 주를 달았다.

혜로운 지배자가 의식적으로 조직해 나가는 경로로서의 교육을 [개별적 구성원들 간의] 합의를 이끌어 낸다는 목표를 이루기 위해 필수적인 것이라 여겼다.

마이클 브랫먼(Bratman 1999, 93~161; 2014)이 보여 주었듯이, 공동 행동은 철학적으로 따졌을 때 복잡한, 공유된, 협동적 활동으로 설명할 수 있다. 브랫먼은 먼저 각 개인이 이러저러한 의도를 가진다고 가정한다. 즉, 여기서 우리가 "우리는 함께 $\emptyset$를 하려 한다"고 말할 때, 이는 곧 둘 이상의 개인들이 가진 각자의 의도가 그 사람들에게 공유된다는 것을 뜻한다. 다시 말해, X도 $\emptyset$를 하려 하고, Y도 $\emptyset$를 하려 한다. 루소의 '일반의지'와는 달리, 공유된 의도란 정당한 토론, 그리고 잠재적으로는 중대한 의견 불일치를 허용한다. 그러나 공동 행동에 나서기 위해 개인들은 공유된 의도뿐만 아니라, 최소한의 안정적인 협동에 필요한 정도의 하위 계획을 세워야 하고, 관련 지식도 공동으로 가져야 한다. 브랫먼의 모델은 최소 크기의 대면 집단(2인)이 아주 간단한 과업(함께 집을 그리는 것)을 수행하는 경우를 기반으로 한다. 그런데 최근 안나 스틸즈Anna Stilz와 에밀리 채프먼Emilee Chapman을 비롯한 다른 정치 이론가들은 브랫먼의 공동 행동에 대한 접근 방식이 대규모 민주국가에서 벌어지는 시민들의 집단적 자기 통치를 설명하는 데에 활용될 만큼 큰 규모에도 적용될 수 있다고 주장하고 있다. 예를 들어, 투표란 그것이 적절한 방식으로 조직되어 시행된다면, 브랫먼의 조건들 각각에 분명하게 해당하는 공동 행동의 한 형태라고 할 수 있다.[6]

두 번째 믿음은 인간이 상호 의존적이라는 것, 그리고 이런 상호 의존성이 위급한 조건에서 사람들 사이에 협동의 동기를 만들어 낸다는 것이다. 여기서 내가 말하는 상호 의존성이란, 한 공동체의 사람들이 자신들의 생존 조건을 유지하기 위해 서로에 대해 갖는 필요, 즉 최소 조건이다. 적절한 조건에서, 상호 의존성의 네트워크는 점차 퍼져 나가 하나의 정치 공동체 경계 이상으로 확장되어 단순한 생존 조건 이상을 유지하는 것이 될 수도 있다. 하지만 무엇보다 생존이 최우선이다. 이 믿음의 근거가 되는 전제들은 이미 5징 1질에서 인간적 능력들 가운데 사회성에 대한 아리스토텔레스와 홉스의 입장에서 논한 바 있다. 상호 의존적인 종으로서 우리는 공동체 구성원 간 상호 신의에 기반해 잘 작동하는 사회를

---

6) 브랫먼의 공동 행동에 대한 이론을 민주적으로 행해지는 정치적 실천에 적용한 것에 대해서는 스틸츠(Stilz 2011)를, 투표에 적용하는 것에 대해서는 채프먼(Chapman 2016)을 보라. 나는 리스트와 페팃(List and Pettit 2011)이 브랫먼의 이론을 정교화한 것을 참고해 그의 공동 행동 모델을 고대 아테네 민주정에 적용해 논의한 바 있다(Ober 2008a, 1장). 이에 대해서는 오버(Ober 2013a)도 함께 보라. 페팃의 민주정에 대한 "이중 복합 모델"complex dual aspect model(Pettit 2013, 특히 285~292)은 인민이 행사하는 영향력과 통제의 중앙 집중성을 강조한 것으로서, 정치 질서를 "구성하는" 다수의 개인들의 (의도적이거나 그렇지 않은) 행위들과, 그로부터 생겨나는 주권적 의지를 가진 국가적 행위자인 "구성된 인민" 사이의 애매성을 해소하고자 했다. 페팃은 구성된 행위자, 즉 구성된 인민을 루소의 단일한 일반의지, 그리고 홉스의 주권자인 가상의 공적 인격과도 구별한다. 나는 (국가들 간의 관계에서 한 국가가 갖는 법적 지위로서가 아니라 국가 내에서 권위라는 뜻으로 통용되는) 통일된 의지나 인민주권과 같은 용어를 쓰지 않으려 했는데, 이 용어들이 내가 이 책에서 다루려는 민주적 정치과정을 설명해 주는 것보다 불명확하게 만들어 버리는 부분이 더 많기 때문이다. 에스페호(Espejo 2011, 특히 2, 3장)를 보라.

만들어 내야 하기 때문에 반드시 협동을 해야만 한다. 한 사회가 대단히 강한 경쟁 속에서 압박을 받거나 존립 자체에 대한 다른 식의 위협(예를 들어, 급격한 기후변화)에 직면해 적절한 높은 수준의 사회적 협동을 지켜 낼 효과적인 방법을 찾지 못한다면, 그 사회는 잠재적으로 소멸의 길을 가게 될 것이다(Ober 2008a, 80~84).

매우 위급한 조건들, 즉 개인이나 집단의 생존 자체가 문제가 되는 조건들이 생겨나면 협동의 필요성은 더욱 커지고, 그렇기에 모든 구성원들이 자신들의 안전에 필요한 공공재를 산출하는 것이 공동의 이익이 됨을 인지할 개연성도 더 커진다. 아리스토텔레스와 홉스 모두 인간 공동체의 기원에 대한 자신들의 논의를 이렇게 매우 위급한 조건들을 전제로 설명했다. 오늘날 전후戰後 '이데올로기의 종언' 시대를 사는 선진국의 부유한 시민들은 상대적으로 위급함이 덜한 조건들에서 살아가고 있기에, 자유주의 정치 이론에서 흔히 그렇듯 생존과 상호 의존성 사이 관계의 절박함은 확실히 관심 밖으로 밀려나 있었다.[7] 그러나 기후변화, 경제위기, 종교 간 혹은 인종 간 폭력, 대규모 이민 등을 직면한 우리 시대에, 홉스와 아리스토텔레스에게 명백했던 정치의 근본적인 '제1문제'는 오늘날 다시금 이론적 관심의 최전선에 놓이게 될 것이다.

---

[7] 물론 핵무기 시대의 국제 관계는 대단히 위급한 상황들의 연속이었지만, 주류 정치 이론에서는 다소 관심사에서 밀려나 있었고, 그나마 현실주의 국제 관계 이론가들 혹은 비주류 평화주의자들에 의해서만 다루어졌을 뿐이다. 핵전쟁 홀로코스트의 그림자 아래 발전해 온 20세기 현실주의 정치 이론에 대해서는 매퀸(McQueen 2017)을 보라.

마지막 세 번째 믿음은 인간 사회가 처한 환경이 전형적으로 typically 변화무쌍하다는 것이다. 환경 변화는 외인적 충격(새로운 경쟁자의 등장, 기술적 변화, 전쟁, 기후변화 등)을 통해 생겨난다. 변화는 또한 내인적 요인, 이를테면 제도와 규범의 끊임없는 변천을 통해서도 생겨난다. 합리적이고 언어로 의사소통하는 인간 행위자들이 제도를 경험함에 따라, 행위자들의 태도와 그들이 만들어 낸 제도는 변화할 것이다. 어떤 변화는 미묘한 것이기도 하고, 또 어떤 변화는 극적일 수도 있다.[8] 한 사회가 대내외 상황의 변화에 제때 반응해 효과적인 혁신에 성공하느냐 실패하느냐에 따라, 그 사회가 구성원들에게 충분한 안전과 풍요를 지속적으로 보장하는 그 능력은 직접적으로 영향을 받는다. 사회는 새로운 변화에 효과적으로 대응할 수 있도록 사회적 협동의 체계 자체는 붕괴시키지 않은 채 사회적 협동의 구체적 내용들을 교정할 수 있어야 한다.

이렇게 개인성, 상호 의존성, 환경의 가변성에 대한 믿음들은 서로 결합되어 다음의 사실을 분명히 보여 준다. 즉, 위급한 상황의 연속인 이 변화무쌍한 환경에서 살아남기 위해 원초적 민주정

---

8) 내인적 변화의 과정을 최대한 억제하는 것이 근대에나 고대에나 정치적 보수주의자들의 근본적인 목표였다. 칼리폴리스라는 이상 국가가 세워진 뒤 생겨나는 모든 변화는 퇴보라고 규정하는 플라톤의 『국가』, 참된 전문가가 부재한 상태에서 모든 변화를 억제하는 법률을 "차선의" 통치라고 보는 『정치가』가 대표적이다. 윌리엄 F. 버클리William F. Buckley의 보수주의 성향의 『내셔널 리뷰』*National Review*의 강령은 "'멈춰'라고 외치며 역사에 거스를 것"이었다. 반면에 민주주의자들은 전형적으로 민주정을 변화 수용적이라고 특징짓는다. 항상 그런 것은 아니지만 민주적 변화란 정의, 그리고 여타 도덕적 목표를 향한 진보로 묘사되곤 한다.

의 시민들은 최소한 '홉스의 문제 제기'는 통과해야만 한다. 이는 곧 비교적 높은 수준의 사회적 협동을 성취하고 유지시킬 수 있어야 함을 의미한다. 절대주의와 비교했을 때, 민주정은 중앙 집중화된 명령 체계와 통제 및 사회계약의 단일한 집행자로서의 제3자 같은 자원들을 활용할 수 없다. 즉, 민주정은 안전과 풍요를 마련하기에 충분한 수준의 사회적 협동을 강제할 홉스적 의미의 주권자가 가진 장치들을 사용할 수 없다.

그렇다면 다양하고 상호 의존적이며 누구의 지배도 받지 않으려 하는 개인들로 이루어진 민주정 체제는 어떻게 변화무쌍한 환경으로부터 생겨나는 여러 위급한 도전들에 대응하기에 충분한 정도의 공공재를 생산해 낼 수 있을까? 중앙 집중화된 명령 체계와 통제를 일삼는 단일한 주권자를 흉내 내는 방식은 성공적일 것 같지 않다. 홉스가 옳게 보았듯이, 사회적 다양성을 갖춘 인민, 특히 법에 의해 제약되는 인민은 중앙 집중화된 명령 체계와 통제에는 비교적 무능하기 때문이다. 또한 어떤 조건들에서는(예를 들어, 현대 중국에서는) 법에 의해 아무런 제약을 받지 않는 주권자(중국의 경우 소수의 똘똘 뭉친 지배 집단)도 자기 이익을 추구하는 개인들로 이루어진 대규모 사회의 안전과 풍요를 최소한 일시적으로는 증진할 수도 있으리라 생각했다는 점에서도 홉스는 역시 틀리지 않았다. 그러나 홉스의 결정적인 오류(원초적 민주 정부도 장기적으로는 결코 자연 상태의 비참한 조건에서 벗어나지 못할 것이라는 잘못된 예측의 원인)는 바로 단일한 주권자가 휘두르는 중앙 집중화된 명령 체계와 통제만이 개인주의, 상호 의존성, 환경의 가변성 속에서 대규모의 사회적 협동을 성취하는 문제에 대한 유일한 해결책이라 생각했다는 것이었다.

3. 지식과 집단행동

한 사회의 적응력은 그 사회를 조직하는 규칙들[이 어떻게 제정되어 있느냐]에 달려 있다. 적절한 조건에서는 한 사회의 다양성, 예를 들어 구성원들 간의 의견 및 판단의 다양성이 사회적 협동의 장애물, 즉 해결해야 할 골칫거리가 아니라 자산이 될 수 있기에, 원초적 민주정이 잘 조직되기만 한다면 홉스의 예측은 틀린 것으로 판명 날 수 있다. 집단행동의 문제들이 (아리스토텔레스는 그럴 수 있다고 주장했던 것과 같이) 시민들에 의한 제한된 집단적 자기 통치에 의해 체계적으로 해결된다면, 다양성은 원초적 민주정이 받아들 손익계산서에서 이익 면에 기입될 법한 요인이다. [원초적 민주정에서 마련된] 그런 조건들에서는 다양한 지식과 기술을 가진 시민 개개인이 (단기적 이익을 유예하고 교육과 훈련을 택해) 자신에게 투자할 유인이 생겨나기에, 시민들은 자신의 비교 우위적 경쟁력을 늘려 나가고, 그 결과로 한 공동체가 가진 인적 자본의 총합도 늘며, 미래에 언제든 유용하게 쓰일 공동 지식의 보고 역시 풍요로워진다. 시민들이 언제든 자신들을 착취할 수 있는 전제적 지배자와의 게임에서 (전략적으로 협동하지 않으려는 행위자와 무턱대고 협동하려는 선택을 했다가 자기 효용을 잃어버리는) '머저리의 빈손'sucker's pay-off이 될까 두려워할 요인만 사라진다면, 시민들은 자신의 지식을 공유해 안전과 풍요라는 공동의 이익과 관련된 문제들을 해결하기 위해 협동할 충분한 이유를 가지게 된다. 자유, 평등, 존엄이라는 민주정의 조건들은 다양한 분야에 걸친 인적 자원에 대한 합리적 투자를 증진하고, 그러면서 동시에 그런 투자로 더욱 수준 높아진 유용한 지식들을 합리적으로 공개하고 교환하는 과정을 원활하게 한다.

사회적 다양성을 지닌 대규모 사회에서 시민 개개인이 자신의 교육을 위해 기꺼이 투자한다면, 그 사회의 구성원 전체는 상대적으로 동질적인 소규모 사회의 부분 집단(예를 들어, 지배자 또는 그가 속한 엘리트 집단)에 비해 훨씬 더 다양한 종류의 지식에 접근할 수 있다. 그런데 다양한 지식에 대한 개방적 접근은 제한 접근을 고수하는 전제정 체제의 지배자들의 권위를 위태롭게 하는 반면, 민주적 체제의 집단적 지배자들에게는 오히려 이익이 된다. 그렇기 때문에 질서정연한 민주사회는 잠재적으로는 변화무쌍한 환경에서 생겨나는 문제들을 전제적 지배자보다 훨씬 더 효과적으로 해결할 수 있다. 문제 해결에 유용하게 쓰일 지식의 보고를 확충하는 것은 최소한 잠재적으로는 전제적 지배자가 활용하는 위계적 명령 체계가 갖는 효과의 이익에 버금갈 수 있고, 또한 민주적 통치에 다수의 개인이 참여하는 데서 발생하는 내재적 비효율의 손실을 충분히 상쇄할 수 있다(Ober 2008a). 물론 그렇게 모으고 확보한 지식을 적재적소에 활용할 수 있도록 관리해 민주정의 잠재력을 실현하는 일은 제도와 메커니즘을 어떻게 고안할 것인지의 문제에 달려 있다. 우리는 이를 7장에서 다루게 될 것이다.

지금은 일단 집단행동의 문제에 집중해 보자. 하나의 민주 정부가 다양성을 갖춘 사회의 지식 자원들을 활용해 공동의 관심사

가운데 많은 문제들을 풀 잠재력을 얻기 위해서는, 각 시민들이 자신에게 투자할 유인을, 그리고 이 게임에서 '머저리의 빈손'이 될 걱정 없이 자신이 가진 지식을 공유함으로써 협동할 유인을 제공하기 위한 규칙들과 그에 걸맞은 문화적 습관들이 자리 잡아야 한다. 그리고 더 나아가 집단행동의 문제가 (가설적으로) 해결된 뒤에도, 관련 규칙과 습관이 구조화되어 있어서, [문제 해결에] 알맞은 종류의 지식을 '해 공간'solution space의 적절한 곳에서 적절한 때에 접근할 수 있어야 한다. '모두가 모든 것을 아는' 식으로 지식이 분류도 되지 않은 채 '자료 무더기'data dump만을 이루고 있다면, 이는 유용한 지식이 아예 없는 상태보다 최선의 해답을 고안하기에 더 불리할 수도 있기 때문이다.

한 사회가 충분한 수준의 안전과 풍요를 유지할 만큼의 공공재를 산출하기 위해서는 사회적 협동에 반드시 성공해야만 한다. 위에서 보았듯이, 여기에는 다양한 종류의 매우 고도화된 지식이 필요한데, 이를 확보하는 데는 전제정보다 민주정이 훨씬 더 유리하다는 것 역시 우리는 위에서 확인했다. 물론 이 모든 것을 달성하기란 간단치 않은 일이다. 이 모든 것을 이루기 위해서는 자유, 평등, 존엄이라는 세 가지 상호 연관된 조건들 각각이 필요하다.

4. 정치적 자유와 정치적 평등

자유와 평등이라는 정치적 조건은 시민들에 의한 집단적 자기 통치로서의 민주정과 강하게 연결되어 있다. 많은 사람들은 자유

또는 평등을 (혹은 둘 모두) 비폭정의 요체point로 여긴다. 그러나 자유와 평등이 민주정의 목적으로까지 여겨지지는 않더라도, 시민들이 서로 자유롭게 자신의 생각을 말하고 공적 사안에 관한 정보를 공유하기 위해 소통하지 않는다면, 그런 통치가 시민들에 의한 것이라 할 수는 없다.[9] 역시 만약 시민들이 의미 있는 방식으로 정치적으로 평등하지 못하다면, 그 역시 시민들이 자기 통치를 하고 있다고 말하기는 어렵다.

정치적 자유와 정치적 평등이라는 조건이 민주정과 갖는 긴밀한 관계는 역사적 기록으로도 확인된다. 자유와 평등은 고대 그리스의 정치 저술가들에 의해 민주정의 가치일 뿐만 아니라, 민주정의 핵심적인 관행들practices로서 널리 인식되었다. 아테네 및 다른 도시국가에서 활동했던 민주정 비판자들(플라톤을 비롯한 정치철학자들)과 민주정에 호의적인 인물들(데모스테네스를 비롯한 정치 연설가들) 모두 자유와 평등에 대한 신념[헌신]commitment이 민주국가에 가장 현저한 특징이라고 보았다. 자유란 민주정 체제를 가진 도시국가에서는 행정 장관 등의 공직자나 유력한 사적 개인으로

---

9) 발언의 자유라는 시민적civic 의무와 발언을 삼가야 하는 신민의 의무의 구별은 칸트에 의해 강조된 바 있다. 종교를 주제로 한 저술 활동을 멈추라는 프로이센 국왕 프리드리히 2세의 명령을 언급하며, 칸트는 다음과 같이 의견을 밝히고 있다. "누군가의 내적 믿음을 비난하고 부정하는 것은 악이지만, 지금과 같은 어떤 경우에는 침묵하는 것이 신민의 의무이다. 그리고 누군가 말한 것이 모두 옳다 하더라도, 이것이 곧 그 진리 전체를 공적인 공간에서 발언하는 것이 의무임을 뜻하지는 않는다"(AA[Akademie-Ausgabe] 12장 406절, Kant 1991, 2에서 인용. 강조는 인용자).

부터의 무단 침해나 자의적 강탈을 당할 공포로부터의 자유로 이해되었을 뿐만 아니라, 발언의 자유, 결사의 자유로도 이해되었다. 평등이란 모두의 표가 동등하게 결과에 반영되도록 함으로써, 그리고 공적 공간에서 발언할 권리를 평등하게 부여함으로써, 그리고 법, 공직 및 다른 공적 제도에 평등하게 접근하도록 보장함으로써 실현되었다.[10]

한 공동체 안에서 정기적이고 적극적으로 공동의 사안에 참여함으로써 상호 의존적 개인들 모두가 누리게 되는 정치적 자유와 평등은 온갖 공공재와 사적인 좋음들의 생산을 증진할 수 있다. [자유는 어떤 역할을 하는가?] 적절한 제도적 조건들이 마련되면, 자유로운 개인들은 폭정을 일삼는 정부 혹은 지대를 추구하는 엘리트에 의한 착취를 두려워할 필요가 없기에, 자신의 기술과 재능 계발에 합리적으로 투자할 수 있게 되고, 그 결과 전문화와 비교 우위로부터 오는 집단적 이익이 증가하고 인적 자본의 총량도 늘어난다. [평등은 어떤 역할을 하는가?] 제도들에 대한 평등한 접근(예를 들어, 분쟁 조정 절차)과 공적 정보에 대한 평등한 접근(예를 들어, 상거래를 주관하는 법률)은 정보의 비대칭성이나 [공직자의] 편파성(유사한 사건을 다르게 판단하는 등)을 줄여 거래 비용을 낮추도록 한다.[11]

---

10) 오버와 헤드릭(Ober and Hedrick 1996)에 수록된 마틴 오스트왈드Martin Ostwald, 한센, 라프라웁, 카트리지의 논문을 보라.

11) [옮긴이] 거래 비용이란 시장의 행위자들에게 가장 효율적인 자원을 분배하는 가격 메커니즘을 각 행위자가 이용하는 데에 드는 비용을 뜻한다. 예를 들어 모든 행위자들에게 필요한 정보가 완전히 공개되어 있지 않다면, 그 정보를 찾거나 직접 알아보는 비용이 들 것이고 누군가

거래 비용이 낮아짐에 따라, 거래의 양과 각 거래로부터 얻는 상호 이익 모두가 증가하므로, 결국 사회가 가진 부의 총량이 늘어나게 된다. 게다가 이런 상황이 유지되는 것이 공동의 이익이 되기 때문에, 자유롭고 평등한 시민들은, 다시금 적절한 제도적 조건이 조성된다면, 기꺼이 자신이 가진 유용한 정보와 전문화된 지식을 공공의 이익이 걸린 사안에 대해 공동으로 정책을 만들기 위해 공유하려 할 것이다. 이렇게 산재한 다종다양한 정보와 지식이 공개되고 공유된다면, 변화무쌍한 환경에서 생겨나는 여러 도전들에 대해 공동체는 더욱 혁신적이고 개선된 해답을 찾을 수 있다.

인적 자원의 총량이 늘어나고, 거래 비용이 감소하며, 더 나은 공공 정책이 더 나은 정보와 공유된 지식에 기반해 마련됨에 따라, 사회적 협동에서 오는 이익의 총량은 증가한다. 이렇게 거둔 이익이 충분히 공공재에 투자되어 그로부터 개인이 얻는 이익이 (엘리트에 의해 지대의 형태로 독점되는 대신) 광범위하게 분배된다면, 공동체는 앞으로도 계속 더 안전하고 더 풍요로워질 것이다. 이러한 발전의 연쇄 작용은 [고대] 아테네 및 다른 민주정 도시국가들의 역사로 충분히 기록되어 있다.[12]

우리는 앞으로 7장에서 민주 정부가 더 나은 정책을 수립하기

는 결국 최적의 가격에 상품을 팔거나 사지 못해 비용을 추가로 지불하는 결과가 생길 수도 있다. 이는 사회 전체적으로 봤을 때 자원 분배의 효율성을 저해할 것이다.

12) 어떻게, 그리고 왜 자유와 평등이 인적 자본을 늘리며, 거래 비용을 낮추고 유용한 지식들의 효과적인 종합을 가능케 하는지에 대한 더 구체적인 논의는 오버(Ober 2008a, 2010, 2013a, 2015b)를 보라.

위해 효과적으로 지식을 종합해 낼 수 있는 제도적 메커니즘 고안의 문제를 다룰 것이다. 그 문제를 푸는 데에는 전문성을 이용하되 정부의 '엘리트 독점'의 위험을 최대한 줄일 방법을 찾고, 정책의 성공뿐만 아니라 실패에도 충분히 주의를 기울이는 것이 중요하다. 그러나 이런 제도적 메커니즘 고안 이전에 해결해야 할 선결 문제는 다음과 같다. 어떻게 누구의 지배도 받지 않는 시민 집단이 (1) 각 개인이 공공재를 유지하기 위한 실천에 기꺼이 비용을 감수해서라도 참여하게끔 하는 규칙들에 복종할 수 있는 조건을 만들 수 있는가? (2) 어떻게 각 개인이 그 규칙들을 위반하는 자를 제재 혹은 처벌하는 데 참여할 조건을 만들 수 있는가?

5. 삶에서 체험되는 시민적 존엄

민주정에서 자유와 평등이 상호보완적일 때, 그리고 하나가 다른 하나를 희생해 가며 최대화되지 않을 때, 바로 그때에만 안전과 풍요는 안정적으로 마련될 수 있다. 또한 바로 그런 조건들 아래에서만 시민들은 강탈이나 착취의 공포 없이 살아가면서 자신들의 삶을 계획해 나갈 수 있다. 이들의 평등한 정치적 지위는 존귀한 사회적 지위에 해당하며,[13] 모든 시민은 (홉스의 자연 상태에서

---

13) [옮긴이] 홉스가 생각했던 것처럼, 주권자 아래에서 피지배자는 종과 같이 가장 낮은 지위에서 평등하다(『리바이어던』18장 93절). 그러나 민주정에서는 그 사회의 구성원으로서 가장 높은 지위에서 평등하다는 점

처럼) 서로에 대한 또는 (홉스의 주권자 아래에서처럼) 무제약적 지배에 대한 두려움에 사로잡히는 대신, '기를 펴고서'stand tall 살아간다. 헌법적 보장책은 다수의 힘, 또는 특정 개인이나 집단이 휘두르는 자의적 힘을 제한해 신체와 재산에 대한 자의적인 위협으로부터 시민들을 보호하며, 그럴 때 민주정의 시민들은 정치적 자유, 그리고 법적이고 정치적인 평등 안에서 안전함을 누린다.

그러나 20세기 중반 미국의 민권운동, 그리고 오늘날에도 여전히 취약한 아프리카계 미국인 공동체에 자행되는 경찰 폭력의 경험에서 뼈저리게 드러나듯이, 헌법적 보장책은 오직 사람들이 삶 속에서 이를 통한 보호를 체험할 수 있을 때에만 실질적 가치를 지닌다. 남북전쟁 이후 미국은 헌법 개정[수정헌법]을 통해 모든 시민들에게 자유와 법적 평등을 보장했다. 하지만 그렇게 마련된 보장책은 미국 여러 주에 잔존하던 '짐 크로'Jim Crow 주법州法[14]과 인종주의적 규범들이 이룬 모멸[15]의 체계에서는 허울에 불과했다. 자유와 평등이 실질적인 의미를 가지려면, 그리하여 민주정

에서 대조를 이룬다.

14) [옮긴이] 미국 남부의 몇몇 주에서 1965년까지 유지되면서 '분리하되 평등하다'는 원칙 아래 공공장소 등에서 백인과 흑인을 분리하도록 정한 규칙. 1955년 로자 파크스Rosa Parks가 버스에서 백인에게 자리 양보를 거부한 일을 계기로 발생한 '몽고메리시 버스 탑승 보이콧 사건', 1957년 흑인 학생들이 백인 학생들만 다니던 학교에 입학해 안전하게 등교하도록 연방군까지 출동하게 된 아칸소주 '리틀록 사건' 등이 이런 규칙을 배경으로 한다.

15) [옮긴이] 여기서 '모멸'로 옮긴 말은 'indignity'이다. 따라서 이후의 내용에서 '모멸'은 정확히 '존엄'의 반대말로 쓰이고 있음을 밝혀 둔다.

이 안전과 풍요라는 기본재들을 공급할 수 있으려면, 가장 약하고 가장 취약한 시민들까지도 존엄을 누리며 실질적으로 안전해야 한다. 여기서 존엄이란 곧 참여할 자격을 갖춘 시민에게 걸맞은 대우를 받는 상태, 모욕과 어린애 취급으로 인해 참여하는 것이 불가능한 상태에 빠지지 않도록 일상적으로 보호받는 상태를 뜻한다.[16)]

나는 1장에서 원초적 민주정이 암묵적 윤리를 가지고 있다고 암시한 바 있다[1장 1절 33쪽, 2절 41쪽]. 민주정에 필요한 윤리가 무엇인지는 존엄의 영역에서 분명해지며, 정치적인 행동 양식과 구성원의 상호적 행동 양식이 겹치는 영역이 바로 이 존엄의 영역이다. 강자로부터 (그 사람이 공직자이든, 사적 개인이든) 모욕을 당하는 피해자는 시민으로서 참여할 자격participatory citizenship을 갖췄다는 의미에서의 자유를 누리고 있다고 말하기 어렵다. 또한 누군가 행한 발언이나 행동이 마치 어린애가 한 것인 양 취급되는 경우에, 그런 대우를 받는 성인은 적절한 의미에서 평등하다고 말하기 어렵다. 그리고 이렇게 누군가는 피해자로서 자유롭지 못하고, 또 누군가는 어린애 취급 때문에 평등하지 못하다면, 그런 체제가 민주정이라고 말하는 것 역시 무의미하다.

모든 시민의 존엄이 지켜져야 한다는 민주정의 필수 조건은 먼저 개인적 자유를 최대화하기 위해 시민들 가운데 상대적으로 약자의 위치에 놓인 사람들의 참정권이 사실상 행사되지 못하게 해야 한다는 우파-자유 지상주의자들의 요구에 맞서는 규칙들과

---

16) 법률에 대한 근본적인 위반으로서 경찰 폭력에 대해서는 가우더(Gowder 2016)를 보라. 이 절은 오버(Ober 2012)에서 그대로 가져온 것이다.

습관들을 만들어 낸다. 마찬가지로 그것은 시민들의 사유재산 소유 자체를 위태롭게 할 정도로 사회정의를 최대화해야 한다는 좌파-평등 지상주의자들의 요구에도 맞선다. 즉, 적절한 수준의 존엄에 관심을 기울임으로써, 우리는 소유와 관련해 개인의 자유를 최대화하거나 경제적 평등을 최대화하려는 다수의 힘이 민주정을 위협할 때 시민들을 보호할 수 있는 것이다(6장 8절).

또한 존엄은 원초적 민주정의 가치 집합을 채우는 역할도 한다. 나는 원초적 민주정은 체제 자체의 유지 및 존속을 위해 정치적인 형태의 자유와 평등이 그 필요조건으로서 유지되어야 한다고 주장했다. 그런데 원초적 민주정을 유지하기 위해 필요한 정치적인 형태의 자유와 평등은 어떤 자유주의자들에게는 상당히 '빈약한' 것으로 보일 수 있다. 자유주의자들의 기획은 전형적으로 [정치적인 수준 이상으로] 좀 더 두터운 자유 및/또는 평등 개념을 갖는다. 즉, 자유와 평등은 실질적으로 사회적인 내용을 갖지만, 자유주의는 흔히 자율성, 정의, 타고난 권리들과 그에 따른 각각의 도덕적 의무들이라는 표제 아래 내용을 보탠 것이다[이를 통해 자유주의자들에게 자유와 평등은 체제를 위한 필수 조건을 넘어 그 자체로 추구해야 할 가치로 인식된다]. 마찬가지로, 시민적 존엄의 독립적인 요구 조건들에 관심을 기울임으로써, 민주적 시민 자격democratic citizenship의 체험에 실질적인 내용이 보태어진다 — 그리고 이때의 실질적인 내용이란 자유주의적인 것도 도덕적인 것도 아니다(이는 Christiano 2008, 138~154와 대조적이다).[17] 더 나아가, 이는 합리적으로 자기 이익을 추구하는 다양한 개인으로 이루어진 인구 집단에서 지속 가능하고 자기 강화하는 사회적 균형이 발전하는 방식으로 이루어진다. 간단히 말해, 시민적 존엄은 원초적 민주정을 더 깊게, 더 탄탄하게 만든다. 즉, 민주적 제도들은 시민들의 존엄을 보호하고, 존엄을 누리는 시민들의 습관은 다시금 민주정을 보호하고 그 제도들을 끊임없이 개선해 가기 위한 행동 양식의 토대를 제공한다.

시민적 존엄이라는 개념은 가치이자 실천들의 집합으로서 데모폴리스 시민교육에서 중요하게 다뤄질 것이다. 시민교육 커리큘럼 가운데 존엄을 다루는 부분에 제시될 논변의 아이디어는 다음과 같다. 즉, 존엄을 보호하는 규칙들[이 시민들에 의해 지켜지는 것]은 [시민들 사이에] 공유된 인식, 즉 모멸이 그것을 겪는 사람에게 경험적으로 나쁜 것이며, 민주정에도 나쁜 것이라는 공유된 인식에 의존한다는 것이다. 한 개인이 경험하는 모멸이란 모욕적인 대우를 받거나 어린애 취급의 대상이 되어 해를 입거나 해를 입을 수 있는 상황에 놓이는 것을 뜻한다. 모욕의 피해자가 된다는 것은

17) [옮긴이] 저자는 자유와 평등이라는 가치가 시민들이 실제로 이를 체험하는 방식으로 실현되려면, 존엄을 위한 독립적인 조건들, 즉 한편으로는 모욕을 당하지 않아야 하고 다른 한편으로는 어린애 취급을 받지 않아야 한다는 조건에 관심을 기울여야 한다고 말한다. 즉, 모욕이나 어린애 취급이 정확히 무엇이며, 어떻게 그런 일이 일어나지 않게 할 수 있는지를 고민하는 가운데, 자유주의가 자유와 평등에 내용을 보탰듯, 존엄에 대한 논의도 자유와 평등에 내용을 보탠다고 할 수 있다는 것이다. 또한 이런 조건들을 만족할 때 시민들이 체험할 수 있는 존엄은 자유나 평등 어느 하나로부터 자동적으로 도출되는 것이 아니라, 그 자체로 독립적인 가치로서 오히려 자유와 평등의 양 극단을 규제하는 역할을 한다. 그런 점에서 저자는 존엄을 독립된 가치로 상정한다.

자신의 우월성을 과시하려는 누군가에 의해 열등한 존재로 취급 받는 것이다. 어린애 취급의 대상자가 된다는 것은 자신의 이익을 스스로 판단하고 추구할 능력이 없는 범주에 속한다고 취급받는 것이다. 어떤 성인의 삶이 이런 식의 모욕과 어린애 취급으로 점 철되는 한, 혹은 자신이 그런 대우를 받을지도 모른다는 두려움으로 가득 차있는 한, 그의 삶이 행복하기란 대단히 어렵다. 존엄이 행복의 충분조건까지는 아니겠지만, 다른 사정이 모두 같을 때 존엄하지 않은 삶이 존엄한 삶보다 더 나을 수는 없기 때문이다.

이처럼 모멸은 개인에게 나쁘기도 하지만, 집단적 자기 통치로서의 민주정에도 나쁘다. 모욕은 민주정의 필수 조건인 자유와 양립할 수 없다. 한 시민이 모욕을 당한다면, 그는 솔직하고 개방적으로 발언을 하거나 타인과 결사체를 꾸리는 등 참여하는 시민으로서의 자격participatory citizenship을 누릴 수 없기 때문이다. 예를 들어, 내가 어떤 주제에 대해 이야기하려 할 때 혹은 타인과 결사체를 꾸리려 할 때 모욕을 당할 위험에 처한다면, 내가 대단히 용감하지 않은 한 — 예를 들어, 20세기 미국 민권운동에 참여했던 시민들만큼 용감하지 않다면 — 나는 내 발언을 삼가거나 결사체를 멀리할 것이다. 나는 나를 모욕할 위치에 있는 사람에게 그저 따를 것이고, 발언을 하거나 누군가와 결사체를 만들 때 그의 허락을 구하려 하거나, 내가 정치적 자유를 누리는 것이 혹시 그의 심기를 거스르지는 않을지 두려워하며 굽실거려야 한다. 나를 모욕하는 사람과 내가 공적인 영역에 함께 있을 때, 나는 무시당하고 보이지 않는 존재가 된다. 내 존재는 귀족들의 만찬에서 시중드는 종들의 처지보다 나을 것이 없어진다.[18]

마찬가지로 어린애 취급 역시 민주정의 필수 조건인 평등과 양립할 수 없다. 만약 누군가가 공적인 공간에서 발언할 때 그것이 그저 어린애의 재잘거림쯤으로 취급된다면, 그가 공적 사안에 대해 대단히 중요한 정보를 제시하면서 주장하고 있음에도 존중받지 못한다면, 또는 그가 자신의 의견을 갖기 위해 필요한 정보에 어떤 이유로든 접근이 제한된다면, 그런 민주정은 엉터리다. 국가기관이 시민을 보호한다는 명분 아래, 오직 엘리트들이 미리 자신들의 지배에 무해한 의견이나 사전에 허가한 의견 몇 가지만을 놓고 시민들에게 투표하도록 한다면, 그런 민주정은 허상이다. 집단적 자기 통치로서의 민주정은 시민들이 진정 존귀한 지위를 가질 때 — 그들이 단지 자신이 누군가의 적극적인 간섭을 받지 않는다는 의미에서의 자유로운 상태를 넘어서 모욕을 당할 위협으로부터 진정 자유로울 때, 그리고 그들의 목소리가 울려 퍼지고 그들이 가진 한 표 한 표가 평등한 투표 가치를 지닐 때, 그들이 본질적으로 늘 위험부담이 존재하는 선택지들을 선택함에 있어 스스로 판단할 수 있을 때 — 오직 그럴 때 집단적 자기 통치로서의

18) 모욕이란 감정보다는 사회적 조건이다. 이는 수치심과는 다르며, 모욕이 정치와 맺는 관계는 수치심이 정치와 맺는 관계와 다르다. 민주정과 수치심에 대해서는 색슨하우스(Saxonhouse 2006), 타노폴스키(Tarnopolsky 2010)를 보라. 모욕은 또한 겸손humility, humbleness과도 다르다. 독실한 사람이 신성한 사물, 신성한 장소 앞에서 표하는 겸손의 태도, 혹은 자연의 아름다움에서 느끼는 경이로움, 어떤 일에 도가 튼 사람 앞에서 문외한이 갖는 경탄의 태도 안에 꼭 모멸이 있어야 할 필요는 없다. 자존심을 내세우는 대신 겸손을, 웅대함을 내세우는 대신 소탈한 것에 만족하는 것은 분명히 모욕이나 어린애 취급 없이도 충분히 가능하다.

민주정은 지속된다. "나는 인간이다"I am a man라는, 20세기 미국의 민권운동이 내걸었던 슬로건은 모욕과 어린애 취급을 거부하며 정치 공동체civic society에 평등하게 참여하는 성인에게 걸맞은 존중과 인정을 요구한 것이었다.

존엄한 삶이란 우리가 타인에게서 얻는 존중 및 우리가 타인으로부터 어떤 대우를 받는지와 연관되어 있다. 존엄은 타인에 대한 우리의 행동 양식, 우리에 대한 타인의 행동 양식에서 드러난다. 민주정에 적절한 의미의 존엄은, 상당 부분 우리가 공적으로 말과 행동을 통해 정치적 참여의 자격을 갖춘 인격인 서로에게 보내는 존중과 인정의 문제이다. 존엄이 합리적인 자기 이익, 잘 인지되고 제대로 준수되는 규칙들, 그리고 이런 규칙들에 따른 삶에 의해 발달한 내면화된 규범과 습관화된 행동 양식에 의해 지속될 때, 시민적 존엄이 탄탄하다고 할 수 있다. 존엄은 이제 정치적civic 공간으로 옮겨지고, 더는 제로섬게임에서의 경쟁 혹은 군림하는 자의 기분에 따라 주어지는 희소 자원이 아니게 된다. 이제 존엄은 그것이 보전됨으로써 얻게 되는 이익을 공유하는 시민들의 협력을 통해 유지되는 풍부한 공동의 자원으로 변모한다. 그러므로 존엄은 명예와 구별된다. 원초적 민주정에서는 특별한 공로에 대해 특별한 명예를 부여하는 일이 있긴 하지만(6장 6절), 시민적 존엄은 [특별한 경우에 주어지는 무언가가 아니라] 모든 시민들이 누리는 존중과 인정의 하한선을 이룬다[이는 참여할 자격을 인정받을 만큼 존귀한 시민으로 인정받기에 충분한 정도로 높은 하한선이다]. 모든 시민들에게 공동의 지식[존엄의 가치와 그를 지키기 위한 규칙]을 인지시키고 그 공공재[곧, 존엄]를 위해 필요한 행동을 해낼 유인을 제공함으로써,

시민적 존엄은 공유지의 비극에 의해 파괴되는 일이 없게 된다.[19]

전제적 체제에서 모멸을 겪을 위험을 안고 살아가는 것보다는 시민적 존엄이 지켜지는 체제에서 더 나은 삶을 살아갈 수 있다는 인식을 가짐으로써, 모든 시민들은 타인의 존엄을 보호하는 데 드는 비용을 지불할 합리적 동기를 갖게 된다. 존엄 위반 행위를 규정하고 뒤따르는 구제 절차를 명시해 위반이 일어났을 때 시민들이 그에 대응하기 위해 서로 행동을 조율하도록 유도하는 규칙(법률과 규범)이 세워지면, 이 규칙에 의거해 시민들이 동원되어 존엄을 보호한다[시민들 스스로가 존엄을 보호하는 주체가 된다]. 민주적 공동체는 누구나 쉽게 이해할 수 있는 메커니즘과 적절한 유인을 제공하는 제도를 설립해 개인들(공직자이건 사적 시민이건 모두)이 나서 모멸을 경험하는 이들(예를 들어, 경찰 폭력 및 증오 범죄의 피해자)을 보호할 수 있도록 해야 한다. 그런 규칙들이 적절히 제도화되면, 정치 공동체 내에 모멸을 경험하는 어떤 개인 혹은 어떤 하위 집단의 구성원이라도 동료 시민들로부터의 도움을 기대할 수 있다

---

19) 사회적 존중과 인정은 헤겔G. W. F. Hegel의 『법철학』에서 중요한 개념이다. 보이는 존재가 되는 것으로서 존엄에 대해서는 [미국의 인종차별을 다룬] 랠프 엘리슨Ralph Elison의 소설 『보이지 않는 인간』(1952)과 앨런(Allen 2004)을 함께 보라. 인정과 존엄에 대해서는 테일러(Taylor 1994)를, 존엄, 존중, 인정에 대해서는 굿맨과 톰슨(Gutmann and Thompson 1996)을, (자기 자신에 대한 태도보다는) 정의로운 사회에서 시민들이 필요로 하는 기본재 중 하나로서의 자기 존중(자존감)에 대해서는 롤스(Rawls 2001, 58~60)를, 사회적 관계로서, 그리고 (물질적 풍요, 자율성과 함께) 정의의 근본적 조건으로 꼽히는 존엄은 코헨(Cohen 1997), 다월(Darwall 2006), 크리스티아노(Christiano 2008, 특히 63, 93)를 보라.

— 법정에서 배심원으로 시민적 감시를 실현하는 방식이 가장 흔하지만, 잠재적으로는 시민 개개인이나 시민 집단 전체에 의한 직접행동의 형태로도 도움이 제공된다.[20]

6. 시민적 존엄 게임

민주정에서 시민적 존엄이 항상 지켜지는 균형 상태는 단순 2인 혹은 3인 게임으로 모델화될 수 있다. 이 게임에서는 모멸을 주어 타인의 존엄을 해치는 행위를 금지하는 규칙이 (법률 혹은 규범의 형태로) 존재하며, 게임의 참여자 모두는 이 규칙에 대해 알고 있다고 가정해 보자. 또한 한 사회에는 (홉스가 생각한 자기과시의 욕망과 자존심으로 가득 찬) 항상 타인을 모욕해 자기 우월성을 확인하려는 사람들이 있다는 사실도 가정해 보자. 이런 식의 강한 개인 (공직자 혹은 엘리트에 속하는 사인)을 이 게임에서 행위자1(P1)로 놓

---

20) 존엄을 보호하기 위해 현대 국가에서 제정된 규칙들은 혐오 범죄에 대한 법률이 대표적이다. 그러나 혐오 범죄는 시민들 사이의 조율된 집단 행동에 의해 방지되기도 한다. 예를 들어 www.niot.org (2016년 3월 26일 접속)를 보라. 국가의 법률 아래 있지만, 보완적 성격을 가진 것들로서 오늘날의 공적·사적 조직들은 해당 조직의 구성원들이 겪는 존엄에 대한 위협을 다루기 위해 광범위한 공식적·비공식적인 규칙과 메커니즘을 보유한다. 한편 그런 위협에 대한 배상이 이루어지기 위해, 그 위협이 꼭 [형법상] 범죄의 수준일 필요는 없다. 예를 들어 오늘날 미국 대학들은 피고용인들의 행실을 관장하는 규정을 보유하는데, 여기에는 주법州法으로 처벌되지 않는 여러 행동들도 금지되어 있다.

자. P1은 상대적으로 약한(가난한, 별로 유명하지 않은, 사회적으로 고립된) 사람들을 모욕하는 데서 즐거움을 취한다.

가장 단순한 2인 게임에서 P1은 더 약한 제3자를 존중하기를 선택하거나, 아니면 그를 모욕해 규칙을 위반하는 쪽을 선택해 먼저 움직인다. P1이 모욕하기를 선택하면, 이미 [모멸이 금지되어 있다는] 규칙을 알고 있는 상태에서 P1의 규칙 위반을 목격한 일반 시민 행위자2(P2)는 제3자를 보호하기를 선택하거나, 아니면 이를 무시하고 지나쳐 버리는 쪽을 선택할 수 있다. 만약 (6장 5절에서 논의한 바대로) P2에게 적절한 동기부여가 되어 있다면, P2는 이를 무시하며 지나쳐 버리지 않고 제3자 보호를 선택할 것이다. P1은 P2에게 제3자를 보호할 동기부여가 되어 있음을 알고, 이것이 자신이 가장 바라는 결과(아무 비용도 치르지 않고 타인을 모욕하기)의 실현을 방해할 것을 알고 있다. 따라서 결국 P1은 P2가 제3자를 보호하는 데 맞서 큰 비용을 치르느니, 규칙을 위반하지 않고 제3자의 존엄을 지켜 주기로 선택한다. 따라서 이 게임의 균형 경로는 'P1이 제3자를 존중함'이다. 따라서 이 게임의 결과는 '존엄 위반 미발생', 즉 약한 제3자에 대한 모욕은 일어나지 않게 된다. 이 게임은 그러므로 존엄이 보전되는 사회적 균형을 모델링한 것이다(Ober 2012, 832~835).

〈그림 6-1〉로 나타낸 더 복잡한 3인 게임은 동일한 상황에서 특별한 공적 명예 수여의 가능성이 추가된다. 이미 모델링한 2인 게임에서 가정한 바는 동일하게 적용된다. 이전 게임에서는 P1이 '존중' 대신 '모욕'을 선택한다면, P2는 강자인 P1에게 맞설지, 무시하고 지나칠지를 선택한다. 하지만 3인 게임에서는 P2가 제3자

그림 6-1 **시민적 존엄의 3인 게임**

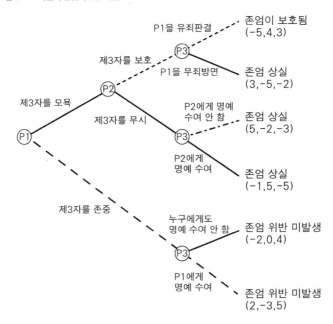

P1을 유죄판결 - - - 존엄이 보호됨
(-5,4,3)

P3

제3자를 보호   P1을 무죄방면   존엄 상실
(3,-5,-2)

P2

제3자를 모욕   P2에게 명예
수여 안 함   존엄 상실
제3자를 무시   (5,-2,-3)

P3

P1

P2에게
명예 수여   존엄 상실
(-1,5,-5)

제3자를 존중
누구에게도
명예 수여 안 함   존엄 위반 미발생
(-2,0,4)

P3

P1에게
명예 수여   존엄 위반 미발생
(2,-3,5)

주 : P1(강자)과 P2(P1의 위반 목격 시민)는 명예를 놓고 경합한다. P3는 인민이다. 각 참여자의 선호
순서들이 각 참여자가 거두게 되는 양적 보수의 순서 세 쌍(P1, P2, P3)으로 나타나 있다. 파선은
이 게임의 균형 경로이다. 점선은 만약 P1이 '모욕'을 선택해 파선에 해당하는 균형 경로를 벗어났
을 때, P2와 P3 간 2인 게임에서의 새로운 균형 경로이다. 일점쇄선은 P2가 '무시'를 선택함으로써
점선에 해당하는 균형 경로를 벗어났을 때의 새로운 균형 경로이다.

를 보호하는 데 성공하려면 다른 시민들의 도움을 받아야만 한다.
즉, P2는 제3자에게 모멸을 주어 그의 존엄을 해친 P1의 위반 행
동을 공공 재판에 부치도록 고발하는 방식으로 그 도움을 구할 수
있다. P1과 P2는 특별한 공적 명예(예를 들어, 명성 혹은 공직)를 두
고 경합하는 관계로 가정되며, 그렇기에 양자 모두 공적 인정을 가
치 있게 여긴다. 여기서 이 게임의 세 번째 행위자, 즉 P3는 이렇
게 규칙을 위반해 존엄을 해친 사건을 판결하고, 누구에게 특별한

공적 명예를 수여할지에 권한을 가진 인민이다. P1이 제3자를 존중한다면, 인민은 P1에게 명예를 수여하기를 선택하거나, 아니면 누구에게도 명예를 수여하지 않을 것이다. P1이 제3자를 모욕하고, P2가 이를 무시하고 지나친다면, 인민은 그런 P2에게 명예를 수여하기를 선택하거나, 수여하지 않기를 선택할 것이다. P2가 P1을 재판에 넘기는 방식으로 제3자를 보호한다면, 인민은 P1을 유죄판결 하기를 선택하거나, 아니면 무죄방면 하기를 선택한다. P1은 '모욕'하고, P2가 '보호'하며, 인민이 '유죄판결' 하면 게임의 결과는 '존엄이 보호됨'이다. '존엄 상실'이라는 결과는 [P1이 '모욕' 하고 P2가 '보호'했는데] 인민이 '무죄방면' 하는 경우이고, 혹은 [P1이 '모욕'했는데] P2가 (명예를 수여받든지 안 받든지 간에) '무시'하는 경우다. '존엄 위반 미발생'은 P1이 (명예를 수여받든지 안 받든지 간에) 제3자의 존엄을 존중할 때의 결과이다.

이 게임의 가능한 결과들['존엄이 보호됨', '존엄 상실', '존엄 위반 미발생']에서, 각 행위자들이 갖는 선호가 〈그림 6-1〉에 수치로 표시되어 있다. 각각의 결과에서 P1(강자), P2(일반 시민), P3(인민) 순의 순서쌍(P1, P2, P3)이 나타낸 것이 바로 각 결과가 각 행위자들에게 갖는 가치의 크기이다. 즉, 5는 최상의 결과, 0은 중립, -5는 최악의 결과이다. 각 행위자는 다른 행위자의 선택을 예측하며 자신이 최상의 보수를 거둘 수 있는 행위를 선택한다.

P1의 최선의 결과(보수 = 5)는 자유롭게 타인을 모욕하고, 그리고 그의 경쟁자인 P2가 명예를 얻지 못할 때이다. 이는 곧 P2에 대해 명예를 수여하자고 제안은 되었는데, 인민이 이를 기각한 경우이다. 차선의 결과(3)는 무죄방면 되는 것이다. 이 경우 P1은 어

쨌든 재판에 넘겨져 비용을 치러야 하기에 최선의 결과보다는 열위이다. 세 번째(2)는 타인을 모욕하기를 포기하지만, 대신에 그런 포기 덕분에 자신이 역시 바라던 공적 명예를 수여받는 것이다. 이는 P1이 P2처럼 공적 명예를 수여받기를 욕망한다는 것이 전제되어야 가능하다. 네 번째(-1)는 타인을 모욕은 하되, 경쟁자인 P2가 명예를 수여받는 것을 보는 큰 비용을 치르게 되는 것이다. 다섯 번째(-2)는 존엄을 해치지 않고, 특별히 공적 명예도 얻지 못하는 경우이다. 누구에게도 명예 수여가 제안되지 않았다는 전제가 있다. 최악의 결과(-5)는 유죄판결을 받는 매우 높은 비용이 발생하는 경우이다.

P2의 최선의 결과(보수 = 5)는 자신은 치르는 비용 없이 명예를 수여받는 것이다. 차선(4)은 그의 경쟁자 P1을 물리치고[P1의 모욕으로부터 제3자를 즉각 보호하거나 보호하기 위해 그를 고발하고], 법정에서 유죄판결까지 이끌어 내어 자신의 명성을 드높이는 것이다. 세 번째(0)는 누구도 존엄을 해치려 하지 않고 누구도 명예를 수여받지 못하는 그런 세계에서 그가 특별히 할 일이 없는 경우이다. 네 번째(-2)는 [자신이] 명예 수여를 받지 못하는 것이다. 다섯 번째(-3)는 그의 경쟁자 P1의 명예 수여를 보는 것이다. 최악의 결과(-5)는 P1의 무죄방면, 즉 P2가 행동에 나섰는데도 경쟁자인 P1이 자신이 원하는 결과를 거두고 명성을 드높인 경우이다.

P3, 즉 인민에게 최선의 결과(보수 = 5)는 존엄 위반이 일어나지 않고 사회 친화적 행동을 한 시민들에게 명예를 수여하는 것이다. 명예란 시민들이 적극적인 시민적civic 직접행동의 높은 비용을 기꺼이 지불하도록 유도하기 때문에, 인민은 명예를 수여하지

않기보다는 [기회가 될 때마다] 수여하려 한다. 차선(4)은 누구에게도 명예를 수여하지 않고도 존엄에 대한 도전이 일어나지 않는 것이다. 세 번째(3)는 P1을 유죄판결 하는 것, 즉 사회 전체가 거두는 이익(재판을 열어 본보기를 보이는 것, 벌금을 통한 공적 수입 등)이 재판을 치르는 비용보다 높은 경우이다. 네 번째(-2)는 재판에서 P1을 무죄방면 하는 것, 즉 인민의 권위가 재판을 여는 데까진 행사되었지만, P1은 또 그런 일을 저지르게 될 것이다. 다섯 번째(-3)는 존엄 위반이 일어났지만 재판도 열리지 않고, P2가 명예도 수여받지 못하는 경우이다. 최악의 결과(-5)는 존엄이 위반되고 P2는 타인을 보호하지 않고 그냥 무시하고 지나쳤는데도 인민이 명예를 수여하는 경우이다.

　이 게임의 균형 해는 다음과 같다. 인민의 선호 순서는 P1이 '모욕'할 때 P2가 '보호'에 나서도록 유도하기 때문에, P1에게 최선의 선택지는 '존중[모욕하지 않음](그리고 명예를 수여받음)'이며, 이 것은 P1 자신에 의해 예측될 수 있는 결과이다. 따라서 균형 경로(〈그림 6-1〉의 파선)는 P1이 '존중', 인민이 P1에게 '명예 수여'이다. 이 3인 게임의 기반이 되었던 더 단순한 2인 게임에서처럼, 결국 [이 균형 경로가 도달하는 '존엄 위반 미발생'(2, -3, 5)이 이 게임에서의 -옮긴이] '부분 게임 완전 내시 균형'subgame perfect Nash equilibrium 이다. 그러나 P1이 '모욕'을 선택함으로써 이 균형 경로를 이탈한다면, 이제 2인 부분 게임이 되어 버린 상황에서 새로운 균형 경로(〈그림 6-1〉의 점선)는 P2가 '보호', 인민이 P1을 '유죄판결' 하는 것이다. 이때 예견되는 결과는 '존엄이 보호됨'이다. '존엄 상실'은 오직 P1이 '모욕'해 균형 경로를 이탈했을 때, P2도 이를 무시하고 지나침으로써 균형 경로를 이탈하는 경우 발생하는 결과이고, 이 경우 새로운 균형 경로(〈그림 6-1〉의 일점쇄선)는 인민이 P2에게 '명예 수여 안 함'이다.

이런 전개형 게임은 명백히 이 자체가 얼마나 민주적이든 간에 실제로 존재하는 사회의 조건들을 지나치게 단순화한 면이 있다. 실제 세계에서는 인간이 결코 완벽하게 합리적이고 모든 정보를 알고 있는 행위자가 아니기에, 항상 '이탈 경로'를 따르는 행태가 있게 될 것이다. 그러나 이런 단순화된 게임으로 우리는 민주적 제도들(모멸을 금지하는 규칙과 집단적 행위자로서의 인민)과 공적 명예 수여를 놓고 벌이는 경합을 통해 사회 친화적 경쟁을 유도하는 시민적civic 규범이 어떻게 시민적 존엄을 보호하는 행동 양식상의 기초를 제공하는지를 이해할 수 있었다.

우리가 보았듯이(4장 3절), 스스로 매긴 자기 우월성을 인정받으려는 열망으로 가득 찬 사람은 홉스의 일인 왕 혹은 지배 집단[곧, 주권자]이 지배하는 사회에서 불평분자가 될 가능성이 크다. 즉, 다른 모든 이를 마치 주인 앞의 종처럼 만드는 주권자 앞에서는 명예욕에 가득 찬 사람 역시 낮은 지위의 평등에 머물러야만 하기 때문이다. 그의 명예와 불명예는 오직 주권자의 기분에 달려 있게 된다. 그리고 그런 상황에서, 홉스의 주권자가 이 불평분자들이 자기과시의 욕망에 따른 행동을 못 하게 하기란 어려울 것이다. 주권자는 타인에게 모멸을 주어 체제를 불안정하게 만드는 행위가 벌어지는 곳마다 이를 감시해 제압하기가 매우 어렵다는 것을 깨닫게 될 것이다. 주권자의 대리인들이 어느 곳에나 존재하는 것은 불가능하다. 심지어 이 대리인들이 한술 더 떠 자신들의 자존심을 세우려 할 경우, 그들이 주권자가 중점적으로 바라는 바를 충성스럽게 이행할 개연성은 떨어진다. 죽음에 대한 공포를 항상 가장 우선시하는 그런 선호 순서가 예외 없이 보편적이라면, 인간의 행동 양식은 항상 안정적으로 예측 가능할 것이다. 하지만 현실의 리바이어던은 그보다 분명 덜 안정적일 것이다. 인간의 심리 구조에 대한 홉스의 현실주의가 오히려 합리적 계약에 대한 자신의 사고실험을 스스로 무너뜨리고 있는 셈이다.

원초적 민주정은 그런 불능 상태를 겪지 않아도 된다. 아주 특출 난 공적을 세운 시민은 인민에 의해 명예를 수여받아, 시민적 존엄 이상의 공적인 존경을 받게 되어 다른 이들보다 드높여진다. [홉스의 리바이어던에서와는 달리] 일인 왕 또는 엘리트 지배 집단의 내재적이고 독점적인 우월성 때문에 명예를 수여받은 시민이 무시당하는 일도 없다. 시민적 존엄 게임이 보여 주듯이, 인민은 일관되고 예측 가능한 방식으로만 명예를 수여하거나 명예를 거두기 때문이다. 게다가 평범한 시민들은 존엄의 위협이 일어날 때 그에 대한 감시자이자 긴급 대응 요원으로서 사실상 어느 곳에서나 있을 수 있다. 물론 실제 사회에서는 사람들이 타인의 존엄을 보호할 때 그 이유가 항상 자신의 이익 때문이라 할 수만은 없다. 즉, 도덕적 의분이나 이타주의적 동기가 존엄의 체제를 더 강화하고 확장할 수도 있다는 것이다. 그러나 이 게임이 모델링한 바에 따르면, 존엄이 지켜지는 시민적civic 질서는 1차적으로는 [방금 말한 다소 주관적인 동기에 의한] 그런 강화를 통해 유지되지는 않는다.

7. 존엄과 시민적 덕성

타인을 모욕하려는 개인 또는 집단에 해명을 요구하고 책임을 묻는 일은 (해당 위반자 또는 그의 동료들에 의한 복수의 가능성이 늘 존재하기 때문에) 어느 정도 위험을 무릅쓰는 용기가 필요하다. 따라서 시민적 존엄의 보호는 시민적 용기라는 상응하는 덕과 관련된다 (Balot 2014). 그러나 시민적 존엄의 보호를 위해 각 시민 개인에게 엄청난 정도의 용기를 발휘할 것이 요구되지는 않는다. 즉, 다른 시민들이 존엄에 대한 위협에 대응할 수 있는 규칙을 제정하고 이를 뒷받침함으로써, 서로의 행동을 조율할 수 있고 조율하게 되는 한, 모든 시민들이 (미국의 민권 운동에서 몇몇 인물이 보여 주었던 것과 같은) 초인적인 용기를 가질 필요까지는 없다. 잘 구조화된 규칙을 지닌 공동체의 시민으로서, 나는 내가 속한 이 공동체의 구성원들이 나의 존엄을 보호하기 위해 행동해 줄 것임을 (그리고 올바른 제도들을 설립함으로써 예방적으로 행동해 놓았다는 것을) 합리적으로 기대할 수 있다. 다른 구성원들 역시 (1) 앞으로 자신도 어떤 강자의 오만함으로 말미암아 위협받을 수 있고, (2) 자신의 존엄을 지켜야 하는 염려를 가지며, (3) 그러려면 다른 동료 시민들의 도움을 받아야 한다는 사실을 알고 있기에, 행동에 나서는 것이 그들 자신의 이익을 위한 것임을 인지하면서 그렇게 한다. 그러므로 시민적 존엄은 덕스러운 것, 상호적인 것, 합리적인 것이다.[21]

---

21) 약자들이 소수의 강자들을 제약하고자 협력한다는 아이디어는 그리스 정치사상에서 널리 퍼져 있었다. 플라톤의 『고르기아스』 483b~e 참조.

원초적 민주정에서 서로의, 그리고 모두의 존엄을 유지해야 한다는 시민들의 집단적 책임은 법과 정치 문화에 의해 구체화된다. 법은 공직자들과 시민들의 행동들이 효과적으로 조율될 수 있도록 하는 "중심점"(Schelling 1980 [1960]) 역할을 한다(Weingast 1997). 존엄의 위협에 대응할 책임의 상호성은 모두에게 인지된 것이기에, 내가 타인을 보호하기 위해 행동하기를 선택할 때, 나는 나의 이런 선택이 동료 시민들의 선호와 이익에 알맞으리라는 것, 그리고 나의 행동이 동료 시민들의 행동과 조율될 것임을 믿을 수 있다. 그러므로 타인의 존엄을 보호하려는 행동은 결코 순진하게 '머저리의 빈손'이 되는 일이 아니다. 그렇게 다시 한번 시민 집단으로서 우리의 집단적 존엄은 우리 모두의 좋은 삶welfare을 보장하는 이 체제에 대한 개개인의 합리적 신념[헌신]으로 공고해진다.

다양한 개인들로 이루어진 대규모 인구 집단에서 존중과 인정認定이 피어나는 체제를 유지한다는 것은 두 번째 시민적 덕성을 함축한다. 바로 절제self-restraint(고전기 그리스 윤리학에서의 'sôphrosynê')[22]이다. 시민으로서 우리는 자기과시 하는 행동을 하며 타인의 존엄을 해치려는 행위를 자발적으로 자제해야 한다. 그런 덕성을 발휘하는 것이 어마어마한 극기가 되지 않도록 해주는 것 역시 여기서도 합리성이다. 우리 각자는 홉스가 생각한 것처럼 오만불손한 자기과시에 대한 고질적인 충동을 가지고 있음에도, 시민

---

22) [옮긴이] 고대 그리스 문헌의 우리말 번역에서 주로 '절제', '분별'로 번역되는 'sôphrosynê'는 앞뒤를 재고 사리 판단이 가능한, 제정신을 차리고 있는 상태 등으로 이해할 수 있다.

으로서 우리는 합리적으로 서로 겹치는 세 가지 이유에 따라 이 같은 충동대로 행동하기를 자제한다. 첫째, 우리는 규칙을 알고 있으며, 타인들이 나의 행동을 감시하고 내가 규칙을 위반할 때 거기에 대응할 것임을 알고 있다. 우리는 그런 위반 행동에 처벌이 뒤따른다고 예상할 수 있다. 둘째, 그런 규칙에 따라 우리는 교육받게 되므로, 우리의 관점은 훨씬 더 긴 시간을 바라볼 수 있게 된다. 즉, 타인의 존엄을 해침으로써 얻게 되는 단기적 만족을 포기하는 것이 장기적으로 우리에게 실질적인 이익이 된다는 것을 믿게 된다. 셋째, 우리는 존엄을 동기부여적 규범으로 내면화했기 때문에, 이제는 타인을 모욕하거나 어린애 취급하는 행동을 함으로써 즐거움을 채우려고 하지 않게 된다.[23]

시민적 존엄의 체제를 유지하는 핵심은, 존엄을 존중하고, 그에 대한 위협에 대응하기 위한 올바른 행위가 무엇인지에 합의하며, 그에 따라 실제로 그 올바른 행동을 공동으로 해내는 것에 달려 있다. 시민적 존엄의 체제를 유지하는 것이 공동의 이익이 된다는 상호적 인식은 우리 각자가 그런 행위에 나설 책임이 있음을 일깨운다. 우리 각자는 모두 서로에 대해, 그리고 공동체에 대해 의무를 지님을 알고 있으며, 그 의무를 수행하는 것이 우리가 세

---

23) 시민적 질서는 용기와 절제 사이의 균형에 기반한다는 플라톤의 『정치가』[305e 이하]와 비교해 보라. 절제self-restratint/moderation는 (용기, 지혜, 정의와 함께) 4주덕 중 하나로서 민주정 아테네의 가치 평가적 어휘에서 중간 계층의metrios(중간의, 적당한, 알맞은, 절도 있는, 균형 있는, 절제 있는) 시민이 체화하는 덕으로 꼽혔다. 이는 아리스토텔레스의 습관화와 연습askêsis을 통한 윤리적 훈련 이론(『니코마코스 윤리학』)에 기반하고 있다.

운 제도적·문화적 조건에서 합리적 선택임을 깨닫게 된다. 우리 각자가 올바른 행동을 하여 의무를 다할 때, 우리 모두의 존엄이 지켜진다. 우리 각자가 선택을 내리고 행동함에 있어 법적인 규칙을 협력의 구심점으로 삼는다면, 어떤 강자도 규칙을 위반하고도 처벌을 피할 만큼은 강하지 못하고, 어떤 약자도 보호받지 못한 채 내버려지지 않을 것이다 — 그가 개인으로서는 얼마나 취약한지에 관계없이 말이다. 공적 명예라는 희소한 자원 — 비경합적 공공재인 시민적 존엄이 아니라 — 을 두고 일어나는 경쟁이 오히려 시민들 간의 협력을 더 강화해 시민적 존엄의 유지에 기여함을 우리 각자가 인지할 때, 존엄을 지키려는 우리의 헌신과 합의는 더욱 강해진다.

시민들이 존엄의 체제를 지켜 가는 데 자신의 몫을 다하지 않는 자를 비난하고 제재하는 데 참여하며, 또 타인을 보호한 자를 칭찬하고 그 일을 보상하는 데 참여한다면, 이 같은 명성 효과는 이 체제를 더욱 강화한다.[24] 시민적 존엄은 최고가 되려는 욕망, 혹은 최고가 되어 자신의 성취를 인정받을 수 있으리라는 기대에 반하지 않는다. 위의 3인 게임에서 보았듯이, 시민적 존엄은 [시민적 존엄의 체제에서는] 걸출한 공적이 인정될 수 있고, 명예를 욕망하고 또 그럴 자격이 있는 이들에게 특별한 명예를 수여하는 일도 가능하다. 과도하지 않은 적절한 수준의 경쟁적 자격/가치 기반 체제competitive meritocracy[25]는 공적으로 인정받는 탁월함을 추구

---

24) 존경과 지탄의 사회 친화적 역할에 대해서는 브래넌과 페팃(Brennan and Pettit 2004)을 참조하라.

하려는 욕망이 사회 친화적 목적을 위해 발휘되는 한 시민적 존엄의 체제 안에서도 융성할 수 있다.

마찬가지로, 시민 집단 내에서 시민적 존엄을 보호하려는 관심이 곧 시민 집단 바깥의 사람들의 존엄에 대한 관심을 누그러뜨리지도 않는다. 시민들은 상호 의존성의 네트워크 속에서 혹은 사적 친밀감을 갖고 살아가는 비시민들, 혹은 즉시 시민과 비시민을 구별할 수 없는 상황에서는 비시민들의 존엄도 보호해야 할 합리적 이익을 갖는다. 원초적 민주정은 시민의 이익을 보호하기 위해 시민의 지위를 가진 사람들 너머로까지 법적 보호를 확장할 수 있다(Ober 2005a, 5장). 물론 악질적인 혹은 현실에 안주하는 지역주의가 시민들 사이에서 생겨날 수도 있다(Kateb 2006). 그러나 시민적 존엄의 위반에 대한 민감성이 점점 늘어 간다면, 인간적 존엄의 가치에 대한 인지 역시 더 강화될 것이다(Ober 2012, 844).

시민적 존엄에 대한 위와 같은 논의는 어떻게 (다소간) 자기 이익을 추구하는 개인들로 이루어진 인구 집단에서 민주정이 (완벽

---

25) [옮긴이] 여기서 '자격/가치 기반 체제'로 옮긴 말은 'meritocracy'이다. 흔히 이 단어를 '능력주의'로 번역하곤 하는데, 이 책에서 일관되게 '-cracy' 계열의 단어를 '-정'과 같이 정치체제나 체제로 옮겼고 그것이 실제로도 정확한 이해이기 때문에 '능력주의'를 써야 할 이유가 없다. 여기서 'merit'란 어떤 것에 걸맞은, 혹은 그것을 가장 잘할 수 있는 자격이나 능력, 성질 등을 말한다. 본문 내용에 비추어 보면, 사회적으로 명예와 인성을 요구하기에 걸맞은 자격이나 능력, 성질은 바로 동료 시민의 존엄을 지키기 위해 행동에 나서는 용기, 그리고 그 용기를 실천한 행위이다. 따라서 '자격/가치 기반 체제'란 그런 사람들이 더 큰 권력 내지 몫(여기서는 명예와 인정)을 갖는 체제를 말한다.

하게 실현된다고까지는 못 해도) 자기 강화적 균형 상태로 지속 가능한지를 보여 준다. 이 체제는 자기 자신도 그런 존엄의 위협에 직면할 수 있음을 아는 합리적이고 충분한 정보를 지닌 시민들의 선택에 기반하고 있다. 우리는 각 시민이 그런 위협에 대응하는 비용을 치르면서도 이 체제를 유지하기 위한 방식으로 행동하리라 예측할 수 있다. 왜냐하면 그렇게 함으로써 자신의 삶이 더 나아질 것이라는 합리적인 기대가 있기 때문이다. 규칙에 대한 공동의 인지는 다양한 개별적 사회적 행위자들 사이에서 협력을 가능케 하고, 걸출한 공적에 보상으로 주어지는 공적 명예를 얻을 기회는 개인이 그렇게 할 유인을 배가한다.

8. 자유와 평등 사이에서

데모폴리스의 시민들은 책임 있는 성인으로서 시민의 역할을 다하는 방식으로 행동하고, 자신 역시 그런 존재로 대우받을 것이라 기대한다. 그렇기에 데모폴리스의 규칙들, 그리고 이 규칙들을 정당화하기 위해 제공되는 교육은 부권주의적이지 않다. 성인으로 대우받는다는 것, 부권주의적 개입에 종속되지 않는다는 것이 의미하는 바는 부모의 보호를 벗어나 위험을 무릅쓰고 스스로 결정할 수 있는 자유, 부모의 통제를 벗어나 어떤 정보에든 접근할 수 있는 자유이다. 부모는 대체적으로 자녀가 아직은 풍부한 정보를 이용하고 처리할 능력, 또는 어떤 행동을 했을 때 예상되는 이익에 따르는 잠재적 비용을 제대로 계산할 능력이 부족해 자신의 선택에 내포한 위험을 제대로 평가하지 못할 것이라 믿는다. 그렇기 때문에 부모는 자녀를 보호하기 위해 그에게 해를 입힐 수 있는 정보를 제한하기도 한다(스토브를 켜는 법, 차에 시동을 거는 법, 총을 장전하는 법 등).

성인이라고 해서 위험을 완벽하게 계산하거나 정보를 완벽하게 처리할 무오류의 능력을 갖췄다고 가정할 수는 없다. 민주국가의 정부도 성인 시민들을 어린애 취급하지 않으면서도 특정한 위험으로부터 보호할 수 있다. 정부는 국가 안보와 같은 정당한 이유로 몇몇 정보를 기밀에 부칠 수 있다. 운전자에게 안전벨트를 매라고 요구할 수도 있다. 그러나 존엄이 민주정의 필수 조건 가운데 하나이기에, 민주국가는 결코 가부장적 국가[26]가 되어서는 안 된다. 민주국가는 그 규칙으로서 시민들이 스스로 선택할 수 있도록 허용해야 하며, 거기에 예외를 둬야 할 때는 항상 이를 정당화해야 한다.[27]

---

26) [옮긴이] 'paternalistic state'를 '가부장적 국가'로 옮긴 것에 대해서는 프롤로그의 주 5를 보라.

27) 존엄을 이유로 부권주의를 거부한다고 해서, 곧 정부가 사회 친화적 행동을 유도할 수 없는 것은 아니다. 예를 들어 정부는 시민들이 갑작스러운 사망 시 장기 기증을 선택할 형식을 고려할 때, '옵트 인'[정보 수집이나 의견 표명 시 명시적 동의를 받는 방식]보다는 '옵트 아웃'[정보 수집이나 의견 표명 시 명시적 거부를 받는 방식]을 이용할 수 있다(Kahneman 2011, 373). 또한 정부가 개인이 감수해야 하는 몇몇 위험 요소를 차단할 정당한 권위를 행사할 수 없는 것도 아니다. 내가 운전할 때 안전벨트를 매야 할 법적 의무를 지는 것이 나의 존엄을 심각하게 훼손하지는 않는다. 부담은 적고 돌아오는 이익은 크기 때문이다. 그러나 시민적 존엄은 공

다양한 영역(정치, 재무, 직업, 인간관계, 스포츠)에서 스스로 선택을 내린다는 것은 늘 위험을 무릅쓰는 일이다. 그렇게 위험을 감수하고, 본질적으로 위험을 내포한 선택을 내린 결과를 받아들이는 것은 존엄을 누리는 성인이자 책임 있는 시민으로서 행동하기 위한 기본적 조건이다. 만약 우리가 존엄을 누리며 살아가야 한다면, 우리 각각은 자신과 공동체에 매우 중요한 사안에 대해 위험을 내포한 선택을 내릴 기회를, 그리고 그런 선택을 내리는 데 참여할 기회를 가져야만 한다. 성인은 분명 어린이보다 더 나은 [현재의 상황들, 그리고 선택에 따른 위험에 대한] 평가를 한다. 하지만 성인 역시 환경을 완벽하게 통제할 수는 없으며, 모두가 만성적으로 (우리 자신이나 타인이 범하는) 오류 그리고 운명의 장난에 노출되어 있다. 선택을 내릴 때 우리는 이성을 사용해 추론하고 언어로 의사소통하면서 타인의 계획을 평가하면서 위험을 계산한다. 그러나 우리의 평가는 불완전하며, 편향되어 있고, 우리의 세심한 계산은 우연에 의해 틀어지기 일쑤다(Kahneman 2011). 그러나 우리가 충분히 합리적으로 추론하고 충분히 정보를 습득한다면, 우리가 수행하는 위험성 평가는 합리적일 수 있다. 우리가 무엇이 우리 자신과 타인의 추론에서 체계적 편향의 근원인지를 알게 된다면, 위험성 평가는 더 나아질 것이다. 정보는 다양한 방식으로 행위자에게 전달된다. 즉, 위험성을 평가하고 편향성을 통제하기 위해 사용되는 정보는 사적인 통로, 공적인 통로 모두를 거쳐 들어온다. 정

적 권위의 범위를 제한한다. 위험을 제한하기 위한 규제가 어린애 취급에 가깝다면, 그것은 존엄을 위협한다.

치civic 공동체에서는, 잘 공시된 규칙과 한 공동체 내에서 통용되는 규범과 습관에 대한 공동의 지식이 중요한 공적 정보 가운데 하나이다.

시민적 존엄은 각 시민이 자신과 관련된 개인적 선택을 내릴 권한을, 그리고 참여하는 시민으로서 공동체와 관련된 공적인 선택에 참여할 권한을 보호한다. 시민적 존엄은 시민들이 정보를 이용하고 위험을 떠맡는 데 있어 성인으로서 행동할 수 있도록 보장한다. 위험을 무릅쓰고 사적·공적 선택을 내릴 기회를 박탈하는 식의 어린애 취급을 방지하는 가운데, 시민적 존엄은 민주정 안에서 자유와 평등 양자를 가장 이로운 방식으로 규제하는 역할을 한다. 어린애 취급하지 않아야 한다는 조건은 자유와 평등의 상충하는 요구들 가운데 어느 한쪽이 비대해져 성인을 어린이와 같은 피보호자로 취급하는 경우가 발생할 때 그 양자 사이에서 적절한 판단을 하도록 해준다. 어린애 취급하지 않아야 한다는 조건은 한편으로는 불평등의 모든 싹을 아예 잘라 버리려 과도하게 개입하는 유모 국가nanny state의 출현에 맞서고, 동시에 개인의 자유라는 명분으로 극심한 불평등을 의도적으로 영속화하려는 시도에도 맞선다.[28]

존엄을 누리며 산다는 것은 우리 각자가 위험이 도사리는 다양한 영역에서 자유롭게 중요한 선택을 내릴 수 있어야 함을 의미한

---

28) 나는 루소와 드워킨에 반하는 윌리엄스(Williams 2005, 9장 「자유와 평등 간의 갈등들」)를 따르고 있다. 즉, 시민들에게 정당한 것으로 받아들여지는 국가 안에는 늘 자유에 기반한 요구와 평등에 기반한 요구 사이의 갈등이 존재할 수 있으며, 실제로도 존재할 것이다.

다. 우리는 무언가를 할지, 안할지, 이 후보에게 투표할지, 저 후보에게 투표할지, 이 정책에 찬성할지, 반대할지를 우리 자신의 위험성 평가와 이익 계산에 근거해 선택할 수 있어야 한다. 우리의 존엄은 우리 각자가 선택과 관련된 정보에 언제나 접근할 수 있을 때 지켜지며, 바로 그럴 때 우리는 극히 위험한 행동으로 빠져들게 할 어떤 사항은 알지 못하도록 보호받아야 하는 어린이처럼 취급받는 모멸을 피할 수 있다. 공적 정보는 위험성을 평가하는 데 대단히 중요하기 때문에, 시민들은 (특별히 공직에 종사하는 시민들은) 관련 정보가 늘 서로에게 접근 가능하도록 조치할 책임이 있다. 기만은 우리의 존엄을 위협한다. 기만은 우리가 충분한 정보를 지녔더라면 결코 감수하지 않았을 개인적 위험(예를 들어, 위험한 투자 결정), 또는 집단적 위험(위험한 공공 정책 수립)을 감수하도록 우리를 속이는 것이기 때문이다.

[정보를 감추거나 속이는] 기만과 [정보를 고의적으로 애매하게 전달해 혼란을 가중하는] 교란이 공적 권한을 지닌 이들에 의해 행해진다면, 존엄은 치명적으로 위협을 받는다. 공직자가 시민들이 관련 정보에 접근하는 것을 막거나, 혹은 어떤 개인적 투자나 공공 정책 시행에 내재한 위험을 있는 그대로 전달하지 않는 방식으로 잘못된 정보를 제공할 때, 그들은 시민들을 어린애 취급하는 것이다.[29] 하지만 다른 한편으로, 시민적 존엄은 우리 삶에서 늘 겪게

---

29) 아리스토텔레스도 『정치학』 3권 5장 1278a24~40, 4권 12장 1297a7~13에서 지배자가 시민들을 공적으로 기만하는 것에 위와 비슷한 이유로 반대한다. 그의 입장은 이상 국가 '칼리폴리스'가 '고귀한 거짓말'

되는 선택의 순간에 내재한 그 어떤 우연이나 위험도 제거하려는 부권주의적인 공적 권한 행사에 의해서도 위협받는다. 어떤 공적 권위의 체계 안에서 시민들이 스스로 위험과 이익을 계산해 어떤 행위를 하거나 무언가에 찬성하는 표를 던질 기회가 박탈되어 있다면, 이 역시 존엄에 대한 크나큰 위협이다. 시민들에게는 자신들에게 중요한 선택을 내릴 만한 능력이 없다고 가정함으로써, 정부가 마치 후견인처럼 시민들을 피보호자처럼 대우하는 일이 일어나서는 안 된다.[30]

우리가 이미 보았듯이(3장 4절, 6장 4절), 자유(선택의 자유, 특히 발언과 결사의 측면에서의 선택의 자유)와 평등(신분과 기회의 평등, 특히 법과 공적 의사 결정과 관련한 평등)은 민주정을 위한 필수 조건이다. 그러나 자유와 평등의 요구가 서로 상충할 때, 민주정은 어떤 올바른 길을 택해야 할까? 민주 시민들은 자유와 평등이 동시에 최대화될 수는 없는 상황에서 정책 선택지들 중 어떤 것을 선택해야 할까? 존엄이라는 원리가 어린애 취급을 금지함으로써 분배 정의의 스펙트럼 위에 놓여 있는 정책 선택지들을 제약하는 방식이 〈그림 6-2〉로 표현되어 있다.

(『국가』 3권 414b7 이하)에 의해 유지된다는 플라톤의 입장과 배치된다. 조지 부시 행정부가 이라크 침공을 정당화하기 위해 체계적으로 생산한 오정보를 미국 시민들(그리고 세계인 모두)에게 퍼뜨린 사례, 도널드 트럼프와 그의 행정부가 퍼뜨린 수많은 거짓 뉴스는 이런 관점에서 봤을 때 시민적 존엄에 대한 공격이다.

30) 민주적 평등주의에서 재분배의 범위를 정하는 가운데 위험의 요소가 포함될 필요성에 대해서는 앤더슨(Anderson 2007)을 보라.

그림 6-2 **분배 정의에 대한 제약**

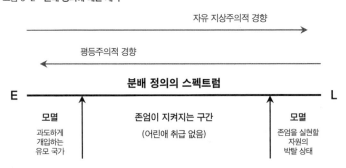

주 : 분배 정의의 스펙트럼은 완전한 평등(F)에서 완전한 자유(L)로 뻗어 있다. 자유 지상주의적 경향은 오른쪽으로, 평등주의적 경향은 왼쪽으로 향해 있다. 시민적 존엄은 이 두 경향이 각각 E와 L 방향으로 어느 정도로만 가야 하는지를 표시하는 제한을 건다. 민주 체제에서는 모멸을 허용해서는 안 된다는 원리가 평등주의자들과 자유 지상주의자들의 요구에 제한을 두게 되는 것이다. '존엄이 지켜지는 구간'은 스펙트럼에서 시민들이 어린애 취급당하지 않는 영역이다. 이 구간은 그렇기에 민주적 분배 정의를 위해 취해질 수 있는 정책 선택지들의 영역을 정의한다. 원초적 민주정의 인민은 '존엄이 지켜지는 구간'의 어디에서나 분배 정책을 수립하도록 선택을 내릴 수 있으나 그 바깥으로 넘어가서는 안 된다.

위험을 감수하고 선택을 내릴 개인의 능력을 극단적으로 제한하거나, 또는 무언가를 선택한 결과가 별 의미 없도록 만듦으로써 사람들의 삶에서 우연의 효과를 완전히 제거하려는 평등주의적 입장에 대해, 우리는 그런 부권주의적 위협이 존엄을 해친다고 반박할 수 있다. 기회에 영향을 끼치는 우연적 요소를 완전히 제거하는 정책(예를 들어, 양육이나 교육에 의한 자율적 성취의 모든 효과를 완전히 제거하는 것), 혹은 완전한 결과의 평등을 강제하는 정책은 사람들의 삶에 대한 광범위한 부권주의적 개입을 필요로 한다. 그런 개입은 명백히 시민들을 어린애 취급하는 것이다. 시민적 존엄은 시민들이 정치 공동체의 구성원으로서 갖는 평등한 공적 지위에 기반한다[그렇기에 원초적 민주정에서 분배적 평등이 매우 중요한 것은 사실이다]. 하지만 아무리 분배적 평등이라는 목적을 위해 동원되는 정당한 수단들이라도, 시민적 존엄은 그것들이 과도하게 부권주의적인 것이 되지 않도록 엄격한 제한을 둔다. 그렇기에 '자유주의 이전의 민주정'이 자유주의자들에게 (그리고 비폭정을 선호하는 비자유주의자들에게도) 무엇을 줄 수 있느냐는 질문(8장)과 관련해, 원초적 민주정 이론은 왜 자유의 요구가 때때로 평등의 요구보다 우선해야 하는지에 대한 자유주의 이론의 테두리 안에서 제시되는 주장들(가장 잘 알려진 것은 롤스의 서열적 순서[31])을 보충해 줄 수 있다[존엄을 강조하는 원초적 민주정 이론은 이 측면에서 과도한 평등을 거부하는 자유주의적 주장과 맥을 같이한다].[32]

그러나 동일한 방식으로 시민적 존엄은 정부가 모든 시민들이 중대한 공적·사적 선택을 내릴 만한, 혹은 공동체 내에서 까다롭고, 내재적으로 위험이 존재하는 정치적 역할을 맡아 시민으로서

---

31) [옮긴이] 롤스의 『정의론』 제2장 11절을 보라.

32) 롤스(Rawls 1971, 1996, 2001)를 보라. 앤더슨(Anderson 1999, 2007)도 보라. '운 평등주의자'는 사람들이 실질적인 선택을 할 수 있도록 해주는 '기회의 평등' 문제에 집중하느라, '결과의 평등'과 관련해 생기는 여러 문제들은 외면하려 한다. 운 평등주의는 모두가 같은 지점(동일한 유전자, 동일한 양육, 동일한 교육, 동일한 부, 동일한 수입)에서 시작해야 하고, 그 이후에 선택하는 것만이 오롯이 자신의 책임이라 주장한다. 그러나 앤더슨이 운 평등주의를 따르는 자신의 비판자들에게 대응하며 지적하는 것처럼, 그들의 생각대로 엄격하게 '비선택 운'brute luck과 '선택 운'option luck을 구별하는 것은 불가능하다. 삶의 경로 위 그 어떤 지점도 항상 새로운 시작이며, 그런 점에서 운 평등주의는 매 순간 완벽한 평등에서 재시작할 것을 요구하는 것이기 때문이다. 그 결과 곧 개인의 선택은 아무런 효과도 없으며, 선택의 가능성을 열어 두려는 운 평등주의의 전체 아이디어는 당혹스러운 결론에 이르게 된다.

참여할 수 있을 만한 적정한 수준의 생활수준을 보장하도록 요구한다. 번듯하게 생활을 꾸리며 미래를 향한 계획을 세워 살아갈 정도의 물질적 조건을 누리지 못한 개인들은 유모 국가의 피보호자와 같이 종속된 상태에 놓인다. 재분배를 위한 공공복지 정책을 통해 적정한 먹거리, 보금자리, 안전, 교육, 의료 서비스를 보장해 시민들이 의미 있는 개인적 선택을 내리고, 스스로 위험성을 평가하며, 공적 영역에 참여할 수 있게 하는 일은 시민적 존엄의 유지에 필수적이다. 즉, 시민적 존엄을 유지하기 위해서는 각 시민이 사적인 위험을 계산하고 감수할 만큼(예를 들어, 미래에 더 큰 이익을 위해, 또는 굳이 그런 이익이 아니더라도 단기적인 이익을 지연하고 교육에 투자할 만큼), 그리고 공적 의사 결정에 참여할 기회를 누릴 만큼의 적정한 수준의 자원이 공적으로 보장되어야 한다.

그렇기에 존엄은 자유 지상주의의 극단적 형태인 자유 시장 자유 지상주의free market libertarianism로 넘어가지 못하도록 하는 제한선을 둔다. 이 제한선에 따라 개인적 자유는 중대한 결정을 내리고 시민으로서 공동체에 참여할 수 있는 데 필요한 정도로 제한된다. 그렇게 함으로써, 존엄은 최소한 누구나 번듯한 삶을 살 수 있을 정도의 물질적 좋음들(〈그림 3-2〉의 흰색 부분)을 제공한다.[33]

자유의 극단(방임 국가)과 평등의 극단(가부장적 국가)에 저항함으로써 원초적 민주정은 모든 시민이 존엄한 삶과 양립 가능한 수

---

33) 여기서 이야기된 것과는 다른 근거에서 경제적 최소 조건 보장을 지지하며 강한 의미의 자유 지상주의에 반대하는 주장은 크리스티아노 (Christiano 2008, 112~116, 261, 272~274)가 제시한 바 있다.

준의 자유와 평등을 누릴 수 있는 중간적 영역을 찾으려 한다. 1장에서 강조했듯이, 자유주의 이전의 민주정은 분배 정의에 대한 특정한 이해 방식[분배 정의관]과 필연적으로 연결되어 있지 않다. 다만 원초적 민주정은 자유 지상주의적 정의관과 평등주의적 정의관 사이의 서로 반대되는 요구들을 잘 다뤄 낼 수 있는 원칙에 입각한 메커니즘을 갖추고 있다.

자유주의 이전의 민주정의 다른 측면들이 그렇듯이, 여기 소개된 시민적 존엄 이론은 역사적 기록으로도 (증명된다고까지 말할 순 없어도) 분명 지지된다. 물론 자유와 평등에 해당하는 어휘를 갖고 있던 고대 그리스어에 존엄에 해당하는 정확한 단어가 존재하지 않았던 것은 맞지만, 명예time와 휘브리스hybris(오만, 모욕),[34]

---

34) [옮긴이] 그리스어 '휘브리스'는 오만방자함(『오디세이아』의 구혼자들), 음란함과 방탕함, 폭력, 무례한 행위 등을 뜻하는 말로, 신에 대한 불손함과 타인에 대한 폭력적 가해, 그리고 사회규범에 대한 위반 등을 포함한다. 아리스토텔레스는 『수사학』 1378b24~29에서 휘브리스를 자신의 우월함을 과시하는 쾌감을 위해 타인에게 수치심을 주는 행위나 말로 규정하며, 『정치학』 5권 10장 1311a25 이하에서 폭군(참주)의 지배가 무너지는 것이 그가 저지르는 여러 부정의 중에서도 특히 휘브리스, 즉 오만(모욕) 때문임을 지적한다. 타인에 대한 지배자의 휘브리스, 이를테면 명예를 손상하거나 성적으로 희롱하거나, 창피를 주는 등의 행위는 피해자의 분노와 앙심을 불러일으키고, 결국 암살 시도 등 복수가 뒤따른다는 것이다. 플라톤이 『국가』에서 정치적 폭군(실제 참주)과 폭군 같은 사인('참주정적 인간')을 모두 다루고 있듯이, 휘브리스는 단지 폭군의 전유물은 아니며, 한 사회 내에 존재하는 폭군 같은 개인들, 저자의 표현대로 하면 자기과시의 욕망을 숨기지 못하는 개인들은 모두 타인의 존엄을 해친다는 점에서 휘브리스를 저지른다고 말할 수 있다.

그리고 각각에 대한 사적 혹은 공적 대응과 관련한 민주정 아테네의 법적 담론에는 이미 논한 바 있는 모욕과 어린애 취급에 대한 근본적 염려가 표현되어 있다. 고전기 아테네에서는 아주 걸출한 용기나 도량을 발휘해 사회 친화적 행위를 함으로써 적극적으로 명예를 추구했던 시민들이 실제로 공적 절차에 따른 인정을 받을 수 있었다(Whitehead 1993; Lambert 2011; Domingo 2016). 반면에, 권력을 부여받은 공직자나 오만한 사인이 다른 시민의 시민적civic 지위를 위협하는 행위를 한 경우, 이들은 법적 제재의 대상이 되었으며, 책임감 있는 시민들은 이를 목격하는 즉시 대응에 나서기도 했다.[35]

다음 장에서 우리는 이제 직접 민주정이 어떻게 시민들의 참여에 의한 자기 통치를 위한 제도 및 실천과 시민적 존엄을 유지하면서도, 동시에 의사 결정과 공공 정책 수립 과정에서 전문가들의 지식을 활용하고, 그러면서도 엘리트 독점을 방지할 수 있을지를 다룰 것이다. 고전기 아테네의 역사적 사례는 다시 한번 이 문제를 다루는 것과 관련한 쟁점들이 무엇인지를 생각할 수 있는 한 가지 방식을 제공한다. 하지만 원초적 민주정 이론이 근대적 조건에서도 유의미함을 주장하기 위해, 나는 원초적 민주정이 꼭 전적으로 직접 민주정이어야만 한다거나, 상대적으로 소규모였던 고대 도시국가 수준의 공동체에서만 가능한 것이 아님을 보여 주려 한다.

---

35) 고전기 아테네에서의 존엄을 보호하기 위한 담론과 실천은 오버(Ober 2000 = 2005a, 5장; 2012, 840~843)를 보라.

제7장

위임과 전문성

시민적 참여를 보장하기 위해, 그리고 시민적 존엄을 지키기 위해 원초적 민주정은 가부장적 국가를 거부한다. 시민들은 스스로 결정하고 스스로 책임져야 한다. 시민들이 집단적으로 어린아이처럼 행동한다고 해서, 일이 잘못되었을 때 이 어린아이를 챙겨 줄 어른은 없다. (플라톤이 자주 쓰는 비유[1]에서처럼) 국가라는 배의 키를 굳게 쥔 지혜로운 선장은 실상 존재하지 않으며, 마찬가지로 정치적 과정이 실패한 상황에서 언제든 문제를 해결할 준비가 되어 있는 기술 지배적 엘리트도 없다. 하지만 변화무쌍하고 경쟁적인 환경에 처한 모든 체제가 다 그렇듯이, 원초적 민주정 역시 안전과 풍요를 지켜 가기 위해서는 전문가를 반드시 필요로 한다.

원초적 민주정은 '다수의 지혜'에 의지하려 할 수 있다.[2] 하지만 공공 정책과 관련한 수많은 난해한 분야에 대한 전문성 없이는 그럴 수 없을 것이다. 동시에 전문가들의 의견은 국가가 가부장적이어서는 안 된다는 원초적 민주정의 조건을 훼손하지 않는 선에서 받아들여져야 한다. 이미 고대 아테네인들은 직접 민주정 제도 속에서 전문성을 활용할 수 있도록 해주는 메커니즘을 고안한 바

---

1) [옮긴이] 대표적으로 플라톤 『국가』 487e~489a, 『정치가』 298a~299e.
2) [옮긴이] 아리스토텔레스는 『정치학』 3권 11장 1281a40~b10에서 다수가 집합적으로 한 사람보다 훌륭하다고 주장한다. 마치 한 사람이 연 잔치보다 여러 사람이 공동으로 연 잔치가 더 좋고, 다수가 함께 모여 많은 발, 많은 손, 많은 감각을 지니고 집단적으로 더 나은 판단을 하기 때문이라는 것이다.

있다. 하지만 가부장적 국가가 없이 이런 메커니즘을 활용하는 것이 꼭 아테네식의 직접 민주정에서만 가능한 것은 아니다. 오늘날 대규모 원초적 민주정의 시민들은 일상적인 입법 권한을 선출된 대표자들에게 위임할 수 있다. 그러나 시민들은 동시에 그 대표자들과 전문가들이 인민의 정당한 권위를 훼손하지 않도록 하는 제도적 안전장치 역시 두어야 한다. 이는 곧 인민이 직접 통치할 능력을 갖추어야 함을 의미한다.[3]

1. 잠자는 주권자 혹은 깨어 있는 인민?

고대 그리스 역사를 통틀어 보건대, 위기의 순간 한 인민이 자신감 있게 집단적으로 판단해 결정한 바가 결국 혼란을 초래한 많은 순간이 있었다. 이런 혼란은 인민의 이름으로 인민의 깊숙한 곳에 자리 잡은 욕망을 앞세워 행동하기를 자처하는 포퓰리스트 지도자가 출현할 길을 열어, 결국 민주정에 이전에 존재하지 않았던 가부장적 권위를 탄생시킨다. 플라톤은 『국가』 8, 9권에서 민주정이 폭군을 키워 낸다고 경고한다. 그는 정체의 순환 과정을 묘사하면서 자유와 평등을 사랑하는 민주 시민들 특유의 습성이 가장 악독하고 압제적인 폭정으로 끝이 난다고 쓰고 있다. [민주정이 폭

---

3) 아테네 정부가 전문가들을 활용한 방식에 대해서는 파이직(Pyzyk 2015), 이스마(Ismard 2015)를 보라. 샤피로(Shapiro 2016, 75~78)는 정책 수립에서 엘리트 독점 없이도 전문성을 활용할 수 있어야 한다는 필요성을 강조한다.

정을 낳는다]] 플라톤의 가상 시나리오는 실제 아테네에서 벌어진 것과는 차이가 있다(펠로폰네소스전쟁 직후 짧게 존속했던 '30인 참주정'은 승전국 스파르타의 지원을 등에 업은 것이었을 뿐, 아테네인들이 직접 선택한 것은 아니었다). 그러나 민주정의 귀결이 폭정이었던 사례는 고대에나 근대에나 어렵지 않게 찾을 수 있다.

무능한 인민이 나쁜 공공 정책을 수립할 것이라는 공포, 그리고/또는 민주정이 폭정을 탄생시키고야 말 것이라는 공포는 시민들이 단 한 번의 선택으로 대표자에게 권한을 영원히 위임해야 한다는 식의 이론을 추동해 왔다. 뤽 포아뇨(Foisneau 2016)는 바로 이것이 『리바이어던』에서 홉스의 입장이라고 강조해 왔다. 홉스의 무법적 지배자를 탄생시키는 사고실험은 계약이 맺어지자마자 한 명의 주권자 아래 피지배자로 살게 될 사람들이 다수결로 이를 결정하는 것에서 시작한다. 그런 결정의 순간, 인민은 그 자신의 결정 권한을 최종적으로, 그리고 불가역적으로 포기한다. 이 계약은 주권자가 (어떤 형태의 주권자이든) 원래대로라면 순종적이었을 신민에게 생명을 빼앗겠다며 비합리적으로 위협하는 경우에만 해지될 수 있다. 계약이 해지됨과 동시에 그들은 무지배적 자연 상태로 돌아가게 된다.

리처드 턱(Tuck 2016)은 근대 초 정치 이론을 끌어와 근대 민주정은 인민의 권한 위임을 "잠자는 주권자"의 탄생으로 이해함으로써 발명되었다고 주장한다. [이런 이해 방식에 기반한 근대 민주정의] 기본 아이디어는 인민이 주권적 권위를 가지고 있지만, 통치 활동으로부터는 완전히 배제되어 있다는 것이다. 참여를 강조하는 민주주의자는 잠자는 주권자로서의 인민이 사실상 모든 정치적 관점에서 죽은 것과 다름없는 혼수상태에 있다고 생각할 것이다. 하지만 인민이 행여 잠에서 깨어난다고 하더라도, 홉스의 설명에 따르면 시민들의 목숨을 빼앗는 지배자가 들어선 게 아닌 한, 시민들이 통치에 개입하지 않는 편이 합리적으로 자기 이익에 더 부합한다. 사실 이런 생각은 홉스만 한 게 아니다. 현대 자유주의 정치 이론 역시, 헌법상의 견제와 균형의 역할, 독립된 사법과 규제 기관, 그리고 돌아오는 선거 이전의 임기 동안은 그 어떤 간섭도 받지 않고 통치하는 유능한 대표자에 대한 에드먼드 버크Edmund Burke 식의 이상 등 다양한 것에 호소해 가면서 인민의 최종적 주권으로부터 통치[활동]를 떼어 놓으려 한다.[4]

리처드 턱(Tuck 2016)이 보여 주듯이, 잠자는 주권자에 대한 아이디어는 원래 왕정 체제에서 국왕 역시 한 명의 죽게 마련인 인간이라는 [문제적] 사실을 어떻게든 해결해 보려던 과정에서 나왔다. 한 명의 개인인 국왕은 [역시 인간이므로] 잠을 자야 하지만, 그렇게 의식이 없는 상태에서도 그는 국왕으로서의 권위를 포기하지는 않는다. 더 문제 되는 상황은 국왕이 유아이거나, 누군가에게 포획 혹은 투옥되어 신민에게 명령할 수 있는 능력을 상실했을 때이다. 이 딜레마는 왕의 정당한 권위와 국가 통치의 과정을 개념적으로 분리함으로써 비로소 해소되었다.

인민은 집단이다. 따라서 보통의 한 개인이 겪는 우여곡절을 별반 다르지 않게 겪는 국왕 때문에 벌어지는 여러 문제가 민주정

---

4) 예를 들어 하딘(Hardin 1999), 샤피로(Shapiro 2016, 2~16), 에이큰과 바텔스 (Achen and Bartels 2016)를 보라.

에는 없다. 인민은 아리스토텔레스의 표현대로 "많은 발과 많은 손과 많은 감각을 지니고 있는 한 사람"(『정치학』 3권 11장 1281b5)이기 때문에, 잠자는 주권자에게 생겨날 많은 문제들을 겪지 않는다. 참여하는 인민은 늘 깨어 있을 수 있으며, 무지배의 자연 상태로 빠져들 위험 없이도 위임했던 권위를 되찾아 올 수 있어야 한다. 실제로 입법의 권한이 대표자들에게 위임된 상태에서도, 원초적 민주정에서의 ['전원 참여' 규칙에 의한] 참여 의무는 인민이 깨어 있을 것, 필요할 때 항상 행동할 수 있도록 준비 태세에 있을 것을 요구한다. 인민은 그리스신화에 등장하는 수많은 눈이 달린 아르고스 파놉테스처럼 항상 감시자로 머무를 수 있고, 또 그래야만 한다. 신화에서 아르고스는 마법에 걸린 채 잠들어 폭군 제우스의 명령을 받은 꾀돌이 헤르메스에게 죽임을 당한다.[5] 이 신화는 데모폴리스의 시민들이 얼마나 신적인 것이 되었든 수사修辞적 주문에 홀려 잠든 상태가 되어서는 안 된다는 것을 일깨운다. 시민적 존엄에 대해 다룬 이전 장에서도 그랬듯이, 시민들은 대표자가 권한 위임 조건을 위반한 것을 목격하는 즉시 그에 대응할 수 있는

---

[5] [옮긴이] 아르고스는 그리스신화에서 100개의 눈이 달린 목자이다. 제우스가 강의 신 이나코스의 딸인 이오를 유혹하자, 제우스의 아내인 헤라가 제우스가 그녀에게 접근하지 못하도록 아르고스를 파견한다. 제우스는 황소의 모습으로 변한 이오에게 닿기 위해 헤르메스를 시켜 아르고스를 죽이게 하고, 헤르메스는 마법적 힘을 이용해 그의 모든 눈들을 감겨 재운 뒤 목을 베어 죽인다. 제우스는 이오를 인간의 모습으로 다시 변하게 한 뒤, 이집트로 데려간다. 이 신화는 아이스킬로스의 『사슬에 묶인 프로메테우스』, 오비디우스의 『변신』을 비롯한 수많은 당대 문학작품과 문헌에서 전해진다.

준비 태세를 갖춰야 한다는 것이다.

잠들지 않는 인민이 대표자를 빈틈없이 감시해야 한다는 점을 고려하면서, 이제는 원초적 민주정의 시민들이 어떻게 전문가 혹은 보통의 시민들이 쉽게 접근할 만한 방식으로 코드화되어 있지 않은 전문성을 활용할 수 있는지에 대한 질문을 다루어 보자. 인민이 대표자들을 빈틈없이 감시해야 한다는 것이 곧 전문가들, 그리고 그들이 가진 지식을 정치 체계로부터 제외해야 함을 뜻하지는 않는다. 전문성을 이용하지 않고는 민주정은 심각한 무지 상태에서 헤어나지 못할 것이다. 우리가 앞으로 보게 되듯, 시민들이 지식상의 한계를 지닌다고 생각했던 민주정 비판자들은 민주정이 실제로 그런 무지 상태에 놓일 것이라 주장한다. 원초적 민주정은 이런 비난에 어떻게 답할 것인가?

전문성의 문제는 참여의 문제와도 연관된다. 데모폴리스의 첫 번째 규칙은 모든 시민들이 집단적 자기 지배를 유지하는 일에 참여해야 한다는 것이었다(3장 3절). 데모폴리스의 시민들은 원초적 민주정에 참여하기 위한 비용을 부담하는 데에 적극적으로 찬동한다. 그런 비용이 국가의 세 가지 목적[안전, 풍요, 비폭정]을 지켜 나가는 데 필수적이며, 심지어 참여 활동 자체가 [비용인 것만이 아니라] 그 자체로 이익이 되리라(5장 4절) 생각하기 때문이다. 그러나 시민들에게는 시민으로서의civic 삶뿐만 아니라 자신에게 가치 있는 활동[즉, 사회적으로 가치 있는 활동]을 할 기회도 주어져야 하기 때문에, 시민들 개개인이 지는 통치의 부담은 참여로 인해 생겨나는 기회비용을 감안해 적절한 수준으로 제한되어야 한다. 고전기 아테네처럼 상대적으로 소규모 국가에서는 민회 참석, 공직 수임, 배심원 복무 등으로 직접 통치에 참여하는 수준이 제한적이었지만[개인이 감당할 수 없는 정도의 큰 부담이 아니었지만], 그 정도 참여로도 민주정이 안전과 풍요라는 목적을 성취하는 데는 문제가 없었다. 아테네 시민들은 통치에 참여하고도 여전히 자신에게 가치 있는 활동을 할 여유가 충분했고, 그 결과 아테네 민주정은 선출한 대표자들에게 통치하는 권한을 위임하고 정교한 관료 조직을 갖춘 정부를 구성하는 일 없이도 서로 경쟁하는 다른 도시국가보다 번영을 누릴 수 있었다. 그러나 대규모의 복잡한 근대국가에서는 모든 시민들의 직접적이고 정기적인 참여로 일상적인 통치를 효과적으로 해낸다는 것은 상상하기 어렵다. 따라서 원초적 민주정이 현대에 특유한 규모의 문제와 복잡성의 문제에 대응하고, 각 분야에서 전문성을 활용하기 위해서는, 통치하는 권한은 반드시 위임될 수 있어야만 한다.

2. 폭정이라는 위협으로서의 체계적 부패

3장에서 살펴보았던 기본 규칙 제정 과정 혹은 후속 입법 과정에서 데모폴리스의 헌정 질서가 정치적 권위를 인민으로부터 대표자들에게 위임하는 것을 허용하는 식으로 발전했다고 가정해 보자. 나는 데모폴리스가 어떤 형식의 대의제를 취할지를 구체화하지는 않을 것이다. 대표자들은 (현대 국가에서 많이 쓰이는 투표 방식 가운데 어느 하나, 혹은 이론가들이 제안하는 방식 등에 따라) 경쟁 선거로 선출될 수도 있고, (민주정을 더 실효성 있게 만들려는 개혁자들이 제안하듯) 무작위 추출 방식으로 선출될 수도 있다. 또한 대표자들이 독립적인 판단 대신 얼마나 유권자의 선호를 있는 그대로 반영할지 그 정도를 구체화하지 않을 것이다. 지금의 논의에서는 오직 대표자들이 공공 정책을 수립하고, 시행하며, 그 시행을 강제할 위임된 권한을 행사한다는 것, 이 모두가 1장에서 제시한 국가의 세 가지 목적인 안전, 풍요, 비폭정을 위해서라는 것만 가정하면 충분하다.[6)]

비폭정이라는 목적을 달성하려면 대표자들이 통치하는 권한을 행사할 때 인민이 그 권한 위임에 내건 단서를 위반하지 않아야 한다. 그 단서의 구체적인 사항 중 최소한은 대표자들은 인민의 이익에 반하는 정책을 수립하지 않아야 한다는 것 정도가 될 법하다. 대표자들이 수립하는 어떤 공공 정책은 오직 인민의 일부에게만 이익이 될 것이다. 하지만 대표자들은 국가의 세 가지 목적으로 표현되는 인민 전체의 이익을 위한 경우가 아니고서는 결코 자신들에게만 이익이 되는 규칙을 만들고 강제해서는 안 된다. 다시 말하면, 한 대표자가 전체 시민 집단의 공동의 이익을 희생해 가면서 자신의 당파적 이익만을 추구하는 식으로, 즉 자신의 이익을 추구하는 당파적 부분으로서 행동한다면, 그는 인민이 권한을 위임할 때 내건 단서를 위반한 것이 된다. 이런 위반이 일어났을 때 인민이 나서 이를 문제 삼지 않는다면, 그 대표자들은 결과적으로 인민 위에 군림하는 꼴이 되고, 국가는 비폭정이라는 목적을 그르치

---

6) 대의제 정치 이론에 대해서는 피트킨(Pitkin 1967), 마넹(Manin 1997), 우르비나티(Urbinati 2006)를 보라.

게 된다.

어떤 경우에, 그런 대표자들은 일반적인 선거 과정에 의해, 이른바 회고적 '정권 심판 투표'[7]에 의해 쫓겨난다. 경쟁적 정당정치란 시민 집단이 만족스럽지 못한 대표자들을 공직에서 밀어내는 것을 용이하게 해주는 공동의 메커니즘이다. 또 어떤 경우에는, 정부의 다양한 힘들이 서로 균형을 이루도록 고안된 헌정 질서가 이 같은 대표자들의 위반을 다루는 데 적합할 수도 있다. 예를 들어, 사법적 과정에 의해 부패한 대표자가 탄핵당하는 경우이다.[8] 그러나 선거를 통한 경쟁도, 헌정 질서상 견제와 균형도, 정치 계급 전체가 인민의 이익과 구별되는 자신들만의 이해관계를 형성해 이를 추구한다면 제대로 작동할 리 없다.[9] 이런 상황을 우리

---

7) [옮긴이] '정권 심판 투표'로 다소 의역한 영어 표현 'voting(throwing) the bums out'은 직역하면 '게으른 자들을 (투표로) 몰아내기'를 뜻한다. 이는 미국 대중들이 선거에서 각 후보자나 정당의 미래 비전이나 공약을 비교해 더 나은 대안을 선택하는 대신 진영에 관계없이 기존 권력자들의 권한 행사에 대한 불만족으로만 투표하는 경향을 가리킨다. 이 표현은 일관성 없는 정부 정책을 만들어 내며 점진적이고 순차적 발전을 가로막는 결과로 이어진다는 점에서 이런 경향을 비판하는 데 주로 쓰인다.

8) 다수결주의적 경쟁에 대해서는 샤피로(Shapiro 2016)를 보라. 샤피로의 슘페터주의 이론에서, 통치란 경쟁에 의해 선출된 유능한 엘리트들의 과업이며, 주기적인 선거는 이들을 재신임하거나 심판한다. 이는 곧 투표가 항상 대표자들의 임기 내 활동에 대한 정밀한 회고적 평가의 기능을 한다고 전제한 것인데, 에이큰과 바텔스(Achen and Bartels 2016, 4~7장)에 따르면, 현대 민주정에서 이런 식으로 투표가 이루어지는 사례는 극히 드물다. 스타(Starr 2007)는 우리에게 익숙한 공화주의적 권력 간 균형을 이뤄 가는 과정 및 견제와 균형에 대해 연구한 바 있다.

는 '체계적 부패'의 한 가지 특수한 사례로 볼 수 있다. 나는 이런 식의 체계적 부패가 (몇몇 비판자들이 주장하듯) 현대 민주정의 실상인지, 아니면 이론적인 가능성일 뿐인지에 대한 문제는 제쳐 두려 한다. 어느 쪽이든, 정치 계급이 정부를 독점하고자 서로 협력해 사실상 폭군이 될 수 있다면, 그 가능성만으로도 원초적 민주정은 이를 방지할 방법들을 찾아야만 한다.[10]

이런 체계적 부패로부터 생겨나는 엘리트 독점을 방지하기 위해, 인민은 대표자에 대한 권한 위임을 철회할 수 있어야 한다. 이 같은 철회는 반드시 포괄적이거나 영구적일 필요는 없다. 여기서 우리는 긴요한 공적 사안 몇 가지를 다루는 데 실패한 입법부의 대표자들의 사례를 다뤄 볼 것이다. 그런 경우에, 입법 권한은 정부의 다른 부분(예를 들어, 사법위원회, 행정명령, 정부 내 다른 기관)에 새로 위임될 수 있다. 하지만 이 같은 권한 위임의 철회가 대표자들에게 실질적인 위협이 되려면, 인민은 폭정으로 흘러갈 수 있는 입법 혹은 통치에 나타날지 모를 불법적 행위들에 맞서 무엇을 할

---

9) [옮긴이] 정치 계급political class은 이탈리아 정치사회학자이자 정치인이었던 가에타노 모스카Gaetano Mosca의 용어로 보인다. 모스카는 통일 이후 계속된 이탈리아 정치의 혼란상을 바라보면서, 다수가 지배하는 외양을 띤 국가라도 사실상 늘 조직화된 소수의 정치계급이 권력을 독차지하고 정치적 기능을 수행하며 통치하고 있음을 실증적이고 역사적인 연구를 통해 보이려 했다.

10) 체계적 부패는 일반적으로 정치에 의한 경제 체계의 부패, 혹은 그 역으로 정의되어 왔다. 월리스(Wallis 2008). 나는 여기서 전체 인민의 이익에 반하는 당파적 이익을 위해 정치 계급이 서로 협력하는 구체적 메커니즘을 다루지는 않을 것이다.

지를 스스로 결정할 수 있어야 한다. 이는 곧 인민이 늘 깨어 있을 것, 그리고 일정 시간 동안 유능한 집단적 지배자로 활동할 수 있어야 함을 의미한다. 원초적 민주정이라는 체제는 '유능한 인민'(2장 2절)이라는 본뜻에 걸맞은 것이 되어야 한다. 즉, 인민이 스스로 규칙을 제정하고 이를 시행할 수 있는 준비 태세를 늘 갖추고 있어야 한다는 것이다.[11]

3. 위임 게임

민주정이 자신들의 당파적 이익만을 추구하는 대표자들에게 독점되지 않아야 한다면, 인민이 직접 자신을 통치할 수 있는 능력을 보유해야 한다는 조건이 충족되어야 한다. 이것을 우리는 단순 3인 게임으로 나타낼 수 있다. 행위자는 자연, 대표자, 그리고 인민이다. 자연이란 제도적 환경과 시민교육이 이루어져 온 전사前史로 간주된다. 게임 안에서 자연은 오직 이 게임을 모델링하기

---

11) 샤피로(Shapiro 2016, 4장)는 공화주의적인 "제도를 통한 균형"이 결코 이를 해낼 수 없을 것이라 주장한다. 자유주의자들은 권한 위임 철회가 인권을 존중하지 않는 결정을 내릴 수도 있다고 염려하는데, 이는 정당한 염려이다. 예를 들어 하인뮐러와 한가트너(Hainmueller and Hangartner 2013)는 스위스 각 지역에서 외국인 귀화 사안에 대해 직접 민주정에 의해 내린 결정이 사법적으로 책임지는 대표자들의 결정보다 훨씬 더 허용되지 않는 사유(인종이나 이전 국적 등)로 개인을 차별하는 요소가 많았음을 보여 준다. 시민교육이 이런 차별적 요소를 없앨 수도 있겠지만, 대답은 확실치 않다.

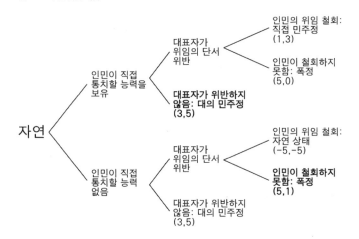

그림 7-1 3인 위임 게임

인민의 위임 철회:
직접 민주정
(1,3)

대표자가
위임의 단서
위반

인민이 철회하지
못함: 폭정
(5,0)

인민이 직접
통치할 능력을
보유

**대표자가 위반하지
않음: 대의 민주정
(3,5)**

자연

인민의 위임 철회:
자연 상태
(-5,-5)

대표자가
위임의 단서
위반

**인민이 철회하지
못함: 폭정
(5,1)**

인민이 직접
통치할 능력
없음

대표자가 위반하지
않음: 대의 민주정
(3,5)

주 : 자연의 선택에 의해 두 개의 나란한 부분 게임이 시작된다[본문에서 말했듯이, 인민이 직접 통치 능
력을 갖췄는지 여부는 데모폴리스 건국 당시 제정된 규칙과 시민들 개개인에 대한 시민교육이 결정
하기 때문이다. 인민과 대표자 간의 관계를 게임으로 표현하기 위해 '제도적·교육적 환경이 인민의
능력을 결정'한 것을 '자연이 선택했다'고 간주한 것이다]. 대표자(R)와 인민(D)이 거두는 보수는
대표자, 인민 순의 순서쌍(R, D)으로 표시된다. 각 부분 게임에서 예측되는 결과는 굵은 글자로 표
시했다.

위한 편의상 행위자로 삽입되었다. 자연은 이 게임의 결과에 대한
그 어떤 선호도 지니지 않으며, 다른 행위자들의 선택을 예측해
선택을 내리지도 않는다. 자연이 하는 선택이란 이 게임이 시작하
기 전 해당 민주국가가 거쳐 온 전사에 의해 이미 정해져 있다.

이 게임의 네 가지 가능한 결과들은 각각 (1) 대의 민주정이라
는 현상유지, (2) 폭정(엘리트 독점), (3) 직접 민주정(권한 위임 철회),
그리고 (4) 홉스의 의미에서의 무지배적 자연 상태이다. 게임의 형
식과 각 결과에 따라 대표자들과 인민이 각각 거두는 보수$_{payoff}$는
〈그림 7-1〉에 나타나 있다. 이 게임은 두 가지 시작점, 즉 인민이
자기 통치를 할 수 있느냐, 할 수 없느냐로 시작한다[이를 결정하는

것은 자연, 즉 한 민주국가가 어떤 제도적 환경과 시민교육을 갖추고 있는지 여부이다]. 어느 시작점에서든 인민이 정부를 운영할 권한을 대표자들(말하자면, 선출된 입법자들)에게 위임하되, 위임에 따른 구체적인 조건을 위반해서는 안 된다는 단서를 달았다고 가정하자. 각 결과에 따른 행위자들의 선호는 대표자와 인민 순의 순서쌍으로 〈그림 7-1〉에 나타나 있다.

대표자가 가장 선호하는 결과는 '폭정', 즉 아무 제약 없이 통치하는 것이다. 이 결과를 위해서는 대표자가 권한 위임의 단서를 위반했는데도 인민이 대표자의 권한 위임을 철회할 수 없어야 한다. 대표자가 두 번째로 선호하는 결과는 '대의 민주정'이라는 현상 유지이다. 이 경우 대표자는 인민의 승인 아래 통치 권한을 보유한다. 대표자가 세 번째로 선호하는 결과는 '직접 민주정'이다. 대표자 역시 시민이기 때문에(위반의 결과로 지위를 박탈당한 뒤 처벌까지 받지 않는 한), 그들 역시 직접 민주정으로부터 다른 시민들과 동일한 이익을 얻을 것이다. 대표자에게 최악의 결과는 '자연 상태'이다. 이 경우는 홉스가 생각했던 것처럼 모두에게 최악이다.

인민은 '직접 민주정'보다 '대의 민주정'을 선호하지만, 이 같은 선호가 절대적인 것은 아니다. 인민은 '대의 민주정'이라는 현상 유지가 사회적으로 가치 있는 활동을 할 여유를 누릴 기회를 더 많이 준다는 사실을 알고 있으며, 유능한 대표자가 통치의 경험과 정책적 전문성을 충분히 갖추었다고 믿고 있다. 그러나 인민은 필요한 경우에는 직접 입법에 나선다('직접 민주정'). 인민은 폭정 아래 살기를 꺼리며, 정치에 참여하는 것이 그 자체로 가치 있는 일이라 생각하기 때문이다(이는 5장에서 충분히 설명했다). 물론 대의 민주정에서 인민에게 열려 있는 참여 형태는 다양하겠지만, 직접 입법은 시민적civic 참여 가운데 특별히 강한 형태이다. 인민이 세 번째로 선호하는 결과는 '폭정'이다. 인민에게 최악의 결과는 대표자와 마찬가지로 무지배적 '자연 상태'이다.

대표자가 먼저 선택한다. 즉, 권한 위임의 단서를 위반할 것인가 말 것인가? 대표자가 위반하지 않는다면, 게임은 종료되고 '대의 민주정'의 현상 유지라는 결과가 도출된다. 대표자가 위반하면, 이제는 인민이 선택해야 한다. 즉, 권한 위임을 철회할 것인가, 그대로 둘 것인가? 인민이 철회하지 않는다면 결과는 대표자의 '폭정'이다 — 대표자는 이제 자기 이익을 추구하며 국가를 지배하게 된다. 인민이 철회를 선택하면, 결과는 이제 자연이 인민을 직접 통치할 수 있도록 키워 냈느냐 그렇지 못했느냐에 따라 달라진다. 인민이 직접 통치할 능력을 갖췄다면, 결과는 '직접 민주정'이다. 인민이 직접 통치할 능력을 보유하지 못했다면, 결과는 홉스적 의미에서의 무지배적 '자연 상태'이다.

인민이 직접 통치할 능력을 갖췄다면, 균형 경로는 대표자가 위반하지 않는 것이며, 예상되는 게임의 결과는 '대의 민주정'이 현 상태로 유지되는 것이다. 직접 통치 능력을 갖춘 인민을 맞닥뜨렸을 때, 대표자가 바라는 최선의 결과(대표자가 권한 위임 단서를 위반하고 인민이 철회하지 못하는 결과)는 일어나지 않는다. 인민은 폭정보다는 직접 민주정을 선호하기 때문이다. 인민이 직접 통치할 능력을 갖추지 못했다면, 균형 경로는 대표자가 위반하고 인민이 철회하지 않는 것이다. 예상 결과는 '폭정'이다. 이 경우 대표자가 처벌받지 않고도 위반할 수 있다. 왜냐하면 인민은 자연 상태보다는 폭정을 그나마 선호하기 때문이다. 인민이 [직접 통치] 능력을 갖춘 상태에서, 대표자가 위반을 택해 균형 경로를 이탈하면, 그다음 균형 경로는 인민이 권한 위임을 철회하는 것이며, 예상되는 결과는 '직접 민주정'이다. 인민이 자신이 무능함에도 대표자가 위반했을 때 권한 위임을 철회함으로써 균형 경로를 이탈한다면, 그 결과는 '자연 상태'이다.

위임 게임은 비폭정에 높은 가치를 두는 사람들에게 직접 민주정의 메커니즘을 통한 통치와 관련된 인민의 능력이 얼마나 중요한지를 잘 보여 준다. 유능한 인민은 권한 위임을 철회할 수 있다는 확실한 경고를 보내기에, 직접 민주정보다는 대의 민주정이라는 현상 유지를 선호하는 합리적 대표자들은 권한 위임의 단서를 위반하려 하지 않을 것이다. 현실 세계의 대표자들이 게임의 균형 경로를 벗어나려 하지 않는 한 — 즉, 대표자들의 행동 양식이 게임에서 설정한 완전한 정보를 갖춘 합리적 행위자라는 틀을 그대로 따라간다면 — 인민이 권한 위임을 철회해야만 하는 상황은 벌어지지 않을 것이다. 그러나 대표자들이 위반함으로써 경로를 이탈하고, 유능한 인민이 대표자들의 행위가 위반이라 인지하는 경우, 대표자들은 인민이 대의제의 절차 규범을 (일시적으로나마) 중지하고 직접 민주정을 예외적으로 감행함으로써 개입할 것임을 예상하게 된다.

대표자들이 (정부 부처들 내부, 혹은 그 사이에서) 서로 경쟁 관계에 놓여 있는 한, 그리고 인민이 그들의 경쟁을 심판하는 위치에 있는 한, 헌정 질서는 권한 위임의 철회 없이 유지될 것이다. 이런 상황에서 인민은 대표자들의 기술, 경험, 전문성, 그리고 그들의 입법 업무를 지원하는 여러 정부 기관을 활용해 이익을 거둘 수 있다. 그러나 실제로 직접 통치하는 데, 즉 추상적으로 말하면 '주권자로서 지배'하는 데 무능한 인민이 야망이 있고 서로 똘똘 뭉친 대표자 집단을 마주했을 때 — 정치 계급이 인민의 권위를 찬탈하기 위해 서로 협력해 체계적 부패를 벌일 때 — 그런 인민은 대표자들을 제약하는 헌정 질서상의 '문서 장벽'에 의지할 수밖에 없다. 그러나 대표자들이 집단적 행위자로서 자기 자신들을 인식하고 인민의 선호와 상충하는 선호에 따라 행위하게 된다면, '문서 장벽'은 종잇조각에 불과하다. 그 경우 인민의 유능함이 없는 민주정은 자연 상태보다는 그나마 나은 폭정이 되고 말 것이다. 물론 이 폭정이라는 것이 온건하거나 선의에 기반한 것일 수도 있다. 또한 전제적 지배자가 아주 높은 수준의 안전과 복지를 보장할지도 모른다. 하지만 그들의 통치를 우리는 결코 민주정이라고 부를 수는 없다.

4. 시민들의 자기 통치

위임 게임의 교훈은 다음과 같다. 비폭정을 가치 있게 여기는 인민은 자신이 직접 통치해야 할 때는 언제든 그렇게 할 수 있도록 평소에 제도적 메커니즘을 정립하고 시민교육을 철저히 해야 할 충분한 이유가 있다는 것이다. 이는 곧 존 로크의 『통치론』 제2논문(Locke 1988 [1960]) 이후로 비절대주의 정치 이론의 중심이 된 일반적 '저항권'의 한 예시라고 할 수 있다. 더 거슬러 올라가면,

이는 고대 그리스에서 폭군 살해[12])를 장려하는 법률에서도 그 기원을 찾을 수 있다(Teegarden 2014). 그러나 인민의 직접 통치가 꼭 (건국 당시 기본 규칙을 제정한 것이 곧 직접 민주정의 최초 통치행위였다고 본다면) 기존 정부 기구의 일괄 폐지나 새로운 헌정 질서가 채택되는 인민 혁명을 함축하는 것은 아니다. 단지, 입법부의 대표자들이 공동의 이익에 반하는 규칙을 제정해 권한 위임 조건을 위반하거나 공동의 이익이 걸린 중대한 사안에 대해 제대로 입법하지 못했을 때, 시민들이 직접 기존의 헌정 질서상 절차에 따라 입법을 위한 총투표를 발의하고 이를 집행할 수 있다면 그것으로 충분하다.

시민들의 직접적 자기 통치 실천은 근대에도 드물지 않다. 직접 총투표의 형태로 입법하는 것은 미국 서부의 몇몇 주에서는 흔한 일이었고, 현대 유럽 국가에서도 중대한 사안에 대한 결정이 총투표로 행해지기도 했다. 2016년 영국의 '브렉시트'Brexit 총투표가 대표적이다.[13] 마찬가지로 주변인 개입과 지역사회 감시 조

---

12) [옮긴이] 여기서 '폭군 살해'로 옮긴 말은 'tyrannicide'로 이는 '방벌' 放伐, '폭군 방벌', '참주 살해' 등으로 번역할 수 있다. 고대 그리스에서 제일 유명한 참주(폭군) 살해 사건은 아테네의 참주 히피아스(아테네의 초대 참주 페이시스트라토스의 장남) 살해 미수 사건으로, 의도치 않게 동생 히파르코스가 죽게 되었다. 이 사건이 즉시 히피아스의 참주정 붕괴로 이어지지는 않았지만, 훗날 민주 정부가 들어선 뒤 아테네인들은 참주 살해자의 명예를 회복하고 동상을 세워 기렸으며, 이들의 의거를 이데올로기적으로 활용했다.

13) 미국과 유럽에서의 총투표에 대해서는 크로닌(Cronin 1989), 카우프만과 워터스(Kaufmann and Waters 2004), 에이큰과 바텔스(Achen and Bartels 2016, 3장)를 보라. 직접 민주정과 공공 정책에 대해서는 펑(Fung 2015)을 보라.

직의 형태로 시민들이 규칙 집행자로서 책임을 다해야 한다는 규범은 현대에도 익숙하다.[14] 물론 바로 이 같은 이유에서 직접 민주정이 항상 잘 굴러가리란 보장도 없다. 규칙의 집행을 위한 시민 적극주의citizen activism가 나쁜 형태의 '자경단'이 될 수도 있다. 총투표가 특수 이익집단special interests[15]에 의한 조직 투표가 될 수도 있고, 꼭 투표자 다수가 원하지 않는 결과로 이어질 수도 있다.

고대에나 근대에나 직접 민주적 자기 통치를 실천했다가 결국 실패하는 역사적 예시는 늘 있었다. 하지만 그런 몇몇 일화가 직접적 자기 통치가 필연적으로 실패한다는 것을 증명하지는 않는다. 한 민주 정부의 시민들이 [자기 통치를 할 만큼] 유능해야 할 충분한 이유가 있다면, 그리고 그렇게 유능해지기 위해 비용을 기꺼이 부담하려 한다면, 이제 문제는 어떻게 불합리할 정도로 높은 비용이 발생하지 않고도 유능해질 수 있을지이다. 이는 곧 체제 디자인의 문제 — 즉, 비용 대비 효과적인 교육 체계와 제도적 메커니즘을 고안하는 문제 — 이다. 물론 근대라는 조건 아래에서는 합리적인 비용으로 인민을 [직접 통치를 할 만큼] 유능하게 만드는 문제에 대한 디자인 해가 애초에 존재하지 않을 수도 있다. 하지만 그런 가능성을 아예 통치 이론의 전제로 삼아 버리는 것은 여러모로 성급하

14) 주변인 개입과 사회적 규범에 대해서는 번(Burn 2009), 기다이치 외(Gidycz et al. 2011)를 보라. 시민 감시 조직과 개입에 대해서는 펑(Fung 2004)을 보라.
15) [옮긴이] 미국에서 특히 성행하는, 의회나 정계에 로비를 벌이는 집단을 뜻한다.

다(몇몇 현대 지식 기반 체제[16]의 지지자들이 그렇다. Brennan 2016 참조).

입헌 민주정constitutional democracy이 원초적 의미에서의 민주정이려면, 정부는 인민이 직접 통치할 능력을 적극적으로 개발하고 유지시켜야 한다. 이는 곧 자유주의 이전의 민주정이 근대 민주정 이론에도 유의미한 이유 한 가지를 말해 준다. 즉, 우리는 오늘날 그 어떤 국가도 시민들에 의해 항상 직접 통치되는 것은 불가능하다는 점을 시인할 수 있다. 그러나 필요할 때조차 인민이 직접 의사 결정할 수 없는 근대 민주 정부는 늘 정치 엘리트의 독점에 취약하다. 이런 엘리트 독점은 체계적 부패의 구체적 조건들을 떠올려 보면 상상할 수 있다. 만약 시민들이 자신들의 민주 정부를 엘리트 독점에 탄탄하게 저항할 수 있도록 유지하려면, 시민들이 집단적으로 직접 통치할 능력을 탄탄하게 지속시키고 누구나 알아야 할 지식의 형태로 유지하도록 이를 위한 제도 고안과 교육이 행해져야만 한다.

근대국가는 그 규모 때문에, 그리고 국가가 다루어야 하는 사안의 복잡성 때문에 아주 잠깐이라도 직접 민주정에 의해 통치될 수 없다는 생각이 오늘날 널리 퍼져 있다.[17] 우리가 보았듯이, 대의제도 대규모의 원초적 민주정의 일상적 통치를 위한 방식으로

---

16) [옮긴이] 여기서 '지식 기반 체제'로 옮긴 말은 'epistocracy'이다. 이 단어는 'episto-'(그리스어로 앎, 지식을 뜻하는 'epistêmê')라는 접두어와 '-cracy'의 합성어로, 저자가 인용한 브레넌 역시 이 단어를 '지식을 갖춘 지성인들의 통치'the rule of the knowledgeable로 정의했으며(Brennan 2016, 14), 2장에서 살펴본 그리스어 정치체제 관련 어휘들의 조어 원리에 따라서도 이 단어를 그런 뜻으로 새길 수 있다.

는 꽤 괜찮은 선택지이다. 통치에 대한 부담을 덜어 주어 시민들이 사회적으로 가치 있는 활동에 쏟을 여유가 그만큼 늘어나기 때문이다. 하지만 다른 한편으로 우리는 체계적 부패로 생겨나는 엘리트 독점을 방지하려면 시민들이 대표자들로부터 권한 위임을 철회한 뒤 직접적 자기 통치에 나설 수도 있어야 함을 보았다. 근대의 인민은 이를 잘할 수 있을까?

만약 정부가 다루어야 하는 쟁점들이 실제로 시민들이 직접 행동해 다루지 못할 정도로 복잡하다면, 인민이 직접 통치 능력을 갖추는 것은 불가능하며, 국가는 내재적으로 엘리트 독점에 의한 폭정에 취약한 상태로 머무를 것이다. 그렇다면 민주주의자가 희망할 수 있는 최선은 결국 덕망 있는, 아니면 선의를 지닌 대표자들이 통치하기를 바라는 것뿐이다. 그러나 그렇게 결론을 내는 것은 너무 성급하다. 근대성이라는 조건에서 생겨나는 문제들은 반드시 복잡한 통치로써만 다룰 수 있는가? 중대한 문제들을 다루기에 꼭 필요한 정도 이상으로 정부 체계가 복잡해지는 것 자체는 문제가 아닌가? 만약 원초적 민주정이 국가가 존재하는 세 가지 목적을 모두 달성해야 한다면, 통치는 다음 대표자들이 권위를 다시 위임받을 때까지는 인민이 직접 통치할 수 있을 만큼 다루기 쉬워야 한다[그 이상으로 복잡해져서는 안 된다]. 그렇다고 할 때, 근대 정부의 복잡성과 그 정부가 다뤄야 하는 문제의 복잡성을 어느

---

17) 정부의 크기와 복잡성 때문에 효과적인 직접 민주정이 불가능하다는 믿음에 대해서는 달과 터프트(Dahl and Tufte 1973), 에이큰과 바텔스(Achen and Bartels 2016)를 참조.

정도로 떨어뜨려 놓을 수 있는지를 생각해 보자. 문제의 복잡성이란 반드시 모든 시민이 모든 문제에 대해 <u>스스로</u> 이해할 수 있느냐 없느냐로 환원되는 것은 아니다. 아래 논의를 통해 우리는 인민이 직접 통치하는 체제에서도 제도만 올바르게 갖춰져 있다면 공적으로 중요한 사안들을 판단할 때 양질의 전문성을 활용할 수 있음을 확인해 볼 것이다.

과연 '정부의 크기와 복잡성'과 '민주적 의사 결정 가능성' 사이의 관계에 대한 우리의 오랜 상식을 뒤집는 것이 가능할까? 관점을 바꾸어 생각해 보자. 즉, 정부의 크기와 복잡성을 민주정에 가해지는 제약 조건이라 생각하지 말고, 오히려 반대로 민주정이 정부의 크기와 복잡성에 가해지는 제약 조건이어야 한다고 보면 어떨까? 이런 제약 조건은 입법부의 대표자들이 입법을 하는 형식에 반영될 수 있다(그렇지만 아마 내용에는 크게 영향을 미치지 않을 것이다). 즉, 정부의 크기와 복잡성이 어느 정도 제약되어야 한다는 것이 시민들의 상식이 되고 그런 제약이 민주정의 본질적 특성으로 여겨진다면, 시민 집단은 입법의 취지와 목적을 달성하면서 가장 단순한 형식을 지닌 입법안을 발의하는 대표자에게 보상하려 할 것이다. 반대로 필요 이상의 복잡한 정책 제안을 하는 대표자는 심판받을 것이다. 이렇게 입법 형식의 간결성에 대한 인센티브는 현대 자유주의적 민주 정부에서는 찾아볼 수 없는 종류의 것이다. 앞서 우리는 민주정을 민주정으로 유지하기 위해서는 자유 지상주의적 분배 정의와 평등주의적 분배 정의의 양극단에 시민적 존엄이라는 제약 조건이 가해져야 했음을 보았다(6장 8절). 이와 마찬가지로 정부의 크기와 복잡성이 무제약적으로 늘어날 수도 있다는 자유주의적 입장에 대해, '권한 위임의 철회' 및 직접 통치가 가능한 정도로만 정부의 크기와 복잡성이 늘어날 수 있다는 제약 조건이 있어야만 우리는 민주정을 민주정으로 유지할 수 있다.

근대국가의 정부들은 본질적으로 거대하고 복잡하다. 그러나 한 자유주의 국가가 국가의 목적을 이루기 위해 가장 유능한 인민조차도 직접 통치하지 못할 정도로 크고 복잡한 정부를 가져야만 한다면, 그때부터는 자유주의와 민주정 사이에는 피할 수 없는 상충이 존재하게 된다 — 최소한 체계적 부패로 발생하는 폭정의 위험에 적극적으로 대응해 내는 원초적 민주정을 자처하고 싶다면 말이다. 사실 자유주의적 민주정에서 정부가 무조건 거대하고 둔중해야 할 이유는 어디에도 없다. 자유 지상주의자들은 오랫동안 개인의 자유를 명분 삼아 정부의 크기를 줄여야 한다고 주장해 왔다. 동시에 평등주의적 사회정의 개념을 지닌 주류 자유주의자들 역시 정부의 불필요한 복잡성을 줄여 나가는 제도적 개혁을 제안해 왔다.[18] 이처럼 정부의 크기와 복잡성이 어느 정도 선을 넘어서는 안 된다는 민주적 제약은 정부가 자유주의적 가치를 이루는 데 장애물이 되지 않는다. 자유주의를 따르건 비자유주의를 따르건 민주주의자라면 누구나 이런 제약 안에서 제도적 고안을 고민해야 하는 것이다.

18) 소민(Somin 2013)과 오버(Ober 2015c)는 축소되는 정부 크기에 대한 몇몇 접근법들을 민주정에 대한 지식 기반 이론의 틀 안에서 논했다. 선스타인(Sunstein 2013)은 주류 자유주의 시각에서 정부의 단순화를 위한 제안을 하고 있다.

5. 이익, 지식, 전문가

원초적 민주정에서 시민적 존엄과 자유, 평등을 보장받는 유능한 시민들은 모든 공적 결정에 최종적 책임을 진다.[19] 민주적 입법 과정은 엘리트 독점을 방지함으로써 비폭정이라는 목적을 유지해 간다. 그렇지만 민주적 입법 과정은 [비폭정뿐만 아니라] 안전과 풍요라는 다른 두 목적도 달성할 수 있어야만 한다. 다른 모든 조건들이 동일할 때, 모든 의사 결정은 현실에 대한 이러저러한 특징들을 잘 반영해 실천에 옮길 수 있는 지식에 기반했을 때 원하는 결과로 이어질 것이다. 고대부터 정치 이론가들은 오랫동안 한 정치체제가 민주적이면서도 동시에 지식 기반적[20]일 수 있을지를 고민해 왔다. 정책 결정 과정이 민주정의 핵심적인 가치를 표현하고 또 보호하면서도, 동시에 근거 없이 떠도는 대중적 의견이 아니라 잘 정당화된 믿음에 기반해 이루어지는 것이 가능한 일일까? 민주적 과정이 지혜로운 집단적 판단을 만들어 내면서도, 동시에 다수의 선호를 반영하고 이를 실현하는 체계로서 과연 활용될 수 있을까?

민주적 공동체가 여러 대안들 가운데 하나를 지혜롭게 선택하

---

19) 이 절은 오버(Ober 2013a)를 그대로 가져온 것이다.

20) [옮긴이] 여기서 '지식 기반적'이라고 옮긴 말은 'epistemic'으로, 이것이 특히 'democracy'를 수식하는 경우, 한국어 문헌에서는 '지식 민주주의', '지적 민주주의', '인식 민주주의' 등으로 옮겼으나, 이 책에서는 '지식 기반 민주정(혹은 전제정)'으로 옮겼다. 이 장에서 지식 기반 체제로 옮긴 'epistocracy'에 대해 옮긴이가 첨가한 주 16도 함께 보라.

기 위해 지식을 어떻게 활용할 수 있을지는 [의사 결정과 관련된] 제도 디자인 문제로, 이는 자유주의 이전부터 제기되어 왔으며 오늘날에도 여전히 유의미한 문제이다. 즉, 고전기 그리스 정치 이론가들과 입법자들은 이 문제에 관심을 기울였으며, 오늘날의 정치학자들에게도 이는 중요한 문제이다(Callander 2011). 이 문제가 긴급한 쟁점인 까닭은 이것이 국가만의 문제가 아니기 때문이다. 대학교, 기업, 시민단체, 각종 협회, 초국가 기구 역시 어떤 이익을 공유하는 다수의 개인들이 가능한 여러 선택지들 가운데 하나를 지혜롭게 선택할 수 있을지의 문제를 항상 맞닥뜨리고 있다.[21]

플라톤은 고대와 근대의 다른 비판자들처럼 민주정이 자유와 평등을 중시하는 한 시민들은 결국 실제 이익이 아니라 제멋대로의 욕망을 추구할 것이고, 지식이 아니라 거짓된 의견에 기반한 선택을 내릴 것이라 주장했다. 이런 비판자들은 민주정이 내재적으로 반反지식 기반적이며, 인민의 진짜 이익에 알맞은 정책은 오직 비민주적인 체제에서만 만들어질 수 있다고 결론지었다.[22] 이런

---

21) 지식 기반 민주정에 대한 주요 저작은 코헨(Cohen 1986, 1996), 리스트와 구딘(List and Goodin 2001), 리스트(List 2005), 보벤스와 라비노비치(Bovens and Rabinowicz 2006), 앤더슨(Anderson 2006), 페이지(Page 2007), 이스트런드(Estlund 2008), 퓨어스틴(Fuerstein 2008), 피셔(Fischer 2009), 슈바츠버그(Schwartzberg 2010), 리스트와 페팃(List and Pettit 2011, 4장), 랑데모르와 엘스터(Landemore and Elster 2012), 랑데모르(Landemore 2012)를 들 수 있다. 지식 기반 민주정에 대한 현실주의 이론은 유인 부합적이어야 하지만(Ober 2008a, 5~22), 그 형식적인 모델은 여기서 제공하지는 않겠다['유인 부합적'이라는 말에 대해서는 3장 주 45를 보라].

22) 고대의 민주정 비판자들에 대해서는 로버츠(Roberts 1994), 오버(Ober 1998)

비판자들의 말이 옳다면 — 즉, 잘 질서 잡힌 지식 기반 전제정과 비교했을 때, 참여, 자유, 평등, 존엄을 결코 포기하지 않는 원초적 민주정은 내재적으로 결코 유용한 지식을 활용해 좋은 정책을 만들어 내지 못할 것이 확실하다면 — 우리는 덜 안전하고 덜 풍요로운 국가를 만들더라도 민주정을 고수하는 것이 정당한지 질문을 던질 수밖에 없다. 물론 이런 질문이 사실은 별 고려할 가치가 없다면[더 안전하고 더 풍요로운 국가가 오히려 민주정에 의해 가능한 것이라면], 안전하고 풍요로우며 비폭정까지 실현된 민주정 체제에서 사는 것이 훨씬 나을 것임은 분명하겠지만 말이다.

민주정에 대한 지식 기반적 접근법에서 취하는 최소한의 전제는 다음과 같다. 즉, 적절한 조건이 갖춰져 있을 때, 집단적 자기 통치를 지속시키는 [민주적] 의사 결정 과정이 여러 정책 선택지 사이에서의 임의적 선택보다 더 나을 수 있다는 것 — 그래서 더 나은 결과를 도출함으로써 시민들의 이익을 증진할 수 있다는 것 — 이다. 이 전제가 참이라면, 그리고 비민주적인 지식 기반 의사 결정 과정이 민주적 의사 결정 과정보다 나을 게 없음이 밝혀질 수 있다면, 인간적 능력들의 자유로운 발휘라는 민주정적 좋음, 그리고 민주정의 조건인 자유, 평등, 존엄으로부터 생겨나는 좋음들로부터 오는 추정 이익을 위해 효과적인 정책을 만들어 내지 못하는 데서 발생하는 비용을 대가로 치를 필요가 없다. [이는 또한] 일시적으로 대표자들에게 권한을 위임했던 것을 철회해 인민이 직접

에서 다룬 바 있다. 오늘날 민주정에 대한 지식 기반 비판자들은 캐플런(Caplan 2007), 소민(Somin 2013)을 보라.

제7장
위임과 전문성
•
319

입법하며 통치하는 것이 꼭 국가 기능의 수행을 저하시키지 않는 다[는 것을 함축하기도 한다].

지식 기반 민주정을 가능케 하는 조건 가운데 하나는 지식의 원천으로서 참된 전문성과 참된 전문가들에게 귀 기울일 줄 아는 시민들이 의사 결정에 참여하는 것이다. 하지만 전문가들에게 귀 기울이는 것이 자칫 전문가들에 의한 통치로 전락해, 전문가들과 보통의 시민들 사이의 정치적 평등이 훼손되고 최소한 잠재적으로나마 자유와 존엄까지 위협하는 상황을 피하려면 어떻게 해야 할까? 민주정이 다양한 형태의 전문성을 적절히 사용하면서도, 민주정의 신조 각각을 보전할 수 있는지에 대한 문제는 고대 이래로 정치 이론가들과 실천가들 모두의 관심사였다. 민주정이 지혜로울 수 있는지에 대한 문제처럼, 이 문제 역시 오늘날의 이론가들에게 하나의 쟁점으로 남아 있다. 예를 들어, 필립 페팃Phillip Pettit은 (Pettit 2013에서는 생각을 바꾼 것으로 보이지만) 입법안을 '작성'authorial할 권력은 전문성을 보유한 비정치적인 숙의 기구가 갖고, 일반 시민들은 그렇게 전문가들이 작성한 입법안을 '편집'editorial하는 역할을 하는 식의 헌정 질서를 주장한 바 있다.[23] 민주정과 전문성 사이의 관계는 오늘날 정책 논쟁에서도 여전히 진행형인 문제이며, 몇몇 민주정 비판자들은 민주정이 사실상 반-지식 기반적 성격을 지녔기에 오늘날의 기후변화나 지구적 세계경제로부터 오

---

23) 페팃(Pettit 2004, 57~62)을 보라. 이는 우르비나티(Urbinati 2012)와는 대조되는 견해이다. 최근 저작에서 페팃의 입장은 이런 '작성'하는 역할과 '편집'하는 역할을 융합하는 쪽으로 변한 것으로 보인다.

는 여러 도전들을 감당할 수 없다고 주장하고 있다(Shearman and Smith 2007; Caplan 2007; Somin 2013).

민주정의 핵심 신조는 지키면서도, 동시에 중대한 (심지어 공동체의 존망을 다투는) 사안에 대해 좋은 결정을 내려 시민들의 공동의 이익을 증진하기 위해서는 어떤 민주적 의사 결정 과정이 디자인되어야 할까? 가장 영향력 있는 답변은 동등한 투표 가치를 지닌 표를 집계해 (대표자 선출이나 특정 정책에 대한) 자유로운 시민들의 선호를 종합aggregation하는 것이다. 다른 이들 중에서도 로버트 달Robert Dahl은 특히 플라톤을 비롯한 지식 기반 정체 이론가들에 맞서, 각 투표자가 자신에게 무엇이 최고로 이익인지에 대한 의견을 표현하는 선호에 따라 다수가 찬성한 정책이 수립될 때, 민주적 가치도 보전되고 시민들의 이익도 증진된다고 주장했다(Dahl 1989, 2015). 로버트 달의 접근법은 (1) 각 개인은 (불완전하게나마) 자신의 이익에 대한 최선의 판단자이며, (2) 각 개인이 투표를 통해 선호를 표현했을 때 다수가 선호하는 것이 국가의 정책이 되어야 한다고 주장함으로써, 이것이 곧 자유와 평등, 존엄을 지키는 길이기도 하다고 본다. 우리가 보았듯이(3장), 다수결 투표는 원초적 민주정이 필수적으로 가져야 할 특징 가운데 하나이고, 투표란 시민 자격에 따르는 근본적인 책임 가운데 하나이다.[24]

---

24) '1인 1표'라는 표준적인 민주적 규범이 선호를 표현할 수 있는 유일한 방법은 아니다. 예를 들어 포즈너와 와일(Posner and Weyl 2015)은 개인의 선호 강도[어느 정도로 선호하느냐]에 따른 가중치를 두는 투표 방식을 제안해 1인 1표제가 가진 몇 가지 문제들을 해소해 보려 했다. 그러나 이

그러나 다수의 선호는 그것이 실제 다수의 이익을 따른다 하더라도, 시민들 공동의 이익을 반영하는 데 실패할 수 있으며, 모든 시민들의 이익을 반영하는 데는 더더욱 그럴 수 있다.[25] 자유주의적 민주정에서 어떤 이익을 근본적 권리로 규정해 법적으로 특별히 보호하는 이유는 바로 다수의 선호가 개인 혹은 소수자의 이익을 무시하거나 훼손할 가능성이 있기 때문이다. 하지만 권리-기반 의사 결정 절차가 공동체의 존립에 위협이 가해지는 상황에서 공동의 이익을 다루는 데 항상 효과적인 것은 아니다. 한 체제가 "하늘이 무너져도 정의를 세워라"fiat iustitia, pereat mundus라는 칸트의 신조에 따라 침해 불가능한 개인의 권리를 절대시하면 할수록, 존망이 걸린 사안에서 공동의 이익을 확대해 가는 데에는 적당하지 않을 것이기 때문이다.

자유주의 이전의 고전적 이론가들은 가치를 보전하고 이익을 증진하는 일과 관련된 사안에 매우 다르게 접근했다. 아리스토텔레스는 민주정에서 다수의 특수한 이익을 증진하는 것이 (또는 과두정에서 권력을 부여받은 소수의 특수한 이익을 증진하는 것이) 공동의

런 방식이 민주정의 정당성을 유지하는 데 필요한 정치적 평등을 존중하는 방식인지는 분명치 않다. 오버(Ober 2017b)를 보라.
25) 3장을 통해 논했듯, 나는 원초적 민주정에서는 공동의 이익이 모두의 이익이어야 한다고 믿기에 루소와 생각이 다르다[루소는 『사회계약론』 2권 3장에서 일반의지를 산출하는 방법을 다음과 같이 말한다. "모두의 의지와 일반의지 사이에는 흔히 큰 차이가 있다. 일반의지는 오직 공동이익에 몰두한다. 모두의 의지는 사적인 이익에 몰두하며 개별의지의 합일 뿐이다. 그런데 이 개별의지들에서 서로 상쇄되는 더 큰 것들과 더 작은 것들을 빼면, 차이들의 합계로 일반의지가 남는다"(김영욱 옮김, 후마니타스, 2018, 39쪽) -옮긴이].

이익 증진을 희생시킨다면 이는 근본적으로 부정의한 것이라 생각했다. 그는 정의로운 공동체라면 실천적 지혜phronêsis[26]를 발휘해 (부분적/당파적 이익이 아니라) 공동의 이익이 무엇인지를 식별하기 위해 노력하고, 공동의 이익을 증진할 만한 정책을 선택할 것이라 믿었다. 따라서 아리스토텔레스에게 (그리고 이유가 다르기는 하지만 플라톤에게도) 정치적 의사 결정이란 공동의 관심 사안에 대한 문제들에 가능한 최선의 답을 발견하고 실행하려는 것이라는 점에서 지식 기반적 노력의 과정이었다.

우리가 (1) (단지 선호하는 무언가가 아니라) 실제로 사람들에게 이익이 되는 무언가가 존재하고, (2) 어떤 이익은 실제로 다수의 공동체 구성원들에게 공유된다는 사고방식을 (보편적이진 않더라도) 널리 받아들인다면, 어떤 이익(예를 들어, 국가의 안전과 풍요)이 공동의 것이라 해도 될 정도로 널리 공유될 가능성을 선험적으로 거부해야 할 이유는 없다.[27] 게다가 어떤 공동의 이익을 추구하는 것이 규범적으로 고름 직한 정치적 목표라거나, 혹은 실천적 지혜

---

26) [옮긴이] 실천적 지혜에 대한 논의는 아리스토텔레스의 『니코마코스 윤리학』 6권을 보라. 여기서 아리스토텔레스는 지성적 탁월성 혹은 덕에 대해 논의하면서, 탁월한 지적 상태를 학문적 인식epistêmê, 기예technê, 직관적 지성nous, 철학적 지혜sophia, 실천적 지혜 등으로 구별한다. 이 중에서 실천적 지혜는 정치를 포함한 모든 인간사와 관련해 우리의 행위를 통해 성취할 수 있는 좋은 목표를 어떻게 이룰 수 있는지를 잘 숙고하는 능력 정도로 정의할 수 있다. 이는 과학적 확실성을 그 특징으로 하는 학문적 인식과도, 행위의 산물이 행위 자체와 독립적으로 존재하게 되는 기예와도, 인식이 기반한 원리들에 대한 직관적 지성과도 구별되는 실천적 지혜만의 특징이다.

란 소수의 엘리트의 이익을 보전하는 것이 아니라 어떤 이익을 공유된 것으로 식별해 내는 것이라는 주장을 하기 위해 꼭 우리가 아리스토텔레스적 행복주의를 받아들일 필요도 없다.[28] 공동의 이익을 위해 더 나은 선택이란 정치 공동체의 구성원들에 의해 널리 공유되는 이익을 최대로 증진하는 선택지를 고르는 것이라고 규정하는 것만으로 이 책의 현재 논의를 위해서는 충분하다.

정치를 공동의 이익과 그 증진에 대한 최선의 답을 찾는 것으로 규정하기 위해 우리가 꼭 아리스토텔레스를 따라야 할 필요는

27) [옮긴이] 우리는 정치 공동체에는 이익을 둘러싼 결코 해소할 수 없는 갈등이 존재하며, 그 어떤 것도 '모두의' 이익이 될 수는 없고, 어떤 정책을 만들면 혜택을 보는 사람 외에도 반드시 손해를 보는 사람이 생기는 것이 필연적인 정치의 운명이라고 믿을 수 있다. 저자는 이를 거부하고 있다.

28) [옮긴이] 아리스토텔레스의 행복주의란 다음과 같이 거칠게 정의할 수 있다. 아리스토텔레스는 모든 존재자에게는 고유한 기능(목적)이 있다고 생각했고, 그 기능을 최대로 잘 발휘할 때 그 존재자는 행복하다고 생각했다. 인간에게 고유한 기능은 이성의 사용이고, 이성을 최대로 사용할 때 인간은 행복하다는 것이 행복주의다. 아리스토텔레스의 행복주의는 행복을 단순한 주관적 느낌으로 환원하지 않고 인간의 객관적인 특징에 근거해서 규정한다는 점에서 객관적이고 목적론적이다(이 책의 민주정적 좋음들에 대한 논변에 대한 언급도 함께 보라). 인간의 이성이 관조적으로 발휘될 때 인간은 관조적 삶을 살게 되고, 실천적으로, 다시 말해 정치 공동체에서 발휘될 때 인간은 실천적·정치적 삶을 살게 된다. 인간이 발휘해야 할 실천적 지혜는 상황을 숙고하고 매번 가장 알맞은 중용을 겨냥해 합리적으로 선택을 내릴 수 있는 능력이다. 아리스토텔레스는 실천적 지혜를 지성의 탁월성으로 꼽지만(『니코마코스 윤리학』 6권), 관조적 삶을 실천적 삶에 비해 더 행복한 삶이라 생각했다(같은 책 10권).

없다. 다원주의적 공동체에서 많은 정치적 사안은 상충하는 사회적 가치들, 그리고 상충하는 분배 정의관들 사이에서 어려운 선택을 하기를 요구한다. 다른 많은 사안은 오직 특정 개인이나 집단의 특수한 이익에만 관련되어 있다. 그렇기에 정치적 의견 불일치, 논쟁, 더 나아가 갈등으로 채워지는 드넓은 공간이 펼쳐진다. 하지만 그렇다고 해서 정치가 구성원 다수가 공유한다고 합리적으로 여겨지는 이익과 관련된 것이 결코 아니라거나, 관련되어서는 안 된다고 주장하는 것은 전혀 그럴듯하지 않다. 민주정의 정치가들이 하는 일은 고대에나(Ober 1989) 근대에나 마찬가지로 공동의 이익을 증진할 수 있는 방법을 제안하는 것이다. 그들의 수사修辭는 공동의 이익을 다루는 것이 정치의 한 부분이어야 한다고 우리 모두가 굳게 믿고 있는 한 결코 공허하지 않다. 공동의 이익은 가설적으로는 합의에 의해 식별될 수도 있겠지만, 지금의 논의 목적을 위해서는 그런 합의가 꼭 필요한 것은 아니다.

다수결에 의한 결정이 더 큰 공동의 이익을 가져다주는 선택지를 실제로 반영한다면, 다수결 메커니즘도 공동의 이익을 식별하고 증진하는 데 사용될 수 있을 것이다. 그러나 다수결 투표가 항상 (또는 충분한 빈도로) 공동의 이익을 정확하게 식별하고 증진하리라 기대할 수는 없다. 많은 투표자들은 인민의 어느 특정 부분이 가진 선호에 따라 투표할 것이고 이는 정당한 일이다. 내가 주장하려는 바를 위해서는 어떤 이익은 공동의 이익으로서 공유되며, 그런 경우에 [공동의 이익을 증진하는 관점에서] 더 나은 정책과 같은 것이 존재하며, 그런 정책은 지식 기반적 [의사 결정] 과정을 통해 발견될 수 있다는 것만으로 충분하다. 물론 공동의 이익과 당파적 선호가 완벽하게 구별될 수는 없겠지만, 전자에 집중함으로써 우리는 의사 결정 과정에 주관성이 개입될 여지를 제한하고 그럼으로써 의사 결정 집단의 과제 수행 능력을 [공동의 이익이라는 기준에 따라] 평가할 수도 있게 된다(Yates and Tschirhart 2006).

　지식 기반 민주정 구상에 대한 어떤 접근법이든 해결해야만 하는 문제들이 있다. 이행성transitivity 및 투표의 순환cycling 문제, 집단적 합리성 문제, 엘리트 통제의 문제 등이다. 의사 결정에 따른 결과가 안정적이기 위해서는 투표의 선택지들이 항상 이행적인 순서를 이루어야 한다. 즉, A 〉B이고, B 〉C라면, A 〉C여야 한다는 것이다.[29] 한 집단이 내리는 판단은 적절한 조건들 아래에서만 순환의 문제를 피할 것[투표하는 방식에 따라서 이 방식으로는 A가, 또 다른 방식으로는 B가 선택되는 일을 피해야 한다는 것]이다(List and Pettit 2011). 숙의(의사 결정자들 사이에서 의견과 근거를 규칙에 의해 구조화된 방식으로 교환하는 것)와 '독립 추측 종합'Independent Guess Aggregation(예를 들어, 콩도르세 정리)[30]은 민주적 의사 결정에 대한 지식 기반적 접근법 가운데 대표적인 두 가지이다. 나는 여기에서 민주

---

29) 지식 기반 민주정에서의 문제 중 하나로 지적되는 투표의 순환에 대해서는 리스트와 구딘(List and Gooin 2001), 드라이젝과 리스트(Dryzek and List 2003), 리스트(List 2011), 엘스터(Elster 2011)와 여기 인용된 문헌을 보라.

30) [옮긴이] 콩도르세 (배심원) 정리Condorcet's Jury Theorem란 개인이 판단을 내리는 것이 각각 독립사건이고, 개인이 옳은 판단을 할 확률이 최소한 2분의 1보다 클 때, 그런 개인들로 이루어진 집단의 다수가 옳은 판단을 할 확률은 집단의 크기, 즉 개인들의 수에 따라 커지며 1에 수렴한다는 내용으로, 다수의 지혜와 민주정에 대한 낙관적 기대를 정당화하는 논거로 유명하다.

적 의사 결정 과정 가운데 하나로 '관련 전문성 종합'Relevant Expertise Aggregation, REA을 제안할 것이다. 나는 REA가 다른 두 가지 지식 기반 접근법인 숙의나 독립 추측 종합(최소한 이 접근법들의 통상적인 형태)만큼, 혹은 그 이상으로 집단적 판단에서 생겨나는 문제들을 잘 다룰 수 있으며, 그리하여 이 REA야말로 데모폴리스의 의사 결정에 알맞은 것임을 보이려 한다.[31]

민주정에서 정치란 공유된 이익을 최고로 증진할 수 있는 가능한 선택지를 고르는 수단인 한에서, 최선의 선택지를 발견하기 위해 지식(정확한 정보, 참된 의견)을 활용하는 것은 매우 중요하다. 현실에는 항상 비결정성과 우연성이 내재해 있으므로, 이것이 의미하는 바는 [우리가 언제나] '공동의 이익을 확실히 달성하는 접근법을 발견해 낸다'는 것을 의미할 수는 없다. 우리에게 가능한 것은 '모든 것을 고려했을 때, 가능한 여러 대안 가운데 공동의 이익을 증진할 확률이 가장 높은 어느 하나를 선택하는 것'이다. 민주정에 대한 지식 기반적 접근법의 두 가지 근본 전제는 (1) 좋은 결과로 이어질 확률이 더 높다는 의미에서의 더 나은 선택지가 반드시 존재한다는 것, (2) 적절한 조건이 갖춰진다면, 의사 결정자들은 더 나은 선택지를 식별할 수 있다는 것이다.[32]

---

31) 숙의와 독립 추측 종합에 대해서는 오버(Ober 2013a)도 추가로 보라.

32) 칼랜더(Callander 2011)가 강조하듯, 의사 결정자들은 결과가 나오기 전에 미리 자신들이 잘 선택했는지를 확신할 수 없고, 사후적으로 발생한 결과가 전적으로 자신들의 선택에 의한 것인지를 확신할 수 없다. 그러나 그가 논증하듯, 이런 사실이 더 나은 선택지를 식별할 수 있다는 희망을 꺾는 것은 결코 아니다. 호손(Hawthorn 미출간, 5)은 "[공동선에 대한 아

어떤 선택을 해야 할 때 현실에 대한 사실적 정보를 더 잘 고려할 수 있다면, 우리의 선택지들은 더 나은 것이 될 수 있다. (이런 맥락에서) '현실 중심 사고방식'은 다음과 같은 결과를 낳기에 가치가 있다. 즉, 다른 모든 조건이 동일할 때, 관련된 사실들을 더 많이 고려해서 고른 선택지가 그런 고려 없이 그냥 고른 선택지보다 더 나은 결과를 이끌어 낼 수 있다. 여기서 나는 자유주의가 아니라 민주정을 다루고 있기 때문에, 민주정 공동체에서 추구하는 공유된 이익의 도덕성을 평가하는 문제는 다루지 않겠다(예를 들어, 지구적 이익이나 보편적 인권 대 공동체 내에서만 공유되는 공동의 이익을 비교하는 식으로). 또한 나는 이런 지식 기반 민주정이 예를 들어 경합적 다원주의(Honig 1993; Laclau and Mouffe 2001)에 대해 갖는 규범적 가치도 다루지 않겠다. 이미 강조했듯 이 책에서 다루는 원초적 민주정에는 의견 불일치와 다툼이 존재할 드넓은 공간이 존재한다. 마지막으로, 나는 지식 기반 민주 정부가 전제 정부를 언제나 능가할 것이라 주장하지도 않는다. 다만 나는 원초적 민주정의 시민들이 적어도 최선의 전제 정부보다 전체적으로 더 나은 결정을 할 수 있도록 해주는 제도적 메커니즘을 디자인하려는 것이다. 이런 메커니즘은 민주정의 필요조건들, 즉 자유와 평등, 존

리스토텔레스, 로크, 루소, 밀, 롤스의 -인용자] 철학적으로 훌륭한 견해들 중 대다수에 있어, 최소한 어떤 경우에는 더 나은 정책이 분명 존재하며, …… 그런 견해들은 다수의 사람들이 모였을 때 더 나은 정책을 찾아낼 능력이 이들에게 있음을 증명한 콩도르세 정리로부터 도움과 위안을 얻을 수 있다"고 주장한다.

엄을 보장하는 가운데 공동의 이익(데모폴리스에서는 [안전과 풍요, 비폭정이라는] 국가의 세 가지 목적) 역시 증진할 것이다.

지식 기반 의사 결정은 늘 전문성을 활용해야 한다. 특정 분야의 전문가(예를 들어, 체스 마스터)는 원하는 결과(체스 게임 승리)를 만들어 내는 데 다른 이들보다 훨씬 더 유능한데, 이 같은 결과를 성취할 확률은 게임에서 각각 더 나은 수를 선택함으로써(말을 더 유리하게 움직임으로써) 늘어난다. 플라톤이 『국가』에서 꿈꿨던 칼리폴리스는 정치적 전문가가 통치자로 있는 이상적인 지식 기반 체제의 한 가지 사례이다. 정치 전문가들의 선택은 정확하게 '좋음의 이데아'에 따라 내려지며, 그렇기 때문에 그들은 정의롭고 잘 기능하는 (안전하고 풍요로운) 사회를 만들어 낸다. 그러나 칼리폴리스는 현실적이지도 않고, 민주적이지도 않다. 민주적이지 않은 것은 소수의 전문가들이 다른 시민들과 상의하지 않고 통치하며, 이 정체가 체계적인 기만('고귀한 거짓말')에 기반하고 있기 때문이다. 현실적이지 않은 것은 이 체제가 정치 일반에 대한 전문가가 존재한다는 것을 전제하고 있기 때문이다. 철학자 왕은 정의로운 사회를 만들고 유지해 나가는 데 필요한 일을 하는 (그리고 보조적 전문성을 갖춘) 모든 이들의 행동을 완벽하게 지시하기 위한 청사진을 지닌 '건축가'와 같은 존재이다.[33] 원초적 민주정의 한 전제는

---

33) 건축술적 모델에 대해서는 플라톤의 『정치가』를 보라. ([신플라톤주의 철학자] 이암블리코스Iamblichus[242~325]의 『프로트렙티코스』*Protrepticus* 10권 54장 12절에서 56장 2절까지에 인용된 단편으로 전해지는) 아리스토텔레스의 초기 저작 『프로트렙티코스』에서도 건축가는 이상적인 입법자의 모델

이 같은 정치 일반의 전문가는 존재하지 않는다는 것이었다(3장 1
절). 로버트 달이 주장한 바와 같이, 전제적 지배자가 다른 이들의
선호를 그 자신들보다 더 잘 판단하리라는 보장이 없다는 것만이
문제가 아니라,[34] [전제적 지배자를 비롯해] 그 어떤 개인이나 집단
도 정치civic 공동체에서 공동의 이익을 보장하는 것에 관련된 모
든 지식을 갖출 수 없다는 뜻이다.[35]

한 개인이 진정한 전문성을 얻을 수 있는 여타 영역(예를 들어,
체스, 바이올린 연주 등. Ericsson 2006)과 달리 정치는 대단히 높은 수
준의 복잡성을 지닌다. 그렇기에 정치 일반의 전문가란 존재하지
않는다. '좋음의 이데아'에 (혹은 그에 준하는 형이상학적 원리에) 접
근할 수 없는 상황에서, 그런 전문가들은 인간이 가진 인지적 능

로 그려진다. 아리스토텔레스는 이 건축술적 모델을 정치학에도(『니코
마코스 윤리학』 1권 2장 1094a26~b7), 철학적 기초에도(『형이상학』 A권 2장
981a30~982b7) 적용한다. 그러나 이 두 저작에서 아리스토텔레스는 장
인이자 전문가로서 '건축가'를 이야기하고 있지는 않다. 이 구절들을
소개해 준 몬트 존슨Monte Johnson에게 감사를 표한다.

34) [옮긴이] 로버트 달의 『민주주의와 그 비판자들』 제3부에서 개인적 자
율성을 다룬 장을 참조하라(Dahl 1989, 100~103; 『민주주의와 그 비판자들』, 조
기제 옮김, 문학과지성사, 1999, 201~207쪽).

35) 이스트런드(Estlund 2003, 2008)는 전문가에 의한 통치를 의미하는 '지식
기반 통치'epistocracy라는 용어를 고안했고, 이를 통해 그런 통치에 반
대하는 도덕적 논변을 전개했다. 나의 주장은 샤피로(Shapiro 2016, 33, 34)
의 주장과 일치하는 것으로서, 지식 기반 통치를 지지하는 논변이 정치
와 관련된 분야에 전문가가 존재한다는 사실로부터 (단지 상대적으로 능
력 있는 정치가가 아니라) 정치 일반에 대한 전문가가 존재한다고까지 잘
못 결론지었다는 점에서 그 시작부터 틀렸다는 것이다.

력의 범위를 벗어난 대단히 얻기 힘든 전문성의 영역에 정통해야 하기 때문이다. 이것은 절대적 지배자 없는 체제를 옹호하는 데모폴리스의 교육자들이 설파하는 논변 가운데 하나가 될 수 있다. 그러나 분명 정치적 의사 결정과 관련된 많은 분야에는 진정한 전문가가 충분히 존재할 수 있다고 보는 것이 매우 그럴듯하다(Ericsson et al. 2006). 망상에 빠진 정치가들도 그렇지만, 선의를 지닌 특정 분야의 전문가들조차 종종 자신들이 정치 일반에 대한 전문가라고 착각하는 경우가 있다. 정치적 권위가 특정 분야의 전문가들과 망상 중인 정치가들에게 무제한적으로 위임될 때 생겨날 파국적인 결과는 이미 잘 기록된 바 있다(Scott 1998). 그러나 이것이 곧 민주적 의사 결정 과정에서 관련 분야의 전문성을 배제할 이유가 되어서는 안 된다. REA의 목표는 정치적 권한 자체는 전문가나 전제적 지배자에게 넘겨주지 않으면서, 각 분야마다 세분화되어 있는 전문성을 의사 결정 과정에서 활용하는 것이다.[36]

36) 한 쟁점을 전문성이 해당하는 각 분야로 나누는 것은 의사 결정에 대한 전문성에 대한 연구에서 "과정-분해 관점"[즉, 전체 의사 결정 과정을 요소로 분해해, 각 요소를 잘 수행하면 전체 결과도 좋을 것이라는 관점]으로 기술된다. 예이츠와 처하트(Yates and Tschirhart 2006, 426~432)를 보라. 어떻게 복잡한 의사 결정에 개입된 다수의 요인들 때문에 "의사 결정에서 각 분야의 경계를 넘나들 수 있는 참된 전문성"을 개인이 갖는 일이 "대단히 드물게" 되는지도 다루고 있다(Yates and Tschirhart 2006, 435). 경제학에서는 종종 특정 분야의 전문가가 일반적인 전문가로서의 역할을 추구하는 일이 벌어지곤 한다(Caplan 2007).

6. 관련 전문성 종합 : 아테네 사례연구

다른 책에서 나는 한 집단이 공동의 이익이 걸린 사안에 대한 다수의 선택지 가운데 무언가를 선택해야 할 때 관련된 전문성을 모을 수 있는 몇 가지 접근법을 다룬 바 있다. 의사 결정 규칙을 어떻게 달리하느냐에 따라, 이 접근법은 전문가들이 일반 시민들에 대한 설명[해명]의 의무 없이 알아서 결정하는 가장 비민주적인 방식부터, 여러 영역에 걸쳐 전문가들의 의견을 참고해 시민들이 투표로 최종 결정하는 민주적인 방식까지 다양한 형태를 가진다. 관련 전문성 종합REA의 가장 중요한 특징은 다음과 같은데, 이를 〈그림 7-2〉에 따라 설명해 보겠다. 먼저, 의사 결정해야 하는 문제를 그 문제와 관련된 몇 개의 세부적인 분야 또는 부분으로 나눈다. 예를 들어, 강에 놓인 댐이 문제라고 할 때, 여기에 대해 무언가를 결정하기 위해서는 먼저 이를 관련 분야, 즉 경제성, 환경 영향, 사회적 효과 등으로 나눈다.[37] 그다음으로는 시민들에게 자신들의 견해를 정직하게 공유할 만한 이유가 충분한 믿을 만한 분야별 전문가들을 선정한다. [선정된 전문가들의 의견을 청취한 뒤에는] 각 분야가 해당 문제에 대한 의사 결정에 어느 정도의 중요도를 가지는지, 얼마만큼 관계가 깊은지에 따라 순위를 매기고 가중치를 부여한다(가중치는 모든 분야의 가중치 총합이 1이 되도록 하여 0과 1 사이 숫자로 매겨진다). (문제 해결책으로서) 유한한 수의 선택지가 제

---

[37] 가능한 선택지는 댐을 '그대로 둔다', '더 잘 활용할 수 있도록 새로 짓는다', '완전히 제거한다' 등이 될 수 있다.

그림 7-2 지식 기반 의사 결정 과정과 '관련 전문성 종합'

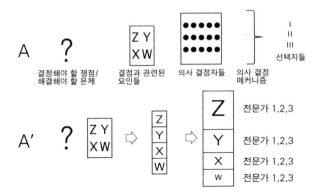

주 : 첫 번째 과정(A)은 포괄적인 지식 기반 과정을 보여 준다. 주어진 쟁점(?)을 다루기 위해, 의사 결정자들은 관련 요인들(Z, Y, X, W)을 평가한 뒤 의사 결정 메커니즘을 통해 가능한 선택지들(I, II, III)을 식별한다. 이 과정이 성공적이라면, 그들은 최선의 선택지를 선택할 수 있다. 관련 전문성 종합 과정(A')에서는 관련 요인들을 먼저 분야별로 나눈 다음, 그 분야별로 중요성에 가중치를 두고, 이렇게 가중치가 매겨진 각 분야별 전문가들의 견해를 구한다. 그다음에 의사 결정 메커니즘은 가중치가 매겨진 각 분야별로 각 선택지에 투표하게 한 뒤, 이를 종합/합산해 최선의 선택지에 도달한다.

시되면, 의사 결정자들은 각 분야의 관점에서 가장 나은 선택지에 투표한다. 각 분야에서 선택지들이 받은 득표수에 가중치를 곱해 각 분야별 선택지 투표 결과를 구한다. 마지막으로 가중치가 반영된 각 분야에서의 득표를 합산해 각 선택지가 받은 최종 점수를 구한다. 그 최종 점수는 (이 방법이 비민주적으로 사용되는 경우에는) 곧장 선택지를 확정하거나, (민주적으로 사용되는 경우에는) 선택지를 고르는 데 도움을 주게 된다.[38]

여기서 나는 REA의 가장 민주적인 형태, 즉 전문성의 분야를

38) 더 자세한 논의는 오버(Ober 2013a)를 보라.

확정하고 정책적 선택지들을 구체화하는 규칙이 사전에 정해져 있지 않고, 선택지들이 시민들의 직접 투표로 결정되는 방식에 집중하려 한다. 이는 직접 민주정이 공동체의 존망을 다투는 중대한 의사 결정에서 시민들이 충분히 귀중한 전문성을 활용할 수 있다는 것을 보이기 위한 목적에서다. 이 절에서 다루는 사례는 기원전 481년 페르시아 침공이라는 위기를 맞은 역사 속 아테네의 대응 사례이다. 이는 역사가 헤로도토스에 의해 전해졌으며(『역사』7권 140~144절), 「테미스토클레스 결의 비문」(이하 「결의 비문」. 당시 아테네의 대응을 상세하게 기록해 석판에 새긴 문서)에 기록된 것을 토대로 한다. 아테네는 항상 직접 민주정이었지만, 나는 이 장 7절에서 REA가 대표자들에 의해 운영되는 정부에 일상적으로 어떻게 적용 가능한지, 그럼으로써 어떻게 원초적 민주정이 대규모 국가에서 작동하는지에 대한 문제에도 답해 볼 것이다. 아래에 서술할 이야기의 몇몇 측면은 원초적 민주정에서 지식 기반 의사 결정이 단계별로 어떻게 이루어지는지를 나타내기 위한 것으로서, 가상적인 것이다. 기원전 481년 당시의 실제 과정은 훨씬 더 마구잡이였긴 했지만, 이어서 묘사할 과정은 분명히 당시 아테네 평의회와 민회에서 따르던 의사 결정 절차들에 대해 우리가 알고 있는 사실들에 부합한다(Rhodes 1985; Hansen 1987; Missiou 2011).

이 사례의 구조는 다음과 같다. 민주적으로 구성된 시민평의회가 입법 기능을 하는 더 큰 규모의 민회에 올릴 안건을 준비한다. 민회는 모든 시민들에게 개방되어 있으며, 공동의 이익이 걸린 사안에 대해 구속력 있는 결정을 내릴 권력을 갖는다. 의회와 민회에서의 숙의와 투표는 모두 절차적 규칙에 따라 진행되며, 전문성의 분야들(과 각 분야의 전문가들) 및 정책 선택지들은 의사 결정 과정 이전 단계에서 자유롭게 제안된다. 여기에는 REA의 비민주적 혹은 반半민주적 형태에서도 마찬가지일 어떤 배경 조건들이 유지되고 있을 것이다. 즉, 의사 결정자들은 공동의 이익이 걸린 사안을 다룰 때 최선의 선택지를 찾으려 한다. 또한 쟁점들은 부분으로 분할 가능하고, 각 부분은 당면한 쟁점과 구체적인 연관성을 가지며, 각 부분은 전문성의 분야로서 설명 가능하다. 이 같은 배경 조건은 [모든 시민들이 알고 있는] 공통 지식이다. 의사 결정 집단은 상시적으로 설치되어 있으며, 의사 결정 집단의 구성원들은 새로운 정보에 근거해 자신들의 판단을 시시각각 수정해 간다.[39]

기원전 481년 페르시아의 대군이 유럽을 향해 서진하려 하자, 아테네는 존립의 위기를 맞게 되었다. 페르시아군의 침공에 어떻게 대응할지의 문제는 모든 시민들에게 개방된, 통상 수천 명가량이 참석했던 민회에서 투표로 결정될 것이었다. 추첨으로 선발된 500명의 시민으로 이루어진 평의회는 민회에 상정할 안건을 준비한다. 평의회의 역할은 어떤 대응(정책)을 취할지 가능한 선택지를 고안 및 검토하는 것이었다. 평의회를 뜻하는 그리스어 단어 '불레'boulê란 곧 평의회의 숙의하는 기능을 가리키며('bouleuein/ bouleuesthai', 즉 '의견을 구하다/숙의하다'), 절차상으로는 표결이 주된 의사 결정 방식이었다. 당시 평의회는 민회에 세 가지 선택지 — 도시를 버리고 도망친다, 육지에서 싸운다, 바다에서 싸운다

---

39) 다른 형태의 REA에 대해서는 오버(Ober 2013a) 참조.

표 7-1 **각 단계별 과제에 대한 투표자들[25명]의 능력 분포**(가설)

투표자	① 분야 인지	② 전문가 선정	③ 분야별 가중치 부여	④ 숙의 과정 중 각종 계산	⑤ 전문가 의견 판단	평균
A	0.85	0.45	0.55	0.6	0.3	0.542
B	0.8	0.85	0.45	0.65	0.4	0.617
C	0.75	0.8	0.4	0.45	0.85	0.642
D	0.7	0.75	0.4	0.4	0.35	0.500
E	0.45	0.4	0.8	0.85	0.75	0.642
F	0.6	0.35	0.35	0.8	0.7	0.546
G	0.55	0.6	0.7	0.75	0.65	0.646
H	0.5	0.35	0.65	0.45	0.6	0.504
I	0.45	0.5	0.6	0.65	0.55	0.546
J	0.4	0.45	0.55	0.6	0.5	0.500
K	0.35	0.4	0.5	0.55	0.45	0.454
L	0.3	0.35	0.45	0.5	0.4	0.404
M	0.25	0.3	0.5	0.45	0.35	0.375
N	0.3	0.25	0.55	0.4	0.5	0.408
O	0.35	0.5	0.6	0.5	0.25	0.450
P	0.4	0.55	0.3	0.45	0.3	0.433
Q	0.65	0.4	0.4	0.25	0.75	0.496
R	0.5	0.55	0.35	0.3	0.4	0.425
S	0.55	0.55	0.35	0.45	0.45	0.488
T	0.6	0.55	0.45	0.4	0.5	0.504
U	0.65	0.45	0.5	0.45	0.55	0.521
V	0.45	0.65	0.55	0.5	0.6	0.554
W	0.45	0.4	0.6	0.55	0.65	0.538
X	0.45	0.75	0.65	0.6	0.3	0.563
Y	0.85	0.8	0.35	0.45	0.75	0.663
평균	0.53	0.52	0.51	0.52	0.51	0.52
능력이 0.5에 못 미치는 시민의 숫자	12명	12명	10명	12명	11명	9명

주 : 단계별 과제를 수행할 능력치(옳게 판단할 확률likelihood)를 0부터 1까지 척도로 나타냈다.

— 가운데 하나를 선택할 것을 제안했다. 민회 안건은 미리 공지되었기 때문에, 시민들은 사전에 각자 충분히 숙의할 여유를 가진 뒤 민회로 발걸음을 한다. 이제 아테네가 이 존립의 위협에 어떻게 대응할지는 민회에서 행하는 시민들의 투표에 달렸다.

아테네가 다른 그리스 도시국가들과 싸우는 일은 잦았지만, 페르시아의 침공은 분명 전례가 없는 위기 상황이었다. 기존의 의사결정 규칙은 이런 예외 상황에 필요한 관련 전문성 분야를 미리 확정짓지 못했다. 게다가 절차상 민회는 한 번의 투표로 곧장 선택지 가운데 하나를 택하도록 되어 있었으므로, 시민들은 전문가의 의견을 청취한 뒤 판단해야 할 뿐만 아니라 전문성이 활용되어야 할 관련 분야들을 인지하고, 각각의 선택지에 대한 각 분야의 전문성의 내용을 종합하기까지 할 책임을 나눠 진 것이었다. 관련 분야들을 인지하고 전문가를 선정하는 절차는 우선적으로 평의회에서의 숙의와 표결로 이루어졌으나, 민회의 모든 시민들 역시 스스로 전문가의 의견을 판단하고 각 분야별 전문성이 종합된 것을 계산해야 했다. 이 각 단계별 과제를 수행하는 데 있어 시민들의 능력은 서로 상이하다.

〈표 7-1〉은 25명의 시민들을 샘플로 삼아 각각의 능력치가 어떻게 분포되었는지를 가설적으로 제시해 본 것이다. 과반수보다 적은 시민들은 각각의 과제에 긍정적으로 기여할 수 있는 최솟값(0부터 1까지 척도에서 0.5 이하)보다 아래의 능력을 가진다. 그러나 각 과제를 수행할 능력의 평균값, 즉 각 열의 평균값은 0.5를 넘기 때문에, 우리는 알맞게 변형된 '콩도르세 정리'(Grofman et al. 1983; List and Goodin 2001)를 적용해 해당 집단이 각 단계별 과제를 충분히 잘

해 낼 수 있을 것이라 가정해도 된다. 투표자의 수가 많아질수록 (500인의 의원에서 수천 명의 민회 참석자들까지) 최선의 선택지를 낳는 데 적절한 표가 더 확산할 확률likelihood[40] 역시 올라간다.[41]

평의회는 최종 결정을 할 민회보다는 시간 제약이 덜한 회의를 여러 차례 거쳐 페르시아 침공 대응에 대한 숙의를 진행한다. 숙의 과정은 먼저 관련 전문성의 분야를 정하는 것으로 시작한다. 다른 쟁점을 다뤘을 때의 경험을 바탕으로 의원들은 동료 의원들 가운데 누가 어떤 능력이 얼마나 되는지를 알고 있다 — 즉, 이들은 〈표 7-1〉에 나타난 정보가 머릿속에 있다.[42] 이들은 최선의 선택을 내리려 노력하며, 바로 이들에게 공동체의 명운이 걸려 있기에, 의원들은 먼저 (〈표 7-1〉의 ①열에 해당하는) 올바르게 '관련 분야를 인지'하는 데 가장 유능한 의원 A, B, C, D, Y가 숙의 과정

40) [옮긴이] 저자에 따르면 고대 그리스인들은 우리가 쓰는 수학적인 확률 개념을 사용하지 않았으므로, 이 대목에서 일반적으로 확률에 해당하는 'probability'를 쓰지 않았다. 어떤 사건의 확률을 계산하는 대신, 그리스인들은 어떤 결과가 일어날 것을 예상하거나 예상하지 못하는 정도의 판단을 했다는 것이다.

41) 물론 표준적인 콩도르세 추론에 따라 만약 평균적인 능력치가 0.5에 미치지 못한다면, 규모가 증가할수록 최선의 선택지를 선택할 확률likeli-hood은 떨어진다.

42) 한 의원이 나머지 499명 동료 의원들의 능력치를 그 정도로 파악하고 있으리라 예상하는 것은 비현실적이다. 하지만 아테네 평의회의 실제 숙의 과정 대부분은 각 50명으로 이루어진 10개 팀으로 나뉘어 수행되었다(Ober 2008a, 142~155). 따라서 한 의원이 자기 팀의 나머지 49명 남짓한 동료 의원들의 'REA 능력 분포표'상의 능력치를 알고 있으리라는 추측은 충분히 그럴듯하다.

을 이끌어 가게 한다. 의원 A는 신들이 이 사안에서 어떤 의중을 품고 계신지가 중요하며, 신들의 뜻이 인민 전체의 사기에도 중요하다고 주장한다.[43] 그리하여 이것이 전문가 의견을 청취할 한 분야로 결정된다. 의원 B, C, D, Y 역시 다른 분야에 대해 성공적인 주장을 해낸다. 즉, 페르시아의 전략목표는 무엇인지, 아테네의 동원 역량은 얼마나 되는지, 동맹 도시국가들의 태도와 국가 역량, 아테네의 단결에 위협이 되는 요인들 등. 또 다른 관련 분야를 추가하자는 의견이 과반수 미만이 될 때까지 '관련 분야 인지' 논의는 계속된다.[44]

---

[43] '신들의 뜻'은 아테네인들이 정책 선택지를 놓고 델피의 아폴론 신에게 신탁을 구하면 수수께끼 같은 내용으로 전해진다. 신들, 그리고 신들이 내려 준 신탁은 그리스인들에게는 세계에 대한 사실로 받아들여졌다. 물론 이것이 (우리가 말하는) 자연에 대한 있는 그대로의 사실이라는 뜻은 아니지만, 그리스인들의 행동에 지대한 영향을 미치는 '사회적 사실'로서 존재했던 것이다(Searle 1995).

[44] 숙의와 투표 절차 순서는 가설적인 것이고, 여기서 언급한 분야들은 「결의 비문」의 내용으로부터 추론한 것이다. 그렇지만 아테네 평의회는 정기적으로 여러 쟁점의 다양한 측면에 대해 전문가들의 의견(예를 들어, 장군들)을 청취했다(Rhodes 1985, 42~46). 관련 분야를 결정하고 한정하는 투표가 어떻게 진행되었는지에 대한 기록은 부족하지만, 분야를 나누어 투표하는 것은 아테네에서 흔히 시행되던 방법이었다. 이는 민회가 해마다 법률의 각 부분을 다시 재가하거나 개정하는 투표를 했다는 기록에서 드러난다(MacDowell 1975, 66~69). 아리스토텔레스 『수사학』(1권 1359b34~1360a12)은 "전쟁과 평화"라는 하나의 입법 분야를 네 개의 개별 분야로 나눈다. 이 각각에 대해 군사전문가들은 발언하게 되어 있다. (1) 국가의 현행, 그리고 잠재적 군사 역량, (2) 경쟁 국가들과의 과거 외교 관계 및 각국의 군사적 발전 상태, (3) 경쟁 국가들의 상대적

평의회의 숙의와 투표 과정은 이제 각 분야 간 상대적 중요성('분야별 가중치 부여')을 확정하고, 분야별로 의견을 청취할 전문가를 정하는 과정('전문가 선정')을 마친다. 전문가들이 여러 의견을 제시하고 나면, 이를 잘 판단하는 시민 C, E, F, Q, Y(〈표 7-1〉의 ⑤열, '전문가 의견 판단')의 견해가 특별히 많이 반영된다. 반복되는 숙의 및 투표 끝에 세 가지 주요 선택지(도시를 버리고 도망친다, 육지에서 싸운다, 바다에서 싸운다)가 생겨나고, 각 선택지는 평의회에서 청취한 전문가들의 의견을 토대로 검토된다. 그 결과 평의회는 '바다에서 싸운다'라는 선택지를 으뜸가는 것으로 제안한다.[45]

그렇게 순위까지 정해진 선택지들을 놓고 평의회는 민회를 소집해 평의회의 숙의 및 투표 과정을 보고한다. 민회에 참석한 시민들은 다시 한번 숙의를 거치며, 이 과정에서 평의회에서는 무시되었던 전문성의 분야들이 다시 고려되기도 한다. 헤로도토스(『역사』 7권 142장)는 "여러 의견들"이 제시되었으며, 유력한 시민들이 서로 다른 선택지들을 지지하는 상황이었다고 보고한다. 전문가들의 증언도 각 선택지에 대한 찬반으로 나뉘어 있었다 — 헤로도토스는 신들이 '바다에서 싸운다'라는 선택지를 탐탁지 않아 하신다는 몇몇 신탁 해석자들chrêsmologoi의 주장이 있었음을 전하고

강점, ⑷ 이전 갈등 상황에서의 결과.
45) 평의회의 제안이 민회에서 최종 투표로 결의되었다는 사실은 결의문에 있는 "이는 평의회와 인민에 의해 결의되었다"라는 문구로 알 수 있다. 만약 평의회가 제안하지 않은 선택지가 민회에서 결의되었을 경우, 결의문은 "인민에 의해 결의되었다"고만 쓰인다(Hansen 1999, 139, 140).

있다. 이 현장보다 후일에 해당하는 기원전 4세기를 기준으로 봤을 때 아테네인들은 자유로운 발언의 가치를 중시했지만, 해당 분야에 비전문가로 간주되는 시민들의 의견 제시가 완전하게 보장되거나 반영되지는 않았다. 시간 제약 때문에 위기 상황에서 그리 유용하지 않은 의견에까지 귀를 기울이는 것은 사치였다.[46)]

최종 투표 단계에서 가장 많은 표를 받는 선택지는 가장 관련이 깊은 분야와 가장 믿을 만한 전문가들의 의견을 가장 잘 고려한 선택지였다. 최종 투표는 곧장 선택지를 놓고 진행되는 것이었으므로, 모든 시민들은 스스로 각 분야별 상대적 중요성을 따지고 (〈표 7-1〉 ③열, '분야별 가중치 부여'), 역시 각 분야별 전문가 의견도 스스로 판단(〈표 7-1〉 ⑤열, '전문가 의견 판단')[47)]해야 할 책임이 있었다. 어떤 시민들은 상대적으로 사소하기 그지없는 분야에 과도한 비중을 두어 고려할 수도 있었을 것이다. 그러나 시민 집단 전체로 보면 숙의에 필요한 각 능력의 평균은 0.5를 넘기 때문에, 시민들 각각이 모든 과정에서 완벽하게 판단해야 한다는 불가능할 정도의 인지적 부담이 지워지지는 않는다. 숙의를 하는 집단이 사전에 각 분야의 가중치를 미리 매겨 놓거나 분야별로 신뢰할 만한

---

46) 관련 분야에서 비전문가들이 침묵하게 되는 당대 분위기는 플라톤의 『프로타고라스』 319b, c를 보라. 기원전 5세기 후반에서 기원전 4세기 간 아테네 입법 과정에서 전문가들의 역할 및 그들에 대한 일반 시민들의 반응에 대해서는 오버(Ober 1989, 314~327), 칼렛-마르크스(Kallet-Marx 1994)를 보라.

47) [옮긴이] 원문에는 ②열이라고 표시되어 있으나, 저자와 교신 후 ⑤열에 해당하는 것으로 바로잡았다.

전문가를 확정해 놓지 않은 상황에서 곧장 총투표 등에 임해야 하는 근대 자유주의적 민주 정부의 시민들보다는, 사전 숙의 내용을 참고할 수 있는 아테네인들에게 훨씬 부담이 덜하다는 것이다.

기원전 481년 아테네에서는 (「결의 비문」에 기록된 대로) 테미스토클레스의 제안이 받아들여져 바다에서 싸운다는 선택지가 결국 채택된다. 테미스토클레스가 믿을 만한 지도자이자 해양 분야 전문가라는 명성이 시민들의 선택에 어느 정도 영향을 미쳤다. 그러나 헤로도토스나 「결의 비문」이 보여 주듯, 바다에서 싸운다는 선택지에 찬성한 시민들은 몇 가지 분야에 큰 가중치를 두어 고려했다. 즉, 헤로도토스(『역사』 7권 143장)에 따르면, 테미스토클레스는 사절단이 받아 온 신탁을 설득력 있게 재해석해 시민들이 이를 받아들이게끔 했다. 페르시아의 전략목표, 아테네 해군 동원 계획, 동맹 도시국가들의 태도와 역량, 추방된 시민들을 소환해 단결을 이룰 수 있을지 등의 여타 분야에 대한 고려 사항도 자세하게 「결의 비문」에 기록되어 있다. 최종 투표는 표를 세는 대신 거수로 진행되었다, 투표 결과가 비록 만장일치는 아니었지만, 수많은 사람들이 동시에 거수를 하는 장면은 민회가 '하나의 전체'임을 표현하도록 기능했다(Schwarzberg 2010). 실제로 미르코 카네바로(Canevaro 2018)가 보여 주듯이, 민주정하 민회에서 치러진 대다수, 아마 대부분의 투표는 만장일치이거나 그에 가까웠다. 의사 결정의 목표는 단지 과반수를 넘기는 것이 아니라 전반적으로 최선의 행동이 무엇인지에 대한 합의였다. 헤로도토스와 「결의 비문」은 이 결의가 다수가 아닌 아테네 인민의 결의라고 표현했다. 바다에서 싸우기로 정한 아테네 민회의 투표 결과는 공동의 이익이 걸린 중대한 사안에 인민이 집단적으로 직접 판단한 바의 표현으로 이해되었다. 이 결의는 다음 날부터 곧장 시행되어, 장군들은 지휘관과 수병, 노꾼을 선발하고 전함에 배치하기 시작했다.

역사에 가정은 없기에, 우리는 아테네 민회가 과연 실제로 최선의 선택을 했던 것인지를 알 수 없다. 하지만 바다에서 싸우기로 한 결정은 사후에 봐도 다른 선택지들보다는 나아 보인다. 헤로도토스가 강조하듯이, 이 결정은 이후 그리스의 역사가 아테네인들에게 더없이 긍정적으로 흘러가게끔 역사의 판도를 바꾸어 놓았다. 헤로도토스는 아테네인들의 이 결정이 전쟁의 결과까지 결정지었고, 살라미스해전 승리 이후 민주정 아테네가 그리스 세계에서 으뜸가는 국가가 되었다고 쓰고 있다(『역사』 7권 139장). 물론 헤로도토스는 때때로 아테네 민회는 나쁜 결과로 이어지는 선택을 하기도 했음을 지적한다(5권 97장 2, 3절).[48] 그러나 시간이 지나면서, 아테네는 민주적으로 의사 결정하는 과정에서 유용한 전문성을 활용해 좋은 정책을 수립할 역량을 갖추었고, 이는 곧 아테네가 전례 없이 영향력 있고 안전하며 부강한 도시국가가 될 수 있었던 원동력이었다(Ober 2008a).

---

48) [옮긴이] 기원전 499년 페르시아의 세력권에 있던 소아시아 서부 해안의 그리스인 도시국가 중 하나였던 밀레토스의 참주 아리스타고라스가 페르시아로부터 독립을 선언하며 반란을 일으킨 뒤, 아테네에 지원을 요청해 아테네는 이에 응했다. 결국 페르시아의 다리우스 1세는 이 반란을 진압했으며, 이때 아테네의 지원 결정은 훗날 페르시아와 그리스 도시국가들 간의 전면적인 갈등으로 이어졌다는 점에서 나쁜 결과였다.

7. 대규모의 관련 전문성 종합

고대 아테네는 대략 인구 25만 명으로 오늘날 대부분의 국가와 비교하면 굉장히 작았다. 이렇게 소규모라는 점 덕분에 REA [의사 결정] 방식은 시민들이 직접 투표로 입법하는 가장 주요한 형태로서 잘 운영될 수 있었다. 하지만 REA 방식은 일상적인 입법 활동이 대표자들에 의해 이루어지는 더 큰 규모의 민주국가에서도 활용될 수 있을 것이다. 작은 집단이 '분야 인지' 및 '전문가 선정' 관련 예비적 숙의를 거치고, 이를 토대로 더 큰 입법 집단에 안건(의안, 의제 등)을 상정하는 절차는 오늘날 정치적 대의 체계에서도 충분히 채택될 수 있다. 하지만 REA는 대규모 민주국가에서의 직접 민주적 입법 과정 — 예를 들면 부정기적 총투표를 시행하는 체계 — 에 맞도록 그 규모가 확장될 수 있을까? 시민들 대부분이 [어떤 의사 결정을 할 때, 주로 투표를 할 때] 책임 있는 태도로 충분한 정보를 얻기 위한 비용을 전혀 감당하지 않으려 한다는 점을 지적하는 사회과학자들은 대규모 시민 총투표를 그리 좋게 생각하지 않는다. 이들의 지적은 옳고, 실제로도 총투표가 공동의 이익을 증진하는 정책은 고사하고 다수의 선호조차 반영하지 못하는 결과가 왕왕 벌어지곤 한다(Achen and Bartels 2016, 3장). 그러나 이 총투표에 REA 과정을 적용한다면, 이 문제가 어느 정도는 완화될 수도 있을 것 같다.

위에서 강조했듯(3장 1절), 원초적 민주정은 왜 참여하는 시민으로서의 자격participatory citizenship을 누리기 위해 개인이 그다지도 높은 참여 비용을 부담할 것을 합리적으로 선택하게 되는지를 설명해야 한다. REA 과정은 시민 개인에게 비현실적이고 불가능할 정도의 인지적 부담, 혹은 각자에게 사회적으로 가치 있는 활동을 하지 못하게 할 만한 수준의 [정치 참여를 위한] 노력을 지우지 않고도 지식 기반적으로 만족스러운[전문 지식에 근거해 정책적으로 성공적인] 결과를 달성하도록 하는 것을 목표로 한다. 위에서 살펴본 사례연구는 고대 아테네에서는 REA 과정과 비슷한 무언가를 통해 실제로도 과도한 비용을 부과하지 않고도 바라는 결과를 산출했음을 보여 주고 있다. 이제 문제는 이 과정이 규모가 확장되어 잠재적으로 대규모 근대국가에도 알맞은가이다.

최소한 가설적으로 REA 과정은 오늘날의 시민 총투표에 의한 공적 의사 결정 체계에 도입될 수 있다.[49] 다음과 같이 상상해 보자. 만약 어떤 의안이 시민 집단에 의한 직접 투표에 부쳐지도록 발의되고 기존의 입법 절차에 따라 의결된다면, 이런 의사 결정은 어떤 과정으로 일어날까? 먼저 대표성을 띠는 시민 의회가 민주적 절차를 거쳐 선출된다(여기서는 무작위 추첨에 의한 선발이라 가정해 보자). 아테네 사례에서와 비슷한 방식의 숙의와 투표 과정을 거쳐, 시민 의회는 쟁점과 관련된 전문성의 '분야를 인지'하고 각 분야의 전문가를 불러 모아 의견을 청취한 다음, 두 개 혹은 그 이상의 선택지를 식별해 내고 거기에 순위를 매긴다. 시민 의회의 숙의 및 투표 결과 일체(분야별 가중치 및 각 분야에서 선택지별 득표수 등)는 총

---

49) 미국의 오리건주를 포함한 몇 개 주에서는 공식적인 '시민검토위원회' Citizen Review Boards가 총투표에 참여하는 시민들에게 지침을 준다. 멘데스(Mendez 2016, 4장)의 논의를 보라.

투표 이전에 미리 공지된다.

이렇게 결과를 공지하는 것은 전체 투표자들에게 자신들 가운데 일부[대표성을 지니고 시민의회에서 숙의에 참여한 의회 구성원들]가 어떤 판단을 했는지에 대한 일종의 단면도 같은 귀중한, 그리고 잘 가공된 정보를 제공하기 위함이다(Hawthorn 미출간, 40~53). 어떤 투표자들은 시민 의회에서 이루어진 전문가 의견 청취, 투표, 숙의 과정에서 오간 이야기들을 스스로 검토할 시간을 갖기도 할 것이다. 그러나 시민 의회가 어떤 분야에 얼마만큼의 가중치를 두었는지를 확인하는 것만으로 투표자는 이 해당 사안에 대한 자신의 생각이 시민 의회의 숙의 결과와 얼마나 유사한지 또는 다른지를 확인할 수 있다. 각 분야에서 각 선택지가 받은 득표수를 보면, 전문가의 의견에 대한 의회 구성원들의 판단에 기반했을 때 각 선택지가각 분야를 기준으로 얼마나 좋고 또 나쁜지를 확인할 수도 있다. 의회 구성원들이 각 분야별로 투표한 결과에 분야별 가중치를 반영한 뒤 합산해 의회 차원에서 어떤 선택지에 대한 제안이 이루어졌다면, 투표자는 어떤 선택지가 [최종적으로] 선택될지, 각 선택지의 최종 득표율은 어떻게 나올지 알 수 있다. 결국 총투표에 참여하는 모든 시민들은 이 모든 사항과 함께 의회 구성원들의 역량, 또한 자신이 특별히 관심을 갖는 다른 정보들까지 모두 고려해 한표를 행사한다. REA는 민주적 의사 결정에 숙의를 통합하려 했던 여러 실제 실험과 닮았지만(Warren and Pearse 2008), REA는 각 투표자가 스스로 정보를 찾아 습득하는 비용을 부담하게 하는 대신 이를 직접 제공하는 방식이어서 더 효율적이라 할 수 있다.[50]

전문성을 종합하기 위한 민주적 방식에 대한 지금까지의 설명은 다소 피상적이며 더 구체적으로 논의해야 할 바가 많다 ─ 반복적 숙의와 투표의 과정 속에서 어떻게 관련 분야를 인지하고 전문가를 선정하며, 선택지는 어떻게 제안할지, 또한 우선순위를 어떻게 매길지 등등에 대한 상세한 논변들이 아직 남아 있기 때문이다. 하지만 어쨌든 이런 [의사 결정 과정 구상] 활동의 요점은 대규모의 시민 집단이 공동의 이익이 걸린 중요한 사안을 직접 결정할 때 귀중한 전문성을 활용할 수 있다는 사실을 이론적으로 보여 주려는 것이었다. 게다가 그 과정은 그리 큰 비용을 소모하지 않으며, 또한 민주정의 핵심인 참여라는 원리, 혹은 자유와 평등, 존엄이라는 조건을 희생시키지도 않는다는 것을 보여 주고자 했다.

REA 방식은 시민들 전반이 어느 정도의 정치적 기술, 즉 선택지를 제안하고 전문가를 선정하며, 분야를 인지하고 가중치 또는 우선순위를 매길 만한 능력을 가진다고 전제한다. 또한 일련의 정치적 과정에 대한 기본 지식, 경험을 통해 매우 전문적인 종사자와 무능한 종사자를 구별할 수 있는 능력과 그럴 의지, 민주적으로 의사 결정해야 할 사안 가운데에는 각자의 선호를 단순히 종합하는 것보다 여러 가지 요인에 대한 판단을 종합하는 것이 더 나

---

50) 의회의 역할은 관련 분야를 인지하고 선택지를 확정해 제안하는 것까지로 제한하고, 따로 꾸려진 시민 패널들이 전문가 의견을 청취한 뒤 각 분야별로 선택지에 투표하는 역할을 하는 과정도 대안적으로 생각해 볼 수 있다. 이렇게 하면 의회 구성원들이 하나의 집단을 형성해 전략적 행동을 하려는 기회가 제한된다는 장점이 있기는 하지만, 동시에 투표자들이 저마다 어떤 생각을 할지를 예상할 수 없으므로 서로의 역량을 확신하기 어렵다는 단점도 있다.

을 수 있다는 일반적 합의도 전제한다. 한 시민 집단이 얼마나 이 전제에 부합하는지 여부는, 시민들에게 (아리스토텔레스의 용어대로 하면) '실천적 지혜'가 얼마나 분배되어 있는지, 그리고 사회적으로 얼마나 발달해 있는지에 달려 있다. 본성적인 인간의 능력들을 다룬 5장에 따르면, 실천적 지혜를 발달시킬 잠재력이 인간에게 고루 분배되어 있다고 믿을 만한 충분한 근거가 있다. 앞선 시민 교육에 대한 논의 역시 어떻게 이 잠재력이 한 민주국가가 영원히 계속될 수 있도록 체계적인 방식으로 개발될 수 있는지를 다룬 것이었다.

나는 REA에 의한 입법 과정을 대규모의 근대국가가 택해야 할 가장 주요한 의사 결정 방법이어야 한다고 생각하지는 않는다. 어떤 사안에 대해서는 다수의 선호가 더 중요한 경우도 있으며, REA는 여기에는 적절치 않을 것이다. 대규모의 근대국가에서, REA는 민주적인 정치적 대의제에서의 경쟁 체계(의원내각제든 대통령제든)를 보완하는 기능 정도를 하게 되리라 생각할 수 있다. 그러나 시민들의 직접 개입이 대표자들에 의한 통치에 이따금씩 보완적인 역할만을 한다 해도, 앞서 권한 위임 철회 가능성에 대한 논의를 고려했을 때 이런 보완은 반드시 필요한 보완이다. 즉, 민주정은 그 정의定義대로 엘리트 독점을 방지해야 한다. 거의 모든 민주 정부 내에서 대표자들은 다양한 방식으로 엘리트가 된다. 엘리트들이 서로 경쟁하긴 하지만, 이들이 언제든 서로 협력해 인민의 공동의 이익에 반하는 자신들만의 이익을 증진할 위험은 늘 남는다. 대표자들이 자신들의 지위를 정치적 체계를 장악하는 데 사용하지 못하도록 방지하려면, 그들이 입법 과정을 독점하도록 놔두어서는

안 된다.[51]

이런 엘리트 독점의 위협에 대한 원초적 민주정의 제도적 해결책은 시민들이 단지 '시민의 이름으로' 그렇게 하는 것뿐만 아니라 의사 결정까지도 스스로 수행함으로써 직접 국가를 통치할 수 있는 준비 태세를 유지하는 것이다. 실제 시민들이 나서야 할 일이 극히 드물더라도, 그런 직접 민주적 대안이 있다는 사실만으로 엘리트 대표자들은 공동의 이익을 위해 빈틈없이 역할을 수행하도록 압박을 받을 것이다. 그 편이 인민이 직접 통치를 하려고 나설 일을 최대한 줄임으로써, 대표자 자신들이 특권적인 정치적 행위자로서 이익을 누리는 길이기도 하기 때문이다. 이 같은 준비 태세를 유지함으로써 인민이 얻는 이익이 분명하므로, 시민들은 민주적 역량을 키우기 위한 시민교육에 매진할 이유가 충분하며, 공동의 이익을 위해 간결함과 분명함을 갖춘 입법안을 많이 내면 보상하고, 그렇지 못하면 심판하는 식으로 대표자들의 감시에도 소홀함이 없게 될 것이다.

REA라는 이 체계는 유능한 인민이 대규모의 근대국가에서 직접 입법을 수행하는 [의사 결정 과정의] 디자인 문제에 대한 하나의 해결책으로서 제시되었다. 이는 아테네가 경험한 직접 민주정으로부터 모델링한 것이다. 아테네 의사 결정 과정은 분명 오류를 범할 때도 있었고, REA 역시 정책을 수립하는 데서 오류를 범할 수도 있다. 가능한 선택지들 가운데 최선의 선택이 실제로 존재한다

---

51) 이 문제들에 대해 고전기 아테네를 참조한 논의는 오버(Ober 1989)를 보라.

고 할 때, REA 과정이 반드시 그 선택지를 포함한 선택지들을 식별해 내고, 그중에서 항상 정확히 그 최선의 선택지를 골라내리라고 생각할 수는 없다. 하지만 완전히 오류 불가능한 정책 수립의 방법이 고안되지 않는 한, 오류 가능성 자체 때문에 다양한 의사 결정 방법에 대한 고찰을 아예 포기해서는 안 된다.

매우 특수한 상황에서 감행될 직접 민주정이 대의 체계에 의해 일관성 있고 잘 작동하는 정부를 기준으로 놓고 평가될 필요는 없다. 직접 민주정이 임의적 선택보다는 더 나은 결과를 산출할 수 있고, 최소한 잘 작동하는 전제정만큼만 되어도 이는 원초적 민주정이 어떻게 기능해야 하는지에 대한 조건들을 만족시키게 될 것이다. 만약 직접 민주정이라는 대안이 항상 아주 나쁜 정책만을 만들어 낸다면, 그런 상황에서는 아주 드물겠지만 권한의 위임을 철회해 엘리트 독점을 막는 데에 대단히 큰 비용이 들어갈 것이다[그런 경우 민주정의 신조를 지킨 채 공동체 전체가 몰락하는 길을 택할지, 민주정의 조건을 타협해 엘리트들의 지배 속에서 그나마 최소한의 안전과 풍요를 누릴지를 선택해야 할 상황이 올 수도 있다]. 하지만 직접 민주정이 지식 기반적인 것이 되어 혁신적이고 가치 있는 정책들을 산출해 낼 만큼 유능하다면, 이는 단지 비폭정이라는 국가의 목적을 보전하는 가치 이상의 잠재적 이익을 가져다줄 것이다. 시민들이 완벽한 수준으로 교육받았다고 가정할 때, 현실의 민주 정부가 때때로 직접 민주정에 의지하는 것이 안전과 풍요 면에서 순이익을 가져다줄 수 있을까? 이는 답하기 어려운 문제이다. 근대 민주 정부에서는 항상 시민교육이 제대로 이루어지지 않아 왔고, 그런 상태로 치러졌던 현실의 총투표가 이 질문에 대답하는 데에 경험적인 증거로 활용될 수는 없기 때문이다.

지금까지 우리는 원초적 민주정의 주요 규칙들, 원초적 민주정의 시민들을 위한 시민교육, 원초적 민주정이 이뤄 내야 하는 가치들, 그리고 원초적 민주정을 지속하도록 고안된 몇 가지 제도를 다루었다. 이제 이 책을 마무리하는 마지막 장에서 나는 고대 아테네 민주정의 구체적인 역사, 그리고 데모폴리스 사고실험에서 다룬 구체적인 사항을 넘어서 민주정에 대한 하나의 일반 이론으로서 원초적 민주정을 다룰 것이다.

제8장

하나의 민주정 이론

민주정에 대한 하나의 규범적이고 실증적인 이론이 또한 현실적인 것이기도 하려면, 최소한 다음의 두 가지를 갖춰야 한다. 첫째, 민주정 이론은 전제적 지배자가 명령 체계와 통제를 통해 누리는 이점에도 불구하고 어떻게 민주국가가 역사적으로 전제정에 필적할 만큼의 안전과 풍요를 잘 마련할 수 있었는지를 설명해야 한다. 둘째, 민주정 이론은 민주 시민들이 공동의, 그리고 자신들 각각의 번영을 최대한 잘 이루기 위해 갖추기를 바라야만 하는 법률, 규범, 행동 양식을 조명해야 한다. 현대 정치 이론이나 헌정 질서 체계에서는 항상 자유주의적 가치와 자유주의적 제도들이 우선시되어 왔기 때문에, 정치 이론가들은 주로 자유주의가 어떻게 민주정의 성공과 염원에 기여하는지에 초점을 맞춰 왔다. 이 책의 목표는 자유주의로부터 민주정을 분리해, 시민들에 의한 집단적이고 제한된 자기 통치인 민주정이 어떻게 이 목적들을 실현하는 데 기여하는지를 밝히려는 것이다.

1. 이론과 실제

데모폴리스 사고실험을 통해 그려낸 원초적 민주정은 사회적 다양성을 갖춘 대규모의 한 인구 집단이 국가 간 경쟁적 생태계 속에서 어떻게 비전제적이면서도 안전하고 풍요로운 정치 질서를 안정적으로 창조해 낼 수 있느냐는, 그 까다로운 문제에 대한 하나의 해답이다. 그 해답은 강하게 동기부여 된 유능한 시민들 ─ 즉, 정치적 행동을 통해 서로 협동할 충분한 이유들, 그리고 이 행동을 실현할 충분한 기술과 능력을 갖춘 개인들 ─ 에 의한 집단적이면서도 제한된 자기 통치를 위한 규칙으로 구성된다. 적절한 조건이 갖춰졌을 때 민주정이 무법적 주권자의 모습을 한 제3자의 강제 없이는 안전하고 풍요로운 국가를 건설할 수 없다는 '홉스의 문제 제기'를 넘어설 수 있음을 이론적으로 확인했고, 고전기 아테네의 역사를 보았을 때 실제로도 넘어섰음을 확인했다.

원초적 민주정은 이런 홉스의 문제 제기의 핵심에 놓여 있는 집단행동의 문제를 다음과 같이 풀어낸다. 즉, 비폭정에 대한 선호를 공유하고 안전과 풍요라는 공동의 이익을 추구하려는 시민 개개인에게, [목적과 이해관계를 같이하는] 동료 시민들이 자신이 치르는 참여 비용을 기꺼이 나눠 질 것이라 믿을 충분한 이유를 제공함으로써, 원초적 민주정은 집단행동의 문제를 해결한다. 그런 [참여의] 비용은 이익으로도 이해할 수 있으며, 민주정은 자기과시의 일탈적 형태는 제재하지만 명예를 바라는 야심가에게 드높은 명예를 수여할 수 있기에, 민주정은 홉스가 『리바이어던』에서 제기하기는 했지만 완전히 풀어내지는 못한 심리적 동기의 문제를 해결한다. 원초적 민주정은 시민들에게 개인으로서나 인민으로서나 이 험난하고 변화무쌍한 세계에 효과적으로 대응할 수 있는 도구를 절차적 메커니즘과 행태적 습성의 형태로 제공해 준다.

시민들은 규칙 위반자에 맞서 서로 협력할 수 있고 또 기꺼이 그렇게 하려고 하기 때문에, 오만한 강자의 착취로부터 서로를 보호할 수 있다. 이런 보호 속에서 시민들은 합리적으로 자신의 인적 자본에 투자하고, 자신이 알고 있는 정보나 지식이 공동의 이익을 추구하는 데 도움이 된다고 여기면 이를 기꺼이 공유한다. 그렇게 형성된 지식의 보고를 효과적으로 사용할 수 있다면, 집단적 자기 통치를 운영하는 비교적 높은 비용은 충분히 상쇄된다. 더 나아가, 지식의 깊이와 다양성이 확보되면 그런 국가는 전제적 국가에 비교 우위까지 갖게 된다. 그 결과 한정된 영토에서 살아가는, 사회적 다양성을 지닌 대규모의 인구 집단은 대내외적 안전과 풍요로운 생활수준을 마련해 주는 집단적이고 제한된 자기 통치의 체제를 세워 살아가게 된다. 이 체제를 유지하는 데는 시민들의 참여가 매우 중요하지만, 그 참여 비용은 결코 감당 불가능한 정도가 아니다. 원초적 민주정은 환경 변화에 적응력이 뛰어난 제도를 만들고, 정치적 자유, 정치적 평등, 시민적 존엄을 증진하며, 이를 조건으로 삼아 안전하고 풍요로우며 비폭정인 체제를 보전한다.

원초적 민주정은 시민들에게 인간성을 구성하는 능력들인 이성과 언어적 소통 능력을 가장 중요한 사회 친화적 목적을 위해 자유롭게 발휘할 수 있게 하는데, 이것 자체가 민주정이 안정적으로 제공해 주는 민주정적 좋음이다. 시민들은 공동으로, 그리고 각자가 잘 살아가는 데에 중대한 사안을 두고 숙의하고 의사 결정하는 과정에서 이 능력들을 자유롭게 발휘한다. 원초적 민주정은 정치적 참여를 책임이자 그 자체로 고유한 하나의 좋음으로 인식하기 때문에, 시민 자격은 최대한 포괄적인 방향으로 확대된다. 국가 영토 내에 장기적으로 거주하는 누군가를 시민의 지위에서 제외할 때는 반드시 그에 대한 정당화가 필요하다. 동시에, 원초적 민주정에서는 시민들이 민주국가의 존재 목적과 이를 달성하기 위한 공공의 수단이 무엇인지를 교육받아야 한다. 모든 장기 거주민들도 잠재적 시민으로 추정되므로, 국가는 모든 거주민들을 다 이런 식으로 교육해야 한다.

원초적 민주정은 일상적인 통치의 권한은 대표자들에게 위임할 수도 있다. 원초적 민주정은 시민들이 전문성을 활용할 수 있도록 하는 메커니즘을 고안해 내야 한다. 하지만 인민은 늘 국가가 엘리트 독점에 빠지지 않도록 깨어 있어야 한다. 시민들은 대표자들이 인민인 자신들이 내어 준 신뢰를 저버린 경우에 직접 통치할 만큼 유능해야 한다. 민주적 체계에서 참여의 역할을 완수하기 위해, 각 시민은 교육받아야 하고, 적정한 생활수준을 누려야 한다. 원초적 민주정이 어떤 특정 분배 정의의 원리(예를 들어, Rawls 1971의 차등의 원리)[1]를 만들어 내지는 않지만, 원초적 민주정은 시민들, 혹은 잠재적 시민들에게 최소한의 교육과 생활수준을 보장해야 한다.

원초적 민주정은 정치적 자유, 정치적 평등, 시민적 존엄이라는 세 가지 조건을 유지한다. 시민들이 이 세 가지 조건을 그 자체로 목적인 것으로서 가치 있게 여기든 아니든, 원초적 민주정은 그렇게 한다. 민주정이 잘 기능해 [공동체의] 존망이 걸린 위협들을 다루어 내기에 충분할 정도의 풍부한 사회적 협동의 이익을 산출하면서도 비폭정 상태를 유지하기 위해서는 이 세 가지 조건이 반

---

1) [옮긴이] 존 롤스, 『정의론』 13절.

드시 필요하기 때문이다. 위계질서에 따라 집중화된 명령 체계와 통제, 그리고 이데올로기적 신비화 따위에 기반한 전제적 방식의 사회적 협력 대신, 민주정은 합리적으로 자기 이익을 추구하는 시민들이 강한 동기를 지니고 적극적으로 협력해 집단행동을 만들어 낸다. 이를 가능하게 하는 것은 공공에 공개된 규칙들(법률과 규범)로서, 이를 구심점으로 하여 시민들은 동료 시민들의 시민적 존엄을 지키는 주체가 되며[시민적 존엄을 지켜 내는 시민적 동원], 이런 시민적 존엄은 각 시민이 진정 참여하는 시민으로서 누리는 지위의 선행 조건이 된다. 이렇게 지켜지는 존엄은 자유와 평등으로부터 도출되는 서로 상충하는 분배 정의의 요구들을 온건화하는 데 이용되어, 그를 통해 자기 강화하는 사회적 균형을 보전한다.

원초적 민주정은 시민들과 잠재적 시민들에게 시민교육을 통해 왜 민주적으로 제정된 규칙에 복종해야 하는지, 왜 시민 자격을 누리는 데 드는 참여 비용을 각 시민이 감당해야 하는지를 정당화한다는 점에서 정당한 체제이다. 민주정은 전문성을 식별하고 종합하며 동원할 수 있고, 그러면서도 엘리트 독점은 방지하는 제도적 메커니즘 및 행태적 습성을 개발할 수 있다. 이런 제도적 메커니즘과 행태적 습성 덕분에 시민들은 공동의 이익이 걸린 다양한 정책 선택지들을 놓고 잘 판단할 수 있다. 대표자들에게 위임된 권한은 조건부이며 [조건이 위반될 시에는] 철회가 가능하며, 바로 그 가능성이 대표자들에게는 자신들이 받은 신뢰를 저버리지 않으려는 유인이 된다. 이론적으로 민주정은 안전과 풍요, 비폭정이라는 국가의 목적을 안정되게 마련해 줄 수 있으며, 특히 안전과 풍요는 제일 잘 운영되는 전제정만큼, 혹은 그 이상으로 잘 마련해 준다.

민주정은 현실에서는 쉽게 실현되지 않는다. (역사적으로 우연히 갖춰진 틀 속에서) 데모폴리스와 같은 원초적 민주정의 이념형적 유형에 꼭 들어맞는 정치체제는 고전기 아테네에서 여섯 세대 정도 지속되었다(Ober 2008a, 2012). 아테네는 근대 초의 혹은 현대 자유주의의 영향 없이도 장기간 지속하며 매우 잘 수행되었던 민주정을 풍부한 기록으로 증언하는 모범 사례이다. 비록 아테네인들은 자신들의 입법적 권한에 헌정 질서상의 제약을 부과하긴 했지만, 그들의 민주정은 선출직 대표자가 없는 직접 민주정이었다. 그러나 아테네는 오늘날의 기준으로 보면 매우 작은 국가였다. 원초적 민주정이 오늘날의 조건들에서도 기능하려면, 그것은 큰 규모의 공동체에도 적용 가능해야 한다. 대의 제도가 이 규모의 문제를 어느 정도는 해결해 줄 수 있겠지만, 이는 곧 엘리트 독점이라는 새로운 위험을 낳기도 한다.

민주정을 실현하는 어려움은 가치 다원주의로 인해 더 심화된다. 곧 민주정이든 어떤 정부 형태든지 간에 제한된 통치를 한다면 안전과 풍요를 마련하는 데 무능할 수밖에 없다는 홉스의 주장은 틀렸긴 하지만 그리 과격한 것은 아니다. 농경의 발달과 대규모 국가의 출현 이전에 인류가 소규모 사회조직만을 이루어 살아갔을 시절에는 가장 일반적인 형태였던 민주정이, 역사시대 이후 복잡한 사회에서는 가장 드문 형태였다는 사실은 놀라운 일이 아니다. 민주정에 대한 열망은 오늘날 거의 보편적인 것이지만, 민주정이 제대로 실현되기란 대단히 어렵다는 것 역시 보편적인 감각이다. 20세기와 21세기에 걸친 수많은 민주화 실험이 실패로 끝난 사례만 봐도, 시민들이 자기 통치를 실현하기가 간단한 일이 아님을 알 수 있다.

공화주의와 자유주의가 마구 얽혀 있었던 유럽과 미국의 역사 (Kalyvas and Katznelson 2008)는 19세기에 이르기까지 민주정을 정확히 그 대상으로 하는 이론과 실천[2]과 얽힌 역사이기도 했기 때문에, 근대라는 조건에서 원초적 민주정이 무엇인지를 알아보는 일은 더욱 어려워졌다. 어떤 근대 체제도 이념형을 완전하게 실현하지 못했다. 그러나 최소한 현실 속에 존재했던 혹은 존재하는 몇몇 체제는 충분히 시민들에 의한 집단적이며 제한된 자기 통치로 특징지을 수 있다. 19세기 초 미국의 이른바 잭슨 민주주의Jacksonian Democracy[3]나 20세기 중반 민권운동 시기, 19세기 후반 정착

---

[2] [옮긴이] 여기서 '민주정을 정확히 그 대상으로 하는 이론과 실천'으로 옮긴 말은 'self-consciously democratic theory and practice'이다. 저자에 따르면 이는 19세기까지 민주정을 하나의 근본적인 주제로 다룬 이론가들(알렉시 드 토크빌, 존 스튜어트 밀, 뱅자맹 콩스탕)과, 민주정을 확립하려는 정치 운동 내지 실천을 뜻한다(강정인·오향미·이화용·홍태영, 『유럽 민주화의 이념과 역사』, 후마니타스, 2010 참고). 한편 16, 17세기에 많은 정치 이론 저작은 '주권'의 문제를 다루었고, 그 와중에 민주정 자체는 인민도 주권자가 될 수 있는지에 대한 논의 이상으로 조명할 만한 주제가 되지는 못했다.

[3] [옮긴이] 미국의 제7대 대통령 앤드루 잭슨Andrew Jackson에 대한 설명은 E. E. 샤츠슈나이더의 『절반의 인민주권』(박수형 옮김, 후마니타스, 2008, 168쪽)의 설명을 보라. 미국의 7대 대통령(1829~37년, 민주당). 독립 전쟁에 소년병으로 참전했으며, 테네시주 하원의원(1796, 97년)과 상원의원(1797, 98년, 1823~25년)을 역임했다. 1812년 미영전쟁 당시 뉴올리언스 전투를 승리로 이끌어 전쟁 영웅이 되었다. 1824년 대통령 선거인단 득표에서 1위를 차지하고도 과반수 지지를 얻지 못해 당선에 실패했으나,

된 영국의 의회 민주정, 20세기 중반 유럽의 사회주의적 민주정, 근대 인도의 고도의 다원주의적 민주정 등이 그 기준에 포함될 수 있다.

오늘날의 원초적 민주정은 어떤가? 현대 자유주의적 민주정 국가들에서, 지역이나 국가 차원에서 행해지는 총투표나 시민들의 입법안 직접 발의 등은 흔히 시민들에게 아무 책임도 해명도 없이 통치행위를 일삼는 정부 당국자들에 대한 보통 시민들의 반발을 연상시킨다. 정부 기관과 대표자들이 보장받는 독립성은 현대 자유주의에 의해 정당화되며, 인민의 민주적 권위가 통치 자체와 분리된다는 아이디어와 일관성을 이룬다. 그러나 이에 맞서 포퓰리즘 정치 및/또는 직접 민주정적 메커니즘이 각광받는 이유는 분명하다. 즉, 평범한 사람들의 이익에 반해 자신들만의 이익을 추구하는 엘리트들과 기술 관료들이 부당하게 정부를 장악하며 군림하고 있다는 인식이 팽배해 있기 때문이다.

총투표나 시민 법안 등은 수렵 채집 시대의 대면 공동체에서와 같은 역-군림 위계질서reverse dominance hierarchy[4]를 새로 만들

1828년 대통령에 당선되었고 재선에도 성공했다. 재임 중 보통선거권 확대, 일반투표를 통한 대통령 선거인단 선출, 전당대회에 기반한 당원 권한 확대 등을 통해 일반 대중의 정치 참여를 확대하는 데 기여했다. 또한 자신의 지지자들을 행정부 관료로 임명하는 '엽관제'spoils system 전통을 확립했고, 금융업자들에게 지나친 권력과 특권을 제공한다는 이유로 미국은행의 재허가에 거부권을 행사했다. 그의 주요 정책이 기존 미국 정치의 엘리트주의적·귀족주의적 전통을 무너뜨리고 대중 정치의 새로운 시대를 가져왔다는 점에서, 이 시기의 미국 민주주의와 이를 뒷받침하는 정치 관념은 '잭슨 민주주의'로 불리곤 한다.

어 내려는 반폭정적 충동의 징후이며, 그런 충동은 고대 아테네에서 민주 정부를 세워 낸 원동력이기도 했다. 가상의 데모폴리스에서 시민들은 스스로 [직접] 통치할 정도로 유능하기에, 필요할 때 행해지는 직접 민주정에 의한 통치가 결코 국가 본연의 기능 수행을 저해하지 않는다. 그러나 오늘날 대부분의 근대국가에서는 시민교육을 제대로 완비하지 못했으므로, 시민들은 스스로 통치하려는 동기부여를 받지도, 통치에 필요한 기술을 갖추지도 못했다. 그렇게 되면 반폭정적 충동은 포퓰리즘으로 그리고/또는 엘리트 독점으로 이어질 수 있다. 인민 선동가(데마고그)나 경제적 이익집단이 정치적 장을 주도하는 것이 그 한 예시다. 그렇게 되면 민주정은 불안정하게 왜곡될 것이고, 정치적 기회주의자들은 이 기회를 틈타 반폭정적 정서를 정치적 피해망상[5]과 연결해, 지난날 단결된 국가 아래 훌륭한 시민들이 만들어 낸 기적 같은 옛 시절에 대한 비뚤어진 향수를 불러일으킬 것이다. 최악의 경우 무능한 인민이 직접 통치에 나섬으로써 사실상의 홉스적 자연 상태로 끝을 볼 수도 있다. 이 같은 결과에 대한 두려움은 늘 자유주의 이론가들과 자유주의 정치학자들이 시민들의 자기 통치를 거부하는 명분이 되어 왔다. 이 책은 인민이 스스로 통치할 능력을 갖출 수 있

4) [옮긴이] 5장의 주 7을 보라.

5) [옮긴이] 저자는 트럼프 대통령 지지자들의 행태를 대표적인 사례로 꼽았다. 그들은 "선출되지도 않은 상류층 관료 엘리트들이 이른바 '디프 스테이트'deep state를 꾸려 '진짜 인민'의 이익에 반하는 자신들만의 이익을 추구하며 국가를 장악하고 있다"는 식의 공포를 '풀뿌리 지지자'들에게 조장했다.

음을 보여 줌으로써, 즉 시민들이 하나의 집단으로서 까다롭지만 결코 비현실적이지는 않은 조건들 아래에서는 스스로 통치할 수 있음을 보여 줌으로써, 민주정을 옹호하고자 쓰였다.

2. '그래서 뭐?'

20세기 고대 그리스-로마를 다룬 케임브리지 역사학파의 역사가 모세 핀리 경Sir Moses Finley은 대단히 신비로운 주제에 관한 복잡한 주장을 내놓는 모든 작가들은 결국 단 두 단어로 표현되는 질문으로 자신들의 성과가 지닌 의미를 설명한다고 주장했다. '그래서 뭐?'[그래서 그게 뭐 어쨌다는 건데?]So what?[6] 나는 이렇게 간결하기 그지없는 질문을 다음과 같은 형식의 문제 제기를 요약한 것으로 받아들인다.

당신의 책이 다루는 주제에 대해, 비판적이지만 어쨌든 진지한 관심을 갖고 호의적으로 다가가려는 우리 독자들이 당신이 주장한 바가 모두 옳다고 생각한다고 가정해 보세요. 당신이 내리는 결론이 그래서 우리에게 어떤 도움이 되나요? 우리가 당신의 그 주장으로부터 뭘 더 새롭게 배우게 된 건가요? 당신의 결론은 어떤 중요한 사안들에 대한 우리의 사고방식을 어떻게 바꿔 주나요?

6) 핀리의 방법은 그의 책, 예를 들어 핀리(Finley 1975, 1985)에서 설명된다.

'그래서 뭐?' 질문이 자유주의 이전의 민주정 이론에도 던져지는 것은 다음의 사실 때문이다. 즉, 18세기 말에서 19세기에 이르기까지 민주정이 실제로 수립되어 실천된 곳에서, 민주정은 그 제도 디자인 원리의 측면에서 언제나 '자유주의적인 옷' — 즉, 대의제, 정부 권력 간 균형, 연방주의, 정부의 기관과 구별되는 인민주권의 개념 등 — 을 입고 있었다. 이런 제도 디자인 원리들은 자유주의적 관념과 가치의 틀 안에서 발전해 온 것으로서, 분명 대규모 근대사회에서 민주정 체제가 발전해 지속될 수 있도록 하는 데 결정적으로 중요한 역할을 했다. 그런데 군이 왜 민주정으로부터 그것의 근대적 가능성의 조건들[대규모 근대국가에서 민주정이 실현 가능하기 위해 필요했던 자유주의적 요소들]을 제거하고서는 그 현실성[자유주의적 요소들 없는 원초적 민주정이 실현되는 것]이 증명된 예시라고는 오직 고대의 한 소규모 국가만을 들 수 있는 그런 [원초적 민주정] 이론에 신경을 써야 한다는 것일까?

1장에서 나는 민주정을 자유주의적 민주정으로부터 분리하는 것이 (민주정과 자유주의가 서로 다른 것인 한) 분석적으로나 (민주정이 자유주의보다 선행하는 한) 역사적으로나 말이 된다고 주장했다. 그러나 말이 된다고 해서 '그래서 뭐?'라는 질문에까지 답이 되는 것은 아니다. 앞으로 이어질 내용은 이 책의 결론으로서, 자유주의 이전의 민주정에 대한 이론이 현대 자유주의 정치체제 또는 비자유주의 정치체제의 구상과 실현에 있어 어떤 현실적인 가치를 지니는지를 다루려 한다. 그 과정에서 내가 지금까지 전개한 이 민주정 이론과 민주정에 대한 현대 정치 이론 간의 비교가 이루어질 것이다.

3. 너무나도 반자유주의적인 혹은 너무나도 자유주의적인?

이전 장들에서 보이려 했듯이, 안전, 풍요, 비폭정이라는 국가의 목적을 이뤄 내기 위해 세운 규칙들의 집합이라는 뜻에서의 원초적 민주정은 [한낱 공상이나 이론적인 구상에 머무는 것이 아니라] 실제로 존재해 왔고, 또 존재할 수 있는 정치 현상이다. 그러나 오늘날 세계에서 원초적 민주정을 쉽게 관찰할 수 없는데, 이는 체제란 가치와 관련된 규칙인 상부구조와 함께 나타나기 때문이다. 즉, 자유주의적 민주정 체제에서는 개인의 자율성, 보편적 인권, 분배 정의, 국가 차원에서의 종교적 중립성 등이 그 가치로서 중요하다. 한 건물을 특징짓는 것이 [토대가 아니라] 지상의 상부구조이듯, 체제를 특징짓는 것 역시 마찬가지다. 그러나 내가 주장해 왔듯이, 안정적인 정치적 토대가 없이는, 상부구조는 여느 건물이 그렇듯이 서있지 못할 것이다.

'그래서 뭐?'라는 질문에 대답하기 위해, 나는 원초적 민주정이 자유주의적 상부구조나 비자유주의적 상부구조에 해당하는 양쪽의 규칙과 규범이 세워질 수 있는, 양자 모두의 토대가 될 만한 잠재력을 가진다면, 원초적 민주정이 충분히 지대한 이론적 관심사가 되리라고 제안한다. 더 나아가, 우리는 토대 위에서 잠재적으로 해당 상부구조를 개축하거나 해체한 뒤 다시 쌓아 올릴 수도 있어야 한다. 토대는 그런 변화가 국가 존속을 위한 정치적 기반까지 파괴하지 않고도 일어날 만큼 탄탄해야 한다. 즉, 시민들이 합의한 국가의 목적을 안정적으로 보전할 수 있는 통치 체계에서 이 변화가 일어날 수 있도록 해야 한다는 것이다. 이런 토대 차원에서의 정치적 탄탄함은 국가 구성원들 사이의 높은 수준의 가치 다원주의, 지속적인 의견 불일치, 국가가 추구하거나 추구하지 말아야 할 도덕적 목적들과 관련된 기탄없는 논쟁을 가능케 한다. 하지만 토대 차원에서의 정치적 탄탄함은 또한 시민들 사이의 협력을 가능케 하는 일반적 합의의 밑바탕을 이룬다.

민주정이라는 토대가 자유주의적인 제도와 규범, 비자유주의적인 제도와 규범 양자를 모두 떠받칠 수 있는 것이라면, 토대 자체는 본질적으로 자유주의적이지도 반자유주의적이지도 않아야 한다. 나의 이런 주장을 관철시키려면, 두 가지 방식의 꽤 그럴듯한 비판을 넘어서야 한다. 즉, 우리는 이 두 가지 비판을 한편으로는 '자유주의를 유지시키기에는 너무나도 반자유주의적이다'라는 스킬라와 '비자유주의적 규범들을 유지시키기에는 너무나도 자유주의적이다'라는 카리브디스라고 생각해 볼 수 있다. 스킬라와 카리브디스 사이 우리가 지나야만 하는 통로는 두려우리만큼 좁게 보일 수 있다.[7]

첫 번째 비판은 자유주의가 없다면 민주정은 본질적으로 반자유주의적이라는 것이다. 내가 생각하기에 한 정체가 본질적으로 반자유주의적이라는 것은 그 체제의 존속을 위해 반자유주의적 조건들 — 반자유주의적 제도, 반자유주의적 규범, 반자유주의적 행

---

7) [옮긴이] 『오뒷세이아』 12권에 나오는 스킬라Skylla는 바위 동굴에 살며 지나가는 선원들을 잡아먹는 괴물이고, 카리브디스Charybdis는 스킬라 맞은편에서 무엇이든 삼키는 바다 소용돌이이다. 보통 두 대안 중에서 이러지도 저러지도 못하는 상황을 빗댄 표현으로 쓰인다.

태 습성 — 이 필요함을 뜻한다. 우리의 논의 목적을 위해, 여기서 반자유주의적 조건들이란 현대 자유주의에서 윤리적으로 절대 허용할 수 없는 것, 혹은 현대 자유주의 헌정 질서에서 법적으로 금지된 것으로 정의할 수 있다. 물론 무엇이 윤리적으로 허용되고 무엇이 법적으로 금지되어야 하는지는 현대 자유주의 내에서도 수많은 견해가 있다. 그러나 만약 어떤 정체가 그 존속을 위해 노예제도, 신자와 불신자를 차별하는 국가 종교, 인권에 대한 가장 너른 이해 방식에 어긋나는 정치제도에 의지해야 한다면, 이런 정체는 반자유주의적인 것이라 간주되어야 한다.

다른 그리스 도시국가들이 그랬듯이 고대 아테네는 노예제도를 허용했고, 국가 종교를 가졌으며, 도편추방제를 운용했다. 그런 점에서 아테네는 분명 반자유주의적 사회였다. 그렇다면 아테네 민주정이라는 정치체제는 그 존속을 위해 반드시 이와 같은 (그리고 여타) 반자유주의적 조건들에 의지해야 했던 것일까? 많은 사람들은 대답이 '그렇다'일 것이라 믿는다. 어떤 자유주의 정치 이론가들은 비자유주의 (혹은 자유주의에 소극적인) 이론가들에게 본질적으로 반자유주의적이었던 고대 민주정에 향수를 느끼고 있다고 비난한다.[8]

시민들의 공동체 범위 내부를 봐도, 여전히 고대 그리스 민주정이 실제로 여러 가지 방식으로 자유주의적이지 않았다는 것은 의심할 여지가 없다. 노예제도가 있었고, 여성과 대부분의 장기

---

8) 홈스(특히 레오 스트라우스와 한나 아렌트를 겨냥해. Holmes 1979), 월드론(Wald-ron 1992).

비태생 거주민들에게 정치적 참여의 권리를 부여하지 않은 것 이외에도, 아테네는 불경죄를 처벌하는 법률이 있었다. 시민들은 공동체가 요구하는 종교적 경건함의 기준에 맞지 않으면 재판에 넘겨져 처벌받을 수 있었고 (가장 유명한 소크라테스 사례처럼) 실제로도 그랬다. 게다가 아테네의 도편추방제는 어떤 시민을 구체적인 범법 행위에 대한 기소와 재판 절차도 없이, 그저 동료 시민들 다수가 그의 존재가 우려스럽다고 판단했다는 이유 하나로 공동체에서 추방할 수 있는 제도였다.

근대라는 조건에 존재한다고 상상된 원초적 민주정의 모델인 데모폴리스가 그 존속을 위해 이와 같은 규칙들(노예제도, 본국 태생 남성에게만 시민 자격 부여 등)을 반드시 필요로 한다면, 데모폴리스는 단지 자유주의적 특징을 결여했다는 점에서 비자유주의적인 것이 아니라, 자유주의와 양립할 수 없다는 점에서 근본적으로 반자유주의적이다. 그리고 이것이 사실이라면, 원초적 민주정 이론은 매우 중요한 '그래서 뭐?'라는 시험대 하나를 통과하지 못하게 된다. 필연적으로 반자유주의적인 정치체제는 지금 여기('지금 여기'를 발전한 서구 세계라 가정할 때)의 우리에게 관심사가 될 만한 하등의 이유가 없기 때문이다. 결국 '그래서 뭐'라는 질문의 '필연적으로 반자유적인'이라는 변형[필연적으로 반자유주의적인 민주정에 대한 이론이 대체 무슨 의미가 있는가?]에 대답하지 못한다면, 이 책의 작업은 지금까지 내가 해왔던 자유주의 이전의 민주정에 대한 역사적 탐구 이상으로 나아가지 못한 셈이 된다.

두 번째 비판은 대규모 근대국가라는 조건에서는 자유주의적 조건들(자유주의적 제도, 규범, 행동 양식)이 민주정에 반드시 필요하다는 것으로, 이 같은 비판이 유지된다면 나의 작업은 별로 흥미로운 것이 못 된다. 이 비판에 따르면 지금 여기 — 이 경우 '지금 여기'란 전 세계이다 — 에 자유주의 없는 민주정이란 존재할 수 없다. 즉, 이것이 범주 오류가 아닌 한, 비자유주의적 민주정은 그것이 반자유주의적이든 아니든 간에 다음의 둘 중 하나이며, 둘 다 정치 이론에는 대단한 흥밋거리가 못 된다. 즉, 비자유주의적 민주정은 그저 역사적 호기심의 대상으로서 이미 지나간 시절에나 가능했던, 다시는 재현될 수 없는 역사적 조건의 산물에 불과하거나, 혹은 비자유주의 이론가들이 만들어 낸 희망 사항 속 환상의 무언가에 불과할 것이다.

만약 비자유주의적 민주정이 근대라는 조건에서 불가능한 것이라면, 자유주의를 받아들이려 하지 않거나 받아들일 수 없는 현대의 어떤 인민은 사실상 민주적 체제에서 살아갈 기회를 아예 누릴 수 없게 된다. '그래서 뭐'라는 질문의 '필연적으로 자유주의적인'이라는 또 다른 변형[필연적으로 자유주의적일 수밖에 없는 민주정에 대한 이론이 대체 무슨 의미가 있는가?]의 시험대를 통과하기 위해서는 (고대 그리스라는 특수한 역사적 조건을 가정하지 않은 상태에서도) 원초적 민주정이 비자유주의적 체제의 토대가 될 수 있음을 보여 줄 수 있어야 한다. 다시 말해, (고대뿐만 아니라 근대에도) 민주정이 본질적으로 자유주의적이지는 않음이 밝혀져야 한다.[9]

9) 뮐러(Müller 2016)는 '반자유주의적 민주정'이 범주 오류라고 주장했지만, 그의 비판은 경합적 민주정 이론가들이나 민주주의자를 자처하는 사실상의 전제정 지배자들이 가진 사고방식, 즉 '다수의 폭정'을 민주정이

만약 원초적 민주정이 실제로는 필연적으로 자유주의적이었다면, 데모폴리스 사고실험은 (그럴듯하다고 여겨진다 하더라도) 기껏해야 자유주의적 민주정에 대한 다소 빈약한 이론 하나를 만들어 낸 데 불과했을 것이다. 현재까지 나온 자유주의적 민주정에 대한 풍부하고 심오하며 세련된 수많은 이론에 비추어, 이 새롭긴 하지만 빈약한 이론적 시도는 '지금 여기'의 사람들에게는 그다지 흥미를 끌지 못할 것이다(여기서 '지금 여기'란 발전한 서구 세계이다). 게다가 이는 지금, 그러나 '여기'에는 있지 않은 사람들에게도 흥미를 끌지 못한다. 세계의 다른 부분에서 살아가는 수많은 사람들은 비폭정 없는 통치라는 아이디어에 강력하게 매력을 느끼지만, 자유주의에는 그렇지 않기 때문이다(8장 5절). 이 사람들 가운데 어떤 이들은 올바른 조건이 갖춰지면 시민 자격에 따른 참여partici-patory citizenship에 드는 비용을 기꺼이 감당할 용의가 있다. 그러나 이들은 아마도 가치중립성을 비롯한 여타 현대 자유주의 꾸러미는 거부할 가능성이 높다.

고대 민주정의 실천 관행이 다양한 방식으로 자유주의적이지 않았음은 앞서 확인했다. 그러나 고대 민주정이 또 어떻게 보면 자유주의적인 측면도 있지 않았던가? 고전기 아테네의 어떤 제도적 특징들을 보면 자유주의의 어떤 측면들과는 가족 유사성을 띠고 있다.[10] 시민적 존엄이 보편적 인권에 기반한 것은 아니지만

라 주장한 것을 겨냥했다.

10) 밸롯(Balot 2016)은 내가 이전 저작들에서 고전기 그리스 민주정이 여러 중요한 방식들로 자유주의적 민주정을 닮은 것으로 제시했다고 평가했

분명 '준-권리들'quasi rights의 집합으로는 이해할 수 있다고 나는 다른 연구에서 주장한 바 있다(Ober 2000 = 2005a, 5장). 자유주의 정치 이론의 대들보라 할 수 있는 정치적 자유와 정치적 평등은 이 책에서 이미 강조했듯이 아테네 민주정의 필수 요소이기도 했다. 아테네 정치는 법률에 의한 지배를 강화하는 방식으로 발전해 왔고, 법적 판단에서의 공정함을 최고로 중요하게 여겼으며, 시민이든 비시민이든 아테네의 몇몇 제도들은 항상 모두에게 접근 가능한 것이었다. 이는 곧 고대 아테네 정부가 자유주의적 가치와 상통하는 여러 특징들을 지녔다는 평가와 일관적이다.

만약 아테네 민주정이 가진 자유주의적 특징들로 미루어 보아, 원초적 민주정이 가치중립성을 철저히 준수하게 될 것임이 필연적이라면, 그런 민주정은 비자유주의적이면서 비폭정적인 질서 형태를 추구하는 사람들에게는 그다지 관심거리가 되지 않을 것이다. 원초적 민주정이 (롤스의 용어를 빌리면) 공적 이성의 영역에서 특정한 인간적 좋음에 대한 포괄적 이해 방식을 제거해야 한다면, 따라서 원초적 민주정에서는 어떤 국가 종교도 금지되어야 한다면, 그런 민주정은 비폭정적 정치 질서를 추구하고는 있지만, 종교적으로 전통주의적인 사회가 받아들이기에는 지나치게 자유주의적인 것이 될 것이다.

이렇게 두 가지 비판을 질문으로 바꿔 본다면, 나는 원초적 민주정을 관심을 가질 필요가 있는 정치 이론 가운데 하나로 꼽을

다. 그의 언급을 위 본문과 비교해 보라. '자유주의적인 고대 아테네'에 대한 더 이른 시점의 연구는 해블록(Havelock 1957), 존스(Jones 1964)를 보라.

수 있게 되리라 믿는다. 위에서 언급한 가상의 두 집단이 각자 자기 입장에서 다음과 같이 질문한다고 해보자. 첫 번째 집단은 이렇게 물어볼 것이다. "우리는 안전하고 풍요로운 자유주의적 사회를 건설하려 합니다. 이런 사회를 위한 안정적인 토대를 마련하려면 어떻게 해야 하나요?" 두 번째 집단은 이렇게 물어볼 것이다. "우리는 우리가 공유하는 전통적인 종교적 신념들을 훼손하지 않으면서 안전하고 풍요로운 비폭정 사회를 건설하려 합니다. 그런 목표를 이루기 위해 우리는 어떤 제도와 어떤 행태적 습성을 가져야 할까요?" 원초적 민주정이 이 두 가지 질문에 만족스러운 대답을 제공한다면, 나는 정당하게 나의 민주정 이론이 충분히 관심을 가질 필요가 있는 이론임을 주장할 수 있을 것이고 그를 통해 '그래서 뭐?' 질문에 잘 응답할 수 있을 것이다.

만약 원초적 민주정 이론이 각 집단의 사람들에게 충분히 좋은 답을 내놓는다면, '그래서 뭐?' 문제 역시 잘 해결될 것이다. 그 이유는 다음의 세 가지다. 첫째, 위와 같은 질문은 지금 여기 우리가 살아가는 세계 어딘가에 속한 사람들이 충분히 던질 법한 질문이기 때문이다. 다시 말해, 지금 여기 세계에는 자유주의 사회를 안정화하기 위해 노력하는 사람들과 비자유주의 사회 속에서도 비폭정을 추구하려는 사람들이 모두 살아가고 있기 때문이다.

둘째, 지금까지의 민주정 이론은 이 두 집단 가운데 어느 쪽에도 그다지 만족스러운 답을 주지 못하기 때문이다. 현대 자유주의 정치 이론은 안정적인 질서를 추구하는 자유주의자들에게 "자유주의적 가치를 똑바로 실현하기만 하면, 안정된 민주적 제도는 따라올 겁니다"라고 말해 왔다. 그렇지만 내가 지금까지 전개한 논변에 따르면, 민주정은 자기 이익을 추구하며 사회적으로는 다양성을 가진 개인들로 이루어진 대규모 인구 집단에 하나의 균형 해를 제공하는 반면, 자유주의는 그렇지 못하므로 위와 같은 대답은 만족스럽지 않다. 한편 현대 자유주의 정치 이론은 비폭정을 열망하는 비자유주의자들에게는 이렇게 대답해 왔다. 즉, "민주적 제도를 똑바로 만들어 보세요. 그런 제도들은 어떤 자유주의적 가치에 대한 신념을 동반할 것인데, 그것이 여러분에게 문젯거리가 되어서는 안 됩니다." 그러나 그런 신념이 이들에게 심히 문젯거리라면, 자신들의 핵심 가치관을 자유주의의 근본적 전제들에 맞게 조정하기를 거부하는 이 사람들에게 현대 자유주의적 민주정 이론은 사실상 아무 의미도 없다.

경합적 다원주의 등 현대 비자유주의 정치 이론은 자유주의 이론이 무시하거나 지나쳐 버린 문제를 다루어 왔다. 그러나 경합적 민주정 이론은 위 두 집단이 제기하는 문제의 핵심인 안정성과 제도 수립이라는 문제를 다루는 것이 목적이 아니다.[11]

마지막 셋째, 자유주의 이전의 민주정을 이해하는 일이 현실 세계의 정책 수립에 시사하는 바가 있기 때문이다. 중동 아시아에

---

11) 롤스와 하버마스식 정치적 자유주의의 도덕주의적 측면을 거부하는 현대 민주정 이론은 '현실주의자'(Philp 2007; Geuss 2008; Galston 2010; Floyd 2011; Waldron 2013 및 그에 대한 Estlund 2014의 반응), '경합주의자'(Honig 1993, 2001; Laclau and Mouffe 2001; Mouffe 2000, 2005)가 있다. 셸던 월린(Wolin 1994, 1996)은 안정된 통치 체계를 만들고 유지하는 것보다는 권력의 체계를 비판하고 전복하는 것을 목표로 하는 반反제도주의적 민주정 이해 방식을 제시한다.

서 그랬듯이 이른바 '민주주의 확산'democracy promotion을 위해 21 세기 미국이 취한 정책은 어마어마한 수준의 인도적 재난으로 이어지곤 했다. 그런 정책은 민주정에 대한 대단히 뒤죽박죽 섞인 관념들에 기반해 있었다. 민주주의 확산을 위해 개입한 미국 및 동맹국의 정책 입안자들은 그들의 의도가 얼마나 좋았든지 (혹은 나빴든지) 간에 민주정과 자유주의의 구별에 대해, 시민의 자기 통치를 유지하는 데 필수적인 조건에 대해, 그리고 민주정이 시민들에게 무엇을 요구하는지에 대해 거의 아무런 신경도 쓰지 않은 것처럼 보인다.[12]

이렇게 세 집단의 사람들, 즉 자유주의 체제를 위한 안정적 토대를 찾는 사람들, 비폭정적이면서도 비자유주의적인 체제를 추구하는 사람들, 그리고 사람들이 가진 이런 희망과 포부에 부응해야 하는 정책 입안자들 모두가 제기하는 문제들에 민주정 이론이 아직 답을 하진 못했지만 답을 할 수 있어야 한다고 우리가 생각한다면, 비록 예비적인 대답 정도를 줄 수밖에 없겠지만 그렇더라도 원초적 민주정 이론에 우리는 커다란 관심을 가져야만 한다.

---

12) 슈미트와 윌리엄스(Schmidt and Williams 2008, 199~204)는 "민주주의 확산"이 21세기 초 이라크를 비롯한 세계 여러 지역에서 조지 부시 행정부가 취했던 미국 외교정책의 네 가지 주요 원칙 중 하나라고 인식한다. 이들은 외교정책의 현실주의적 관점에서 보았을 때 "중동에서 이른바 보편적인 자유주의적 원리들에 기반한 민주주의를 확산하는 거대한 기획[강조는 인용자]은 미국 외교정책에 뿌리내린 도덕주의적인 십자군 정신의 한 사례일 뿐이다"라고 쓰고 있다(Schmidt and Williams 2008, 202). 캐러더스(Carothers 2007)는 조지 부시 행정부 임기 동안 벌어졌던 민주 정부 건설에 비판적인 논평을 한 바 있다.

남은 두 개 절에서 나는 "원초적 민주정은 당신들의 문제를 해결하는 데에 도움이 될 겁니다"라는 대답을 들은 각 집단의 사람들이 제기할 법한 염려를 다뤄 볼 것이다.

먼저, 원초적 민주정이라는 토대 위에 지속 가능한 자유주의 체제를 건설할 수 있다는 이야기를 들은 자유주의자들은 다음과 같이 걱정할 것이다. "원초적 민주정의 규칙들이 사회 전체의 수준에서나 시민들의 공동체 수준에서 근본적으로 반자유주의적인 조건들을 헌정 질서의 틀 안에 포함하게 되는 것은 아닐까?" 만약 이것이 사실이라면, 원초적 민주정은 자유주의 국가를 위한 전前자유주의적 토대를 마련해 주지 못한다.

반면, 비폭정적이고 비자유주의적인 체제를 추구하는 전통주의자들은 다음과 같이 걱정할 것이다. "시민들에 의한 집단적 자기 통치란 반드시 체제는 종교에 중립적이어야 한다는 자유주의적 아이디어를 받아들여야만 가능한 건가?" 만약 자유주의자들과 비자유주의자들의 이런 걱정을 가라앉힐 수 있다면, 나는 '그래서 뭐?' 문제는 제법 잘 통과할 수 있으리라 기대할 만하다 — 비록 원초적 민주정 이론을 자유주의자들과 비자유주의자들이 품음 직한 다른 염려들을 다룰 수 있도록 보충하는 과제가 여전히 남겠지만 말이다.[13]

---

13) 물론 각 집단은 이 외에도 다른 염려를 하고 있을 수도 있다 — 그러나 이 책의 목적은 원초적 민주정에 대한 개략적인 이론이 해당 집단에 [대안으로서] 더 고려해 볼 만큼은 흥미로울 수 있음을 보이려는 것이지, 그 집단이 제기함 직한 모든 염려를 잠재운다거나 잠재울 수 있다고 주장하려는 것은 아니다.

4. 자유주의 체제의 토대가 될 수 있는가

원초적 민주정이 자유주의 체제를 위한 잠재적 토대로서, 선재하는 자유주의적 틀 없이도 제한된 통치가 가능할지 우려하는 목소리에 답을 제공할 수 있는지 시험해 보기 위해 다음의 두 가지 질문을 살펴보자. 첫째, 이론적 관점에서, 즉 가상의 데모폴리스 건국자들이 고안한 민주적 헌정 질서에 자유주의적인 헌정 질서 상부구조를 구축하기에 부적절한 요소가 하나라도 들어 있는가? 둘째, 역사적 관점에서, 즉 아테네 정치체제의 반자유주의적 특징들이 안전, 풍요, 비폭정이라는 세 가지 목적을 이루는 데에 필수 불가결했는가?

첫 번째 질문에 답해 보자. 데모폴리스의 헌정 질서가 현대 주류 정치 이론 혹은 윤리 이론에서 통용되는 모든 자유주의적 입장을 지지할 수는 없다. 예를 들어, [국가의 출입 통제가 강력하다는 의미에서] 국경선이 뚜렷하며, 참여할 수 있는 시민 자격에 (이전 장들에서 제시한 대로 시민교육에 따른) 비교적 엄격한 요구 조건들을 둔다는 점에서, 데모폴리스는 우리가 흔히 말하는 국가state이다.[14) 따라서 데모폴리스는 이민 자체, 혹은 이민자에게 시민 자격과 함께

---

14) 국가state의 정의가 무엇인지, 그리고 그리스 폴리스polis가 국가로 간주될 수 있을지는 로즈(Rhodes 1995), 베렌트(Berent 1996, 2000, 2006), 한센(Hansen 2002)이 다루었다. 나는 그리스 폴리스가 국가로서 이해될 수 있다고 생각하기에, 보통의 시민들이 규칙의 집행에도 참여한다는 점 때문에 데모폴리스가 국가가 아니라 "무두無頭적 무국가 사회"로 간주되어야 한다고 믿지 않는다.

주어지는 권리들에 국가 개념을 기반으로 한 제약을 가하는 것이 정당하지 않다고 믿는 세계시민주의적 자유주의 질서를 위한 토대가 될 수는 없다. 몇몇 자유주의 이론가들은 강한 세계시민주의적 세계 질서를 지지하면서 국경 통제나 시민 자격 부여에 국가가 제약을 두는 것이 정당하지 않다며 반대한다.[15] 또한 데모폴리스의 목적 가운데 하나는 풍요이므로, 부자 나라에서 가난한 나라로 부가 '하향 평준화'하도록 이동해 모든 사람이 (지금의 선진국을 기준으로 하면) 다소 낮지만 동등한 정도의 생활수준을 유지해야 한다는 전 지구적 정의 이론가들의 요구를 만족시킬 수 없다.[16]

하지만 세계시민주의 혹은 전 지구적 정의 논변들에 대해 자유주의적 민주정 이론 내의 몇몇 정치 이론가들은, 국가가 그 영토와 구성원의 자격에 접근하는 것을 통제할 권한을 갖는 것이 정당하며, 국가가 전 지구적 복지보다는 해당 국가의 복지를 더 우선시해도 된다고 반론을 제기해 왔다. 이 같은 '자유주의적 국가주의'는 민족주의나 역사적으로 공유된 문화로부터 생겨나는 특별한 권리는 전혀 인정하지 않는다는 점에서는 명백히 자유주의적이다. 따라서 이런 자유주의적 국가주의의 주장에 따르면, 데모폴리스가 이민과 시민 자격을 제한하는 것, 혹은 보편적 풍요보다

---

15) 전 지구적 정의의 관점에서 정당하지 않은 국경 통제에 대해서는 캐런스(Carens 1987), 아르키부지 외(Archibugi et al. 2012), 아비자데(Abizahdeh 2012)를 보라.

16) 브록과 묄렌도프(Brock and Moellendorf 2005)는 세계시민주의적인 전 지구적 정의에 대한 찬반을 다루었다. 포게(Pogge 2008)는 전 지구적 부의 강력한 재분배가 정의에 부합한다는 입장으로 많은 영향력을 끼치고 있다.

는 국가적 풍요를 더 우선시하는 것만으로 근본적으로 반자유주의적인 것이 아님은 명백하다.[17]

데모폴리스는 한 국가 안에서 사회적 평등이나 개인의 자유 어느 하나만을 극단적으로 추구하는 분배 정의의 요구(6장 8절)를 따르는 어떤 자유주의적 입장에도 토대가 될 수 없다. 시민적 존엄의 규제적 기능은 시민들을 위한 사회 서비스 공급과 이를 위한 과세를 요구한다. 사회 서비스의 공급과 과세라는 이 같은 요구 조건들은 시장 자유 지상주의market libertarianism와 융합된 자유주의적 입장에서의 정의에 대한 요구와 충돌하게 된다. 그러나 다른 한편으로는 시민적 존엄이라는 조건을 보전하기 위해 데모폴리스의 물질적 재분배는 결코 국가사회주의state socialism와 사실상 다를 바 없는 자유주의의 요구 조건들까지 받아들일 수는 없다.

이렇게 원초적 민주정 위에서 구축될 수 있는 자유주의 체제의 범위를 확정하고 나면, 그 범위에서는 폭넓은 자유주의적 사회 구성이 가능하다. 즉, 마이클 샌델(Sandel 1998)이 주창한 덕-중심 시민주의virtue-centered civism부터, 필립 페팃(Pettit 2013)이 최근작으로 내놓은 민주적 공화주의democratic republicanism, 존 스튜어트 밀(Mill 1861)이 선호했던 공리주의적 대의 민주정utilitarian representa-

---

17) 자유주의적 국가주의 이론가들은 블레이크(Blake 2003), 스틸츠(Stilz 2009, 2011), 쇼이어만(Scheuerman 2012). 쇼이어만은 (위에 언급한) 세계시민주의적 자유주의자들과 밀러(Miller 2000)를 비롯한 민족주의 이론가들, 그리고 킴리카(Kymlicka 1995) 등의 공유 문화 이론가들에게 대응했다. 중요한 것은 데모폴리스의 정당성이 결코 민족주의나 과거의 공유된 문화를 가졌던 전사前史로부터 기인하지 않는다는 점이다.

tive democracy, 존 듀이(Dewey 1917)의 실험적 실용주의experimental pragmatism, 존 매코믹(McCormick 2011)의 반엘리트주의적 "마키아벨리적 민주정"anti-elitist Machiavellian democracy, 롤스가 『만민법』(Rawls 1999)에서 말한 적정 수준의 정체decent regime, 『정치적 자유주의』(1996)에서 말한 중첩적 합의overlapping consensus. 『정의론』(1971)에서 말한 무지의 베일 속에서 선택된 의무론적 정의로운 체제deontological justice-centered regime 모두가 원초적 민주정의 토대 위에서 성립할 수 있다.[18] 만일 이것들 가운데 어느 하나도 데모폴리스와 비슷하게 보이지 않는다면, 그것은 가치에 기반한 상부구조가 체제의 외관을 심하게 바꾸어 놓아 원초적 민주정이라는 토대를 불분명하게 보이도록 만들었기 때문이다.

데모폴리스는 시민들이 시민 자격에 따르는 책임을 유능하게 수행할 수 있도록 하기 위해 시민교육을 시행하는데, 이는 아주 강한 의미의 개인적 자율성 및 개인이 추구하는 목적에 대한 국가의 엄격한 중립성을 주창하는 자유주의적 입장에서 보면 알맞지 않다. 데모폴리스의 시민교육은 비폭정에 대한 정치적 선호를 증진하며, 가장 높은 수준의 의사 결정을 할 때 사회성, 이성, 언어적 의사소통이라는 인간의 본성적 능력들을 자유롭게 발휘하는 것의 가치를 강조해 가르친다. 시민교육은 어떤 특정 성격을 형성해 내려

18) 원초적 민주정은 우파적으로는 토마시(Tomasi 2012)부터 좌파적으로는 롤스(Ralws 2001)까지의 자유주의적 재분배 프로그램과 상충하지 않는다. 반면 노직(Nozick 1974)의 자유 지상주의나 코헨(Cohen 2008)의 사회주의적 입장과는 양립할 수 없다.

는 목적을 갖는다 — 여기서 성격이란 공통으로 견지하고 있는 신념(모욕이나 어린애 취급이란 해서는 안 될 나쁜 것이라는 신념)에 기반한 특정한 습성적 행태(특히, 모멸을 겪는 이에 대한 보호)로 정의된다.

다른 한편, 데모폴리스의 시민교육은 (역사적 증거와 자연과학, 사회과학에 근거해) 사실을 기반으로 이루어지기에 이데올로기적이지 않으며, 새로운 과학적 발견에 따라 개선의 여지를 항상 두고 있다. 비록 시민교육은 정치적 참여 자체를 금지하는 종교적 신념을 허용할 수는 없겠지만, 그렇다고 모종의 방법으로 특정 신적 질서에 대한 태도를 장려하지도 않는다. 마지막으로, 시민들에게는 (물론 여기에 따르는 각종 제약을 감수하면서) 비시민 거주자가 되거나 혹은 공동체를 이탈하는 등 (비용을 감수하고라도) 시민교육을 안 받을 선택지들이 남아 있기 때문에, 데모폴리스의 시민교육은 의무교육이 아니다. 개인의 자율성이라는 원칙을 강조하는 주요 자유주의 이론가들조차도 모든 시민들, 특히 어린이들에게 국가에서 의무적인 공교육을 제공할 권리와 책임을 옹호하며, 필요할 때는 이를 거부하는 부모의 종교적 신념까지도 무시해야 한다고 주장해 왔다. 원초적 민주정이 필요로 하는 시민교육의 범위에 일정 영역의 자유주의적 입장들이 담길 수 있다고 보는 것은 그럴듯해 보인다[다시 말해, 시민교육이 있다는 사실은 원초적 민주정이 자유주의적일 수 없다는 주장의 근거가 될 수 없다].[19]

19) 슈클라(Shklar 1989, 33)는 "어떤 자유주의 국가도 특정 성격을 형성하거나, 특정 믿음을 강제하는 식의 교육을 할 수 없다"고 주장한다. 데모폴리스는 시민들이 특정 행태적 습성을 갖게 하긴 하지만, 특정 믿음을 강

한편, 자유주의자들은 원초적 민주정이 정치적 자유, 정치적 평등, 시민적 존엄이라는 조건에서 성립한다는 사실에는 분명 안도할 것이다. 물론 여기서 자유와 평등, 존엄을 이해하는 방식은 자유주의자들이 바라는 것보다는 그 내용이 '빈약한' 것일 수도 있지만, 이것들은 원초적 민주정의 필요조건으로서 안정적으로 자리 잡아 더 두터운 가치-기반 이해 방식을 위한 첫걸음이 될 수 있다. 원초적 민주정은 (위에서 구체화된 것과는 다른) 가치중립성이나 인권을 그 자체로는 요구하지 않으나, 그런 것이 도입되는 것을 가로막지도 않는다.

초점을 역사적 관점으로 옮겨 오면, 우리는 아테네 사회에서 시민 자격은 명확히 규정되어 있는 지위이긴 했지만[즉, 시민과 비시민이 지위상 명확히 구별되며, 시민에게 주어지는 지위와 권한이 비시민들에게는 제한됨], 그렇다고 아테네가 마치 카스트제도하에서 비시민들이 시민들과 완전히 분리되어 생활하거나, 체계적으로 열등한 조건에 놓이는 식의 사회는 아니었음을 확인할 수 있다. 오늘날 아테네 사회사 연구에 따르면, 시민들은 수많은 방식으로 비시민들과 상호 의존적이고 밀접하게 얽인 삶을 살았다. 투표권과 공직 수임권, 특정 재산권들(대표적으로 토지 소유의 권리)이 시민 자격을 통해서만 특권적으로 보장된 것은 사실이었지만, 시민들과 비시민

제하지는 않는다. 그러므로 데모폴리스가 "배타적이고 본질적으로 권위주의적인 방식으로 가르치려 드는didactic"지는 분명치 않다. 자유주의와 의무적 공교육에 대해서는 굿맨(Gutmann 1999), 마세도(Macedo 2000), 라이시(Reich 2002)와 여기 인용된 문헌들을 보라.

들은 모두 상업, 종교, 사교 활동 등 많은 영역에 동등한 위치에 서서 참여했다. 아테네 민법은 다양한 방식으로 비시민들을 보호 했다. 전체적으로 보면, 공적 제도들에 대한 접근은 아테네 민주정 역사가 진행될수록 점점 더 개방되는 경향을 띠었다.[20]

시민 자격과 그에 따른 각종 권리를 아테네 영토에 장기 거주 하는 모든 자유민들에게 확대한 것이 고대 아테네의 안전과 풍요 를 조금이라도 저하시켰을 것이라 생각할 이유는 없다. 우리가 이 미 보았듯이(2장 1절), 아테네는 이미 고대 그리스에서 시민으로 상상될 수 있었던 모두에게 시민 자격을 확대했다. 다만, 고대 그 리스에서 완전한 참여의 권리를 가질 수 있다고 문화적으로 상상 되었던 시민이 성인 남성과 몇몇 외국인들로 국한되었을 뿐이다. 사실 아테네가 누린 안전과 풍요가 시민 자격을 성인 남성에게만 제한했기 때문이라고 생각하는 것은 대단히 기이하다. 오히려 아 테네인들이 시민 자격에 대한 문화적 상상의 제약을 벗어나 사고 의 전환을 이뤘다면, 정치적 참여의 권리들을 태생 여성과 참여하 는 시민으로서의participatory citizenship 책임을 기꺼이 받아들이는 비태생 장기 거주민들에게도 확대함으로써 국가의 수행 능력은 더 향상되었으리라고 믿을 이유가 더 많다. 시민 집단에서의 지식의 다양성이 더 효과적인 정책을 만들 수 있다는 인과관계(7장 4절) 는, 아테네가 시민 자격 부여에서 보다 포괄적인 방향으로 발전했

20) 시민들과 비시민들의 밀접하게 엮인 삶에 대해서는 테일러와 블라소 풀로스(Taylor and Vlassopoulos 2015)에 수록된 논문들을 보라. 점점 더 개 방된 접근성에 대해서는 오버(Ober 2010)를 보라.

다면 국가 역량이 더 커졌으리라고 예상하게끔 한다.[21)

다른 한편, 고대 그리스 사회에서 노예제도가 경제적으로 크게 기여했다는 견해는 짚고 넘어가지 않을 수 없다. 만약 아테네가 펠로폰네소스전쟁 이후 노예제도를 폐지하고 해방된 노예들에게 참정권을 부여했다면, 80년 후에 그런 아테네는 현실의 아테네보다 더 안전하고 풍요로운 국가가 되었을까, 아니면 그 반대였을까?[22) 시민적 참여에 필요한 여가가 노예를 착취함으로써만 가능했다는 주장은 사실 그다지 설득력이 없다.[23) 노예 노동은 국가에 분명한 도움이 되었지만, 아테네가 노예를 구매하는 대신 자유 임노동자를 적절히 공급할 수 있었을 가능성도 배제하기 어렵다. 노

21) 아리스토파네스의 희극 『여인들의 민회』에서 여성들에게 참여의 권리를 부여하자는 계획은 여성들이 남성들보다 안전과 풍요를 위한 정책을 고안하는 데 더 낫다는 가정에 기반한다. 비록 희극이긴 했지만, 이는 곧 아테네인들이 정치적 참여를 남성들에게만 제한함으로써 국가를 이롭게 할 자원을 충분히 사용하지 못했다는 관념을 포착한 것이었다.

22) 아테네 내전에서 민주정파를 위해 싸웠던 노예를 포함한 비시민들에게 참정권을 부여하자는 제안이 아테네 민회를 통과했지만, 법적인 문제 제기로 무효가 된 적이 있었다고 아리스토텔레스의 『아테네의 정치체제』 40장 2절은 전한다. 그런 제안이 물론 노예제도 폐지와 동일시될 순 없겠지만, 적어도 그런 방향으로 나아가는 첫걸음쯤은 되었을지도 모른다. 아리스토텔레스의 『정치학』 1권 6, 7장 1255a, b에는 노예제도를 자연스러운 것이라 믿었던 아리스토텔레스와 의견이 근본적으로 불일치했던 당대의 몇몇 사상가들이 언급되어 있다. 이들은 모든 노예제도는 본질적으로 부자연스러운 것이라며 반대했다. 모노슨(Monoson 2011, 272)은 이런 고대 노예제도 비판자들을 "폐지론자"라 부른다.

23) 노예제도와 시민들의 여가 시간 마련이 필연적 관계가 있다는 주장을 반박하는 논의는 우드(Wood 1988)를 보라.

예의 임금이 동일 노동에 종사하는 자유 시민 혹은 비태생 장기
거주민의 임금과 동일한 경우도 있었기 때문에, (자유민이나 노예였
던 비시민 거주자들의 노동과 비교했을 때) 노예제도가 그 자체로 공동
체의 전체적인 물질적 풍요에 얼마나 크게 기여했는지는 확실치
않다.[24] 전문 서기관으로 일했던 공공 노예들은 국가에 귀중한 관
료제적 전문성을 제공했다. 그러나 이와 같은 귀중한 전문성은 자
유인들(시민들 혹은 비태생 거주민들 — 그들 가운데 몇몇이 이미 서기관
으로서 공직을 맡는 경우가 있었으므로)도 충분히 공급할 수 있는 것이
었다.[25]

이 같은 예상에 대해, 어쨌든 자유 임노동만으로는 아테네 도
시국가에 필요한 노동량이 전부 채워질 수 없었을 것이고, 부자유
노동을 활용하지 않는 한 아테네는 다른 도시국가들과의 경쟁 속
에서 안전과 풍요, 비폭정이라는 국가의 목적을 달성하는 데 실패
했으리라고 주장할 수도 있다.[26] 하지만 최소한 이런 경우에는 과
거의 사례가 오늘날까지 답습되어야 하는 것은 아니다. 즉, 지금

24) 노예노동과 경제학에 대해서는 샤이델(Scheidel 2008), E. 코헨(Cohen 1992),
노예해방에 대해서는 젤니크-아브라모비츠(Zelnick-Abramovitz 2005, 2009),
아크리그(Akrigg 2015), 케이멘(Kamen 2017)을 보라.

25) 이스마(Ismard 2015)는 아테네 민주정에서의 시민문화civic culture가 정
부의 운영 자체에 필요한 다양한 영역의 전문성을 공공 노예들에게 '아
웃소싱'함으로써 유지되었다고 주장했다. 그러나 시민 집단 (외부뿐만 아
니라) 내부의 전문성에 대해서는 파이직(Pyzyk 2015)을 보라.

26) 예를 들어 오스본(Osborne 1995)은 민주정 아테네가 노예노동에 의지해
존속했다고 주장한다. 샤이델(Scheidel 2008)은 고대 경제가 근본적으로
노예노동에 얼마나 의존했는지 그 정도의 문제를 개관한 바 있다.

여기, 오늘날의 발전한 세계에서는 기계가 인간이 직접 해야 했던 과중한 노동을 훨씬 더 효율적으로, 더 낮은 비용을 들여 해낼 수 있는 우리의 새로운 노예이다. 게다가 부자유 노동이나 노예노동 혹은 노예 수준으로 행해지는 노동은 (공식적으로는 불법이지만) 여전히 수많은 근대사회에서 행해지고 있으며, 이는 근대 자유주의적 민주정 체제에서도 마찬가지다. 하지만 [노예 혹은 노예노동이 여전히 존재한다는 사실로부터] 현대의 기술적 조건에서 자유주의적이건 비자유주의적이건 어떤 민주정 체제도 항구적 안전과 풍요를 위해 노예제도가 반드시 필요하다고 주장하는 것은 전혀 그럴듯하지 않다.

시민들의 공동체 내부의 조건들을 살펴보자. 종교적 경건함을 의무화한 법률 혹은 도편추방제와 같은 제도를 유지하는 것이 원초적 민주정이 기능하는 데 반드시 필요하다고 생각해야 할 이유는 없다. 아테네의 경우 불경죄를 규정하는 법률은 사실 무엇이 경건한 것인지를 정의하지는 않았으며, 개별 사안별로 피고인과 소추인이 경건함에 대해 저마다 주장한 뒤, 이를 시민 배심원들의 다수결 투표에 부쳤다. 나는 다른 연구에서(Ober 2016), 공적 발언이 초래한 공적 결과는 그 발언자 자신이 책임진다는 것이 아테네가 발언의 자유를 이해한 방식의 핵심적 측면이었음을 주장한 바 있다. 기원전 399년 소크라테스의 유죄판결은, 그가 본인의 발언이 미칠 (비록 의도한 것은 아니더라도) 유력한 영향에 대해 법적으로 criminally 책임지려 하지 않았다는 동료 시민들의 믿음을 통해 어느 정도 설명할 수 있다. '공적 발언의 결과에 개인적으로나 법적으로 책임을 지는 것'이 자유주의의 핵심적 가치라고까지는 할 수 없

지만, 그렇다고 이것이 반자유주의적이라고 할 것까지도 없다.[27]

한편, 도편추방제 관련 법률은 민주정 시기 동안 분명 효력이 있긴 했지만, 사실상 기원전 415년 이후에는 이 제도로 누군가 추방된 일은 없었다. 아테네 민주정은 도편추방 시행 없이도 오랫동안 지속했으므로, 도편추방제는 아테네 민주정에 반드시 필요한 조건이 명백히 아니었다.[28]

다른 연구에서 내가 더 자세하게 주장한 것처럼, 아테네는 자유주의 국가는 아니었음에도 시민들이 제정한 규칙에 따라 (원칙적으로는) 장기 거주 비시민들에게도 '권리와 유사한' 법적 면책과 보호를 확대했다. 즉, 비태생인, 여성, 심지어 노예까지도 일정 수준의 법적 보호 아래 있었다. 게다가 아테네는 펠로폰네소스전쟁

---

27) 이는 자유로운 발언을 제약한 기준 중 하나로서 "사람들이 들어찬 극장에서 '불이야!'라고 외치는" 사례가 잘 보여 준다. 윌리엄스(Williams 1993, 3장)는 고대 그리스인들이 결과에 대한 개인의 책임을 이해한 방식에는 책임과 의도 사이에 긴밀한 관계가 없었음을 증명했고, 그들은 그 점에서, 다른 방식의 윤리적 추론에서처럼, 옳았다고 주장한다["사람들이 들어찬 극장에서 '불이야!'라고 외치는" 사례는 1919년 미국의 솅크 판결Schenck v. United States을 말한다. 대법관 올리버 웬들 홈스Oliver Wendell Holmes는 발언의 자유를 제한할 때 따라야 할 원칙으로서 '명백·현존 위험의 원칙'을 제시했는데, 이를 "극장에서 거짓으로 '불이야'라고 외쳐 사람들의 동요를 일으킨 사례"를 예로 들어 설명했다. 즉, 명백하고 눈앞에 닥친 위험을 피하기 위해서는 발언 혹은 표현의 자유가 법적으로 금지될 수 있다는 것이다. 즉, 이는 아무리 자유주의 체제라 하더라도 발언 혹은 표현의 자유가 무제한적으로는 허용되지 않는 것이 정당할 수 있음을 보여 주는 사례이다].

28) 도편추방제에 대해서는 오버(Ober 2015b, 174, 175) 및 여기에 인용된 문헌들을 보라. 시행되지 않았던 도편추방제가 그 "그림자"만으로 기원전 4세기까지 여전히 잠재적인 영향력을 발휘했다고 볼 근거는 없다.

이후 몇 세대에 걸쳐 비아테네 출신 혹은 비그리스 출신 소수자들의 종교적 이익을 공적으로 인정했고 (종교 성지를 위한 공공 토지를 할당해 줌으로써) 이를 장려하는 쪽으로 발전해 갔다. 이뿐만 아니라, 법적인 분쟁 해결 창구를 (최소한 몇몇 영역에서는) 비시민들에게도 개방하는 방향으로 발전해 갔다.[29]

5. 비폭정이지만 비자유주의적인 체제의 토대가 될 수 있는가

두 번째로 답해야 할 질문은 종교적 전통주의자들이 제기한 것이었다. 이들은 안전하고 풍요로운 비폭정 체제를 추구하지만, 종교에 대한 국가 차원의 가치중립성을 거부하며, 아마도 자유주의의 다른 핵심 주의들도 거부할 것이다. 원초적 민주정은 전제적인 정치적 권위를 필요로 하는 포괄적 신념[즉, 종교적 신념]을 가진 어떤 형태의 공동체에도 맞지 않다. 예를 들어, 한 종교적 공동체에 다음과 같은 공유된 신념이 있다고 해보자. 즉, 한 개인이나 집단[예언자나 사제 계급]이 신적 질서와 (추정컨대) 특별한 관계를 맺고 있어서, 정치적으로 아무런 책임과 해명의 의무도 없이 공공 정책과 관련된 중요한 사안에 대한 의사 결정 권한(예를 들어, 민회가 민주적으로 결의한 바를 거부할 권한, 혹은 아무런 책임과 해명의 의무도 없이 입법할 권한)을 당연시한다면, 그런 믿음을 가진 공동체는 결

---

29) 오버(Ober 2008a, 249~253)를 보라. 하지만 고전기 아테네에서의 제한된 "공정의 지평"에 대해서는 오버(Ober 2008a, 258~263)와도 비교하라.

코 원초적 민주정을 취할 수 없다. 반면에, 그 어떤 개인이나 소집단도 통치에 대한 최종적이고 책임과 해명의 의무 없는 권한을 보유해야 한다는 조건이 없는 종교적 공동체라면 원초적 민주정은 하나의 선택지가 될 수 있을 것이다. 그런 공동체는 국가 종교를 선포하고 이를 공고히 할 것이다. 이 국가 종교의 교리와 일치하지 않는 종교적 표현들에 대해 이 공동체는 관용적이지 않을 수 있다. 시민 자격 역시 오직 국가 종교 신자들에게만 주어질 것이다. 그런 공동체는 자유주의적이진 않지만, 위 특징들이 원초적 민주정이라는 체제를 채택하는 것을 가로막지는 않는다.

정치적 발언과 결사의 자유, 시민들 사이의 정치적 평등은 여전히 비자유주의적인 원초적 민주정의 중요한 조건들이다. 시민들은 새로운 제도를 상상하고 지지할 자유를 가져야 하며, 공동의 이익이 걸린 중요한 사안에 대한 정책은 시민들이 (대표자들을 뽑는 투표를 통해, 혹은 입법안에 직접 투표함으로써) 집단적으로 판단해 정해야 한다. 그러나 원초적 민주정을 위한 조건으로서의 자유와 평등의 정치적 형태가 꼭 '양심의 자유'의 아주 적극적인 형태, 혹은 공동체가 틀렸다고 믿는 종교적 믿음에 대한 관용으로까지 확대될 필요는 없다. 자유주의 도덕 이론에서 이해하는 개인의 자율성역시 지금 논하고 있는 종교적 공동체의 가치 체계에서는 대단히 낯선 것이 될 것이다.

마찬가지로, 비자유주의 민주국가의 국가 종교 가운데 어떤 것은 몇몇 개인들에게 시민적 존엄과 관련 없는 어떤 특징들(혈통 혹은 '성소'聖召)에 따라 특별한 사회적 지위를 부여할 수 있으므로 위계적이다. 그러나 이 위계질서 속에서 시민들이 공적 역할을 수행하기에 충분한 존귀한 지위를 평등하게 누리고, 이들이 공동체의 집단적 자기 통치에 필요한 공적 행위에 참여하는 과정에서 모욕이나 어린애 취급을 겪지 않는다면, 그런 사회적 위계는 원초적 민주정의 발전에 장애물이 되지 않을 것이다. 원초적 민주정에 필수적인 시민적 존엄은 시민으로서의 삶에서 체험된다. 즉, 시민적 존엄은 정부의 공직자 혹은 강력한 개인이 범하는 자의적 행위로부터 시민을 보호하지만, 신앙 공동체 내에서 평등한 지위를 보장하지는 않는다.

헌정 질서상 이 국가의 시민 자격은 자유주의 체제에서라면 정치적 참여와 아무런 관련도 없다고 여겨질 법한 조건들, 이를테면 젠더 등 생득적 특질 따위에 기초해 제한될 수도 있다. 시민 집단이 갖는 지식의 다양성은 국가가 거둘 수 있는 이익의 원천이지만, 그 다양성이 꼭 현대 자유주의 사회에서 평등함의 본질적 기초라 여겨지는 모든 척도를 아우르는 것일 필요는 없다. 다른 한편, 우리가 이미 보았듯이, 정치적 안정성, 그리고 안전이라는 원초적 민주정의 요구 조건 하나를 이루기 위해, 원초적 민주정은 문화적으로 상상될 수 있는 모든 사람들에게 시민교육을 제공해 시민 자격을 취득할 기회를 부여해야 한다. 현대로 오면서 어느 사회든 태생성인 여성이 시민으로 상상될 수 없다는 주장은 점점 설 자리를 잃고 있다. 이처럼 시민 자격을 생득적 특질에 의거해 제약하는 것은 민주국가에서는 정당화하기 어려운 것이 되어 가고 있다. 그럴듯한 정당화가 없이는, 이와 같은 법적 제약은 사회를 불안정하게 만들 것이고, 그래서 안전이라는 국가의 목적 하나를 이루는 데 위협이 될 것이다.

원초적 민주정은 시민들에게 광범위한 시민적 권리들을 필수적으로 보장한다. 또한 실용적인 이유 때문에 비시민들에게도 민권을 보장할 수 있다 — 우선적으로 시민들의 삶에 상호 의존적으로 꼭 필요한 비시민들에게 그런 권리들이 보장된다. 아테네 사례에서 보면, 시민 집단 외부의 사람들에게도 법적 면책과 보호가 확대되도록 한 것은 민주정의 실천, 시민들에 의한 시민적 존엄의 경험, 강자가 자기 우월성을 오만하게 과시함으로써 생겨나는 사회질서에 대한 내재적 위험, 비태생 외국인들의 공동체가 주는 (경제적 혹은 다른 식의) 이익, 이렇게 네 가지였다. 그렇지만 원초적 민주정을 채택한 사회가 보편적 인권을 증진하거나 이를 보호하기 위한 적극적 입법에 나서지 않을 수도 있다. 그러므로 비자유주의적 민주정은 전前-정치적 세계에 내재한 원리들 — 이를테면 자연권, 보편적 이성[의 원리로부터 도출되는 권리들], 초월적 존재자로부터의 선사 — 에 근거해 모든 인간에게 권리들이 타고난 것이라는 전제를 거부할 수 있다.[30]

그러므로 원초적 민주정은 비폭정적이면서도 비자유주의적인 형태의 사회질서를 추구하는 한 가상의 공동체가 취할 수 있는 이

---

30) 다른 사회에서처럼, 고대 그리스에도 (신명론神命論이라는 명분하에) 이방인과 나그네를 잘 대해 주라는 문화적 규범이 존재했다. 그리스인들 간의 전쟁도 합의에 기반한 느슨한 교전 규칙에 따라 벌어졌다(Ober 1996, 5장). 그러나 이런 문화적 규범은 '인권'과 같은 무언가의 수준으로까지 발달해 가지는 않았다. 고전기 후반 그리스 사유에 '자연권' 개념이 있었는지에 대해서는 논쟁이 있다. 미치스(Mitsis 1999), 쿠퍼(Cooper 1999, 427~448)를 보라.

론적인 선택지가 된다. 물론 오늘날 현실 세계에서 종교적 공동체가 취할 수 있는 실질적인 선택지이기도 한지는 더 따져 볼 문제이다. 시민적 참여를 위한 필요조건들, 정치적 자유, 정치적 평등, 시민적 존엄이 종교적 권위의 범위를 일정 정도 제약할 수도 있다. 변화무쌍한 환경으로부터의 도전에 대응하기 위해 제도적 혁신을 해야 하는 민주정의 경향은 기성 종교에 위협으로 드러날 수도 있다.

마지막으로, 어떤 한 원초적 민주 정부가 해당 국가 태생 성인 남성인 국가 종교 신자들에게만 시민 자격을 부여한다고 해보자. 이 국가는 잘 수립된 전제적 국가뿐만 아니라, 폭넓은 다양성을 자랑하는 시민 집단으로 이루어진 민주국가들과도 경쟁해야 한다. 7장 4절에서 보았듯이, 시민 집단에 산재한 다양한 (전문가가 보유한 혹은 다양한 형태로 존재하는) 지식을 적재적소에 활용하도록 종합하는 능력이야말로 민주 정부가 비민주 정부에 대해 가질 수 있는 경쟁력이다. 일정한 차별의 선을 그어 놓고 시민 자격을 제한하는 민주 정부는 곧 공동체 전체가 보유한 잠재적인 지식의 꽤 큰 부분을 배제한 것이며, 그럼으로써 민주정이 갖는 강점 중 하나를 스스로 포기하는 꼴이다.

예상되는 게임 트리game tree를 모두 검토하고 고전기 아테네의 역사적 기록들을 고려하며, 원초적 민주정을 채택할 때 뒤따를 결과를 따져 본 뒤에, 비폭정적이면서 비자유주의적인 사회질서 형태를 추구하는 이 가상의 [종교적 전통주의자] 집단은 원초적 민주정의 비용이 너무 높다고 결정할 수도 있다. 혹은 실제로 안전하고 풍요로우며 비폭정적인 사회질서를 지속하기 위해 민주적 제도들을 구축하려 시도하다가, 그들의 마음에 꼭 드는 민주정을 고안하는 일이 해결할 수 없는 과제임을 깨닫게 될 수도 있다. 이 절의 요점은 오늘날의 조건에서 비자유주의적인 원초적 민주정을 실현하는 것이 쉽다는 것이 아니라, 원초적 민주정이라는 선택지가 한번 시도해 보지도 않고 개념적인 가능성조차 차단할 만큼 터무니없지는 않음을 밝히려는 것이었다.

이 책의 목표는 원초적 민주정의 형태를 정의하고, 원초적 민주정의 존립을 위한 조건이 무엇인지를 구체화하며, 원초적 민주정이 마련해 주는 좋음은 무엇인지를 이론적으로, 그리고 역사적 실제에 비추어 살펴보려는 것이었다. 나는 규범적이고 제도적인 자유주의 장치 — 혹은 자유주의 말고 다른 도덕적 가치 체계 — 를 도입하지 않고도, [오직 민주정 본연의 의미에 근거해서만도] 이 논의가 가능함을 보여 주려 했다. 원초적 민주정이 오늘날 사람들이 정부에 요구하는 모든 것을 마련해 주지는 못할 것이다. 하지만 자유주의 이전에도, 자유주의 이후에도 정치철학이 던지는 근본적인 질문에 대해 원초적 민주정은 분명히 말해 주는 바가 있다. 즉, 우리는, 이때 우리가 누구이든지 간에, 어떻게 더 나은 삶을 살아갈 것인가, 함께?

에필로그
자유주의 이후의 민주정

이 책은 시민들에 의한 집단적 자기 통치로서의 민주정에 한 가지 이론을 제시하고자 했다. 이 원초적 민주정 이론은 개인에게 정치적 참여가 갖는 긍정적 가치, 참여할 만큼의 자격을 인정받는 상태인 시민적 존엄이 갖는 긍정적 가치, 그리고 참여할 수 있는 능력을 갖춰 주는 시민교육의 긍정적 가치를 조명하려 했다. 프롤로그에서 나는 이 이론이 신중하지만 분명 낙관적인 것임을 밝혔다. 하지만 주디스 슈클라의 논문 「두려움의 자유주의」(Shklar 1989)처럼, 이 책 역시 어떤 두려움의 그림자 아래서 쓰였다. 내가 두려워하는 것은 현대 자유주의가 우리 시대의 가장 시급한 정치적·경제적·환경적 문제를 풀어내기에 충분한 여력을 갖추고 있지 못하고 있다는 사실 때문이다. 만약 자유주의가 낳은 여러 제도가 오늘날 우리 눈앞에 있는 문제들로부터 솟아 나오는 도전에 제대로 응전하지 못한다면, 충분히 예상함 직한 시나리오대로 선진국의 시민들은 장애물이 된 자유주의의 몇몇 요소를 (이에 대해 얼마나 유감스러워하든지 간에) 포기하기로 선택할 수도 있다. 그럼 어떤 일이 일어날까?

만약 자유주의와 민주정이 함께 발전하고 함께 무너질 정도로 서로 불가분의 관계라면, 민주정이 무너지는 일이 동반해 일어날 것이다. 그렇다면 거기에 들어선 정체는 전제정의 어떤 형태일 수밖에 없다. 그러나 이 책의 내용을 받아들인다면, 원초적 민주정의 틀은 현대 자유주의의 어떤 요소가 폐기된 뒤에도 그대로 남아 있을 수 있다. 원초적 민주정의 틀이 유지되고, 이 틀의 유지를 위한 조건이 내가 말한 것들[즉, 비폭정에 대한 선호, 자유와 평등, 존엄, 시민교육 등]이라면, 분명 위험과 궁핍, 폭정에 대한 (이상적이지는 않아도) 썩 그럴듯한 비자유주의적 대안이 분명히 존재하는 셈이다. 그리고 내가 주장했듯이 원초적 민주정이 다수의 폭정이 아니고, 그래서 반자유주의적 포퓰리스트들이 선택할 만한 정치적 선택지가 아니라면, 자유주의 이후의 세계에서 기회주의자들이 전제정적 목표를 위해 '민주정'이라는 말을 전용하려 할 때, 민주주의자들은 준비된 태세로 대응할 수 있게 된다. 이뿐만 아니라, 자유주의적 민주주의자들 역시 [자유주의의 위기 속에서 민주정의 붕괴가 따라올 것이라는] 절망을 인정하는 대신 새로운 대안을 갖게 될 것이다. [현대 자유주의의 위기에 대한 그들의] 그런 절망은 그렇지 않았다면[모든 민주정은 자유주의적 민주정이라 믿었던 그들에게 원초적 민주정의 가능성이 없었다면] 대단히 깊게, 또 대단히 그럴듯하게 받아들여졌을 것이다.

2000년대 자유주의적 민주정은 심대한 도전들에 맞서야 했다. 실제로 이 도전들은 존망을 다투는 것일 때도 있었다. 이 글을 쓰는 지금은 소련에 속했던 국가들이 민주화의 물결을 겪은 지 사반세기가 지났고, 조지 부시 대통령이 미국 주도의 제국주의적 민주화 정책 기조를 펼친 지 10년이 지난 시점이다. 중국과 러시아는 전제 정부가 성공적으로 자본주의와 민족주의를 결합할 수 있음을 보여 주었다. 한편 미국은 정치적 양극화와 인종 갈등, 그리고 테크노포퓰리즘[1])의 매서운 도전에 직면해 있다. 테크노포퓰리즘은 자유주의를 지독하게 자기만족적이기만 한 '정치적 올바름'으로 낙인찍고 있다[는 점에서 자유주의의 위기를 보여 주는 또 다른 징후이다]. 유럽의 자유주의 체제는 오랫동안 지속된 재정 위기, 장기간의 경제 불황, 이민자 급증 및 난민 사태 등으로 위태롭다. 전 지구적 네트워크에 걸쳐 유통되는 종말론적 이데올로기로부터 솟아나는 비국가 테러리즘은 관용이라는 가치와 이에 기반한 자유주의 국가, 국제적으로 통용되는 제도 전반을 위협하고 있다.

정치 지도자들의 공공연한 지지를 받아 세계 곳곳에서 정치적 이데올로기로서의 배타적 민족주의가 나타났다. 이 이데올로기는

---

1) [옮긴이] 테크노포퓰리즘이란technopopulism이란 기술 지배technocracy 와 포퓰리즘populism의 합성어로, 인민이 기존의 정치적 이념이나 가치 실현을 목표로 하는 정당을 통한 조직 방식에서 벗어나 새로운 방식으로 조직되고, 이렇게 조직된 인민들의 요구를 기술지배적 엘리트들이 저마다 자신이 더 유능하게 해결할 수 있다고 (특히 민주적 선거 국면에서) 자임하는 식으로 권력을 얻는 정치적 현상, 거기에 동원되는 논리 등을 뜻한다. 이는 좌파, 우파를 가리지 않고 일어나기 때문에, 좌파(스페인의 포데모스)와 우파 정당이 이 표제 안에 묶이기도 하고, 테크노포퓰리즘을 통해 부상한 정당의 정책이 어느 한쪽으로 평가하기에 애매한 경우도 많다. 이런 테크노포퓰리즘에 따르면 기존 정치는 한편으로는 사회의 경제적 상층만을 대변하고, 또 다른 한편으로는 인권이라는 이름으로 젠더나 인종적인 소수자에 대한 '배려'를 도덕적으로 '강요'하는 등 '평범한' 인민을 대변하지 못한다. 그런 점에서 테크노포퓰리즘은 자유주의에 기반한 인권, 권력의 분산 및 대의 민주정 등을 '정치적 올바름'으로 치부한다고 할 수 있다.

그 무엇보다 효과적인 것으로 드러나고 있다. 좌파건 우파건 많은 사람들이 '자유주의'를 이제는 모욕적인 의미로 쓰고 있는 것을 보면 알 수 있다. 자유주의란 한편으로 [좌파에게는] 엘리트주의, 글로벌리즘, 약탈적 자본주의를 연상시킬 뿐이고, 다른 한편으로 [우파에게는] 현실에 안주하는 세계시민주의, 다양성을 위한 다양성만을 찬양하는 태도, 전통적 가치들을 앞뒤 재지 않고 일소해 버린 사상에 지나지 않게 되었다. 심지어 자유주의는 줄곧 인종-민족적인 자결自決을 목표로 총투표를 주요한 메커니즘으로 삼는 인민에 의한 통치라는 비전과 대조를 이루는 것으로 (자유주의자나 자유주의의 반대자 모두에게) 인식되고 있다. 이 글을 쓰는 시점은 2016년 유럽연합EU 탈퇴를 결정한 영국의 국민투표 여파 속에서다. 이 브렉시트 국민투표에 이어 5개월 후에는 자유주의에 대한 적대감으로 똘똘 뭉친 채 민족주의적이고 포퓰리스트적인 선거운동을 벌였던 도널드 트럼프 미국 대통령이 당선되었다.[2]

세계 각지에서, 특히 한때는 자유주의적 국제주의에 선봉에 있었던 여러 나라들에서조차 지역적 민족주의에 기반한 정치가 성장하면서, 민주적인 자유주의에서 '자유주의'에 해당하는 요소는 여러 압박을 받고 있다. 제1세계 국가나 연방 대부분은 오늘날 국

[2] 영국의 국민투표에서는 '브렉시트' 찬성이 과반(51.9퍼센트)을 차지했지만, 2016년 미국 대선에서 도널드 트럼프는 다수의 표조차 얻지 못했다는 사실에 유의하라. 물론 선거인단 투표에서 승리한 트럼프가 얻은 총 득표수는 헌법상 당선 여부와는 무관한 것이었다. 공교롭게도 이 선거인단 제도는 미국 헌법 제정 당시 직접 민주적 의사 결정을 피하기 위해 자유주의적인 고안자들이 두기로 한 것이었다.

제연합UN 세계인권선언과 헌법에 명시된 보편적 인권의 원칙들을 존중하기 위해 자신들의 안전과 풍요를 다소간 희생할지에 대한 매우 어려운 문제에 맞부딪쳤다. 점점 대답은 "싫어!"로 기울어 가는 듯하다. 2015년 말에서 2016년 중순까지 스웨덴 의회가 연이어 통과시킨 조치를 보라. 그간 난민들의 권리를 잘 존중해 왔던 역사가 무색하게, 이제 스웨덴은 난민의 입국을 까다롭게 하고 망명자가 스웨덴 거주 허가를 취득하는 것을 강하게 제한하고 있다.

보편적 인권으로부터 도출되는 여러 의무들을 저버리더라도 지역적 안전과 풍요를 지킬지 아닐지, 이것이 오늘날 공공 정책 논의에 중심이 되었다. 스웨덴의 새로운 난민 정책, 영국 국민투표, 도널드 트럼프 대통령 당선으로 드러난 이런 경향이 그저 일시적인 현상이라 할 수도 있다. 그러나 만약 그렇지 않다면? 21세기에 유권자들이 보편적 인권을 보호하는 정책을 자신들의 지역적 안전과 풍요를 해쳐 가면서까지 지지하리라는 보장은 이제 어디에도 없다.

도널드 트럼프 대통령 선거운동과 영국의 브렉시트 운동은 국가 단위의 자결自決을 강조하고 이민자들을 악마화하는 전략을 취했다. 영국에서 국민투표가 진행되는 동안, 좌파 지식인들은 우파적 외국인 혐오xenophobia자들에게서 뜻밖의 동지들을 발견한다. 우파적 외국인 혐오와 좌파 모두 영국 시민들이 민주정의 이름으로 유럽연합에서 빠져나오기를 바랐기 때문이다. 2016년 미국 대선에서도, 현상 유지를 비판하던 좌우파 세력은 평범한 시민들의 통제에서 벗어난 은행가, 통치의 '인사이더'와 같이 제 잇속만 차리는 엘리트들에 대한 적대로 뭉쳤다. 그러는 동안 『뉴욕타임스』 사설에서 프랑스 극우 정당인 국민전선National Front Party[2018년 국민연합Rassemblement National으로 당명 개정]의 지도자 마린 르펜Marine Le Pen은 영국의 유럽연합 탈퇴 결정을 두고 "인민의 첫 진정한 승리"라 평했다. 그는 "인민의 봄은 이제 피할 수 없다"고 예언했다. 유럽 전역에서 다시 모습을 드러낸 극단주의적 민족주의 정당의 지도자들은 트럼프의 당선이 새 시대의 혁명적 도래, 르펜의 표현을 빌리면 "20세기의 종언"이라고 치켜세웠다. 이 모든 것들이 꼭 자유주의적 민주정이 죽음의 소용돌이에 빠져 버렸음을 곧장 의미하는 것은 아니다. 그러나 오늘날 생겨나는 일련의 변화는 현대 자유주의의 원리에 기반한 정책들이 선진국이든 개발도상국이든 미래의 규범이 될 수 없으리라는 점을 암시하고 있다.[3]

자유주의 이론가들은 오늘날의 상황을 보며 민주정에 대한 혐오와 절망, 그리고 지식 기반 체제[4]를 옹호하는 것으로 대응하기도 한다. 공적 권위가 잘 교육된 유능한 엘리트들의 손에 맡겨져야 한다는 것이다(Brennan 2016). 이런 해결책은 비현실적이다. 즉, 이

---

3) 브렉시트에 찬성하는 좌파 지식인들에 대해서는, 리처드 턱Richard Tuck 의 칼럼 「브렉시트에 찬성하는 좌파의 주장」The Left Case for Brexit 참조(www.dissentmagazine.org/online_articles/left-case-brexit, 2016년 6월 28일 접속). 마린 르펜의 사설(www.nytimes.com/2016/06/28/opinion/marine-le-pen-after-brexit-the-peoples-spring-is-inevitable.html, 2016년 6월 28일 접속). 트럼프의 대통령 당선에 유럽의 극단적 민족주의자들의 보낸 축하(www.nytimes.com/2016/11/12/world/europe/donald-trump-marine-le-pen.html, 2016년 11월 11일 접속).

4) [옮긴이] 7장의 주 16을 보라.

미 그들 이전에 플라톤이 겪었던 곤란함처럼, 21세기의 지식 기반 체제를 주장하는 이들 역시 무지한 다수가 지혜로운 소수의 지배를 순순히, 평화적으로 받아들이도록 할 현실적인 방법을 찾지 못했다. 그러나 지식 기반 체제의 주창자들이 어떤 식으로든 시민들이 [지혜로운 소수에게 모든 것을 맡겨 버린 채] 집단적 자기 통치를 순순히 포기하도록 납득시킨다고 해도, 이 책에서 나는 그 (이제는 시민들로 남아 있지 않은) 시민들이 실수를 저질렀다고 주장하고 있는 것이다. 시민들은 자신들이 번영해 나갈 어떤 조건들을 잃어버렸을 뿐만 아니라, [그렇게 세워진] 자유주의적 지식 기반 체제 역시 본질적으로 불안정할 것이다. 자유주의가 자기 이익을 추구하는 개인들로 이루어진 인구 집단에서 오랜 시간 안정적으로 유지되기 위해서는 민주정이라는 토대를 필요로 한다.

이 책은 인권이 절대적이라 믿는 자유주의자들에게는 다소 불편하게 느껴질 수도 있다. 그러나 이 책이 보여 주려 했던 것은 원초적 민주정이 자유주의자들이 권리로 여기며 보호하려 했던 정치적 조건들을 안정적으로 보전하게 되리라는 점이었다. 이는 곧 자유주의적 민주주의자들이 외국인 혐오 정책을 민주정의 이름으로 포장하려는 민족주의적 포퓰리스트들에게 대항할 때도 도움이 될 수 있다. 자유주의자들은 원초적 민주정이 포퓰리즘적인 전제적 지배자가 출현하는 것을 막지 못해 결국 전제정으로 흘러갈 것이라 지적한다. 그러나 전제적 지배자들이 권력을 쥐는 것은 오직 시민들의 자기 통치가 다수의 폭정의 단순한 형태로 환원될 때뿐이다. 이 책은 민주정이 다수의 폭정이 아님을, 또한 자유주의 이전에도 다수의 폭정이 아니었음을 보여 주었다.

시민들이 스스로 통치할 수 있으려면 발언과 결사의 자유, 정치적 평등과 시민적 존엄 등이 꼭 마련되어야 하는 사실이 인정된다면, 민족주의적 포퓰리스트들은 민주정의 이름을 입에 올릴 수는 있을지언정, 그들이 만들려 하는 정치적 체제로서 민주정을 취할 수는 없을 것이다[그들이 민주정이라 주장하는 것은 실은 전혀 민주정이 아니기 때문이다]. 민족주의와 포퓰리즘을 등에 업은 기회주의자들은 이 조건들을 지속적으로 폄하해 왔지만, 자유주의적 시민들과 비자유주의적 시민들 모두에게, 비록 서로가 생각하는 이유는 다르더라도, 이 조건들은 받아들여질 수 있다. 원초적 민주정 이론은 안전과 풍요, 비폭정을 이룰 수 있는 공동의 기반을 마련한다. 나는 이 기반이 하나의 넓은 정치적 연합을 가능케 할 수 있다고 믿고 있다. 이런 희망이 옳다면, 원초적 민주정은 앞으로 도래할 자유주의 이후의 세계에서 정치가 나아갈 길을 제시해 준다. 희망컨대 자유주의적 민주정이 지금 밀어닥친 여러 도전을 넘어설 수도 있다. 그러나 자유주의 이후의 세계가 이미 지금 여기에서 실질적인 가능성으로 존재하는 한, 민주정 이론가들이 이에 대비하는 것은 의무이다. 내가 주장했듯이 원초적 민주정이 인간적 번영의 토대이며, 더 폭넓은 정치적 연합의 구심점이 될 수 있다면, 내가 이 책에서 전개한 현실주의적 민주정 이론을 어떤 절망의 표현으로 받아들일 필요는 없다. 나는 얼마간의 희망으로 이 책을 썼다.

옮긴이 후기

저자 조사이아 오버는 오랫동안 고대 아테네 민주정을 중심으로 한 정치사 및 정치사상사 연구에 매진한 역사가로서의 면모가 강했다. 그런 그가 2017년 내놓은 저작 『자유주의 이전의 민주주의』는 그의 기존 연구들과 성격을 달리한다. 이전 저작들에서 펼친 역사적 사실들과 당대 문헌에 대한 풍부한 지식이 바탕이 되어, 이 책에서 저자는 독창적인 민주정 이론을 내놓는다. 바로 어떤 이념이나 가치 체계를 수용하지 않은 채, 폭정에 시달리지 않겠다는 데만 합의한 시민들이 이룩한 '원초적 민주정'basic democracy에 대한 이론이다.

고대 아테네에 대한 기록이 생생하게 보여 주듯이, 아테네 민주 시민들은 자유주의적 가치 없이도 고도의 민주적 질서 속에서 자유와 평등, 존엄을 누리며 살아갔다. 이들은 자유주의 없는 민주정이 가능하며 구체적으로 어떻게 작동했는지를 몸소 보여 주었다. 이런 역사적 사실로부터 개념적 분리의 가능성이 따라 나온다. '자유민주주의'로 뭉뚱그려진 '혼종'에서, 자유주의는 윤리적 가치 체계를, 민주정은 정치체제를 뜻한다. 좋은 공동체를 위해 무엇으로부터 어디까지 기대해야 하는지를 정확히 파악하기 위해서는, 명확한 개념적 분리를 통해 자유주의와 민주정의 관계를 사고하는 것이 그 시작점이 되어야 한다.

이런 이론적 작업의 현실적 의의는 저자가 오늘날 서구 사회에서 목도한 자유민주주의의 위기 속에서 찾을 수 있다. 저자가 한창 이 책을 집필 중이었을 2016년은 독일에서 이민자 및 난민 신청자가 저지른 집단 성폭행 사건 등으로 유럽에 몰려든 난민 행렬에 대한 여론이 결정적으로 틀어진 해이고, 영국이 국민투표로 유럽연합EU에서 탈퇴할 것을 결정한 해이자, '미국 우선주의'America First!를 외친 도널드 트럼프가 미국 대통령에 당선된 해였다. 저자는 이 사건들을 민주정의 이름으로 자유주의적 가치가 거부당하는 세태의 징후로 진단한다. 인권과 자유주의적 보편 질서를 거부하는 각 민족국가의 경향은 국가 내에서도 소수에 대한 다수의 폭정으로 반복된다. 성별이나 성 정체성, 출신, 종교, 계층, 장애 유무에 따라 다수의 이름으로 소수를 차별하는 일이 횡행한다. 한국 사회도 이런 세계적 추세에서 예외는 아니다.

이 모든 현상은, 자유주의에 의해 제어되지 않는 민주정은 필연적으로 다수의 폭정으로 귀결된다는 것을 보여 주고 있을까? 저자는 이 질문에 대해, 다수의 폭정은 그저 폭정일 뿐 민주정이 아니라고 대답한다. 자유주의라는 윤리적 가치 체계 없이도 민주정은 정치적 체제로 기능하기 위해 정치적 자유와 정치적 평등, 시민적 존엄을 그 조건으로 하며, 이를 보장할 동기와 수단은 충분하다. 인권에 대한 믿음, 국가가 종교와 사상에 중립적이어야 한다는 원칙 없이도 시민들은 충분히 살 만한 사회에서 인간다운 삶을 꽃피우며 살 것이다. '데모폴리스'는 평범한 사람들이 모여 서로의 안전을 지키고 물질적 풍요를 누리되, 전제적 지배자의 군림은 허락하지 않겠다는 합의만으로 국가를 설립했을 때, 그들이 무엇을 할 수 있고 무엇을 이룰 수 있는지를 보여 주는 사고실험 속 국가이다. 자유주의 없는 민주정의 가능성은 이 가상 국가의 성패에 달려 있다.

이 책을 우리 사회에서 '자유민주주의'와 '민주주의'라는 말을 둘러싸고 오랫동안 이어진 논쟁에 적용해 보자. 대한민국은 헌법을 통해 인민을 주권자로 선언하는 한편, 개인의 여러 기본권을 보장하고 있다는 점에서 자유민주주의 체제로 운영되고 있음은 틀림없다. 하지만 우리 사회의 역사적·현실 정치적 맥락 속에서 '자유민주주의'와 '민주주의'의 구별은 이 용어들의 본래 뜻으로부터는 도저히 추정할 수 없을 정도로 독특해져 버렸다. '자유민주주의'가 '반북', '반공'과 독재자 찬양을 위한 수사로 연결되는 사이, 부러 '자유'를 빼고 '민주주의'만 쓰자는 쪽에서도 제대로 된 정당화를 내놓지는 못한 듯하다('자유민주주의'를 주장하는 쪽에서 '자유'를 '사유재산을 가질 권리', '경제적 자유'와만 연결시킨다면, 그런 오해를 바로잡아 주면 될 일이다). 이 쟁점이 두 주류 정치 세력 간의 갈등으로 심화하면서, 역사 교과서에 혹은 개헌안에 어떤 표현을 쓸지에 대한 논쟁이, 그리고 어떤 표현을 쓰느냐에 따라 상대방의 국가관이나 이념을 문제 삼아 비난을 퍼붓는 일이 소모적으로 반복되고 있다. 심지어 '자유민주주의'에서 자유를 삭제하는 것이 곧 북한식 "인민(민중)민주주의"를 뜻하는 것이라느니, "자유민주주의에서 자유를 삭제하려는 대규모 세력이 존재한다"와 같은 현 대통령의 발언은, 이 말이 얼마나 정치적 오용에 취약한지를 말해 주는 사례이다. 이 책은 자유주의와 민주정, 그리고 그것의 긴장 혹은 보완 관계를 숙고하는 첫걸음이 될 수 있을 것이다.

　최근 일어난 많은 국내외적 사건들을 이 책의 내용에 비추어 바라보는 것도 흥미로운 일이 될 듯하다. 2021년 아프가니스탄에서는 탈레반 세력이 되돌아와 기존 정부를 폐지하고 국가를 도로 반민주적·반자유주의적 과거로 돌려놓았다. 자유주의적 가치를 지키기 위해서는 민주정이라는 정치적 기반이 반드시 필요함에도 미국의 정책 결정자들은 이 점에 무지했다는 저자의 메시지 하나를 되새기는 계기였다. 반면에 예우로마이단을 계기로 러시아의 팽창 정책에 맞서 '자유 진영'으로 방향을 튼 우크라이나의 시민들은, 2022년부터 현재까지 그런 결정의 대가를 치르면서도, 무너지지 않고 적으로부터 국가를 지키고 있다. 즉, 우크라이나 인민은 그들의 민주정이 자유주의적 가치를 지키기에 충분히 탄탄함을 보여 주고 있는 것이다.

　민주정이 존엄을 강화하는 메커니즘을 게임이론으로 설명하는 대목에서는 '학폭' 문제가 떠올랐다. 학생인권조례를 통해 '폭력으로부터 자유로울 권리'는 선언되었지만, 권리는 선언되는 것만으로 실현되지 않으며 그것을 위해 안정적이고 효과적인 정치적 기반이 필요하다는 것이 이 책의 주요 주장 중 하나이기 때문이다. '반장 선거'로만 축소되지 않은 진정한 민주정이 교실에도 있었다면, 학생들은 일부 학생의 다른 학생 혹은 교사에 대한 폭력이나 모욕에 맞서 타인의 존엄을 집단적으로 방어하는 법을 배울 수도 있었을 것이다. '학폭' 피해자의 복수는 드라마에서나 상상적으로 실현되고, 어른들이 기껏 한다는 건 '멈춰!'라는 구호를 외치라는 것뿐이었던 상황에서, 이 책의 '존엄 게임'은 어쩌면 이상적이면서도 현실적인 대안이 아닐까 한다.

한편 '민주주의'라는 말이 반인권적 포퓰리스트들에게 전용되지 못하게 하려는 저자의 의지를 보면서, 이 책 출간 즈음해 몇 년간 일어났던 각 대학교 총여학생회 폐지 운동도 떠오른다. 가령 연세대학교에서는 2018년 남학생들까지 포함해 총여학생회를 폐지하자는 총투표를 가결로 이끈 학생들이 '이한열 열사의 정신'을 언급하면서 '민주주의'의 승리를 자축하는 요지경이 펼쳐지기도 했다. 이는 도처에서 벌어지는 포퓰리즘 정치의 축소판인 동시에, 1987년 민주화 이후의 민주주의란 도대체 한국 사회에서 무엇으로 이해되어 왔는지를 반성하는 계기라고 할 수 있다.

민주정에 대한 오해, 민주정의 무기력한 모습, 혹은 민주정의 이름으로 행해지는 여러 퇴행이 습관적 절망과 쉬운 분노로 번진 것은 아닐까? 이런 때에, 민주정 그 자체에 걸어 봄 직한 희망이 무엇인지를 제시한 이 책을 만난 것은 반가운 일이었다. 이 책이 우리가 합의한 자유주의라는 가치 체계와 민주정이라는 정치체제의 본래 의미를 되새기며, 그로부터 우리 사회에 당면한 과제들을 풀어 나가는 계기가 되었으면 한다.

이 번역서가 나오기까지, 다녔던 대학 공동체에서 민주정을 함께 실천한 이진경, 장시원의 도움이 있었다. 이진경은 번역서 출판 의사를 타진하기 위해 처음 저자와 연락할 때 도움을 주었다. 장시원은 내가 익숙지 않았던 법률 관련 용어 사용을 수차례 점검해 주면서 번역 자체에도 유용한 제안들을 해주었다. 두 친구에게 감사드린다. 부족한 번역 원고를 꼼꼼히 점검하고 개선해 준 후마니타스 안중철 대표님과 윤상훈 편집자님께도 감사드린다. 무엇보다도 번역이라는 좋은 기회를 허락해 주고 여러 차례 오간 문답에 친절하게 응해 준 저자 조사이아 오버 교수님께도 존경을 담아 감사 인사를 드린다. 저자가 언급되어 있는 옮긴이 주는 모두 해당 대목에 대한 질문에 저자가 답해 준 것을 기반으로 작성되었음을 밝힌다. 아내는 이 모든 과정의 동반자였다. 깊은 사랑과 감사를 전한다.

2023년 2월
독일 니더돌렌도르프에서
노경호

참고문헌

Abizahdeh, Arash. 2012. "On the Demos and Its Kin: Nationalism, Democracy, and the Boundary Problem." *American Political Science Review* 106: 867~882.

Acemoglu, Daron, and James A. Robinson. 2006. *Economic Origins of Dictatorship and Democracy*. New York: Cambridge University Press.

_____. 2016. "Paths to Inclusive Political Institutions." Pp. 3~50 in *Economic History of Warfare and State Formation*, edited by J. Eloranta et al. Singapore: Springer.

Acemoglu, Daron, Suresh Naidu, Pascual Restrepo, and James A. Robinson. 2014. *Democracy Does Cause Growth*. Cambridge, Mass.: National Bureau of Economic Research.

Achen, Christopher H., and Larry M. Bartels. 2016. *Democracy for Realists: Why Elections Do Not Produce Responsive Government*. Princeton, N.J.: Princeton University Press.

Akrigg, Ben. 2015. "Metics in Athens." Pp. 155~176 in *Communities and Networks in the Ancient Greek World*, edited by Claire Taylor and Kostas Vlassopoulos. Oxford: Oxford University Press.

Allen, Danielle. 2004. *Talking to Strangers: Anxieties of Citizenship since Brown v. Board of Education*. Chicago: University of Chicago Press.

Amar, Akhil Reed. 2005. *America's Constitution: A Biography*. New York: Random House.

Anderson, Elizabeth. 1999. "What Is the Point of Equality?" *Ethics* 109: 287~337.

_____. 2006. "The Epistemology of Democracy." *Episteme: Journal of Social Epistemology* 3(1): 8~22.

_____. 2007. "How Should Egalitarians Cope with Market Risks?" *Theoretical Inquiries in Law* 9: 61~92.

Anderson, Greg. 2009. "The Personality of the Greek State." *Journal of Hellenic Studies* 129: 1~22.

Archibugi, Daniele, Mathias Koenig-Archibugi, and Raffaele Marchetti, eds. 2012. *Global Democracy: Normative and Empirical Perspectives.* Cambridge: Cambridge University Press.

Austin, J. L. 1975. *How to Do Things with Words.* Cambridge, Mass.: Harvard University Press [『말과 행위』. 김영진 옮김. 서광사. 1992].

Badian, E. 2000. "Back to Kleisthenic Chronology." Pp. 447~464 in *Polis and Politics [Festschrift Hansen]*, edited by P. Flensted-Jensen, T. H. Nielsen, and L. Rubinstein. Copenhagen: Museum Tusculanum Press.

Balot, Ryan K. 2014. *Courage in the Democratic Polis: Ideology and Critique in Classical Athens.* Oxford: Oxford University Press.

_____. 2016. "Recollecting Athens." *Polis* 33: 92~129.

Barber, Benjamin R. 1984. *Strong Democracy: Participatory Politics for a New Age.* Berkeley: University of California Press [『강한 민주주의: 새 시대를 위한 참여적 정치』. 박재주 옮김. 인간사랑. 1992].

Beaumont, Elizabeth. 2014. *The Civic Constitution: Civic Visions and Struggles in the Path toward Constitutional Democracy.* Oxford: Oxford University Press.

Bell, Duncan. 2014. "What Is Liberalism?" *Political Theory* 42(6): 682~715.

Berent, Moshe. 1996. "Hobbes and the 'Greek Tongues'." *History of Political Thought* 17: 36~59.

_____. 2000. "Anthropology and the Classics: War, Violence and the Stateless Polis." *Classical Quarterly* 50: 257~289.

_____. 2006. "The Stateless Polis: A Reply to Critics." *Social Evolution & History* 5(1): 140~162.

Berlin, Isaiah. 1969. *Four Essays on Liberty.* Oxford: Oxford University Press [『이사야 벌린의 자유론』. 박동천 옮김. 아카넷. 2014].

Blake, Michael. 2003. "Immigration." Pp. 224~237 in *The Blackwell Companion to Applied Ethics*, edited by R. G. Frey and Christopher

Wellman. London: Blackwell.

Bobonich, Christopher. 2002. *Plato's Utopia Recast: His Later Ethics and Politics*. Oxford: Oxford University Press.

Boehm, Christopher. 1999. *Hierarchy in the Forest: The Evolution of Egalitarian Behavior*. Cambridge, Mass.: Harvard University Press [『숲속의 평등: 강자를 길들이는 거꾸로 된 위계』. 김성동 옮김. 토러스북. 2017].

_____. 2012a. *Moral Origins: The Evolution of Virtue, Altruism, and Shame*. New York: Basic Books [『도덕의 탄생: 인간 양심의 기원과 진화』. 김아림 옮김. 리얼부커스. 2019].

_____. 2012b. "Prehistory." Pp. 29~39 in *The Edinburgh Companion to the History of Democracy*, edited by Benjamin Isakhan and Stephen Stockwell. Edinburgh: Edinburgh University Press.

Boix, Carles. 2003. *Democracy and Redistribution*. Cambridge: Cambridge University Press.

_____. 2015. *Political Order and Inequality: Their Foundations and Their Consequences for Human Welfare*. Cambridge: Cambridge University Press.

Bovens, Luc, and Wlodek Rabinowicz. 2006. "Democratic Answers to Complex Questions: An Epistemic Perspective." *Synthese* 150: 131~153.

Bradshaw, John. 2013. *Cat Sense: How the New Feline Science Can Make You a Better Friend to Your Pet*. New York: Basic Books [『캣 센스: 고양이는 세상을 어떻게 바라보는가』. 한유선 옮김. 글항아리. 2015].

Bratman, Michael E. 1999. *Faces of Intention: Selected Essays on Intention and Agency*. Cambridge: Cambridge University Press.

_____. 2014. *Shared Agency: A Planning Theory of Acting Together*. Oxford: Oxford University Press.

Brennan, Geoffrey, and Philip Pettit. 2004. *The Economy of Esteem: An Essay on Civil and Political Society*. Oxford: Oxford University Press.

Brennan, Jason. 2016. *Against Democracy*. Princeton, N.J.: Princeton University Press.

Brettschneider, Corey Lang. 2007. *Democratic Rights: The Substance of*

Self-Government. Princeton, N.J.: Princeton University Press.

Brock, Gillian, and Darrel Moellendorf, eds. 2005. *Current Debates in Global Justice*. Berlin: Springer.

Burn, Sean Meghan. 2009. "A Situational Model of Sexual Assault Prevention through Bystander Intervention." *Sex Roles* 60: 779~792.

Callander, Steven. 2011. "Searching for Good Policies." *American Political Science Review* 105(4): 643~662.

Canevaro, Mirko. 2013. "Nomothesia in Classical Athens: What Sources Should We Believe?" *Classical Quarterly* 63: 139~160.

_____. 2015. "Making and Changing Laws in Ancient Athens." In *The Oxford Handbook of Ancient Greek Law*, edited by Edward M. Harris and Mirko Canevaro. Oxford: Oxford University Press. doi:10.1093/oxfordhb/9780199599257.013.4

_____. 2018. "Majority Rule vs. Consensus: The Practice of Democratic Deliberation in the Greek Poleis." In *Ancient Greek History and Contemporary Social Science*, edited by Mirko Canevaro, Andrew Erskine, Benjamin Gray, and Josiah Ober. Edinburgh: Edinburgh University Press.

Caplan, Bryan. 2007. *The Myth of the Rational Voter*. Princeton, N.J.: Princeton University Press [『합리적 투표자에 대한 미신: 민주주의가 나쁜 정책을 채택하는 이유』. 이현우 외 옮김. 북코리아. 2008].

Carawan, Edwin. 2013. *The Athenian Amnesty and Reconstructing the Law*. New York: Oxford University Press.

Carens, Joseph H. 1987. "Aliens and Citizens: The Case for Open Borders." *Review of Politics* 49: 251~273.

_____. 2005. "On Belonging: What We Owe People Who Stay." *Boston Review* 30(3~4): 16~19.

Carothers, Thomas. 2007. *US Democracy Promotion during and after Bush*. Washington, D.C.: Carnegie Endowment for International Peace.

Cartledge, Paul. 2016. *Democracy: A Life*. Oxford: Oxford University Press.

Carugati, Federica. 2015. "In Law We Trust (Each Other): Legal Institutions, Democratic Stability and Economic Development in Classical Athens." PhD diss., Classics, Stanford University, Stanford, Calif.

Carugati, Federica, Josiah Ober, and Barry Weingast. 2016. "Development and Political Theory in Classical Athens." *Polis: The Journal for Ancient Greek Political Thought* 33: 71~91.

Carugati, Federica, Josiah Ober, and Barry Weingast. 2017. "Is Development Uniquely Modern?" Unpublished manuscript.

Chapman, Emilee. 2016. "Voting Matters: A Critical Examination and Defense of Democracy's Central Practice." PhD diss., Politics, Princeton University, Princeton, N.J.

Christiano, Thomas. 1996. *The Rule of the Many: Fundamental Issues in Democratic Theory*. Boulder, Colo.: Westview Press.

_____. 2008. *The Constitution of Equality: Democratic Authority and Its Limits*. Oxford: Oxford University Press.

Chwe, Michael Suk-Young. 2013. *Jane Austen, Game Theorist*. Princeton, N.J.: Princeton University Press.

Cohen, Edward E. 1992. *Athenian Economy and Society: A Banking Perspective*. Princeton, N.J.: Princeton University Press.

Cohen, G. A. 2008. *Rescuing Justice and Equality*. Cambridge, Mass.: Harvard University Press.

Cohen, Joshua. 1986. "An Epistemic Conception of Democracy." *Ethics* 97(1): 26~38.

_____. 1996. "Procedure and Substance in Deliberative Democracy." Pp. 94~119 in *Democracy and Difference: Contesting the Boundaries of the Political*, edited by Seyla Benhabib. Princeton, N.J.: Princeton University Press.

_____. 1997. "The Arc of the Moral Universe." *Philosophy and Public Affairs* 26(2): 91~134.

Cooper, John M. 1999. *Reason and Emotion: Essays on Ancient Moral Psychology and Ethical Theory*. Princeton, N.J.: Princeton University Press.

Cox, Gary, Douglass C. North, and Barry R. Weingast. 2012. "The Violence Trap: A Political-Economic Approach to the Problems of Development." *Working paper*.

Cronin, Thomas E. 1989. *Direct Democracy: The Politics of Initiative,*

Referendum, and Recall. Cambridge, Mass.: Harvard University Press.

Dabla-Norris, Era, et al. 2015. "Causes and Consequences of Income Inequality: A Global Perspective." International Monetary Fund. www.imf.org/external/pubs/ft/sdn/2015/sdn1513.pdf.

Dahl, Robert Alan. 1989. *Democracy and Its Critics*. New Haven, Conn.: Yale University Press [『민주주의와 그 비판자들』. 조기제 옮김. 문학과지성사. 1999].

_____. 2015. *On Democracy*. New Haven, Conn.: Yale University Press [『민주주의』 증보판. 김왕식·장동진·정상화·이기호 옮김. 동명사. 2018].

Dahl, Robert Alan, and Edward R. Tufte. 1973. *Size and Democracy*. Stanford, Calif.: Stanford University Press [『민주주의 체제적정론』. 진덕규 옮김. 현대사상사. 1980].

Darwall, Stephen. 2006. *The Second-Person Standpoint: Morality, Respect, and Accountability*. Cambridge, Mass.: Harvard University Press.

Dewey, John. 1917. *Democracy and Education: An Introduction to the Philosophy of Education*. New York: Macmillan [『민주주의와 교육』. 이홍우 옮김. 교육과학사. 2007].

Domingo Gygax, Marc. 2016. *Benefaction and Rewards in the Ancient Greek City: The Origins of Euergetism*. Cambridge: Cambridge University Press.

Donlan, Walter. 1970. "Changes and Shifts in the Meaning of Demos in the Literature of the Archaic Period." *Parola Del Passato* 135: 381~395.

Doucouliagos, Hristos, and Mehmet Ali Ulubaşoğlu. 2008. "Democracy and Economic Growth: A Meta-Analysis." *American Journal of Political Science* 52(1): 61~83.

Dryzek, John S., and Christian List. 2003. "Social Choice Theory and Deliberative Democracy: A Reconciliation." *British Journal of Political Science* 33(1): 1~28.

Ellerman, David. 2015. "Does Classical Liberalism Imply Democracy?" *Ethics and Global Politics* 8. doi:10.3402/egp.v8.29310.

Ellison, Ralph. 1952. *Invisible Man*. New York: Random House [『보이지 않는 인간』 1, 2. 조영환 옮김. 민음사. 2008].

Elster, Jon. 2011. "Deliberation, Cycles, and Misrepresentation." *Working paper*.

Ericsson, K. Anders. 2006. "The Influence of Experience and Deliberate Practice on the Development of Superior Expert Performance." Pp. 683~703 in *The Cambridge Handbook of Expertise and Expert Performance*, edited by K. Anders Ericsson et al. Cambridge: Cambridge University Press.

Ericsson, K. Anders, et al., eds. 2006. *The Cambridge Handbook of Expertise and Expert Performance*. Cambridge: Cambridge University Press.

Espejo, Paulina Ochoa. 2011. *The Time of Popular Sovereignty: Process and the Democratic State*. State College: Penn State University Press.

Estlund, David M. 2003. "Why Not Epistocracy?" Pp. 53~69 in *Desire, Identity and Existence: Essays in Honor of T. M. Penner*. Berrima, NSW: Academic Printing and Publishing.

_____. 2008. *Democratic Authority: A Philosophical Framework*. Princeton, N.J.: Princeton University Press.

_____. 2014. "Utopophobia." *Philosophy and Public Affairs* 42: 113~134.

Finley, M. I. 1975. *The Use and Abuse of History*. London: Chatto and Windus.

_____. 1985. *Ancient History: Evidence and Models*. London: Chatto and Windus.

Fischer, Frank. 2009. *Democracy and Expertise: Reorienting Policy Inquiry*. Oxford: Oxford University Press.

Fisher, Nick, and Hans Van Wees, eds. 2015. *Aristocracy in Antiquity: Redefining Greek and Roman Elites*. Cardiff: Classical Press of Wales.

Floyd, Jonathan, and Marc Stears, eds. 2011. *Political Philosophy versus History? Contextualism and Real Politics in Contemporary Political Thought*. Cambridge: Cambridge University Press.

Foisneau, Luc. 2016. *Hobbes: La vie inquiete*. Paris: Gallimard.

Forsdyke, Sara. 2005. *Exile, Ostracism, and Democracy: The Politics of Expulsion in Ancient Greece*. Princeton, N.J.: Princeton University

Press.

Frank, Jason. 2010. *Constituent Moments: Enacting the People in Postrevolutionary America*. Durham, N.C.: Duke University Press.

Frankfurt, Harry. 1987. "Equality as a Moral Ideal." *Ethics* 98: 21~43.

Frey, Bruno S., and Alois Stutzer. 2000. "Happiness, Economy and Institutions." *The Economic Journal* 110: 918~938.

_____. 2002. *Happiness and Economics: How the Economy and Institutions Affect Human Well-Being*. Princeton, N.J.: Princeton University Press [『경제학, 행복을 말하다: 미래 경제를 이끌어갈 핵심 키워드』. 김민주·정나영 옮김. 예문. 2008].

Fukuyama, Francis. 2011. *The Origins of Political Order: From Prehuman Times to the French Revolution*. New York: Farrar, Straus, and Giroux [『정치 질서의 기원: 불안정성을 극복할 정치적 힘은 어디서 오는가』. 함규진 옮김. 웅진지식하우스. 2012].

_____. 2014. *Political Order and Political Decay: From the Industrial Revolution to the Globalization of Democracy*. New York: Farrar, Straus, and Giroux.

Fung, Archon. 2004. *Empowered Participation: Reinventing Urban Democracy*. Princeton, N.J.: Princeton University Press.

_____. 2015. "Putting the Public Back into Governance: The Challenges of Citizen Participation and Its Future." *Public Administration Review* 75(4): 513~522.

Fuerstein, Michael. 2008. "Epistemic Democracy and the Social Character of Knowledge." *Episteme: Journal of Social Epistemology* 5(1): 74~93.

Gallie, W. B. 1955. "Essentially Contested Concepts." *Proceedings of the Aristotelian Society* 56: 167~198.

Galston, William. 2010. "Realism in Political Theory." *European Journal of Political Theory* 9: 385~411.

Garsten, Bryan. 2009. *Saving Persuasion: A Defense of Rhetoric and Judgment*. Cambridge, Mass.: Harvard University Press.

_____. 2011. "The Rhetoric Revival in Political Theory." *Annual Reviews in Political Science* 14(1): 159~180.

Gaus, Gerald. 2014. "Liberalism." In *Stanford Encyclopedia of Philosophy*. https://plato.stanford.edu/entries/liberalism/.

Geuss, Raymond. 2008. *Philosophy and Real Politics*. Princeton, N.J.: Princeton University Press.

Gidycz, Christine A., Lindsay M. Orchowski, and Alan D. Berkowitz. 2011. "Preventing Sexual Aggression Among College Men: An Evaluation of a Social Norms and Bystander Intervention Program." *Violence against Women* 17(6): 720~742.

Goodin, Robert E. 2007. "Enfranchising All Affected Interests, and Its Alternatives." *Philosophy and Public Affairs* 35(1): 40~68.

Gowder, Paul. 2016. *The Rule of Law in the Real World*. Cambridge: Cambridge University Press.

Green, Jeffrey Edward. 2015. "Political Theory as Both Philosophy and History: A Defense against Methodological Militancy." *Annual Reviews in Political Science* 18: 425~441.

Greif, Avner and David D. Laitin. 2004. "A theory of endogenous institutional change." *American Political Science Review* 98: 633~652.

Grieb, Volker. 2008. *Hellenistische Demokratie. Politische Organisation und Struktur in freien griechischen Poleis nach Alexander dem Grossen*. Stuttgart: Steiner.

Grofman, Bernard, Guillermo Owen, and Scott L. Feld. 1983. "Thirteen Theorems in Search of the Truth." *Theory and Decision* 15: 261~278.

Gutmann, Amy. 1980. *Liberal Equality*. Cambridge: Cambridge University Press.

_____. 1999. *Democratic Education*. Princeton, N.J.: Princeton University Press [『민주화와 교육: 민주 시민 교육의 이상과 실제』. 민준기 옮김. 을유문화사. 1991].

Gutmann, Amy, and Dennis F. Thompson. 1996. *Democracy and Disagreement*. Cambridge, Mass.: Belknap Press of Harvard University Press.

Habermas, Jürgen. 1996. *Between Facts and Norms: Contributions to a*

Discourse Theory of Law and Democracy. Cambridge, Mass.: MIT Press.

Hainmueller, Jens, and Dominik Hangartner. 2013. "Who Gets a Swiss Passport? A Natural Experiment in Immigrant Discrimination." *American Political Science Review* 107(1): 159~187.

Hamon, Patrice. 2010. "Democraties grecques apres Alexandre. A propos de trois ouvrages." *Topoi* 16: 389~424.

Hampton, Jean. 1988. *Hobbes and the Social Contract Tradition.* Cambridge: Cambridge University Press.

Hansen, Mogens Herman. 1986. "The Origin of the Term Demokratia." *Liverpool Classical Monthly* 11: 35~36.

_____. 1987. *The Athenian Assembly in the Age of Demosthenes.* Oxford: B. Blackwell.

_____. 1996. "The Ancient Athenian and the Modern Liberal View of Liberty as a Democratic Ideal." Pp. 91~104 in *Demokratia*, edited by J. Ober and C. W. Hedrick. Princeton, N.J.: Princeton University Press.

_____. 1999. *The Athenian Democracy in the Age of Demosthenes: Structure, Principles and Ideology.* Norman: University of Oklahoma Press.

_____. 2002. "Was the Polis a State or a Stateless Society?" Pp. 17~47 in *Even More Studies in the Ancient Greek Polis: Papers from the Copenhagen Polis Centre 6*, edited by Thomas Heine Nielsen. Stuttgart: F. Steiner.

Harari, Yuval Noah. 2015. *Sapiens: A Brief History of Humankind.* New York: Harper [『사피엔스: 유인원에서 사이보그까지, 인간 역사의 대담하고 위대한 질문』. 조현욱 옮김. 김영사. 2015].

Hardin, Russell. 1999. *Liberalism, Constitutionalism, and Democracy.* Oxford: Oxford University Press.

Havelock, Eric Alfred. 1957. *The Liberal Temper in Greek Politics.* New Haven, Conn.: Yale University Press.

Hawthorne, James. Und. "Voting in Search of the Public Good: The Probabilistic Logic of Majority Judgments." *Working paper.*

Hedrick, Charles W., Jr. 2004. "The American Ephebe: The Ephebic Oath, US Education and Nationalism." *Classical World* 97: 384~407.

Hobbes, Thomas. 1991 [1651]. *Leviathan*. Edited by Richard Tuck. Cambridge: Cambridge University Press [『리바이어던: 교회국가 및 시민국가의 재료와 형태 및 권력』 1, 2. 진석용 옮김. 나남. 2008].

Hoekstra, Kinch. 2007. "A Lion in the House: Hobbes and Democracy." Pp. 191~218 in *Rethinking the Foundations of Modern Political Thought*, edited by Annabel Brett and James Tully. Cambridge: Cambridge University Press.

_____. 2017. "Thomas Hobbes and the Creation of Order." Unpublished manuscript.

Holmes, Stephen T. 1979. "Aristippus in and out of Athens." *American Political Science Review* 73: 113~128.

Honig, Bonnie. 1993. *Political Theory and the Displacement of Politics*. Ithaca, N.Y.: Cornell University Press.

_____. 2001. *Democracy and the Foreigner*. Princeton, N.J.: Princeton University Press.

Huntington, Samuel P. 1968. *The Clash of Civilizations and the Remaking of World Order*. New York: Simon and Schuster [『문명의 충돌: 세계질서 재편의 핵심 변수는 무엇인가』 2판. 이희재 옮김. 김영사. 2016].

Iori, Luca. 2015. *Thucydides Anglicus: Gli Eight Bookes di Thomas Hobbes e la Ricezione Inglese delle Storie di Tucidide (1450-1642)*. Rome: Edizioni di Storia e Letteratura.

Ismard, Paulin. 2015. *La democratie contre les experts: Les esclaves publics en grece ancienne*. Paris: Seuil.

Jones, A. H. M. 1964. *Athenian Democracy*. Oxford: Blackwell.

Kahneman, Daniel. 2011. *Thinking, Fast and Slow*. New York: Farrar, Straus, and Giroux [『생각에 관한 생각: 우리의 행동을 지배하는 생각의 반란』. 이창신 옮김. 김영사. 2018].

Kallet-Marx, Lisa. 1994. "Money Talks: Rhetor, Demos, and Resources of the Athenian Empire." Pp. 227~252 in *Ritual, Finance, Politics: Athenian Democratic Accounts Presented to David Lewis*, edited by Robin Osborne and Simon Hornblower. Oxford: Clarendon Press.

Kalyvas, Andreas, and Ira Katznelson. 2008. *Liberal Beginnings: Making a Republic for the Moderns*. Cambridge: Cambridge University Press.

Kamen, Deborah. 2017. "Manumission in Ancient Greece: Modes, Meanings, and Metaphors." *Unpublished manuscript*.

Kant, Immanuel. 1991. *Political Writings*. Cambridge: Cambridge University Press.

Kateb, George. 2006. *Patriotism and Other Mistakes*. New Haven, Conn.: Yale University Press.

Kaufmann, Bruno, and M. Dane Waters. 2004. *Direct Democracy in Europe: A Comprehensive Reference Guide to the Initiative and Referendum Process in Europe*. Durham, N.C.: Carolina Academic Press.

Kennedy, George A. 1963. *The Art of Persuasion in Greece*. Princeton, N.J.: Princeton University Press.

Kraut, Richard. 2007. *What Is Good and Why: The Ethics of Well-Being*. Cambridge, Mass.: Harvard University Press.

Kuran, Timur. 1991. "Now Out of Never: The Element of Surprise in the East European Revolution of 1989." *World Politics* 44(1): 7~48.

_____. 1995. *Private Truths, Public Lies: The Social Consequences of Preference Falsification*. Cambridge, Mass.: Harvard University Press.

Kymlicka, Will. 1995. *Multicultural Citizenship: A Liberal Theory of Minority Rights*. Oxford: Oxford University Press [『다문화주의 시민권』. 장동진 외 옮김. 동명사. 2010].

Laclau, Ernesto, and Chantal Mouffe. 2001. *Hegemony and Socialist Strategy: Towards a Radical Democratic Politics*. London: Verso [『헤게모니와 사회주의 전략: 급진 민주주의 정치를 향하여』. 이승원 옮김. 후마니타스. 2012].

Laird, J. 1942. "Hobbes on Aristotle's 'Politics'." *Proceedings of the Aristotelian Society* 43: 1~20.

Lakoff, George, and Mark Johnson. 2003. *Metaphors We Live By*. Chicago: University of Chicago Press [『삶으로서의 은유』. 노양진·나익주 옮김. 박이정. 2006].

Lambert, S. D. 2011. "What Was the Point of Inscribed Honorific Decrees in

Classical Athens?" Pp. 193~214 in *Sociable Man: Essays on Ancient Greek Social Behaviour in Honour of Nick Fisher*, edited by S. D. Lambert, N. R. E. Fisher, and Douglas L. Cairns. Swansea: Classical Press of Wales.

Landemore, Hélène. 2012. *Democratic Reason: Politics, Collective Intelligence, and the Rule of the Many*. Princeton, N.J.: Princeton University Press.

Landemore, Hélène, and Jon Elster, eds. 2012. *Collective Wisdom: Principles and Mechanisms*. Cambridge: Cambridge University Press.

Lane, Melissa S. 2013. "Claims to Rule: The Case of the Multitude." Pp. 247~274 in *Cambridge Companion to Aristotle's Politics*, edited by Marguerite Deslauriers and Pierre Destree. Cambridge: Cambridge University Press.

_____. 2016. "Popular Sovereignty as Control of Officeholders: Aristotle on Greek Democracy." Pp. 52~71 in *Popular Sovereignty in Historical Perspective*, edited by Richard Bourke and Quentin. Skinner. Cambridge: Cambridge University Press.

Liddell, Henry George, Robert Scott, and Henry Stuart Jones. 1968. *A Greek-English Lexicon*. Oxford: Clarendon Press.

List, Christian. 2005. "Group Knowledge and Group Rationality: A Judgment Aggregation Perspective." *Episteme: Journal of Social Epistemology* 2(1): 25~38.

_____. 2011. "The Logical Space of Democracy." *Philosophy and Public Affairs* 39: 262~297.

List, Christian, and Robert E. Goodin. 2001. "Epistemic Democracy: Generalizing the Condorcet Jury Theorem." *Journal of Political Philosophy* 9(3): 277~306.

List, Christian, and Philip Pettit. 2011. *Group Agency: The Possibility, Design, and Status of Corporate Agents*. Oxford: Oxford University Press.

Lloyd-Jones, Hugh. 1971. *The Justice of Zeus*. Berkeley: University of California Press.

Locke, John. 1988 [1690]. *Two Treatises of Government*. Edited by Peter
Laslett. Cambridge: Cambridge University Press [『통치론: 시민정부의
참된 기원, 범위 및 그 목적에 관한 시론』. 강정인·문지영 옮김. 까치글방. 2022].

Ma, John. 2013. "Review of Mann and Scholz '*Demokratie*' *im Hellenismus*."
Sehepunkte. Rezensionsjournal fur Geschichtswissenschaften
13(7/8). www.sehepunkte.de/2013/07/21837.html.

Macdowell, Douglas M. 1975. "Law-Making at Athens in the Fourth Century
B.C." *Journal of Hellenic Studies* 95: 62~74.

Macedo, Stephen. 2000. *Diversity and Distrust: Civic Education in a
Multicultural Democracy*. Cambridge, Mass.: Harvard University
Press.

Macedo, Stephen, et al., eds. 2005. *Democracy at Risk: How Political
Choices Undermine Citizen Participation, and What We Can Do
about It*. Washington, D.C.: Brookings Institution Press.

Manin, Bernard. 1997. *The Principles of Representative Government*.
Cambridge: Cambridge University Press [『선거는 민주적인가: 현대 대의
민주주의의 원칙에 대한 비판적 고찰』. 곽준혁 옮김. 후마니타스. 2004].

Manville, B., and J. Ober. 2003. "Beyond Empowerment: Building a
Company of Citizens." *Harvard Business Review* 81(1): 48~51.

Marmot, M. G. 2004. *Status Syndrome: How Your Social Standing Directly
Affects Your Health and Life Expectancy*. London: Bloomsbury
[『사회적 지위가 건강과 수명을 결정한다』. 김보영 옮김. 에코리브르. 2006].

McCormick, John P. 2011. *Machiavellian Democracy*. Cambridge:
Cambridge University Press.

McQueen, Alison. 2017. "Salutary Fear? Hans Morgenthau and the Politics
of Existential Crisis." *American Political Thought* 6: 78~105.

Meckstroth, Christopher. 2015. *The Struggle for Democracy: Paradoxes of
Progress and the Politics of Change*. New York: Oxford University
Press.

Mendez, Ariel T. 2016. "Equal Opportunity for Political Influence in
Democratic Problem-Solving." PhD diss., Political Science, Stanford
University, Stanford, Calif.

Milanovic, Branko. 2011. *The Haves and the Have-Nots: A Brief and*

Idiosyncratic History of Global Inequality. New York: Basic Books
[『가진 자, 가지지 못한 자: 세계 불평등에 대한 색다른 시각』. 정희은 옮김.
파이카. 2011].

Milanovic, Branko, Peter H. Lindert, and Jeffrey G. Williamson. 2011.
"Pre-Industrial Inequality." *The Economic Journal* 121(551):
255~272.

Mill, John Stuart. 1861. *Considerations on Representative Government*.
London: Parker, Son, and Bourn [『대의정부론』. 서병훈 옮김. 아카넷.
2012].

Miller, David. 2000. *Citizenship and National Identity*. Cambridge: Polity
Press/Blackwell.

Missiou, Anna. 2011. *Literacy and Democracy in Fifth-Century Athens*.
Cambridge: Cambridge University Press.

Mitsis, Philip. 1999. "The Stoic Origin of Natural Rights." Pp. 153~177 in
Topics in Stoic Philosophy, edited by K. Ierodiakonou. Oxford:
Oxford University Press.

Monoson, S. Sara. 2011. "Recollecting Aristotle: American Proslavery
Thought and the Argument of Politics I." Pp. 247~271 in *Ancient
Slavery and Abolition: From Hobbes to Hollywood*, edited by Edith
Hall, Richard Alston, and Justine Mcconnell. New York: Oxford
University Press.

Morris, Ian. 2010. *Why the West Rules — for Now: The Patterns of History
and What They Reveal about the Future*. New York: Farrar, Strauss,
and Giroux [『왜 서양이 지배하는가: 지난 200년 동안 인류가 풀지 못한
문제』. 최파일 옮김. 글항아리. 2013].

_____. 2014. *War! What Is It Good For? Conflict and the Progress of
Civilization from Primates to Robots*. New York: Farrar, Straus, and
Giroux [『전쟁의 역설: 폭력으로 평화를 일군 1만 년의 역사』 보급판. 김필규
옮김. 지식의날개(방송대출판문화원). 2022].

Mossé, Claude. 1979. "Comment s'élabore un mythe politique: Solon, 'père
fondateur' de la démocratie athénienne." *Annales (ESC)* 34:
425~437.

Mouffe, Chantal. 2000. *The Democratic Paradox*. London: Verso

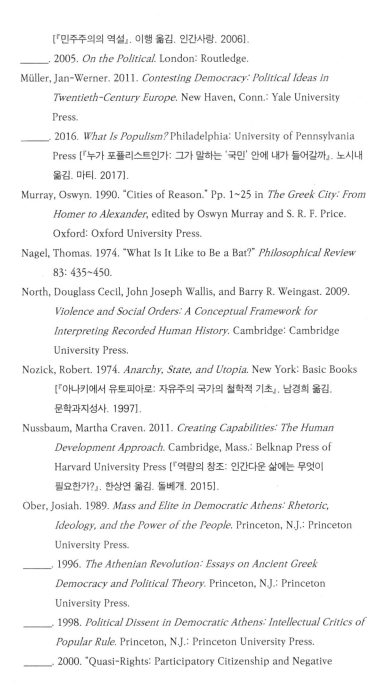
[『민주주의의 역설』. 이행 옮김. 인간사랑. 2006].

_____. 2005. *On the Political*. London: Routledge.

Müller, Jan-Werner. 2011. *Contesting Democracy: Political Ideas in Twentieth-Century Europe*. New Haven, Conn.: Yale University Press.

_____. 2016. *What Is Populism?* Philadelphia: University of Pennsylvania Press [『누가 포퓰리스트인가: 그가 말하는 '국민' 안에 내가 들어갈까』. 노시내 옮김. 마티. 2017].

Murray, Oswyn. 1990. "Cities of Reason." Pp. 1~25 in *The Greek City: From Homer to Alexander*, edited by Oswyn Murray and S. R. F. Price. Oxford: Oxford University Press.

Nagel, Thomas. 1974. "What Is It Like to Be a Bat?" *Philosophical Review* 83: 435~450.

North, Douglass Cecil, John Joseph Wallis, and Barry R. Weingast. 2009. *Violence and Social Orders: A Conceptual Framework for Interpreting Recorded Human History*. Cambridge: Cambridge University Press.

Nozick, Robert. 1974. *Anarchy, State, and Utopia*. New York: Basic Books [『아나키에서 유토피아로: 자유주의 국가의 철학적 기초』. 남경희 옮김. 문학과지성사. 1997].

Nussbaum, Martha Craven. 2011. *Creating Capabilities: The Human Development Approach*. Cambridge, Mass.: Belknap Press of Harvard University Press [『역량의 창조: 인간다운 삶에는 무엇이 필요한가?』. 한상연 옮김. 돌베개. 2015].

Ober, Josiah. 1989. *Mass and Elite in Democratic Athens: Rhetoric, Ideology, and the Power of the People*. Princeton, N.J.: Princeton University Press.

_____. 1996. *The Athenian Revolution: Essays on Ancient Greek Democracy and Political Theory*. Princeton, N.J.: Princeton University Press.

_____. 1998. *Political Dissent in Democratic Athens: Intellectual Critics of Popular Rule*. Princeton, N.J.: Princeton University Press.

_____. 2000. "Quasi-Rights: Participatory Citizenship and Negative

Liberties in Democratic Athens." *Social Philosophy and Policy* 17(1): 27~61.

_____. 2001. "The Debate over Civic Education in Classical Athens." Pp. 273~305 in *Education in Greek and Roman Antiquity*, edited by Yun Lee Too. Leiden, Netherlands: Brill.

_____. 2003. "Conditions for Athenian Democracy." Pp. 2~21 in *The Making and Unmaking of Democracy: Lessons from History and World Politics*, edited by Theodore K. Rabb and Ezra N. Suleiman. New York: Routledge.

_____. 2005a. *Athenian Legacies: Essays in the Politics of Going on Together*. Princeton, N.J.: Princeton University Press.

_____. 2005b. "Law and Political Theory." Pp. 394~411 in *Cambridge Companion to Ancient Greek Law*, edited by Michael Gagarin and David Cohen. Cambridge: Cambridge University Press.

_____. 2007a. "'I Besieged That Man': Democracy's Revolutionary Start." Pp. 83~104 in *The Origins of Democracy in Ancient Greece*, edited by Kurt Raaflaub, Josiah Ober, and Robert W. Wallace. Berkeley: University of California Press.

_____. 2007b. "Natural Capacities and Democracy as a Good-in-Itself." *Philosophical Studies* 132: 59~73.

_____. 2008a. *Democracy and Knowledge: Innovation and Learning in Classical Athens*. Princeton, N.J.: Princeton University Press.

_____. 2008b. "The Original Meaning of Democracy: Capacity to Do Things, Not Majority Rule." *Constellations* 15(1): 3~9.

_____. 2009. "Public Action and Rational Choice in Classical Greek Political Theory." Pp. 70~84 in *A Companion to Ancient Political Thought*, edited by Ryan K. Balot. Oxford: Blackwell.

_____. 2010. "The Instrumental Value of Others and Institutional Change: An Athenian Case Study." Pp. 156~178 in *Valuing Others in Classical Antiquity*, edited by Ineke Sluiter and Ralph Rosen. Leiden, Netherlands: Brill.

_____. 2012. "Democracy's Dignity." *American Political Science Review* 106(4): 827~846.

_____. 2013a. "Democracy's Wisdom: An Aristotelian Middle Way for Collective Judgment." *American Political Science Review* 107(1): 104~122.

_____. 2013b. "Political Animals Revisited." *Good Society* 22: 201~214.

_____. 2014. "Democratic Rhetoric: How Should the State Speak?" *Brooklyn Law Journal* 79: 1015~1022.

_____. 2015a. "Nature, History, and Aristotle's Best Possible Regime." Pp. 224~243 in *Aristotle's "Politics": A Critical Guide*, edited by T. Lockwood and T. Samaras. Cambridge: Cambridge University Press.

_____. 2015b. *The Rise and Fall of Classical Greece*. Princeton, N.J.: Princeton University Press.

_____. 2015c. "Political Knowledge and Right-Sizing Government." *Critical Review* 27(3): 362~374.

_____. 2016. "The Trial of Socrates as a Political Trial." Pp. 65~87 in *Political Trials: Interdisciplinary Perspectives*, edited by J. Meierhenrich and D. O. Pendas. Cambridge: Cambridge University Press.

_____. 2017a. "Inequality in Late-Classical Democratic Athens: Evidence and Models." Pp. 125~147 in *Democracy and Open Economy World Order*, edited by G. C. Bitros and N. C. Kyriazis. New York: Springer.

_____. 2017b. "Equality, Legitimacy, Interests, and Preferences: Historical Notes on Quadratic Voting in a Political Context." *Public Choice*. doi:10.1007/s11127-017-0409-0.

Ober, Josiah, and Charles W. Hedrick, eds. 1996. *Demokratia: A Conversation on Democracies, Ancient and Modern*. Princeton, N.J.: Princeton University Press.

Ober, Josiah, and Tomer Perry. 2014. "Thucydides as a Prospect Theorist." *Polis* 31: 206~232.

Olson, Mancur. 1965. *The Logic of Collective Action: Public Goods and the Theory of Groups*. Cambridge, Mass.: Harvard University Press [『집단행동의 논리: 공공재와 집단이론』. 이성규 옮김. 한국문화사. 2013].

Osborne, Robin. 1995. "The Economics and Politics of Slavery at Athens." Pp. 27~43 in *The Greek World, edited by Anton Powell*. London:

Routledge.

Ostrom, Elinor. 1990. *Governing the Commons: The Evolution of Institutions for Collective Action*. Cambridge: Cambridge University Press.

Page, Scott E. 2007. *The Difference: How the Power of Diversity Creates Better Groups, Firms, Schools, and Societies*. Princeton, N.J.: Princeton University Press.

Paine, Thomas. 1995 [1792]. *"Rights of Man," "Common Sense," and Other Writings*. Oxford: Oxford University Press.

Pateman, Carole. 1970. *Participation and Democratic Theory*. London: Cambridge University Press [『참여와 민주주의』. 권오진·홍민식 옮김. 서당. 1986].

Patterson, Cynthia. 2005. "Athenian Citizenship Law." Pp. 267~289 in *The Cambridge Companion to Ancient Greek Law*, edited by Michael Gagarin and David Cohen. Cambridge: Cambridge University Press.

Pettit, Philip. 2004. "Depoliticizing Democracy." *Ratio Juris* 17(1): 52~65.

_____. 2013. *On the People's Terms: A Republican Theory and Model of Democracy*. Cambridge: Cambridge University Press.

_____. 2014. *Just Freedom: A Moral Compass for a Complex World*. New York: W. W. Norton [『왜 다시 자유인가: 공화주의와 비지배 자유』. 곽준혁·윤채영 옮김. 한길사. 2019].

Philp, Mark. 2007. *Political Conduct*. Cambridge, Mass.: Harvard University Press.

Pitkin, Hanna Fenichel. 1967. *The Concept of Representation*. Berkeley: University of California Press.

Pogge, Thomas W. 2008. *World Poverty and Human Rights*. Cambridge: Polity.

Posner, Eric A., and E. Glen Weyl. 2015. "Voting Squared: Quadratic Voting in Democratic Politics." *Vanderbilt Law Review* 68(2): 441~500.

Poteete, A., M. Janssen, and Elinor Ostrom. 2011. *Working Together: Collective Action, the Commons, and Multiple Methods in Practice*. Princeton, N.J.: Princeton University Press.

Pyzyk, Mark. 2015. "Economies of Expertise: Knowledge and Skill Transfer in Classical Greece." PhD diss., Classics, Stanford University, Stanford, Calif.

Raaflaub, Kurt. 1996. "Equalities and Inequalities in Athenian Democracy." Pp. 139~174 in *Demokratia: A Conversation on Democracies, Ancient and Modern*, edited by Josiah Ober and Charles W. Hedrick. Princeton, N.J.: Princeton University Press.

Rawls, John. 1971. *A Theory of Justice*. Cambridge, Mass.: Harvard University Press [『정의론』. 황경식 옮김. 이학사. 2003].

_____. 1996. *Political Liberalism*. New York: Columbia University Press [『정치적 자유주의』. 장동진 옮김. 동명사. 2016].

_____. 1999. *The Law of Peoples*. Cambridge, Mass.: Harvard University Press [『만민법』. 장동진·김만권·김기호 옮김. 동명사. 2017].

_____. 2001. *Justice as Fairness: A Restatement*. Cambridge, Mass.: Harvard University Press [『공정으로서의 정의: 재서술』. 에린 켈리 엮음. 김주휘 옮김. 이학사. 2016].

Raz, Joseph. 1986. *The Morality of Freedom*. Oxford: Oxford University Press.

Reich, Robert B. 2002. *Bridging Liberalism and Multiculturalism in American Education*. Chicago: University of Chicago Press.

Reiter, Dan, and Allan C. Stam. 2002. *Democracies at War*. Princeton, N.J.: Princeton University Press.

Rhodes, P. J. 1981. *A Commentary on the Aristotelian Athenaion Politeia*. Oxford: Oxford University Press.

_____. 1985. *The Athenian Boule*. Oxford: Clarendon Press.

_____. 1995. "The 'Acephalous' Polis?" *Historia* 44: 153~167.

Riker, William H. 1982. *Liberalism against Populism: A Confrontation between the Theory of Democracy and the Theory of Social Choice*. San Francisco: W. H. Freeman.

Roberts, Jennifer Tolbert. 1994. *Athens on Trial: The Antidemocratic Tradition in Western Thought*. Princeton, N.J.: Princeton University Press.

Robinson, Eric W. 1997. *The First Democracies: Early Popular Government outside Athens*. Stuttgart: F. Steiner.

_____. 2011. *Democracy beyond Athens: Popular Government in the Greek Classical Age*. Cambridge: Cambridge University Press.

Rosanvallon, Pierre. 2006. *Democracy Past and Future*. New York: Columbia University Press.

Runciman, David. 2013. *The Confidence Trap: A History of Democracy in Crisis from World War I to the Present*. Princeton, N.J.: Princeton University Press [『자만의 덫에 빠진 민주주의: 제1차 세계대전부터 트럼프까지』. 박광호 옮김. 후마니타스. 2018].

_____. 2017. "Political Theory and Real Politics in the Age of the Internet." *Journal of Political Philosophy* 25(1): 3~21.

Sandel, Michael J. 1998. *Liberalism and the Limits of Justice*. Cambridge: Cambridge University Press [『정의의 한계』. 이양수 옮김. 멜론. 2012].

Sapolsky, Robert M. 2004. "Social Status and Health in Humans and Other Animals." *Annual Reviews in Anthropology* 33: 393~418.

_____. 2005. "The Influence of Social Hierarchy on Primate Health." *Science* 308: 448~652.

Saxonhouse, Arlene. 2006. *Free Speech and Democracy in Ancient Athens*. Cambridge: Cambridge University Press.

Scheidel, Walter. 2008. "The Comparative Economies of Slavery in the Greco-Roman World." Pp. 105~126 in *Slave Systems: Ancient and Modern*, edited by Enrico Dal Lago and Constantina Katsari. Cambridge: Cambridge University Press.

_____. 2010. "Real Wages in Early Economies: Evidence for Living Standards from 1800 BCE to 1300 CE." *Journal of the Social and Economic History of the Orient* 53: 425~462.

_____. 2017. *The Great Leveler. Violence and the Global History of Inequality from the Stone Age to the Present*. Princeton, N.J.: Princeton University Press [『불평등의 역사』. 조미현 옮김. 에코리브르. 2017].

Schelling, Thomas C. 1980 [1960]. *The Strategy of Conflict*. Cambridge, Mass.: Harvard University Press [『갈등의 전략』. 이경남 옮김. 한국경제신문. 2013].

Scheuerman, William. 2012. "Global Democracy and the Antistatist

Fallacy." *Working paper.*

Schmidt, Brian C., and Michael C. Williams. 2008. "The Bush Doctrine and the Iraq War: Neoconservatives versus Realists." *Security Studies* 17: 191~220.

Schmitt, Carl. 2004. *Legality and Legitimacy.* Translated by Jeffrey Seitzer. Durham, N.C.: Duke University Press.

_____. 2007. *The Concept of the Political.* Chicago: University of Chicago Press.

Schumpeter, Joseph Alois. 1947. *Capitalism, Socialism, and Democracy.* New York: Harper [『자본주의·사회주의·민주주의』. 변상진 옮김. 한길사. 2011].

Schwartzberg, Melissa. 2010. "Shouts, Murmurs and Votes: Acclamation and Aggregation in Ancient Greece." *Journal of Political Philosophy* 18(4): 448~468.

Scott, James C. 1998. *Seeing Like a State: How Certain Schemes to Improve the Human Condition Have Failed.* New Haven, Conn.: Yale University Press [『국가처럼 보기: 왜 국가는 계획에 실패하는가』. 전상인 옮김. 에코리브르. 2010].

Searle, John R. 1995. *The Construction of Social Reality.* New York: Free Press.

Seeley, Thomas D. 2010. *Honeybee Democracy.* Princeton, N.J.: Princeton University Press [『꿀벌의 민주주의』. 하임수 옮김. 에코리브르. 2021].

Sen, Amartya. 1993. "Capability and Well-Being." Pp. 30~53 in *The Quality of Life: Studies in Development Economics*, edited by Martha Nussbaum and Amartya Sen. Oxford: Oxford University Press.

Shapiro, Ian. 2016. *Politics against Domination.* Cambridge, Mass.: Harvard University Press.

Shear, Julia L. 2011. *Polis and Revolution: Responding to Oligarchy in Classical Athens.* Cambridge: Cambridge University Press.

Shearman, David J. C., and Joseph Wayne Smith. 2007. *The Climate Change Challenge and the Failure of Democracy.* Westport, Conn.: Praeger.

Shklar, Judith N. 1989. "The Liberalism of Fear." Pp. 21~38 in *Liberalism and the Moral Life*, edited by Nancy L. Rosenblum. Cambridge,

Mass.: Harvard University Press.

Simon, Herbert Alexander. 1955. "A Behavioral Model of Rational Choice." *Quarterly Journal of Economics* 65: 99~118.

Singer, Peter. 1993. *Practical Ethics*. Cambridge: Cambridge University Press [『실천윤리학』. 황경식·김성동 옮김. 연암서가. 2013].

Skinner, Quentin. 1998. *Liberty before Liberalism*. Cambridge: Cambridge University Press [『퀜틴 스키너의 자유주의 이전의 자유』. 조승래 옮김. 푸른역사. 2007].

_____. 2007. "Surveying the Foundations: A Retrospect and Reassessment." Pp. 236~261 in *Rethinking the Foundations of Modern Political Thought*, edited by Annabel Brett and James Tully. Cambridge: Cambridge University Press.

_____. 2008. *Hobbes and Republican Liberty*. Cambridge: Cambridge University Press.

Smith, Adam. 1981 [1776]. *An Inquiry into the Nature and Causes of the Wealth of Nations*. Vol. 1. Indianapolis, Ind.: Liberty Fund [『국부론』. 김수행 옮김. 비봉출판사. 2007].

Somin, Ilya. 2013. *Democracy and Political Ignorance: Why Smaller Government Is Smarter*. Stanford, Calif.: Stanford University Press.

Song, Sarah. 2017. "Immigration and the Limits of Democracy." *Unpublished manuscript*.

Starr, Paul. 2007. *Freedom's Power: The True Force of Liberalism*. New York: Perseus.

Stilz, Anna. 2009. *Liberal Loyalty: Freedom, Obligation, and the State*. Princeton, N.J.: Princeton University Press.

_____. 2011. "Nations, States, and Territory." *Ethics* 121: 572~601.

_____. 2013. "Occupancy Rights and the Wrong of Removal." *Philosophy and Public Affairs* 41: 324~356.

Stone, Peter. 2015. "Hobbes' Problem." *Good Society* 24(1): 1~14.

Sunstein, Cass R. 2013. *Simpler: The Future of Government*. New York: Simon and Schuster [『심플러: 간결한 넛지의 힘』. 장경덕 옮김. 21세기북스. 2013].

Tarnopolsky, Christina H. 2010. *Prudes, Perverts, and Tyrants: Plato's*

Gorgias and the Politics of Shame. Princeton, N.J.: Princeton University Press.

Taylor, Charles. 1994. *Multiculturalism: Examining the Politics of Recognition.* Princeton, N.J.: Princeton University Press [『다문화주의와 인정의 정치』. 이상형·이광석 옮김. 하누리. 2020].

Taylor, Claire, and Kostas Vlassopoulos, eds. 2015. *Communities and Networks in the Ancient Greek World.* Oxford: Oxford University Press.

Teegarden, David. 2014. *Death to Tyrants! Ancient Greek Democracy and the Struggle against Tyranny.* Princeton, N.J.: Princeton University Press.

Thaler, Richard H. 2015. *Misbehaving: The Making of Behavioral Economics.* New York: W. W. Norton [『행동경제학: 마음과 행동을 바꾸는 선택 설계의 힘』. 박세연 옮김. 웅진지식하우스. 2021].

Thompson, Dennis F. 1976. *John Stuart Mill and Representative Government.* Princeton, N.J.: Princeton University Press.

Tiersch, Claudia, ed. 2016. *Die athenische Demokratie im 4. Jahrhundert: Zwischen Modernisierung und Tradition.* Stuttgart: Franz Steiner.

Tomasi, John. 2012. *Free Market Fairness.* Princeton, N.J.: Princeton University Press.

Tuck, Richard. 2007. "Hobbes and Democracy." Pp. 171~190 in *Rethinking the Foundations of Modern Political Thought,* edited by Annabel Brett and James Tully. Cambridge: Cambridge University Press.

_____. 2008. *Free Riding.* Cambridge, Mass.: Harvard University Press.

_____. 2016. *The Sleeping Sovereign: The Invention of Modern Democracy.* Cambridge: Cambridge University Press.

Turchin, Peter. 2015. *Ultrasociety: How 10,000 Years of War Made Humans the Greatest Cooperators on Earth.* Storrs, Conn.: Beresta Books [『초협력사회: 전쟁은 어떻게 협력과 평등을 가능하게 했는가』. 이경남 옮김. 생각의힘. 2018].

Urbinati, Nadia. 2006. *Representative Democracy: Principles and Genealogy.* Chicago: University of Chicago Press.

_____. 2012. "Competing for Liberty: The Republican Critique of

Democracy." *American Political Science Review* 106(3): 607~621.

Valentini, Laura. 2012. "Ideal vs. Non-ideal Theory: A Conceptual Map." *Philosophy Compass* 7/9: 654~664.

Vermeule, Adrian. 2007. *Mechanisms of Democracy: Institutional Design Writ Small.* New York: Oxford University Press.

Waldron, Jeremy. 1992. "Minority Cultures and the Cosmopolitan Alternative." *University of Michigan Journal of Law Reform* 25: 751~793.

_____. 2013. "*Political* Political Theory: An Inaugural Lecture." *Journal of Political Philosophy* 21(1): 1~23.

Wallis, John Joseph. 2008. "The Concept of Systematic Corruption in American Political and Economic History." Pp. 23~62 in *Corruption and Reform: Lessons from America's Economic History*, edited by Edward L. Glaeser and Claudia Goldin. Chicago: University of Chicago Press.

Warren, Mark, and Hilary Pearse, eds. 2008. *Designing Deliberative Democracy: The British Columbia Citizens' Assembly.* Cambridge: Cambridge University Press.

Weingast, Barry R. 1997. "The Political Foundations of Democracy and the Rule of Law." *American Political Science Review* 91: 245~263.

Westbrook, Raymond. 1995. "Social Justice in the Ancient Near East." *Contributions in Political Science* 354: 149~164.

Whelan, Frederick G. 1983. "Prologue: Democratic Theory and the Boundary Problem." *Nomos* 25: 13~47.

Whitehead, David. 1993. "Cardinal Virtues: The Language of Public Approbation in Democratic Athens." *Classica et Mediaevalia* 44: 37~75.

Williams, Bernard. 1993. *Shame and Necessity.* Berkeley: University of California Press.

_____. 2005. *In the Beginning Was the Deed: Realism and Moralism in Political Argument.* Princeton, N.J.: Princeton University Press.

_____. 2006. *Philosophy as a Humanistic Discipline.* Princeton, N.J.: Princeton University Press.

Wolin, Sheldon S. 1994. "Norm and Form: The Constitutionalizing of Democracy." Pp. 29~58 in *Athenian Political Thought and the Reconstruction of American Democracy*, edited by J. Peter Euben, John Wallach, and Josiah Ober. Ithaca, N.Y.: Cornell University Press.

_____. 1996. "Fugitive Democracy." Pp. 31~45 in *Democracy and Difference: Contesting the Boundaries of the Political*, edited by Seyla Benhabib. Princeton, N.J.: Princeton University Press.

Wood, Ellen Meiksins. 1988. *Peasant-Citizen and Slave: The Foundations of Athenian Democracy*. London: Verso.

Yates, J. Frank, and Michael D. Tschirhart. 2006. "Decision-Making Expertise." Pp. 421~438 in *The Cambridge Handbook of Expertise and Expert Performance*, edited by K. Anders Ericsson et al. Cambridge: Cambridge University Press.

Zakaria, Fareed. 1997. "The Rise of Illiberal Democracy." *Foreign Affairs* 76(6): 23~43.

_____. 2003. *The Future of Freedom: Illiberal Democracy at Home and Abroad*. New York: W. W. Norton [『자유의 미래: 오늘의 민주주의 무엇이 문제인가?』. 나상원·이규정 옮김. 민음사. 2004].

Zelnick-Abramovitz, Rachel. 2005. *Not Wholly Free: The Concept of Manumission and the Status of Manumitted Slaves in the Ancient Greek World*. Leiden, Netherlands: Brill.

_____. 2009. "Freed Slaves, Their Status and State Control in Ancient Greece." *European Review of History* 16(3): 303~318.

찾아보기

442